“十二五”普通高等教育本科国家级规划教材

NEW MEDIA

21世纪新媒体专业系列教材

主编/钟瑛 副主编/张军辉 罗昕

网络传播导论

INTRODUCTION TO NETWORK COMMUNICATION

第三版

中国人民大学出版社
·北京·

总 序

周锡生

当今世界充满变革与创新。在阐释当今世界变革特征的时候，“新媒体”被时常提及，尽管人们对它的定义还有不少争议。

20多年来，随着数字技术、信息技术的飞速发展，以互联网为代表的新媒体从诞生到逐步发展壮大，深刻改变了旧有的新闻信息传播方式，系统重塑了新的媒介生态和传播格局。旧媒体时代，新闻信息的传播速度还曾与交通工具竞跑；新媒体时代，昨日甚至数小时、数十分钟之前的新闻，都可能瞬息即逝，转眼间“轻舟已过万重山”。旧媒体时代，“受众”这个词体现了公众被动接受各类新闻信息的地位；新媒体时代，媒体人已经不再是专属的职业称号，自制互动、共享交流成为普遍行为。旧媒体时代，内容占据着绝对的核心地位，其他各个环节只是附属；新媒体时代，内容为王的观念在被继续强调的同时，网络、渠道、平台和终端的作用和价值日渐凸显，服务与市场的理念正在逐步深化。可以说，当今的新媒体已经跨越了媒介形态的界限，跨越了时空的拘囿，甚至跨越了文化的隔阂。在这种态势下，建设新媒体、发展新媒体，成为传统媒体求生存、寻突破、谋发展的必由之路。

滚滚而来的新媒体浪潮绝不仅仅是改变了传媒业本身，更深刻渗入世界的政治、经济、文化、科技等各个领域。“世界是平的”引发人们无限遐想，平的世界创造了无限的空间。放眼全球，新媒体已经成为世界政治较量的重要因素，成为各国执政者了解社情民意的重要手段，成为社会公众参政议政的重要平台，网络动员、网络聚集、网络拷问在社交媒体上成为常态，新媒体的运用和掌控能力日益成为执政水平的重要衡量标准。与此同时，以互联网产业为核心，逐步形成了包括媒体业、电信业、IT业等在内的比较完整的新媒体产业链，产业体系也日趋完善，有力地推动了文化创意产业的发展，成为国民经济的有机组成部分，且生机盎然，潜力巨大。新媒体的文化价值也在不断迸发当中，随着平板电脑、电子阅读器的迅速普及，数字阅读、数字出版势不可当，新媒体的文化传播和社会建设功能日益强大，跨界文化交流与合作的作用更加突出，极大地丰富和满足了人们的精神文化生活需求。从这个层面来说，建设新媒体、发展新媒体，已经不再单单是传媒业的职责，更需要从历史发展的宏观视野与现实的综合因素层面加以考量与谋划。

在全球加速向网络化社会、数字化生存转型的过程中，我国的新媒体建设也与世界同步，与时代同行。目前，我国的网民数量已经超过6亿，手机用户突破了12亿大关，均位居世界第一位，且还处于强劲增长当中。如此庞大用户规模的背后，是我国近年来新媒体征程中一个个开拓的脚印与卓然的成效。在当今中国，我们可以看到，新媒体的作用被普遍认可，新媒体的影响被广泛重视，新媒体的理念深入人心，传统媒体加快向新兴媒体战略转型，各类新媒体机构不断涌现且各具特色。从网络、手机、平板电脑到户外大屏、流动媒体，从主流新闻网站到各类商业网站和专业网站，新技术不断涌现，新功能不断被挖掘，新产品不断推出，呈现出万马奔腾、一日千里之势。

当然，新媒体在我国发展的时间还比较短，在采编、经营、技术、市场、管理、人才等方面还处于探索的阶段，实践过程中出现了诸多困惑与迷思，存在着各种矛盾与冲突，远未成熟。尽管如此，新媒体的蓬勃生机让我们对它的未来充满信心，而这蓬勃生机则是来自创新。创新是新媒体时代永恒的主题，谁能够加强创新，谁就能把握未来。新媒体本身就是创新的产物，创新是新媒体的生命力所在。为此，必须根据党和政府提出的新要求，适应时代的新特点，着力把握受众需求的新变化，着力把握技术突破的新契机，着力把握媒体发展的新态势，进一步创新思想观念、创新体制机制、创新内容生产、创新方式手段，加快新兴媒体建设，大力发展新兴业务，从而更好地贯彻落实中央战略部署，为加强国际传播能力建设、构建先进强大的现代传播体系做出贡献，为促进社会主义文化大繁荣、大发展发挥更加显著的作用。

新媒体是推动社会进步的重要力量，同时也要看到，新媒体是一柄双刃剑，随着新媒体地位和作用的日益增强，其所应承担的责任也越来越重要。从某些意义上讲，新媒体所应承担的社会责任甚至比传统媒体还要更重一些。多年来，我一直强调的一句话就是“网络无改稿”。如果说传统媒体的稿件签发后发现了错误，还有时间和可能予以纠正的话，新媒体的稿件一旦签发，几秒钟之内就可与全球不计其数的受众见面，根本没有时间和可能对稿件进行改正。因此，新媒体的把关责任十分重大，这既是对社会公众负责，也是对新媒体本身负责。在强调和开发新媒体的“媒体功能”的同时，有必要进一步强化其“媒体责任”。

新媒体领域日新月异的发展实践，以及在此过程中出现的矛盾与问题，要求理论研究总结规律、升华认识，并从理论层面加以阐释和指引。中国人民大学新闻学院有几位多年来潜心研究新媒体的专家学者，由他们领衔撰写的这套新媒体丛书，对新媒体的理论、技术、经营管理、业务流程、最新发展动态进行了全面深入的研究，反映了国内外新媒体研究的最新成果，对新媒体的管理者、研究者、学习者及业界从业人员都具有重要的参考价值。本套丛书的出版，相信会有助于推动我国新媒体的快速健康发展。

（作者曾任新华社副社长兼常务副总编辑、新华网董事长）

目 录

第 1 章 互联网发展历史与趋势 …… 001

第 1 节 国外互联网发展简史 …… 001
第 2 节 国内互联网发展简史 …… 006
第 3 节 互联网发展前沿 …… 016

第 2 章 网络传播技术与发展前沿 …… 031

第 1 节 网络传播基本技术 …… 031
第 2 节 网络传播实践技术 …… 034
第 3 节 网络传播前沿技术 …… 045

第 3 章 网络传播方式及影响 …… 060

第 1 节 网络传播的主要方式 …… 060
第 2 节 网络传播的政治影响 …… 067
第 3 节 网络传播的经济影响 …… 074
第 4 节 网络传播的文化影响 …… 079

第 4 章 主要网站类型及特征 …… 088

第 1 节 商业门户网站 …… 088
第 2 节 新闻网站 …… 095
第 3 节 视频网站 …… 100
第 4 节 搜索引擎网站 …… 111

第 5 章 网站及自媒体的商业运营 …… 116

第 1 节 网站运营概述 …… 116
第 2 节 网站运营中的问题及改善途径 …… 121
第 3 节 自媒体的运营 …… 132

第 6 章 网络新闻的评价与管理 …… 142

第 1 节 网络新闻及其类型 …… 142
第 2 节 网络新闻的评价 …… 147
第 3 节 网络新闻信息的管理 …… 151

第7章　网络舆论及其传播规律 …… 160

第1节　网络舆论的形态 …… 160
第2节　网络舆论的传播模式 …… 166
第3节　网络舆论的传播规律 …… 176

第8章　网民及其活跃群体 …… 186

第1节　网民的基本状况 …… 186
第2节　网民的特征 …… 195
第3节　网民中的活跃分子 …… 204

第9章　网络文化与传播特征 …… 221

第1节　网络文化生态的概念、传播特点、构成 …… 221
第2节　网络文化及其传播特点 …… 224
第3节　网络文化生态的协同治理 …… 230

第10章　网络传播研究理论与方法 …… 235

第1节　网络对传统传播理论的冲击 …… 235
第2节　网络传播研究前沿理论 …… 250
第3节　网络传播研究方法前沿 …… 262

第11章　网络管理及其中国特色 …… 272

第1节　我国互联网管理主要机构及其职能 …… 272
第2节　我国政府互联网管理阶段与评价 …… 279
第3节　我国互联网管理模式及其特征 …… 290
第4节　有中国特色的网络管理机制 …… 294

后记 …… 305

第 1 章　互联网发展历史与趋势

互联网（Internet）即计算机交互网络的简称，又称因特网。它是利用通信设备和线路将全世界不同地理位置的、功能相对独立的、数量众多的计算机系统互联起来，以功能完善的网络软件（网络通信协议、网络操作系统等）实现网络资源共享和信息交换的数据通信网。互联网是人类历史发展过程中一个伟大的里程碑，使“地球村”这个概念成为现实。它是未来信息高速公路的雏形，人类将由此进入一个前所未有的信息化社会。

第 1 节　国外互联网发展简史

互联网是在西方发达国家特别是美国的推动下诞生和发展的。国外互联网的发展历程总体上体现了从军用到科研运用再到商用民用的历史轨迹。

一、20 世纪 60—70 年代 ARPAnet 的发展

（一）20 世纪 60 年代包交换技术的理念

1946 年 2 月 14 日，世界上第一台电脑“埃尼阿克”（Electronic Numerical Integrator and Calculator，ENIAC；电子数字积分器与计算器）在美国宾夕法尼亚大学诞生（见图 1 - 1），标志着人类自学会使用工具以来的漫长岁月中，终于拥有了可以部分替代人类脑力劳动的工具，这为后来风行全球的互联网提供了前提。但那时的电脑只供美国军方做些复杂的数学运算，还远远没有达到互联网这个概念的要求。

图 1 - 1　世界上第一台电脑“埃尼阿克”

国际互联网发展中的第一个里程碑是包交换技术思想的提出。1961 年，麻省理工学院（MIT）的伦纳德·克兰罗克（Leonard Kleinrock）博士发表了论文《大型传播网络中的信息流动》，首次提出包交换技术理论（Packet Switching Theory，包交换技术也叫分组交换技术），这是第一份关于互联网构想的文献记载。该技术最终演变为互联网的标准通信方式。克兰罗克博士敏锐地预见了一个以计算机网络为基础的全球通信机制，即通过它，每个人无论在哪里都可以迅速获取自己所需要的数据和程序。这个概念和我们今天的互联网很接近，可以看作早期互联网的萌芽和思想起源。

1962 年，麻省理工学院教授利克莱德（J. C. R. Licklider）和克拉克（W. Clark）发表名为《在线个人计算机传播》的论文，提出分布式社交行为的全球网络概念，是包交换技术理论的进一步发展。

【知识窗】

第二次世界大战期间，美国军方要求宾夕法尼亚大学莫奇来（Mauchly）博士和他的学生爱克特（Eckert）设计以真空管取代继电器的“电子化”电脑“埃尼阿克”，目的是用来计算炮弹弹道。世界上第一台电脑“埃尼阿克”长30.48 米，宽 6 米，高 2.4 米，占地面积约 180 平方米，30 个操作台，重达 30 英吨，耗电量 150 千瓦，造价 48 万美元。它包含了 17 468 根真空管，7 200 根水晶二极管，1 500 个继电器，70 000 个电阻器，10 000个电容器，6 000 多个开关，每秒执行 5 000 次加法或 400 次乘法，是继电器计算机的 1 000 倍、手工计算的 20 万倍。由于吃电很凶，据传“埃尼阿克”每次一开机，整个费城西区的电灯都“黯然失色”。

（二）20 世纪 60 年代 ARPAnet 计划的发展

从某种意义上讲，互联网可以说是美苏冷战的产物。当时美国国防部认为，如果仅有一个集中的军事指挥中枢，那么一旦这个中枢被苏联核武器摧毁将不堪设想。因此，有必要设计出一种分散的指挥系统：当系统的某一部分因遭受攻击而失去工作能力时，系统的其他部分还能维持正常的通信工作。为了实现这一构想，20 世纪 60 年代到 70 年代初，由美国国防部资助，建立了一个在国防部高级研究计划署（Defence Advanced Research Projects Agency，DARPA）领导下的 ARPAnet（阿帕网），这个网络仅连接了四台计算机（加利福尼亚大学洛杉矶分校、加利福尼亚大学圣塔芭芭拉分校、斯坦福大学，以及位于盐湖城的犹他州立大学的计算机主机），供科学家们进行计算机联网实验使用。

ARPAnet 于 1969 年投入使用，主要用于军事研究，采用的就是以往科学家提出的分组交换技术。这种技术能够保证：如果这四所大学之间的某一条通信线路因某种原因被切断（如遭受核打击），信息仍然能够通过其他线路在各主机之间传递。

到 1972 年时，ARPAnet 上的网点数已经达到 40 个，这 40 个网点彼此之间可以发送小文本文件（当时称这种文件为电子邮件，以“@”为代表符号，也就是我们现在的 E-mail）和利用文件传输协议发送大文本文件，包括数据文件（即现在互联网中的 FTP），同时也发现了通过把一台电脑模拟成另一台远程电脑的一个终端而使用远程电脑上资源的方法，这种方法被称为 Telnet。由此可见，E-mail、FTP 和 Telnet 是互联网上较早出现的重要应用，特别是E-mail

仍然是目前互联网上最主要的应用。

（三）20世纪70年代通信传输协议的制定

国际互联网发展中的第二个里程碑是通信传输协议（TCP/IP）的制定。互联网络其实有多种类型，诸如卫星传输网络、地面无线电传输网络等等。信息的传输在同类型的网络内部不存在任何问题，但要在不同类型的网络之间进行信息传输却存在很大困难。为了解决这个问题，美国国防部高级研究计划署（DARPA）研究人员卡恩（Kahn）在1972年提出了开放式网络架构思想，并根据这一思想设计出沿用至今的TCP/IP协议标准。

1972年，ARPAnet在首届国际计算机通信会议（ICCC）上首次与公众见面，并验证了分组交换技术的可行性。ICCC大会认为高级联网技术需要进一步共同合作，于是在10月成立了国际网络工作组（INWG），加利福尼亚大学洛杉矶分校的文顿·瑟夫（Vinton Cerf）被指定担任第一届主席。

1974年卡恩和文顿·瑟夫提出了互联网最关键的两个通信协议——TCP/IP协议，即网际互联协议（Internet Protocol，IP）和传输控制协议（Transmission Control Protocol，TCP）。其中，IP是基本的通信协议，TCP是帮助IP实现可靠传输的协议，由此定义了在电脑网络之间传送信息的方法。现在我们说一个网络是否属于互联网，关键看它在通信时是否采用TCP/IP协议。TCP/IP协议是一种开放性和兼容性的标准，这是互联网之所以发展到现在如此蔚为壮观的决定性因素。因此，卡恩和瑟夫也被誉为“互联网之父”。

二、20世纪80年代NSFnet的变革

（一）20世纪80年代NSFnet的科研运用阶段

20世纪80年代初，ARPAnet取得了巨大成功，但没有获得美国联邦机构合同的学校仍不能使用。为解决这一问题，美国国家科学基金会（NSF）鼓励大学和研究机构共享这四台非常昂贵的计算机主机，希望通过计算机网络把各大学、研究所的计算机和这四台巨型计算机连接起来。开始的时候，他们想利用现成的ARPAnet。不过他们最终发现，与美国军方打交道并不容易，于是决定利用ARPAnet开发出来的TCP/IP协议，自己出资建立一个提供给各大学计算机系使用的计算机科学网（CSNet）。

20世纪80年代中期，为了满足各大学及政府机构研究工作的迫切要求，NSF在全美建立了五个超级计算机中心（普林斯顿大学的JVNC、匹兹堡大学的PSC、加利福尼亚大学圣迭哥分校的SDSC、伊利诺伊大学的NCSA、康奈尔大学的Theory Center），为所有用户提供强大的计算能力。这掀起了一个与互联网连接的高潮，尤其是各大学。1980—1986年，仅用七年时间，互联网就覆盖了数以百计的单个网络，连接了近2万台分布于大学、政府机构和合作实验室的计算机。

1986年，NSFnet初步形成了一个由骨干网、区域网和校园网组成的三级网络。到了1987年，NSF公开招标来维护NSFnet的升级、营运和管理，结果IBM、MCI和由多所大学组成的非营利性机构Merit获得NSF的合同。新生的NFSnet于1990年6月彻底取代了ARPAnet而成为互联网的主干网。

（二）20世纪90年代NSFnet的社会商用阶段

NSFnet对互联网的最大贡献是使互联网向全社会开放，而不像以前那样仅供计算机研究人员和政府机构使用。1990年9月，由Merit、IBM和MCI公司联合建立了一个非营利的组

织——先进网络与科学公司（Advanced Network & Science Inc.，ANS）。ANS的目的是建立一个全美范围的T3级主干网，它能以45Mbps的速率传送数据。到1991年年底，NSFnet的全部主干网都与ANS提供的T3级主干网相连通。NSFnet的正式运营以及与其他已有和新建网络连接的实现，开始真正成为互联网的基础。

从1995年5月开始，多年资助互联网研究开发的NSF退出互联网，把NSFnet的经营权转交给美国三家最大的私营电信公司（即Sprint、MCI和ANS）。由此，国际互联网在基础设施领域的商业化进程进入了快速发展时期。互联网的第二次飞跃归功于互联网的商业化，这是互联网发展史上的重大转折。

三、20世纪90年代万维网的出现

国际互联网史上第三个里程碑事件是万维网（World Wide Web，WWW）技术的出现。早期在网络上传输数据信息或者查询资料需要在电脑上进行许多复杂的指令操作，只有那些对电脑精通的技术人员才能熟练运用这些操作。加之当时软件技术并不发达，软件界面过于简单，电脑对于多数人还是一种高深莫测的神秘之物，因而当时“上网”只是局限在高级技术研究人员这一专业群体内。

万维网是人类历史上目前为止影响最深远、最广泛的传播媒介。今天，万维网使得全世界的人们以史无前例的巨大规模相互交流。此后，互联网终于迎来了大众时代。

（一）伯纳斯-李的万维网开发

1991年，欧洲粒子物理研究所（CERN）的蒂姆·伯纳斯-李（Tim Berners-lee）开发出了万维网以及简单的浏览器软件。万维网是互联网上集文本、声音、图像、视频等多媒体信息于一身的全球信息资源网络，是互联网的重要组成部分。浏览器（Browser）是用户通向万维网的桥梁和获取万维网信息的窗口。通过浏览器，用户可以在浩瀚的互联网海洋中漫游、搜索和浏览自己感兴趣的所有信息。它的主要功能是采用一种超文本格式（Hypertext）把分布在网上的文件链接在一起。这样，用户可以很方便地在大量排列无序的文件中调用自己所需的文件。

你怎么看

如果蒂姆·伯纳斯-李为自己发明的万维网申请了知识产权，互联网世界将会是什么样子？你知道互联网和万维网有什么区别吗？

【知识窗】 什么是HTML5？

2014年10月29日，万维网联盟宣布，第5代HTML（简称H5）标准规范终于制定完成。H5不再只是一种标记语言，它为下一代互联网提供了全新的框架和平台，像H5工具互动大师提供免插件的音视频、图像动画、本地存储以及更多酷炫而且重要的功能，并使这些应用标准化和开放化，从而使互联网也能够轻松实现类似桌面的应用体验。

H5最显著的优势在于跨平台性。比如用互动大师搭建的站点与应用可以兼容PC端与移动端、Windows与Linux、安卓与iOS。它可以轻易地移植到各种不同的开放平台、应用平台上，打破各自为政的局面。

（二）马克·安德里森的Mosaic开发

1993年，伊利诺伊大学美国国家超级计算机应用中心的学生马克·安德里森（Marc Andreessen）等人开发出真正的浏览器Mosaic。该软件除了具有方便人们在网上查询资料的功能，还有一个重要功能，即支持图像呈现，从而使得网页的浏览更具直观性和人性化。1994年，该软件经过修正后被命名为网景导航者（Netscape Navigator）推向市场。微软获知这一资讯后，迅速于1995年把Spyglass公司开发的Mosaic版本变为微软的互联网浏览器（Internet Explorer，IE），并与Windows 95操作系统捆绑发售。随着技术的发展，网页浏览还具有支持动态的图像传输、声音传输等多媒体功能，这就为网络电话、网络电视、网络会议、网络购物等新型、便捷、费用低廉的通信传输工具创造了有利条件，从而适应了未来电子商务活动的蓬勃发展。

【案例】 微软IE浏览器的20年成长史

为了与当时的巨头网景公司抗衡，1995年微软与开发Mosaic网页浏览器的Spyglass公司合作推出了IE浏览器，几个月后即模仿网景浏览器推出IE 2.0。1996年8月发布的IE 3.0，是第一款真正让网景感到威胁的浏览器。1997年，微软将IE 4.0集成于Windows操作系统，此举使得网景的份额大幅流失给微软，并最终倒闭。1999年，IE 5.0占领全球80%以上的市场。2006年是个重要转折点，*PC World*杂志评选出“史上最糟糕的科技产品”，其中IE 6.0名列第八位，由此进入了被全球网民吐槽的时代。2006年，IE 7.0终于在千呼万唤中亮相，安全性有了大幅度提升，但市场份额逐渐下降。2009年，IE 8.0得到进一步改善，但最大的两个竞争对手Mozilla Firefox和谷歌Chrome已全面占据市场。虽然经过2011—2013年连续更新版本，最后版本IE 11.0始终未能夺回曾经流失的市场份额。2015年3月，微软宣布将全面放弃IE浏览器，拟为Windows 10中全新开发的Project Spartan浏览器让路。

IE从诞生到宣布全面放弃，刚好经历了20年。

四、21世纪Web 2.0、Web 3.0的兴起

全球互联网自20世纪90年代进入商用以来，目前已经成为当今世界推动经济发展和社会进步的重要信息基础设施。全球互联网内容和服务市场发展活跃，形成了一批具有全球影响力的网络内容提供商或应用提供商，如谷歌（Google）、雅虎（Yahoo）、亿贝（eBay）、脸书（Facebook）、维基（Wiki）等。这些代表性的互联网公司是互联网技术不断更新换代的产物。当今，Web 1.0、Web 2.0、Web 3.0甚至Web 4.0等互联网技术概念引起人们的广泛关注。Web 1.0、Web 2.0和Web 3.0的主要特征如表1-1所示。

表1-1 Web 1.0、Web 2.0和Web 3.0的主要特征

	带宽（流量）	内容提供方式	传播载体	主要应用
Web 1.0	拨号上网 50K平均带宽	平移传统媒体的大众传播，以编辑、发布信息为中心	以文字、图片为主	门户网站的新闻栏目、报纸电子版

续前表

	带宽（流量）	内容提供方式	传播载体	主要应用
Web 2.0	1M 平均带宽	互动传播，开始以个人为中心，用户创造内容	以文字、图片、音频为主	BBS、微博、博客、SNS、IM、搜索引擎
Web 3.0	10M 平均带宽，全视频	强调 Me 传播，以个人为中心	以视频为主	个人门户网站、云计算、互联网开放平台

从表1-1可见，Web 1.0 的主要特征是：宽带方面，拨号上网，平均带宽 50K；内容提供方面，平移传统媒体的大众传播，以编辑、发布信息为中心；传播载体方面，以文字、图片为主；主要应用方面，以商业门户网站的新闻栏目、报纸电子版为代表。

Web 2.0 的主要特征是：宽带方面，平均带宽 1M；内容提供方面，强调互动传播，开始以个人为中心，用户创造内容（UGC）；主要应用方面，电子公告板（BBS）、微博、博客、社交网站（SNS）、即时通信（IM）、搜索引擎等。

Web 3.0 的主要特征是：带宽方面，10M 平均带宽；内容提供方面，强调 Me 传播，以个人为中心；主要应用方面，以个人门户网站、云计算与互联网开放平台为主。

【知识窗】 Web 4.0 的主要特征

网络媒体从 PC 端走向了多元化的终端，从室内走向了室外，网络无处不在，随时随地可以访问网络。其实质是机器的网络和人际的网络的融合，是知识分配系统。其精髓是价值回归和沟通方式的回归。虚拟社会和现实社会的鸿沟将被填平。

第 2 节 国内互联网发展简史

尽管互联网诞生在国外发达国家，我国作为一个发展中国家在互联网的开发上也晚于西方发达国家，但从 20 世纪 80 年代以来，我国在互联网的建设上显示了小步快走、逐步推进的特点。总体上，互联网在我国的发展历程大致可以分为三个阶段。①

一、20 世纪 80 — 90 年代中期的研究探索阶段

我国的互联网发展始于高校教育及少数研究所的局部网络建设，初期的研究领域集中在电子邮件方面。在此期间，中国一些科研部门和高等院校开始研究 Internet 联网技术，并开展了相关科研课题和科技合作。但是此阶段的网络应用仅限于小范围内的电子邮件服务，而且仅为少数高等院校、研究机构提供电子邮件服务。使用网络站点的过程经历了与国外联网和国内自主建网的阶段。

① 相关资料主要参考中国互联网络信息中心（CNNIC）的《中国互联网发展大事记》（http：//www.cnnic.cn/research/）。

（一）与国外联网

我国与国外联网的进展经历了曲折的过程。我国最早使用 Internet 是从 1986 年开始的。当时北京市计算机应用技术研究所实施的国际联网项目——中国学术网（CANET）启动。国内的一些科研单位起初通过长途电话拨号到欧洲的一些国家进行联机数据检索，不久就能通过拨号上网与这些国家进行电子邮件网络通信。

1987 年 9 月，中国学术网在北京计算机应用技术研究所内正式建成中国第一个国际互联网电子邮件节点，并于同年 9 月 20 日发出了中国第一封电子邮件即"Across the Great Wall，we can reach every corner in the world"（越过长城，走向世界），揭开了中国人使用互联网的序幕。

1988 年年初，中科院高能物理研究所的 DECnet 成为 CERN 的 DECnet 的延伸，实现了计算机国际远程联网以及与欧洲和北美地区的电子邮件通信。同年 12 月，清华大学校园网与加拿大的不列颠哥伦比亚大学连接，开通了电子邮件应用。1989 年 5 月，中国研究网（CRN）通过当时邮电部的 X. 25 试验网（CNPAC）实现了与德国研究网（DFN）的互联。

这个时期我国采用的是直接利用国外网络的方式来进行通信，我国也努力使网络连接不受或少受外国限制，进而实现真正的国际化无障碍沟通。

1990 年起，我国开始利用欧洲国家的计算机作为网点，在 X. 25 网与互联网之间进行转接，使我国 CNPAC 科技用户实现了与互联网用户的 E-mail 通信。同年 11 月注册登记了我国的顶级域名 CN，并且从此开通了使用中国顶级域名的国际电子邮件服务。但是当时我国还未能正式接入互联网，所以委托德国卡尔斯鲁厄大学运行 CN 域名服务器。

1992 年 6 月，在日本神户举行的 INET'92 年会上，中国科学院钱华林研究员约见美国国家科学基金会国际联网部负责人，第一次正式讨论中国连入 Internet 的问题，但被告知，由于网上有很多美国的政府机构，中国接入 Internet 有政治障碍。1993 年 6 月，中关村地区教育与科研示范网络（NCFC）专家们在 INET'93 会议和国际互联网研究协会（CCIRN）会议上利用各种机会重申了中国连入 Internet 的要求，且就此问题与国际 Internet 界人士进行商议。INET'93 会议后，钱华林研究员参加了 CCIRN 会议，其中一项议程专门讨论中国连入 Internet 的问题，获得大部分到会人员的支持。这次会议对中国能够最终真正连入 Internet 起到了很大的推动作用。

1993 年 3 月 2 日，中国科学院高能物理研究所租用美国电话电报公司（AT & T）的国际卫星信道接入美国斯坦福线性加速器中心（SLAC）的 64K 专线正式开通。专线开通后，美国政府以 Internet 上有许多科技信息和其他各种资源不能让社会主义国家分享为由，只允许这条专线进入美国能源网。尽管如此，这条专线仍是中国部分用户连入 Internet 的第一条专线。这条专线使得电子邮件通信能力大大提高，且费用大大降低，促进了互联网的部分功能在中国的应用。

1994 年 4 月 20 日，NCFC 工程通过美国 Sprint 公司连入 Internet 的 64K 国际专线开通，实现了与 Internet 的全功能连接。从此中国被国际上正式承认为真正拥有全功能 Internet 的国家。

1994 年 5 月 21 日，在钱天白教授和德国卡尔斯鲁厄大学的协助下，中国科学院计算机网络信息中心完成了中国国家顶级域名（CN）服务器的设置，结束了中国的 CN 顶级域名服务器一直放在国外的历史。

（二）国内自主建网

我国网络建设最初集中在学术研究领域。1989 年 10 月，国家计委利用世界银行贷款的重点学科项目（国内命名为“中关村地区教育与科研示范网络”，世界银行命名为“National Computing and Networking Facility of China”，NCFC）正式立项。当时立项的主要目标就是通过北京大学、清华大学和中国科学院三个单位的合作，搞好NCFC主干网和三个院校网的建设。1992年12月底，清华大学校园网（TUNET）建成并投入使用，这是中国第一个采用TCP/IP体系结构的校园网。同年年底，NCFC工程的三个院校网全部建设完成。

1994年5月15日，中国科学院高能物理研究所设立了国内第一个Web服务器，推出中国第一套网页，内容除介绍中国高科技发展外，还有一个栏目叫“Tour in China”。此后，该栏目开始提供包括新闻、经济、文化、商贸等更为广泛的图文并茂的信息，并改名为“中国之窗”。

1994年5月，国家智能计算机研究开发中心开通曙光BBS站，这是中国内地的第一个BBS站。

1994年8月，由国家计委投资、国家教委主持的中国教育和科研计算机网（CERNET）正式立项。该项目的目标是利用先进实用的计算机技术和网络通信技术，实现校园间的计算机联网和信息资源共享，并与国际学术计算机网络互联，建立功能齐全的网络管理系统。

二、20世纪90年代中期到末期的实际应用阶段

在我国被国际上正式承认有Internet后，以及国内局部网络建设取得初步成效后，互联网建设事业不断从北京向外辐射，规模不断扩大。在国家强大的经济与技术条件支持下，我国的互联网也走向了更加广泛的应用领域。

这一阶段的应用涉及教育、科研、商务、政务、证券、计算机信息产业（包括信息生产、软件生产等子产业）及其他具体应用领域。其中教育领域的中国教育和科研计算机网（CERNET）、科技领域的中国科学技术网（CSTNET）、计算机网络公用领域的中国公用计算机互联网（CHINANET）和经济领域的中国金桥信息网（CHINAGBN）堪称这一实际应用阶段的四大网络工程。

（一）教育领域

重点建设的网络系统：中国教育和科研计算机网。

1994年7月初，由国家计委投资、国家教委主持，并由清华大学等六所高校建设的“中国教育和科研计算机网（CERNET）”试验网开通，并通过NCFC的国际出口与Internet互联，这是中国首个全国性的TCP/IP网络。1995年1月，由国家教委主管主办的《神州学人》杂志，经中国教育和科研计算机网（CERNET）进入Internet，向广大在外留学人员及时传递新闻和信息，成为中国第一份中文电子杂志。1995年7月，CERNET第一条接连美国的128K国际专线开通，连接北京、上海、广州、南京、沈阳、西安、武汉、成都八个城市的CERNET主干网DDN信道同时开通，并实现与NCFC互联。12月，这项由中国自行设计、建设的网络示范工程建设完成。

（二）科技领域

重点建设的网络系统：中国科学技术网。

1995年3月，中国科学院完成上海、合肥、武汉、南京四个分院的远程连接，开始了将Internet向全国扩展的第一步。4月，中国科学院启动京外单位联网工程（简称“百所联网”工程）。其目标是在北京地区已经入网的30多个研究所的基础上把网络扩展到全国24个城市，

实现国内各学术机构的计算机互联并和Internet相连。它连接了全国12个分院、100多个研究所，用户超过一万人。在此基础上，网络不断扩展，逐步连接了中国科学院以外的一批科研院所和科技单位，成为一个面向科技用户、科技管理部门及与科技有关的政府部门提供服务的全国性网络，并改名为“中国科学技术网”(CSTNET)。12月，这项工程建设完成。

(三) 计算机网络公用领域

重点建设网络：中国公用计算机互联网。

1994年9月，邮电部电信总局与美国商务部签订中美双方关于国际互联网的协议，中国公用计算机互联网（CHINANET）的建设开始启动。1995年1月，邮电部电信总局分别在北京、上海开通由Sprint公司接入美国的64K专线。5月，中国电信开始筹建中国公用计算机互联网全国骨干网，并于1996年1月正式提供服务。CHINANET作为商用网向社会公众提供服务，标志着中国Internet的发展进入商用阶段。由此，各地纷纷建设它的骨干网，对中国互联网的商业化发展起到很大作用。1996年9月22日，全国第一个城域网——上海热线正式开通试运行。此后，全国各地以“信息港”“热线”或“视窗”为关键词命名的城域网纷纷兴起。

(四) 经济领域

重点建设网络：中国金桥信息网。

1993年3月，朱镕基副总理主持会议，提出和部署建设国家公用经济信息通信网（简称“金桥工程”）。8月，李鹏总理批准使用300万美元总理预备费支持启动金桥前期工程建设。1994年6月8日，国务院办公厅向各部委、各省市明传发电《国务院办公厅关于“三金工程”有关问题的通知》(国办发明电〔1994〕18号），“三金工程”即金桥、金关、金卡工程①。自此，金桥前期工程建设全面展开。1995年8月，金桥工程初步建成，在24个省市开通联网（卫星网），并与国际网络实现互联。

三、21世纪初以来的快速发展阶段

2019年8月30日，中国互联网络信息中心（CNNIC）发布《第44次中国互联网络发展状况统计报告》。报告显示，截至2019年6月，中国网民规模达8.54亿，互联网普及率为61.2%，2019年上半年新增网民2 984万人。中国网民中农村网民占比26.3%，规模达2.25亿，较2018年年底增长305万。中国手机网民规模达8.47亿，占比为99.1%。中国网民通过台式电脑和笔记本电脑接入互联网的比例分别为46.2%和36.1%；平板电脑上网的比例为28.3%；网络电视使用率为33.1%。2019年上半年，网络支付、网络购物、网络新闻用户规模分别达到6.33亿、6.39亿和6.86亿。

---

① 金桥工程属于信息化的基础设施建设，是中国信息高速公路的主体。金桥网是国家经济信息网，它以光纤、微波、程控、卫星、无线移动等多种方式形成空、地一体的网络结构，建立起国家公用信息平台。其目标是：覆盖全国，与国务院部委专用网相连，并与31个省、自治区、直辖市及500个中心城市、1.2万个大中型企业、100个计划单列的重要企业集团以及国家重点工程联结，最终形成电子信息高速公路大干线，并与全球信息高速公路互联。金关工程即由海关总署等12个部委牵头建立电子口岸中心（又称“口岸电子执法系统”），利用现代信息技术，借助国家电信公网，将外经贸、海关、工商、税务、外汇、运输等部门分别掌握的进出口业务信息流、资金流、货物流的电子底账数据，集中存放在一个公共数据中心，各行政管理机关可以进行跨部门、跨行业的联网数据核查，企业可以上网办理出口退税、报关、进出口结售汇核销、转关运输等多种进出口手续。金卡工程即从电子货币工程起步，计划用10多年的时间，在城市3亿人口中推广普及金融交易卡，实现支付手段的革命性变化，从而跨入电子货币时代，并逐步将信用卡发展成为个人与社会的全面信息凭证，如承载个人身份、经历、储蓄记录、刑事记录等信息。

进入21世纪的20年来，我国互联网在国家信息化网络、政府上网工程、网络商业运作、网络媒体等方面得到持续快速的发展。

（一）国家信息化网络的建设

1997年4月18日至21日，全国信息化工作会议在深圳市召开。会议确定了国家信息化体系的定义、组成要素、指导方针、工作原则、奋斗目标和主要任务，并通过了“国家信息化‘九五’规划和2000年远景目标”。6月3日，中科院计算机网络信息中心组建了中国互联网络信息中心（CNNIC），行使国家互联网络信息中心的职责。同日，国务院信息化工作领导小组办公室宣布成立中国互联网络信息中心工作委员会。

1998年3月，第九届全国人民代表大会第一次会议批准成立信息产业部，主管全国电子信息产品制造业、通信业和软件业，推进国民经济和社会服务信息化。

1999年12月23日，国家信息化工作领导小组成立，并将国家信息化办公室改名为国家信息化推进工作办公室。

2000年10月11日，中国共产党第十五届中央委员会第五次全体会议就信息化建设作出重大决策，全会审议并通过的《中共中央关于制定国民经济和社会发展第十个五年计划的建议》明确指出：“大力推进国民经济和社会信息化，是覆盖现代化建设全局的战略举措。以信息化带动工业化，发挥后发优势，实现社会生产力的跨越式发展。”

2001年7月29日，信息产业部公布国家信息化指标构成方案，作为当前国家和地区信息化水平量化分析和管理的依据和手段。9月7日，《信息产业“十五”规划纲要》正式发布，这是国家确立信息化重大战略后的第一个行业规划。

2005年11月3日，温家宝总理主持召开国家信息化工作领导小组第五次会议，审议并原则通过“国家信息化发展战略（2006—2020）”。2006年11月16日，全国公安信息化建设项目“金盾工程”在北京正式通过国家竣工验收。

2008年3月11日，第十一届全国人民代表大会第一次会议批准设立工业和信息化部（简称工信部），将原信息产业部和原国务院信息化工作办公室的职责划给工业和信息化部。工业和信息化部成为我国互联网的行业主管部门。

2010年1月13日，国务院总理温家宝主持召开国务院常务会议，决定加快推进电信网、广播电视网和互联网三网融合。6月30日，国务院三网融合工作协调小组审议批准，确定了第一批三网融合试点地区（城市）名单，包括北京、大连、哈尔滨、上海、南京在内的12个省会及重点城市。2011年12月30日，首批12个城市试点效果良好，第二批试点城市扩展到天津、重庆、宁波等共计42个直辖市、省会城市和重点城市。2015年9月4日，国务院办公厅印发《三网融合推广方案》，加快在全国全面推进三网融合，推动信息网络基础设施互联互通和资源共享。

三网融合还在逐渐发展中，四网融合就已经开始试点了。增加的一网是国家电网，目前国家电网已经和包括中国联通、中国移动、中国电信等在内的运营商合作，推出各项服务，包括无线电力抄表、路灯控制、设备监控、负荷管理、智能巡检、移动信息化管理等。未来四网融合的基础设施建设值得期待。

你怎么看

三网融合、四网融合给老百姓带来哪些实惠？

2014年2月27日，中央网络安全和信息化领导小组成立，中共中央总书记、国家主席、中央军委主席习近平亲自担任组长。该领导小组着眼于国家安全和长远发展，统筹协调涉及经济、政治、文化、社会及军事等各个领域的网络安全和信息化重大问题，研究制定网络安全和信息化发展战略、宏观规划和重大政策，推动国家网络安全和信息化法治建设，不断增强安全保障能力。

2016 年 7 月 27 日，由中共中央办公厅、国务院办公厅印发的《国家信息化发展战略纲要》正式出台，这是我国为了以信息化驱动现代化，建设网络强国而制定的法规。该战略纲要对国家信息化发展的基本形势进行了概述，进一步明确了未来 10 年我国国家信息化发展战略目标和基本方针，提出了要大力增强信息化发展能力、着力提升经济社会信息化水平、不断优化信息化发展环境等具体的实现路径。同年 12 月 15 日，国务院出台《“十三五”国家信息化规划》，是对《国家信息化发展战略纲要》的进一步贯彻落实，成为我国信息化领域规范、政策制定的重要依据。

2018 年 2 月 28 日中国共产党第十九届中央委员会第三次全体会议审议通过了《中共中央关于深化党和国家机构改革的决定》和《深化党和国家机构改革方案》，中央网络安全和信息化领导小组改为中央网络安全和信息化委员会，其办事机构为中央网络安全和信息化委员会办公室，优化中央网络安全和信息化委员会办公室职责，将国家计算机网络与信息安全管理中心由工业和信息化部管理调整为由中央网络安全和信息化委员会办公室管理。

（二）政府上网工程的推进

互联网在满足公众知情要求等方面的作用日益凸显，促进了政府信息公开。

1999 年 1 月 22 日，由中国电信和国家经贸委经济信息中心牵头，联合 40 多家部委（办、局）信息主管部门在京共同举办“政府上网工程启动大会”，倡议发起了“政府上网工程”，政府上网工程主站点 www.gov.cn 开通试运行。

2006 年 1 月 1 日，中华人民共和国中央人民政府门户网站正式开通。该网站是国务院和国务院各部门，以及各省、自治区、直辖市人民政府在国际互联网上发布政务信息和提供在线服务的综合平台。

2006 年 3 月 19 日，国家信息化工作领导小组印发《国家电子政务总体框架》，制定了构建国家电子政务总体框架的要求与目标，描绘了我国电子政务总体结构形态，指出了我国电子政务未来一个阶段的价值取向和发展方向。2007 年 9 月 30 日，国家电子政务网络中央级传输骨干网正式开通，这标志着统一的国家电子政务网络框架基本形成。

2006 年，温家宝总理在“两会”新闻发布会上回复网友言论，表达了政府重视网络舆论和民间建言的务实姿态。网络问政的兴起使民众参与度更上了一个层次。2008 年 6 月 20 日，胡锦涛总书记视察人民日报社并亲自在人民网“强国论坛”与网友实时在线交流。紧接着，温家宝总理做客中国政府网和新华网与网民在线交流。中国的网络问政开始全面展开。各地党委政府和各级党政领导纷纷“触网”，政务博客、政务微博等网络问政平台越来越成为重要的政治沟通渠道。

国务院新闻办公室 2010 年 6 月 8 日发布的《中国互联网状况》白皮书介绍，截至 2009 年年底，中国已建立政府门户网站 4.5 万多个，75 个中央和国家机关、32 个省级政府、333 个地级市政府和 80%以上的县级政府建立了电子政务网站。

2015 年 3 月 5 日十二届全国人大三次会议上，国务院总理李克强在作 2015 年政府工作报告时，首次提出制订“互联网＋”行动计划。我国“互联网＋”将与多个领域进一步融合，其中“互联网＋政务”作为一个新兴领域呈现出方兴未艾之势。“互联网＋政务”是提升政府治理能力、创新社会管理范式和改善民生服务质量的重要路径，是政府提升市场监管能力、开放激活社会创新活力的集中体现。

2018年4月，国务院办公厅印发了《2018年政务公开工作要点》，更是强调了要继续加快各级政府以及各部门网上政务大厅的建设速度，尽快实现“一网通”的服务目标。截至2019年6月，我国297个地级行政区政府已开通了“两微一端”等新媒体传播渠道，总体覆盖率达88.9%。我国在线政务服务用户规模达5.09亿，占网民整体的59.6%。

政务微博继续呈现快速发展态势。《第44次中国互联网络发展状况统计报告》显示，截至2019年6月，经过新浪平台认证的政务机构微博为13.9万个。我国31个省（区、市）均已开通政务机构微博，形成了从中央到地方，覆盖不同级别、不同职能部门的政务微博矩阵。其中，河南省各级政府共开通政务机构微博10 256个，居全国首位；其次为广东省，共开通政务机构微博9 842个。政务微博在社会管理创新、政府信息公开、网络舆论引导、倾听民众呼声、树立政府形象、群众政治参与等方面起到了积极的作用。

政务微信作为重要的移动政务服务平台，也崭露头角、异军突起。2014年10月，国家互联网信息办公室下发通知，要求全国各地网信部门推动党政机关、企事业单位和人民团体积极运用即时通信工具开展政务信息服务工作。《第44次中国互联网络发展状况统计报告》显示，截至2019年6月，微信城市服务累计用户数达6.2亿。政务微信全面覆盖中国31个省、自治区、直辖市的党政部门、直属事业单位和社会团体。同时，政务服务正不断向移动端延伸。2019年6月，由国务院办公厅主办的“国家政务服务平台”微信小程序正式上线。这是首个全国性政务服务微信小程序，可在线向用户提供查询、缴费等200多项政务服务。公安部于2019年8月1日正式上线了“互联网+政务服务”平台，通过网站、App、公众号、小程序，将服务的入口从线下移到线上，运用互联网思维，最大限度地简化群众办事流程。

2018年4月，首批政务短视频账号在抖音推出，随后引发热潮，许多党政机关和事业单位纷纷入驻抖音，使用短视频来发布信息和互动交流，抖音这一现象级短视频产品成为政务和媒体信息传播的新平台，2018年因而被称为“政务抖音元年”。字节跳动发布的《2018抖音大数据报告》显示，截至2018年12月，共有5 724个政务号和1 344个媒体号入驻抖音，政务号领域前五分别为法院、公安警察、文化旅游、交通警察和地方发布。其中，四平警事的抖音粉丝数超1 000万，为政务号粉丝量第一名。

除了微博微信之外，不少政府机构建立了自己的政务头条号。《第44次中国互联网络发展状况统计报告》显示，截至2019年6月，各级政府共开通政务头条号81 168个，较2018年年底增加2 988个。我国31个省（区、市）均已开通政务头条号。其中，开通政务头条号数量最多的省份为山东，共开通8 241个政务头条号；开通数量在3 000个以上的省份有7个。典型代表如上海发布、中央纪委国家监委网站、中国气象局等。

你怎么看

你关注了哪些政务微博或政务微信？觉得哪个政务微博或微信让你印象深刻？目前普遍存在的问题有哪些？

【知识窗】 互联网+

“互联网+”战略是全国人大代表、腾讯董事会主席兼CEO马化腾2015年向全国人大提出的四个建议之一，马化腾解释说，“互联网+”战略就是利用互联网的平台，利用信息通信技术，把互联网和包括传统行业在内的各行各业结合起来，在新的领域创造一种新的生态。

2015年3月5日，李克强总理在政府工作报告中首次提出“互联网+”行动计划。“互联网+”提出的背景与思路，有点类似美国的工业互联网理念。李克强在政府工作报告中提出，“制订‘互联网+’行动计划，推动移动互联网、云计算、大数据、物联网等与现代制造业结合，促进电子商务、工业互联网和互联网金融健康发展，引导互联网企业拓展国际市场”。简单地说就是“互联网+××传统行业=互联网××行业”，虽然实际的效果绝不是简单的相加。在实际应用业务中，这一概念涵盖了互联网+工业、金融、商贸、智慧城市、通信、交通、民生、旅游等行业。①

（三）网络商业运作的逐渐成熟

1999年7月12日，中华网在纳斯达克首发上市，这是在美国纳斯达克（NASDAQ）第一个上市的中国概念网络公司股。同年9月6日，中国国际电子商务应用博览会在北京举行。本届博览会由外经贸部和信息产业部主办，是首次由中国政府举办的电子商务应用博览会。招商银行率先在国内全面启动“一网通”网上银行服务，成为国内首先实现全国联通“网上银行”的商业银行。

2000年1月17日，信息产业部正式同意由中国国际电子商务中心组建中国国际经济贸易互联网（简称中国经贸网，CIETnet）。

2000年7月7日，由国家经贸委、信息产业部指导，中国电信集团公司与国家经贸委经济信息中心共同发起的“企业上网工程”正式启动。

2004年，手机服务供应商掌上灵通、TOM互联网集团、盛大网络、腾讯公司、空中网、前程无忧网、金融界、e龙、华友世纪和第九城市（简称“九城”）等网络公司纷纷在海外上市。中国互联网公司开始了自2000年以来的第二轮境外上市热潮。2005年8月5日，百度公司在美国纳斯达克挂牌上市。2007年，腾讯、百度、阿里巴巴市值先后超过100亿美元。中国互联网企业跻身全球最大互联网企业之列。

2007年6月1日，国家发展和改革委员会、国务院信息化工作办公室联合发布我国首部电子商务发展规划——《电子商务发展“十一五”规划》，首次在国家政策层面确立了发展电子商务的战略和任务。

2009年商务部发布《关于加快流通领域电子商务发展的意见》，要求各地商务部门扶持电子商务发展，并提出到“十二五”期末，力争网络购物交易额占我国社会消费品零售总额的比重提高到5%以上。

2009年1月，工业和信息化部正式宣布3G牌照发放，中国联通联手苹果公司引进iPhone，这为网络经济发展注入了新鲜活力，中国正式进入3G元年。

2010年起，乐视网、酷6网、土豆网、优酷网等视频网站掀起第三次上市热潮。

2012年3月27日，为全面贯彻《2006—2020年国家信息化发展战略》《国民经济和社会发展第十二个五年规划纲要》和《国务院办公厅关于加快电子商务发展的若干意见》，工业和

① 参见 http://economy.caijing.com.cn/20150305/3832729.shtml；http://baike.baidu.com/link?url=9JR3HdTdzm2Li9eVAq SAB_iWzxI1yO3kQ0s4eD6XmxoVUxDaOOzeJ45kcucCe_c2SyVGtFxTrCcTCNQsQ9 SKl_#reference-[5]-11323226-wrap。

信息化部制定了《电子商务“十二五”发展规划》。

2014年5月，京东在美国纳斯达克正式挂牌上市，是中国第一个成功赴美上市的大型综合型电商平台。2014年，京东市场交易额达到2 602亿元人民币，净收入达到1 150亿元人民币。

美国时间2014年9月19日上午，阿里巴巴正式在纽交所挂牌交易，股票代码为BABA。截至当天收盘，阿里巴巴股价暴涨25.89美元，报收93.89美元，较发行价68美元上涨38.07%，市值达2 314.39亿美元，超越Facebook成为仅次于谷歌的全球第二大互联网公司。

2014年9月，全球互联网公司十强中，中国占了四家（阿里巴巴、腾讯、百度、京东），中国已成为名副其实的互联网大国。

2018年，全球互联网公司二十强中，中国占据八强。上榜企业分别为阿里巴巴（第6名）、腾讯（第7名）、蚂蚁金服（第9名）、百度（第13名）、京东（第15名）、滴滴出行（第16名）、小米（第17名），美团点评与头条并列第20名。腾讯、阿里巴巴市值更是高达3 933亿美元和4 435亿美元，市场规模不容小觑。截至2018年12月，全球上市互联网公司三十强，中国独占三分之一。

2019年8月14日，中国互联网协会、工业和信息化部网络安全产业发展中心联合发布《2019年中国互联网企业100强发展报告》显示，2019年互联网百强企业互联网业务收入高达2.75万亿元，占我国数字经济的比重达8.8%，对数字经济的贡献率达14%，带动数字经济增长近2个百分点，成为带动我国互联网产业发展的重要支撑。

目前我国数字经济持续快速发展，已经成为中国经济增长新引擎和重要驱动力。《数字中国建设发展报告（2018年）》显示，2018年中国数字经济规模达31.3万亿元，占GDP的比重达到34.8%，位居全球第二。其中，软件和信息技术服务业、互联网行业增长较快，收入同比分别增长14.2%和20.3%，新技术、新业态、新模式不断涌现，极大激发市场活力。中国的数字经济从业人员达1.9亿人，占到就业总人数的24.6%。2019年3月，上海社科院研究指出，2016—2018年，中国数字经济同比增速分别达到21.51%、20.35%和17.65%。中国数字经济增速连续三年排名世界第一，已成为世界公认的网络和数字化大国。联合国贸易与发展会议2019年9月初发布的《2019年数字经济报告》指出，全球数字经济发展以中美两国为主要驱动力。

（四）网络媒体的迅速发展

中国网络媒体的发展过程可以追溯到1993年12月6日的《杭州日报·下午版》电子版。1995年1月12日《神州学人》杂志开中国出版刊物上网之先河后，同年10月20日，《中国贸易报》首先开通网络版，成为新闻上网的先行者。1996—1997年是中国网络媒体呈现出强劲发展势头的一年，如《广州日报》电子版、《中国证券报》电子版、《人民日报》网络版。中国新闻社的《华声报》电子版、新华社网站都是这一时期的代表。1998年，全国各地报纸的纷纷上网掀起了新的热潮。

各大商业门户网站也积极圈占新闻信息地盘。网易与搜狐在1998年开通了新闻频道，与国内的多家著名媒体建立了合作。新浪也于1999年4月推出大型新闻中心。这些网站在国家政策许可的范围内，每天更新国际、国内、社会、体育、娱乐、财经等各种新闻信息，页面浏览量迅速增长。2000年5月，还诞生了两家由某一地方的各传统媒体联合而成，并试图进入资本市场运作的网络新闻媒体：北京的千龙新闻网和上海东方网。中国网络媒体已在整个中国媒体形态格局中，占据了重要一席。

2005年4月底，上海文广新闻传媒集团下属上海电视台正式获国家广电总局批准开办以电视机、手持设备为接收终端的视听节目传播业务。这是广电总局在国内发放的首张IPTV业务经营牌照。

从2009年下半年起，新浪、搜狐、网易、人民网等门户网站纷纷开启或测试微博功能。微博成为2009年后互联网应用热点之一。

2010年3月，国家广播电影电视总局发放首批三张互联网电视牌照。中国网络电视台（CNTV）、上海文广新闻传媒集团以及杭州华数传媒网络有限公司分别获得了这三张牌照。

2011年10月，中共十七届六中全会关于深化文化体制改革的决定中明确指出，“支持重点新闻网站加快发展，打造一批在国内外有较强影响力的综合性网站和特色网站，发挥主要商业网站建设性作用，培育一批网络内容生产和服务骨干企业”。2012年4月27日，人民网正式登陆上海证券交易所，成为“中国官网上市第一股”。

2014年8月，中央全面深化改革领导小组第四次会议审议通过了《关于推动传统媒体和新兴媒体融合发展的指导意见》，中共中央总书记、国家主席、中央军委主席、中央全面深化改革领导小组组长习近平主持召开会议并发表重要讲话。习近平强调，推动传统媒体和新兴媒体融合发展，要遵循新闻传播规律和新兴媒体发展规律，强化互联网思维，坚持传统媒体和新兴媒体优势互补、一体发展，坚持先进技术为支撑、内容建设为根本，推动传统媒体和新兴媒体在内容、渠道、平台、经营、管理等方面的深度融合，着力打造一批形态多样、手段先进、具有竞争力的新型主流媒体，建成几家拥有强大实力和传播力、公信力、影响力的新型媒体集团，形成立体多样、融合发展的现代传播体系。要一手抓融合，一手抓管理，确保融合发展沿着正确方向推进。

> **你怎么看**
>
> 新闻写作机器人会抢走记者的饭碗吗？
>
> 媒介融合给受众的网络生活体验带来了哪些新的变动？

目前，几乎各大新闻网站和商业门户网站都有自己的微信公共平台和App，并呈现出频道分化及受众细化的趋势。伴随着基础设施建设的推进与普及，人工智能、虚拟现实等诸多前沿技术正纷纷助力智媒传播。

一是人工智能（AI）为媒体赋能。首先，通过基于人工智能的大数据挖掘自动抓取推送的热点新闻、针对特定用户量身定制的个性化新闻应用大量出现，如今日头条。其次，机器人写作加速新闻采写。2015年9月，腾讯开发出新闻写作机器人Dreamwriter，可自动写稿、编辑新闻，使得新闻采写更为高效。类似的写稿机器人还有今日头条“xiaomingbot”、新华社“快笔小新”、第一财经“DT稿王”、《南方都市报》“小南”、百度“Writing-bots”等。2017年12月26日，新华社发布中国第一个媒体人工智能平台——“媒体大脑”，并发布了第一条MGC新闻，这条时长2分8秒的视频由“媒体大脑”中的“2410（智能媒体生产平台）”系统制作，计算耗时仅为10.3秒。再次，人工智能重构新闻播报模式。2018年第五届世界互联网大会上，搜狗与新华社联合发布了全球首个全仿真智能主持人“AI合成主播”。2019年“两会”期间，搜狗发布全新升级的站立式AI合成主播，全球首位AI女主播正式上岗，这是国内人工智能与新闻采编深度融合的最新突破性成果。

二是虚拟现实（VR）技术加持新闻报道。一方面，VR技术被运用在日常的新闻报道之中。2019年2月19日，央视新闻客户端正式推出VR频道，荟萃央视新闻VR精华报道，包括全景图片新闻、360度视频新闻、VR视频新闻报道等，重构受众观感与反馈。另一方面，VR技术成为创新重大主题报道的举措。2018年“两会”期间，中国政府网发布了题为《转起来！360°全景看懂〈政府工作报告〉》的多媒体作品，将“新型政商关系”“降低企业非税负担”等热点话题利用 3DVR 全景技术，集成于 360 度全景中，并以权威热点注释的形式，让所有观众和读者以身临其境的体验了解这些政策。在 2019 年的“两会”上，央视网、《人民日报》等多家主流媒体将 VR 全景技术贯穿于“两会”全程报道，集 VR 视频、Vlog、VR 图集、手绘图解、VR 实时直播多样态形式为一身，让网友沉浸式体验“两会”现场。

第 3 节　互联网发展前沿

作为人类社会重要的信息基础设施，互联网不仅在日常生活中有着重要的作用，对社会经济发展和国家安全也具有战略意义。随着经济、社会、生活对互联网的依赖性越来越强，互联网将进一步朝着日益满足人民群众多样化需求的趋势不断发展。

一、下一代互联网

（一）基本含义

第一代互联网发展至今已经显现出诸多的弊端。一是 IP 地址的有限性。现在所使用的是第四版的互联网协议 IPv4（Internet Protocol Version 4），由于此协议下编码的位数是 32 位，因此地址的总个数是 2 的 32 次方，约为 42 亿，已经远远不能满足如今的网络环境要求。2011 年 2 月 3 日，国际互联网名称和编号分配公司（ICANN）公布，最后一批 IPv4 地址分配完毕，IP 地址总库已经枯竭。二是 IP 地址的分配不均。这突出体现在，美国利用互联网技术起步最早、发展最快的优势，强制性地控制着全世界远远超过半数的 IP 地址，大大限制了其他国家拥有的 IP 地址数量。我国所获得的 IPv4 地址仅相当于美国一所大学的地址数，每 26 个中国人只能分享一个地址，而平均每个美国人享有 6 个地址。面对我国巨大的网络需求，这种 IP 地址的稀缺性严重制约着我国互联网的发展，迫切要求新一代 IP 协议的出现。

对于下一代互联网，学术界还未给出一个明确的定义。下一代互联网是采用 IPv6 技术（编码位数是 128 位）与通信协议，建设由“千兆级交换节点”（GigaPop）互联网构成的大容量互联网络。它是未来信息社会的重要基础设施。

（二）主要特征

虽然没有明确的定义，但是下一代互联网的特征已经非常明显，大约可概括为以下几个特点。①

（1）更大：采用 IPv6 协议使得下一代互联网具有巨大的地址空间和网络规模，接入网络的终端种类和数量以及应用都将极其广泛。

（2）更快：从速度看，它要比现在的互联网快 1 000 倍以上，特别是端到端的传输速度至少达到 100Mbps，用以支持更高性能的新一代互联网应用。

（3）更安全：可进行网络对象识别、身份认证和访问授权，具有数据加密和完整性，使得蠕虫病毒、虚假源地址攻击等难以实施，从网络体系结构上保证网络信息的真实和可追溯，进而提供安全可信的网络服务。

（4）更及时：改变目前互联网“尽力而为”的网络服务质量控制策略，提供可控制和有保障的网络服务质量，支持组播、大规模视频和实时交互等新一代互联网应用。

---

① 林闯，任丰原．可控可信可扩展的新一代互联网．软件学报，2004（12）.

（5）更方便：采用先进的无线移动通信技术，实现一个“无处不在、无时不在”的移动互联网和无线通信应用。

（6）更易管理：克服目前互联网难以精细管理的特点，实现有序的管理、有效的运营、及时的维护。

（7）更有效：下一代互联网必须提供合理的盈利模式，提供方便的计费手段，使网络更加有效地运行。

（三）发展历程

20世纪90年代初，人们就认识到了当今使用的IPv4协议的局限性，开始讨论新的互联网络协议。IFTF（因特网任务工作组）的IPng（IP Next Generation Protocol）工作组在1994年9月提出了一个正式的草案，1995年年底确定了IPng的协议规范，并称为“IPv6”，同之前使用的IPv4相区别。

1996年，美国政府就制定并启动了研究发展下一代互联网的NGI计划，搭建了遍布全国的下一代互联网，并涌现了Internet2这类下一代互联网的典范。美国获得IPv6正式地址顶层聚类（TLA）的单位数目居世界第二，仅次于日本。美国在2008年就将军方网络全部转移到IPv6网络。美国的IPv6用户数量超过全球任何一个国家。亚太互联网络信息中心（APNIC）的数据显示，截至2012年9月19日，美国拥有4 193 587个IPv6用户，中国有3 717 564个IPv6用户，日本有2 411 587个IPv6用户。罗马尼亚、法国和卢森堡的IPv6用户的比例更高。但是，美国的IPv6用户总数是最多的。美国网页浏览量最多的网站在部署IPv6方面也是领先的。在十个最流行的互联网网站中，有五个网站支持IPv6。而这五个网站（谷歌、Facebook、YouTube、雅虎和维基百科）都是美国公司。在2012年6月参加国际互联网协会（Internet Society）组织的全球IPv6启动日活动的2 999个网站中，美国网站为399个，占13%。

在世界上，IPv6发展较快的是欧洲。北欧的诺基亚和爱立信公司成为下一代互联网实验的主角。在第3代移动电话的标准中，欧洲主导的标准3GPP中明确要求采用IPv6。欧盟在2010年完成1/4网络转移到下一代互联网。全球最大的CDN服务商Akamai发布的2014年一季度互联网报告的部分数据显示，欧洲国家在IPv6应用方面领先全球。报告称，欧洲国家正在引领IPv6应用，向Akamai提出IPv6连接请求数量的比例最大，排名前十位的国家中欧洲占据了八个席位。比利时位居首位，IPv6应用占其互联网流量的14%，同比增长了200%。

目前亚洲国家中，对IPv6抱有极大热情的是日本，日本政府制定了“e-Japan”的战略：1999—2000年开始分配IPv6的地址，2001—2005年开始全日本的IPv6商用化服务。目前全世界只有日本的设备厂商提供IPv6的硬件支持，如NEC、日立、富士通。日本已经有十多家互联网服务提供商（ISP）提供IPv6业务。2014年12月IPv6地址分配数量日本居首位。

我国在2003年适时启动了中国下一代互联网示范工程（CNGI），布局我国下一代互联网研究与建设。CNGI是实施中国下一代互联网发展战略的起步工程，由国家发展和改革委员会、科技部、原信息产业部、国务院信息化工作办公室、教育部、中国科学院、中国工程院、国家自然基金会八部委联合领导。

从2004年起，经过六年研究与建设，我国下一代互联网研究获得了突破性成就，并建成了世界上规模最大的IPv6网络之一，但多数用户及网络仍然局限在高校研究领域，未能进入寻常百姓家。

在IPv4时代，中国在互联网领域的研究落后国外8～10年。IPv6的顺利实施，使中国在这一领域的研究与应用已与国际水平并驾齐驱，一些方面甚至领先国际水平。中国正逐渐改变第一代互联网跟随者的角色，进入了下一代互联网研究的领跑者。2013 年 4 月 11 日—12 日召开的“2013 全球 IPv6 下一代互联网高峰会议”上，中国互联网络信息中心（CNNIC）副主任齐麟透露，我国目前已拥有 14 563 块 IPv6 地址，排名世界第二，在全球已分配的 IPv6 地址中占据 11.58%。

2014 年 11 月，工业和信息化部发布《关于全面推进 IPv6 在 LTE 网络中部署应用的实施意见》，明确提出推动国内用户使用量大、覆盖面广的典型移动互联网应用支持 IPv6，到 2016 年年末，下载量超过 50 万的 IPv6 移动互联网应用达到 50 款以上，基于 IPv6 的业务创新能力显著提升，IPv6 信源不断丰富。

2017 年 11 月 26 日，中共中央办公厅、国务院办公厅印发了《推进互联网协议第六版（IPv6）规模部署行动计划》，并提出到 2020 年年末，市场驱动的良性发展环境日臻完善，IPv6 活跃用户数超过 5 亿，在互联网用户中的占比超过 50%，

截至 2019 年 6 月，我国 IPv6 活跃用户数已达 1.30 亿。我国三大基础电信企业的超大型、大型数据和中小型 IDC 已全部完成 IPv6 改造，可为用户提供 IPv6 服务。目前，基础电信企业已分配 IPv6 地址的用户数达 12.07 亿。同时，我国 IPv6 地址申请量保持较快增长，IPv6 地址资源总量达到 50 286 块/32，位列全球第一。但是与 IPv4 流量相比，IPv6 流量依然较少，有待进一步提升。

（四）主要应用

下一代互联网的应用范围可谓深入生活的方方面面，涉及网格计算、高清晰度电视、强交互点到点视频语音综合通信、智能交通、环境保护、地震海啸等自然灾害的监测、远程医疗以及远程教育等。随着互联网在社会生活各个领域的广泛应用和商业化的深入发展，IPv6 技术得以日益成熟和不断推广，我们看到下一代互联网必将是一个充满虚拟的新时代。IPv6 的主流应用包括以下几点。

1. 大规模点到点的视频传播

基于 IPv6 的下一代互联网加强了组播功能，实现基于组播并具有网络性能保障的视频会议、高清晰度数字电视、流媒体直播、流媒体录播、流媒体点播、自主节目下载、互动流媒体节目、网络视频监控等应用，充分体现下一代互联网的高带宽技术特征，具有广阔的应用前景。IPv6 对于 IPv4 的最大革新之处在于它对于 QoS（Quality of Service，服务质量）的考虑，面对各种多媒体信息可以根据紧急性和服务类别确定数据包的优先级。

2. 无线/移动通信应用

下一代互联网可以很好地支持无线上网，利用多种移动终端设备（包括手机、可视手机、PDA、智能手机、iPad、iPod 等）灵活方便地接入下一代互联网络，实现全网漫游，保证移动过程中网络应用的连续性和服务质量，并能够实现安全、可靠的远程控制。

3. 远程教育

下一代互联网可以实现以下功能：基于交互协同视频会议技术进行远程授课和辅导；基于高清晰度视频广播技术进行授课内容回放；基于按内容流媒体检索和点播技术实现随时随地的按需学习，实现海量信息存储与检索等。

4. 家庭网络

采用 IPv6 地址后，能够将家庭中的家电数字化和网络化，不仅每台上网的计算机、手机等信息终端拥有一个 IP 地址，就连未来的电话、冰箱、微波炉、洗衣机等每一台信息家电设备都能分到一个 IP 地址，从而出现一个信息网络无处不在的社会，外出的人们可利用上网手机对家里的各种家电进行实时在线的联系和控制，极大地方便了人们的生活和出行。

二、物联网

（一）基本含义

物联网（the Internet of Things/Web of Things）的概念于1999年在美国召开的移动计算和网络国际会议上首先提出。2005年在突尼斯举行的信息社会世界峰会（WSIS）上，国际电信联盟（ITU）又发布了《ITU互联网报告2005：物联网》，正式确认了“物联网”这一概念。

目前，业界并没有对物联网作出一个明确的定义。但一般认为，物联网是通过射频识别（RFID）技术、红外传感器、全球定位系统、激光扫描器等信息传感设备，按约定的协议，把物品与互联网相连接，进行信息交换和通信，以实现智能化识别、定位、跟踪、监控和管理的巨型智能网络。① 简单地说，物联网就是把生活中各类物品和它们的属性标识连接到互联网上，使得原来只是人与人交互的互联网升级为连接世界万物的物联网。物联网的结构如图1-2所示，其核心和基础仍然是互联网，是在互联网基础上的延伸和扩展。

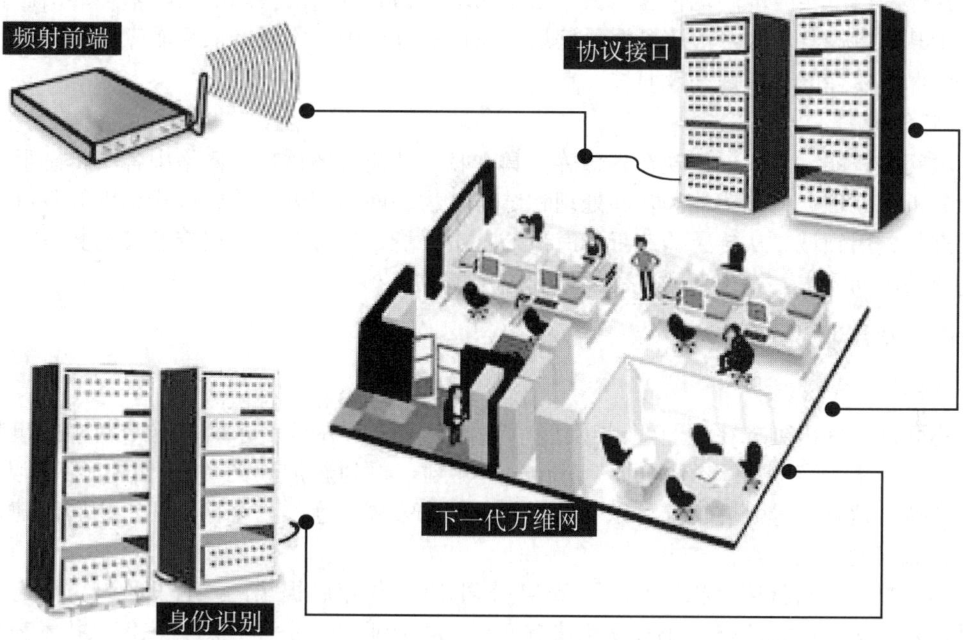

图1-2 物联网结构

资料来源：百度百科。

不同的国家对物联网有着不同的解释。欧盟对物联网的定义是将现有的互联的计算机网络扩展到互联的物品网络。而我国对物联网的解读则可以引用中国科学院的“感知中国”报告：物联网是全球信息化发展的新阶段，从信息化向智能化提升，在已经发展起来的传感、识别、接入网、无线通信网、互联网、云计算、应用软件、智能控制等技术基础上的集成、发展和提升，本身是针对特定管理对象的“有限网络”，是以实现控制和管理为目的，通过传感/识别器和网络将管理对象连接起来，实现信息感知、识别、情报处理、态势判断和决策执行等智能化

① 王志良．物联网：现在与未来．北京：机械工业出版社，2010.

的管理和控制。它的应用带来的海量数据和业务模式，将给通信网、互联网和信息处理技术带来数量级的需求增长和模式变化。

（二）主要特征

物联网的特征基本上可以从三个方面进行概括：全面感知、可靠传递和智能处理。

1. 全面感知

全面感知是指物联网通过RFID、传感器、二维码等即时获取物品的信息。作为各种感知技术的广泛应用，物联网上部署了海量的多种类型传感器，每个传感器都是一个信息源，不同类别的传感器所捕获的信息内容和信息格式不同。传感器获得的数据具有实时性，按一定的频率周期性地采集环境信息，不断更新数据。

2. 可靠传递

各种电信网和互联网融合，可以将信息可靠地传输出去。物联网是一种建立在互联网上的泛在网络。互联网仍然是物联网技术的重要基础和核心，通过各种有线和无线网络与互联网融合，将物体的信息实时准确地传递出去。通过网络将物联网上的传感器定时采集的信息传输出去，由于其数量极其庞大，形成了海量信息，在传输过程中，物联网能够适应各种异构网络和协议，以保障数据的正确性和及时性。

3. 智能处理

物联网的智能，不仅仅体现在其传感器具有收发功能，还体现在网络中各个传感器信息的汇总、分析和处理。将传感器和智能处理相结合，物联网利用云计算、模式识别等各种智能技术，扩充其应用领域。从传感器获得的海量信息中分析、加工和处理出有意义的数据，以适应不同用户的不同需求，发现新的应用领域和应用模式。

（三）发展状况

1. 国外发展状况

从物联网被提出到现在的20余年发展中，各个国家都在致力于研究这个新兴的事物。从韩国的“电子韩国”战略、日本的“u-Japan”计划，再到新加坡的“智慧国2015”大蓝图、美国的“智慧地球”等研究情况可以看到，物联网的发展一直受到全球关注，物联网建设也上升到国家战略的层面。

美国总统奥巴马就职后积极回应了IBM公司2008年年底提出的“智慧地球”概念，并将物联网计划升级为国家战略。IBM认为未来10年IT产业的任务是把新一代信息技术充分运用在各行各业之中，如把感应器嵌入和装备到电网、铁路、桥梁、隧道、公路、建筑、供水系统、大坝、油气管道等各种物体中，并且普遍连接，人类利用互联网和物联网，再加上云计算，可以更加精准地生产和生活，达成智慧地球的目的，形成“互联网＋物联网＝智慧地球”。作为美国国家战略的“智慧地球”，被认为是挽救美国经济危机、振兴经济、确立竞争优势的关键战略。无疑，奥巴马期待以物联网为核心的“智慧地球”可以把美国经济带出低谷，实现经济复苏。此外，奥巴马还签署了总额为7 870亿美元的《美国恢复和再投资法案》(American Recovery and Reinvestment Act，ARRA)，指出将在智能电网、卫生医疗信息技术应用和教育信息技术等领域积极推动物联网的应用与发展。2015年9月14日美国白宫宣布，将投入1.6亿美元资金推动“智能城市”计划，帮助提高城市服务水平，强调奥巴马政府“智能城市”计划将首先推动“物联网”应用试验平台的建设。

而在欧洲，2006年开始物联网行动的工作计划就一直没有停过，欧盟在2006年成立了专门研究RFID技术的工作组，2008年发布了《2020年的物联网——未来路线》。2009年6月18日，欧盟委员会向欧盟议会、理事会、欧洲经济和社会委员会及地区委员会递交了《欧盟物联网行动计划》，希望欧洲通过构建新型物联网管理框架来引领世界“物联网”发展。2009年的10月份，欧盟对外发布了物联网战略，除了要提高网络智能化水平外，还计划进一步加强研发力度，拿出3亿欧元专款来支持物联网相关公私合作短期项目建设。近年来，欧盟在第七科研框架计划下，设立了一系列项目对物联网进行研发，在智能电网、智慧城市、智能交通方面进行了积极部署。欧盟在2013年通过了“地平线2020”科研计划，在物联网领域中的研发重点集中在传感器、架构、标识、安全和隐私、语义操作性等方面。2015年3月，欧盟成立物联网创新联盟（AIOTI）平台，加强和构建不同物联网参与者（产业、中小企业、新成立公司）之间的关系，推进物联网标准之间的互操作性和衔接，促进政策讨论，为欧盟委员会大规模测试和实验提供建议，帮助欧盟企业占据全球物联网领先地位，促进物联网数字单一市场监测。

在亚洲，日本和韩国政府在20世纪90年代都提出了相关的发展战略。日本政府在90年代以来相继制定了e-Japan、u-Japan、i-Japan等多项国家信息技术发展战略，大规模开展信息基础设施建设，不断拓展和深化信息技术的应用，以此带动本国社会经济的发展。其中，日本的u-Japan、i-Japan战略和物联网概念有许多相似之处。近年来，日本政府打破各部门间壁垒，以新的组织形式推动人工智能研发工作。人工智能是新一代机器人的核心技术，经济产业省、文部科学省与总务省三个部门携手成立“项目推进委员会”，积极推进战略领域的研究。日本政府还考虑把跨部门研发机制扩展至物联网等其他新技术。

而韩国政府从1997年开始出台了一系列推动国家信息化建设的产业政策。2004年，韩国提出为期十年的u-Korea战略，目标是“在全球最优的泛在基础设施上，将韩国建设成全球第一个泛在社会”。2006年，韩国推出“u-IT839”计划，提出将泛在的传感器网列入发展重点。2009年10月，韩国通信委员会通过了《物联网基础设施构建基本规划》，将物联网市场确定为新增长动力，提出了到2012年实现“通过构建世界最先进的物联网基础设施，打造未来广播通信融合领域超一流信息通信技术强国”的目标。2015年，韩国政府决定整合产通部和未来部分别推进建设的“未来产业”项目，计划投入1万亿韩元预算，建设物联网、穿戴型智能机器、虚拟现实设备、5G通信、大数据等未来产业。

2. 国内发展状况

提到国内物联网的发展情况，一般都会联想到2009年温家宝总理在考察时提出的“感知中国”战略。“感知中国”与美国的“智慧地球”相似，强调物联网和互联网的结合。从温家宝总理在2010年3月5日十一届全国人大三次会议作的工作报告和全国人大常委会委员长吴邦国在十一届全国“两会”中提出的关于发展物联网的报告中可以看出，物联网的发展已经被看作我国信息产业未来发展的战略支点。

目前我国传感网标准体系已形成初步框架，向国际标准化组织提交的多项标准提案被采纳，传感网标准化工作已经取得积极进展。不过，与美国的“智慧地球”相比，我国的发展核心还是对“信息化带动工业化”战略的进一步深化，并寻求在此基础上达到新的高度和实现跨越，将尤其侧重基础设施、制造业、环保等方面。在技术方面，我国与欧美发达国家仍然存在差异，在核心技术方面的发展速度还不如欧美以及日本等国家，要实现自主创新发展，仍然需要在很多领域进行重大突破。

2016年，工业和信息化部根据我国《国民经济和社会发展第十三个五年规划纲要》和《国务院关于推进物联网有序健康发展的指导意见》等相关文件，制定了《信息通信业“十三五”规划物联网分册》。规划提出，到2020年，具有国际竞争力的物联网产业体系基本形成，包含感知制造、网络传输、智能信息服务在内的总体产业规模突破1.5万亿元，智能信息服务的比重大幅提升。物联网技术研发水平和创新能力显著提高，适应产业发展的标准体系初步形成，物联网规模应用不断拓展，泛在安全的物联网体系基本成型。

整体来看，全球物联网相关技术、标准、应用、服务还处于起步阶段。据预计，未来十年，全球物联网将实现大规模普及。随着我国各领域的基础设施建设和信息化的发展，其后发优势得以发挥，包袱少，空间大，有利于实现跨越式发展。物联网的框架在我国已经基本形成，因此在我国未来五十年的信息科技发展中，物联网将会获得更多的政策和经济支持，它的科学发展位置也会越来越重要。

（四）主要应用

物联网的重点应用领域将分布在通信应用、智能物流、传媒应用、智能电网、智能交通、智能家居、医疗卫生、公共安全、环境保护等领域。我们可以来看看物联网的几个应用实例，进一步了解它给我们生活带来的便捷以及乐趣。

1. 物流业

通过在物流商品中植入传感芯片（节点），供应链上的购买、生产制造、包装/装卸、堆栈、运输、配送/分销、出售、服务等每个环节都能无误地被感知和掌握。这些感知信息与后台的GIS/GPS数据库无缝结合，实现仓库的完全自动化，提高商品处理的效率并增加新的价值，物流业借助物联网的应用，运输的管理效率必然大大提高，商品从生产到消费，将有望实现全程无人管理。对生产商来说，市场需求的反馈也能直接获取。

2. 通信应用

在我国，物联网已经在通信应用中发挥作用。如2010年在中国上海举办的世博会让人们真正享受到“城市科技的创新”成果。上海世博局（全称上海世博会事务协调局）联合中国移动于2009年发布了世博会历史首创的“世博手机票”，是移动通信领域应用物联网技术的成功例子。“世博手机票”是RFID技术和中国移动SIM卡的结合，手机用户可以保持原号码不变，只需要换个特殊的RFID-SIM卡并在人工售票终端上进行操作就可购买门票，购买成功后，“手机票”便以一条特殊的短信形式下载到SIM卡上。通过物联网，用户就不用拿着传统的纸质门票，而是掏出手机在世博园区入口检票处安放的专用读取设备上轻轻一挥，便完成了检票程序，大大方便了参观世博园的游客，使之享受科技带来的便捷时尚的生活。

3. 全新传播系统

物联网实现了人与物之间的信息联系与通信，实现了人们对物体的智能化控制。它表现出较为典型的传媒化特征：物联网是人与物之间的一种信息传播介质，是对物体进行信息跟踪与控制的传播介质，它的信息传播要素中包含传媒发展的基本规律。物联网对现代传媒产生了重要影响，主要体现在促进传媒升级，扩展信息传播范围，实现生活媒体化，达到信息互动，实现个人信息中心化，促进信息媒体融合等。

4. 智能家居

比尔·盖茨在华盛顿湖畔的智能化豪宅，联想、长虹等国内厂商推出的闪联标准都是对物联网的应用。海尔在上海世博会期间展示了其全球首款“物联网冰箱”。该款冰箱具有网络可视电话功能，以及浏览资讯、播放视频等多项生活与娱乐功能，让原本属于生活电器的冰箱成为一个娱乐中心。此前，海尔U-home与杭州电信联合推出“我的e家·智慧屋”产品，通过物联网网桥（WSN Bridge），实现了用户通过手机、互联网、固定电话与家中灯光、窗帘、报警器、电视、空调、热水器等家居设备的沟通，将物联概念与用户的生活实际紧密联系起来，使之成为一种像水、电、气一样的用户居家生活的基础应用服务。

5. 环境监控和对象跟踪

利用多种类型的传感器和分布广泛的传感器网络，可以实现对某个对象实时状态的获取和对特定对象行为的监控，如使用分布在市区的各个噪声探头监测噪声污染，通过二氧化碳传感器监控大气中二氧化碳的浓度，通过GPS标签跟踪车辆位置，通过交通路口的摄像头捕捉实时交通状况等。

从以上诸多应用中，我们可以想象，如果“物联网”时代来临，人们的日常生活将发生翻天覆地的变化。但是，物联网也存在网络安全、隐私保护、知识产权、技术标准、产业链条、行业协作、盈利模式、使用成本等诸多问题。人们正在走向“物联网”时代，但这个过程可能需要很长的时间。

【知识窗】 海尔智能家居系统

图1-3显示的是海尔智能家居系统，它是海尔集团在信息化时代推出的一个重要业务单元。海尔智能家居系统以U-home系统为平台，采用有线与无线网络相结合的方式，把所有设备通过信息传感设备与网络连接，从而实现了“家庭小网”“社区中网”“世界大网”的物物互联，并通过物联网实现了3C产品、智能家居系统、安防系统等的智能化识别、管理以及数字媒体信息的共享。海尔智能家居使用户在世界的任何角落、任何时间，均可通过打电话、发短信、上网等方式与家中的电器设备互动。

图1-3 海尔智能家居系统

三、语义网

（一）基本含义

万维网是互联网最重要、最广泛的应用之一，但也存在两个明显的不足：一是计算机不能理解网页内容的语义；二是对良莠不齐的网上信息进行有效筛选和查询并不容易，查准率也比较低，夹杂了许多用户不需要的信息垃圾。存在这些问题的原因在于万维网现在采用的是超文本标记语言（Hyper Test Markup Language，HTML），网页上的内容设计是专供人类浏览的，而不是供计算机来理解和处理的，因此，无法为网民提供自动处置网上数据的功能。此外，万维网是按“网页的地址”而非“内容的语义”来定位信息资源的，相同主题的信息分散在全球众多不同的服务器上，又缺少有效工具将不同来源的相关信息按语义综合起来，因此，形成了一个个信息孤岛，人们查找自己所需的信息就像大海捞针一样困难。

针对这些问题，万维网的发明者蒂姆·伯纳斯-李又提出了“语义网”（Semantic Web），发明了一种可扩展的标记语言（XML）以帮助电脑识别网络中的多种数据。XML是构成语义网的基石，不仅可以理解人类的语言，还可以使人与电脑之间的交流变成像人与人交流那样顺利轻松。

在2000年的世界XML大会上，蒂姆·伯纳斯-李对语义网的含义做了这样的解释：语义网中的各种资源不再只是各种相连的信息，还包括其信息的真正含义，从而提高计算机处理信息的自动化和智能化能力，实现人与人、人与计算机、计算机与计算机之间的更好协作。

语义网希望计算机可以“看明白”网页的内容，使计算机成为“智能”的导航工具，让计算机像人脑一样“理解”信息的含义，更加精确地搜索到用户需要的信息。比如，在语义网的环境构想中，每项新闻报道都会分门别类地呈现在读者面前，甚至表明哪些是导语、哪些是新闻正文。如果你想搜索某位作家的作品，例如鲁迅，在搜索引擎中输入“鲁迅作品”，语义网就会自动呈现出鲁迅的作品，而不是像现在的万维网那样，一般不出现作家的文章，而是出现与“鲁迅作品”这个关键词相关的一些网页。

根据符号学的理论，符号可分三个层次，即符号（Syntactic）、语义（Semantics）和所指（Pragmatics），而网络发展则可以用这三个层次来对应，意即符号网络（Syntactic Web）、语义网络（Semantic Web）和语用网络（Pragmatic Web）。万维网属于符号网络，而下一代互联网，则应该是科学家们已经开始着手研究的语义网络。至于语用网络，则是一种完全智能化的网络，那将是人类发展网络的终极梦想。①

（二）主要特征

语义网是在万维网基础上的进一步发展和延续，是对万维网本质的变革。它是一个更智能化的网络，其主要特征有以下三个方面。

1. 它是现有万维网的扩展和延伸

在万维网的基础上，语义网的研发使数据更加便于电脑进行处理和查找，计算机可以在海量的信息中找到用户所需要的信息，从而将万维网发展成一个巨大的数据库。

2. 它能面向文档所表示的数据

语义网可以在信息中加入表示其含义的内容，在根本上将Web从一个仅仅是显示信息的地方变成一个可以对信息进行解读和处理的地方。语义网可以从多种渠道中搜集机器可读的数据，对其进行处理并且推断出新的事实，使得网络可以提供动态的、个性化的服务，真正成为用户自己的网络。

3. 它具有一定的判断、推理能力

语义网有一个关键词就是“智能”，而所谓的“智能”，就是要让语义网与人脑一样有判断、推理的能力。语义网是人工智能和Web技术相结合的产物，计算机可以“看懂”网页内容，主动筛选用户可能感兴趣或过滤不受用户欢迎的内容，让用户体验更加自由轻松和绿色健康。

（三）发展状况

蒂姆·伯纳斯-李发明万维网之后，于1994年在麻省理工学院牵头建立了万维网联盟（W3C），IBM、微软等400多家公司参加了这个联盟。这个联盟的使命就是基于蒂姆·伯纳斯-李发明的XML语言开发出语义网，以代替万维网。国际语义网研讨会（International Semantic Web Conference，ISWC）自2001年以来每年召开一次会议，其内容覆盖了语义网的方方面面。自蒂姆·伯纳斯-李提出了语义网的概念后，国外许多相关学者就在不断研究这个新

① 刘海英．未来的网络知你心．科技日报，2011-08-01.

兴的事物。

2011年，美国谷歌、微软和雅虎三大IT巨头联手推出了schema.org，希望以此鼓励包含语义标注的网页的开发，从而使所涉及的页面数据能够被搜索引擎理解。这一行动表明，语义网已开始引起业界关注，语义网研究将逐步向实际应用方向发展。IBM、惠普、Adobe甚至美国国防部高级研究计划署都支持并已经开始在语义网技术方面进行研究。各地的研究人员正在积极地使网络上的信息更加结构化，并使其易于为计算机本身所理解。惠普投资的SWAPA项目正致力于研究语义网与多媒体再利用技术是如何丰富网络信息资源的使用和服务的。

在欧洲，起源于W3C语义网的SWAD-Europe项目，从2002年5月到2004年10月，通过实施、研究和测试等活动促进W3C语义网的发展，使W3C语义网横跨欧洲各地。德国提出要开发出一种能够从网络中半自动抽取语义元数据的方法，同时还重视语义信息的集成，试图通过国家人工智能研究中心内各种语义网项目之间的合作达到协同效应。

国际上对于语义网的研究始于20世纪60年代末。在我国，语义网的发展起步比较晚，国内的许多研究机构和大学，如国防科技大学、浙江大学、上海交通大学等都相继对语义网进行了相关的研究。与国外相比，我国在语义网发展中取得的成果相对比较少。但从总体上看，世界各国对语义网的研究基本上都处于同一起跑线。因而，我们应该抓紧时间创造网络辉煌。

【知识窗】 万维网与语义网的差异

万维网与语义网的差异，如表1-2所示。

表1-2 万维网与语义网的差异

差异点	万维网	语义网
面向的对象	人	机器
信息组织方式	以“人”为中心，按照人们的思维习惯和方便性组织网络信息资源	兼顾计算机对文本内容的“理解”以及它们之间的相互交流和沟通
侧重点	信息的显示格式和样式	侧重于信息的语义内容，对具有特定意义的文本必须进行一定的标注或解释
主要任务	信息发布与获取	计算机之间的相互交流和共享
工作方式	大部分工作是由人来完成的	利用“智能代理”帮助完成大部分工作

(四) 主要应用

语义网无疑是一种非常丰富多彩且极具个性化的网络，使得网络更加像是只属于你的网络。目前，语义网的应用主要体现在以下几个方面。

1. *检索多媒体资源*

语义网作为有效的网络信息导航点，为人们提供真实有效的信息接入点，并成为用户进行自我学习和接受教育的开放式数字图书馆。国际组织“都柏林核心元数据倡议”(Dublin Core Metadata Initiative) 拟定的都柏林核心集，就是用于标识电子资源的一种简要目录模式。核心集制定的15项元数据，比较全面地概括了电子资源的主要特征，在语义上体现了充足的支持，为今后多媒体资源的语义检索奠定了基础。

2. 语义网页搜索引擎

现有的搜索引擎是用关键词搜索的，其精确性因为词语中的多义词和同义词而大大降低了。语义网技术可以根据精确定位、推理规则等来进行检索，从而比较容易得到与用户目标接近的搜索结果。同样，在信息传播层面，有了语义网，信息检索和传播定位也更加准确有效。

3. 网络信息传播管理

随着互联网的飞速发展、大量垃圾信息的不断涌入，其可靠度必然会降低。然而语义网可以对网站内容进行字面辨别，分析其真正的语义，在过滤不喜欢的网络信息、屏蔽不良信息方面显示了强大的功能。网络媒体的发展，高效的信息检索服务至关重要，语义网可以根据用户需要不断调适，为不同用户群专门编制分类找出所需的内容。因此，语义网将使得传媒业与普罗大众的联系更加紧密，大众传播也必然得到更高层次的发展。

四、移动互联网

（一）基本含义

《第44次中国互联网络发展状况统计报告》显示，截至2019年6月，中国网民规模达到8.54亿，互联网普及率为61.2%。中国手机网民规模达8.47亿，网民中使用手机上网人群占比为99.1%。我国已进入移动互联网时代。

艾瑞咨询从技术和终端层面对移动互联网进行了定义，认为所谓移动互联网，从技术层面定义是指以宽带IP为技术核心，可同时提供语音、数据、多媒体等业务服务的开放式基础电信网络。从终端层面定义，在广义上是指用户使用手机、上网本、iPod、Android、笔记本等移动终端，通过移动网络获取移动通信网络服务和互联网服务；在狭义上是指用户使用手机终端通过移动网络浏览互联网站和手机网站，获取多媒体、定制信息等其他数据服务和信息服务。①

移动互联网与5G基本上是相辅相成的两个词汇。5G通信技术，即第五代移动通信技术，是目前最新一代的移动互联网技术。5G作为4G技术的增强版，可谓是移动互联网技术的又一次巨大突破与变革。业界有这样一句话“若将4G比作‘修路’，5G则是‘造城’”，可见5G通信技术将信息传播速度、时延及超链接提升至前所未有的高度，加速着各行各业的智能化发展。如果说4G改变人类生活，那么5G将改变整个人类社会。而作为信息时代的重大里程碑，5G的发展将使信息传播生态面临巨大变革。

首先是传播速率的改变。5G有着远胜于之前蜂窝网络的高速率，理论峰值可达10Gbit/s的数据传输速率是4G的100倍，下载一个2GB的高清电影，最快20秒即可完成。由此比以往4G时代的传播更能突破时空的限制。同时，近乎零时延的传输使任何主体在任何时间节点均能实现高速传播，进一步加速信息的传输和更迭，提升移动传输的能力。

其次是传播形式的改变。5G的来临使得信息传播不再受限于网速，移动互联网的信息传播形式将出现大规模视频化趋势。换言之，具有更强流畅性、生动形象的视频流将愈发符合碎片化高速传播环境，因而成为主要的信息表达形式。视听符号迅猛发展，进一步打破以往文字占据的传播主导权。

---

① 艾瑞咨询.2008—2009年中国移动互联网行业发展报告简版.［2020-03-15］.http://report.iresearch.cn/Reports/Free/1465.html.

再次是传播渠道的改变。5G技术具有高速率、低时延、大带宽及高可靠等特性，信息传播也将由此发生巨大的变化，即从媒介即信息转向万物皆信息。汽车、智能家居等任何物体都能成为信息的收集端和输出端，传播渠道进一步分散。

最后是传播效果的改变。5G技术的普遍运用将推进VR、AR、MR等现实技术的使用，沉浸式交互将人与虚拟世界完全对接，现实世界与虚拟世界的界限逐渐消除，这两个世界甚至完全融合，信息传播更具仿真性。与此同时，5G的运用破除了4K成像多年来信息传输的技术瓶颈，这将使4K甚至8K高清传输成为常态，为受众带来更为极致的观看体验。

（二）主要特征

与传统的桌面互联网相比，移动互联网具有独特之处，主要体现在以下几个方面。

1. 移动性

目前我们所使用的手机大部分具有随时随地的网络连接以及能体现出精确的地理位置的功能。位置信息与其他信息及业务能力的结合将为移动互联网带来巨大的业务创新能力。

2. 个性化

无论是手机还是笔记本电脑，都是个人专有的私密性非常强的装备。另外，手机和SIM卡具有天然的身份识别特征。因此，移动互联网用户和手机用户是一一对应的。手机是用户个性化需求的象征，因此，定向广告之类的针对用户身份和信息所形成的业务模式必然会大大增加。

3. 融合性

移动终端与计算机技术、电子商务、金融医疗、旅游出行等的融合使得手机等移动通信设备不仅仅是一个简单的通信终端，各行各业都可以通过移动互联网为其用户提供在线服务，移动终端开始成为各种业务的汇聚点。

4. 时间碎片性

用户使用移动终端体验移动互联网业务主要是在上下班途中、外出旅行时间、等候时间及在外的休闲娱乐时间，这些时间都是人们的碎片时间，因此在移动互联网上发展移动博客、移动视频、移动虚拟社区、移动IM、移动在线游戏能迎合用户的多样化需求。一项研究证明，人们每次看手机电视的时间一般是3～5分钟，这是人们生活中典型的碎片时间。

（三）发展状况

作为移动互联网的重要组成部分，如今5G时代正大步走来。从整体发展来看，各主要国家和地区均高度重视5G的建成与发展。2015—2016年，为推动5G系统的应用和发展，各国相继启动了5G频率规划和分配工作，推动了全球5G频谱共识的达成。2017年，全球运营商加快5G部署测试进程。截至2019年5月，全球开启5G网络投资的国家和地区达93个。截至2019年6月30日，全球共有20个国家和地区的33个运营商推出了商用5G网络和业务，其中，韩国、美国、中国正在引领全球5G商用进程，欧洲、澳大利亚等国家与地区保持追随状态。

1. 美国

美国一直是5G技术的积极推动者。2017年，美国《国家安全战略》明确指出，获取频谱是实现经济活动和保护国家安全技术能力的关键组成部分。2018年10月25日，美国总统特朗普发布《关于制定美国未来可持续频谱战略总统备忘录》指示商务部领导制定美国长期频谱规划。[①] 2019年4月，特朗普政府更宣布投入2 750亿美元用于5G建设。在实践方面，美国电信运营商自2016年起就开始了5G的技术研发与试验探索，纷纷试图抢跑5G。2017年4月26日，AT&T推出了“5G Evolution”计划，同月美国联邦通信委员会（FCC）完成600MHz频谱拍卖。2018年9月10日，AT&T宣布将在本年度于休斯敦、杰克逊维尔、路易斯维尔、新奥尔良和圣安东尼奥推出5G服务。2019年4月的第一周，AT&T和Verizon启动了eMBB业务，此后Sprint和T-Mobile也推出了5G服务。目前美国布局的重点是无线宽带、高清视频、车联网、VR/AR。美国运营商在VR方面已经做了不少尝试，例如Verizon就曾通过5G+VR直播了NBA比赛和超级碗比赛。

2. 欧盟

欧盟普遍将5G视为支撑工业互联网的关键技术，在该方面应用投资较大。2016年9月，欧盟委员会发布了《5G行动计划》。2016年年底，为确保欧洲能在2020年大规模部署5G，欧盟委员会无线电频谱小组（RSPG）公布了《欧洲5G频谱战略路线图》，为5G部署初期划分了多个频段。欧洲在5G试验数量方面表现突出，到2019年年初，28个成员国[②]共进行了138次试验。被戏称为“信号盲区”的德国在5G发展方面较为积极，希望引领全球新一代通信标准的发展。早在2015年，德国就设立了5G创新实验室，合作伙伴囊括爱立信、华为等主流电信设备商，以及美国斯坦福大学的SoftRAN创新中心、德国人工智能研究中心等研究机构。但从整体情况来看欧盟的5G发展不容乐观，发展速度较为缓慢，成果较少。北欧5G建设相对迅速，英国也早于2018年4月拍卖了5G频段，但其网络搭建进度却大大延后。

3. 韩国

韩国在5G探索方面始终保持领先状态。2016年6月，韩国KT与三星电子、高通等多家设备商和芯片商合作伙伴为2018年平昌冬奥会制定了5G技术规范。2018年6月，韩国完成首批5G中频和高频段频谱拍卖，运营商将在3.5GHz和28GHz上建设5G网络。2019年4月3日，韩国三大电信运营商韩国电信公司、SK电讯株式会社（SKT）及LG U+宣布开通5G移动通信服务，并于4月5日起正式开始为大众办理5G手机入网手续，韩国由此成为全球率先对普通用户开通5G商用网络的国家之一。目前，韩国电信运营商尚未实现5G网络全国覆盖，5G网络用户在未覆盖地区会切换回4G网络，韩国各大运营商仍在加紧建设基站。[③]

韩国作为全球最早实现5G商用的国家，在5G应用方面的进展也较为迅速，VR和AR是最主要的应用之一。以韩国运营商LG U+为例，5G用户每月仅需支付5 500韩元（约32元人民币），即可享受独家VR和AR服务。2018年年底，韩国SKT公开了5项5G智能工厂的核心技术，包括5G多功能协作机器人、智能生产设备、5G迷你自主机器人、AR智能眼镜、5G-AI视觉机器，希望依托5G技术打造一体化方案，解决制造企业普遍存在的技术人才缺乏、生产效率低的问题。[④]

4. 中国

中国被视为5G技术的“黑马”。2017年，中国移动发布5G部署计划，并在五大试验城市

---

① 唐新华．从频谱、供应链与标准看美国5G战略逻辑．中国信息安全，2019（7）．

② 2020年1月31日英国正式脱欧，欧盟成员国为27个。

③ 韩国率先对普通用户开通5G商用服务．传媒，2019（9）．

④ 蔡建军．从全球应用看5G未来．通信世界，2019（23）．

分别部署数个站点。在2018年12月19日中央经济工作会议上，中央领导明确提出将“加快5G商用步伐”作为2019年的重点工作。2019年6月6日，工信部正式向中国电信、中国移动、中国联通、中国广电发放5G牌照，标志着我国进入5G元年。目前，中国移动、中国联通、中国电信等通信巨头均加快了5G技术相关基站建设与终端升级，预计2020年中国将新建68万个5G基站，覆盖全部地级市城区，可以预见中国很快就将成为5G商用规模最大的区域市场。

中兴、华为等中国厂商在5G主要技术领域中保持领先地位。目前中国在全球5G标准立项并通过共21项，其中中国移动10项，华为8项，中兴2项，中国联通1项。华为已签署了50个5G合同，在欧洲、中东和亚洲拥有5G商用网络，并率先发布全球首款5G基站芯片“天罡”，5G基站芯片已全球发货4.5万。中兴也拥有了自主研发的5G基站芯片。华为、百度、腾讯等互联网公司则联合各相关行业开展物联网、AI、VR/AR等5G技术应用场景投入测试与使用。5G技术相关产业链正在加速形成，未来5年将是我国5G产业发展的战略机遇期。

（四）主要应用

作为智能世界基石的5G技术，凭借其高速率、低时延、广连接等特性，保证了终端的低功耗、低成本。同时，其正在与物联网、云计算、人工智能、大数据进行深度融合，推动各个行业不断朝着数字化、智能化前进。尽管目前5G整体处在试商用阶段，各国运营商正在进行试验性应用探索，尚未出现成熟度高的5G应用，但5G意味着新一轮科技浪潮的开始，必将展现出旺盛的发展活力。其中，智慧城市、AR/VR、车联网等则是其典型应用场景。

1. 助力智慧城市建设

智慧城市（Smart City）即运用信息技术，集成连通城市各子系统，以此优化城市管理和服务，改善市民生活质量。5G时代的来临为智慧城市建设提供了契机。2019年3月，日本就推出了名为“鸟之眼”的城市监测5G试验，助力城市管理。在智慧交通方面，5G技术可一改以往传感器被动感知的低效率，利用技术主动感知、高效传输实时路况与车辆信息，提高交通效率。智能电网是5G技术在智慧城市中的又一典型部署。5G技术应用使智慧城市电网呈现信息流、电力流高度融合的特点，不仅有利于高效检测能源消耗，也可提高能源运输和使用效率，符合智慧城市建设与发展原则，对电网与用户双向互动具有非常重要的意义。①

2. 加速AR/VR场景落地

5G的大带宽满足了VR/AR技术对网络速率的高要求，大幅度提高网络传输的质量，改善体验延时问题，为实现移动AR/VR的智能传输提供强大的网络保障，进而使诸多虚拟现实和增强现实场景成为可能。未来，AR/VR将与医疗、游戏、直播、交通、教育、旅游等多行业进行深度融合，智能可穿戴设备、智能家居、智能机器人等将广泛进入大众生活当中，在提高交互体验的同时，推动万物互联新时代飞速到来。

3. 推进车联网革命

得益于5G商用的来临，车联网也将迎接爆发期。5G高效率的传输速度、稳定的传输条件可为车主提供更精准的导航服务；为自动驾驶的落地提供有效的基础设施能力支持，提高无人驾驶的感知水平；推动车联网大数据与各行各业的深度应用和融合，发挥跨界融合价值。②2019年4月16日，东风汽车推出了首台融合5G远程驾驶技术的概念车Sharing-VAN，其中就

---

① 王宏武.5G时代 探索智慧城市建设新机遇.中国建设报，2019-06-28.

② 李永钧.5G商用时代下的车联网革命.轻型汽车技术，2019（Z3）.

包含自动驾驶、5G远程驾驶、调度监控系统等新技术。

【案例】 全国首个“5G＋AIoT”新型智慧社区

2019年7月，全国首个“5G＋AIoT（智能物联网）”新型智慧社区——海淀区北太平庄街道志强北园小区在北京市亮相。该社区以5G网络为基础，融合了人工智能、物联网、大数据、云计算等核心技术，建立了5G智慧社区大数据平台，并通过3D建模方式，对社区实施精细化管理，如设置了自动报警系统、智能门禁系统、人脸识别系统等，为社区老人佩戴智能手环等穿戴监测设备，对老人的健康状况进行实时跟踪等。得益于5G技术的发展，居民生活更安全，社区管理更便捷，多项公共服务水平得到提升。

【本章小结】

本章主要描述了国外和国内互联网发展的简史，介绍了互联网发展的一些前沿知识。国外互联网发展主要经历了如下几个关键阶段：20世纪60—70年代ARPAnet的发展、20世纪80年代NSFnet的变革、20世纪90年代万维网的出现、21世纪Web 2.0及Web 3.0的兴起。国内互联网发展主要经历了如下几个关键阶段：20世纪80—90年代中期的研究探索阶段、20世纪90年代中期到末期的实际应用阶段、21世纪初以来的快速发展阶段。互联网发展前沿部分主要介绍了下一代互联网、物联网、语义网、移动互联网，特别介绍了每个前沿领域的主要特征和主要应用。

【思考题】

1. 国内外互联网发展分别经历了哪几个关键阶段？
2. 在国内外互联网发展历程中，有哪些关键的人物？他们分别作出了什么样的贡献？
3. Web 1.0、Web 2.0、Web 3.0、Web 4.0的主要特征分别是什么？
4. 下一代互联网有哪些基本特征和具体的应用？
5. 物联网有哪些基本特征和具体的应用？
6. 语义网有哪些基本特征和具体的应用？
7. 移动互联网有哪些基本特征和具体的应用？
8. 互联网发展日新月异，已经深刻嵌入我们的日常生活，请你谈谈互联网对你日常生活的影响。
9. 观看中央电视台纪录片《互联网时代》，就其中谈到的一些观点或情景，结合实际情况谈谈你的理解。

第 2 章　网络传播技术与发展前沿

纵观人类传播史，传播技术的发展促进了传播水平的提高和传播观念的变革，而每一次传播技术的变革都将人类传播带入一个新的阶段。从文字、造纸术、印刷术、电子技术、无线电和光电技术到后来的电子计算机，每一个传播阶段都与传播技术的发展息息相关，而今天以互联网为基础的网络传播更是以技术作为核心基础。因此，理解这些相关的传播技术是学习网络传播课程的关键环节。

第 1 节　网络传播基本技术

关于计算机网络，一般都将其等同于互联网，实际上二者是有区别的。计算机网络是互联网的基础，而互联网是计算机网络的高级发展，所以，我们分两部分来认识网络传播的基本技术。

一、计算机网络基础

计算机网络是计算机技术与通信技术相结合的产物。它的诞生使计算机的体系结构发生了巨大变化。在当今社会发展中，计算机网络起着非常重要的作用，并对人类社会的进步做出了巨大贡献。

（一）计算机网络的基本概念

计算机网络从 20 世纪 60 年代开始发展至今，经历了从简单到复杂、从单机到多机、由终端与计算机之间的通信演变到计算机与计算机之间的直接通信，其发展共经历了四个阶段：远程互联阶段、多机互联网络阶段、标准化网络阶段、互联与高速网络阶段。

到目前为止，计算机网络并没有一个确切的定义。我们可以简单地描述为：计算机网络是通过通信线路连接起来的自治的计算机集合。该描述包括了三个方面的含义。

（1）必须有两台或两台以上、具有独立功能的计算机相互连接起来，以达到共享资源的目的。

（2）计算机互相通信交换信息，必须有一条通道。这条通道的连接是物理的，由物理介质来实现（例如铜线、光纤、微波、卫星等）。

（3）计算机系统之间的信息交换，必须遵守某种约定和规则。

因此，我们可以把计算机网络定义为：计算机网络是把分布在不同地点，并具有独立功能的多个计算机通过通信设备和线路连接起来，在功能完善的网络软件和协议的管理下，以实现网络中资源共享为目标的系统。

（二）计算机网络的结构组成

一个完整的计算机网络系统由网络硬件和网络软件组成。网络硬件是计算机网络系统的物理基础，网络软件是网络系统中的技术支持。两者相互作用，共同实现网络功能。

1. 网络硬件的组成

计算机网络硬件系统是由计算机（主机、客户机、终端）、通信处理机（集线器、交换机、路由器）、通信线路（同轴电缆、双绞线、光纤）、信息变换设备（调制解调器、编码解码器）等构成，大致如图 2-1 所示。

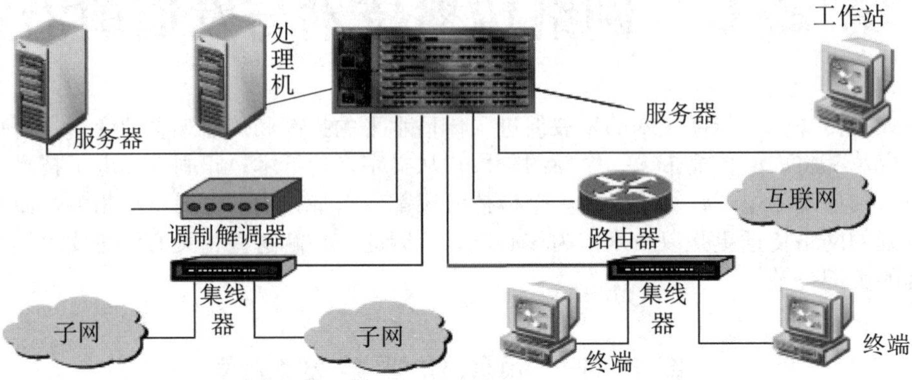

图 2-1　网络硬件组成示意图

2. 网络软件的组成

在计算机网络系统中，除了各种网络硬件设备外，还有网络软件。网络软件主要包括：

网络操作系统，包括 PC 端的 Windows 类、NetWare 类、Mac OS X 系统、Unix 系统、Linux 系统，以及移动端的 Android 系统、iOS 系统等。

网络协议软件，如 ARP（Address Resolution Protocol，地址解析协议）、SNMP（Simple Network Management Protocol，简单网络管理协议）、AppleShare Protocol（Apple 机协议）、BGP（Border Gateway Protocol，边界网关协议）、DHCP（Dynamic Host Configuration Protocol，动态主机配置协议）等。

网络管理软件，如微软 Exchange Server、Cisco Works、CA Unicenter TNG、Cabletron NetSight、Cisco 网管方案、Fujitsu Systemwalker、HP OpenView、IBM Tivoli、Novell 网络治理方案、Sun Net Manager 等。

网络通信软件，如微博、微信、推特（Twitter）、Facebook、Skype、QQ、MSN、BBS、E-mail等。

网络应用软件，如办公类 Office 软件、行业应用软件（Adobe 系列软件）、听歌类软件（Winamp、网易云音乐等）、娱乐类软件（WMP、V9、暴风影音等）、下载类软件（迅雷、FlashGet 等）、杀毒软件等。

（三）计算机网络的分类

由于计算机网络自身的特点，其分类方法有多种。根据不同的分类原则，可以划分出不同类型的计算机网络。

1. 按覆盖范围分类

根据网络连接的地理范围大小，可将计算机网络分成局域网、城域网、广域网和个人区域网四种类型。

2. 按传播方式分类

按照传播方式的不同，可将计算机网络分为“广播网络”和“点对点网络”两大类。

3. 按传输介质分类

按照传输介质不同，可将计算机网络分为有线网、无线网两大类。

4. 按传输技术分类

计算机网络数据依靠各种通信技术进行传输，根据网络传输技术分类，可将计算机网络分为普通电信网、数字数据网、虚拟专用网、微波扩频通信网、卫星通信网五种类型。

事实上，网络类型的划分在实际组网中并不重要，重要的是组建的网络系统从功能、速度、操作系统、应用软件等方面能否满足实际工作的需要，能否在较长时间内保持相对的先进性，能否为该部门（系统）带来全新的管理理念、管理方法、社会效益和经济效益等。

二、互联网（Internet）基础

（一）Internet 概述

Internet 是目前世界上覆盖面最广、最成功的国际计算机网络。它把大量互不相关的网络连接在一起，按照规定的协议共享计算机资源，实现通信。

若把世界各地已建成的局域网、城域网和广域网看作物理网络，Internet 则是把物理上的网络按照层次关系连接在一起而形成的逻辑网络。

从技术角度来看，Internet 包括了各种计算机网络，从小型的局域网、城域网到大规模的广域网。计算机主机包括了 PC 机、专用工作站、小型机、中型机和大型机，同时还有智能手机、可穿戴设备、平板电脑等移动设备。这些网络和计算机通过电话线、高速专用线、微波、卫星和光缆连接在一起，在全球范围内构成了一个四通八达的“网间网”。

从应用角度来看，Internet 是一个世界规模的巨大的信息和服务资源网络，它能够为每一个 Internet 用户提供有价值的信息和其他相关的服务。也就是说，通过使用 Internet，世界范围的人们既可以互通信息、交流思想，又可以从中获取各方面的知识、经验和相关资源。

（二）Internet 工作原理

计算机网络是由许多计算机组成的，要在联网的两台计算机之间传输数据，必须能够满足以下方面：保证数据传输到目的地的地址正确和保证数据传输迅速可靠，防止数据在传输过程中出现错误或丢失。

Internet 使用一种专门的计算机语言（协议）以保证数据能够安全可靠地到达指定的目的地。这种语言分为两部分，即 TCP 和 IP，通常将它们放在一起，用 TCP/IP 表示。

TCP/IP 是 Internet 使用的通用协议。TCP（Transmission Control Protocol，传输控制协议），是规定一种可靠的数据信息传递服务，负责聚集信息或把文件拆分成更小的包。这些包通过网络传送到接收端的 TCP 层，接收端的 TCP 层把包还原为原始文件。IP（Internet Protocol，互联网协议），是支持网间互联的数据包协议，处理每个包的分发地址部分，使这些包正确到达目的地。网络上的网关计算机根据数据包的地址来进行路由选择。即使来自同一文件的分包路由也有可能不同，但最后会在目的地汇合。

TCP/IP 通信是点对点的，即通信是在网络中的一台主机与另一台主机之间发生的。TCP/IP 与上层应用程序之间可以说是“没有国籍的”，因为每个客户请求都被看作与上一个请求无关。

目前通用的网络地址协议是 IPv4 协议，IPv4 协议地址总量接近 40 亿个，但大部分资源为互联网发展较早的国家所掌握。IPv6 网络地址协议技术是下一代互联网的核心，使用 IPv6 协议之后，可用网络地址数量会大大增加，将进一步提高互联网的网络质量。

（三）Internet 的接入方式

Internet 的接入方式主要有以下几种：

公共交换电话网络（PSTN）。它是一种电话语音通信交换网络，以模拟信号技术为基础。通过 PSTN 进行互联通信的费用较低，但是数据传输质量和速度较差，网络资源利用率低。

综合业务数字网（ISDN）。俗称“一线通”，能够支持端至端的数字连接，数据和语音通话可以在同一线路中进行传递，信令结构与 PSTN 相同，但是能比 PSTN 提供更高的带宽。

非对称数字用户环路（ADSL）。非对称的意思为上行与下行的带宽不对称，ADSL 接入技术将普通电话线分成了电话、上行和下行三个相对独立的信道，从而避免了三个信道的相互干扰，提高了网络质量。

数字数据网（DDN）。采用数字信道来传输数据信号，一般用于向用户提供的专用数字数据传输信道。

卫星接入。利用卫星通信的多址传输方式能够为用户提高移动的全球范围内的信号接入。

光纤接入。使用光纤进行网络接入，有中继距离长、传输容量大、质量好、损耗小等优点，是最为理想的一种网络接入方式。

电缆调制解调器接入。用调制解调器通过有线电视网络来连接互联网，进行数据传输，上行带宽可以达到 3M、下行带宽可以达到 8M。

无线接入。在连接用户或交换节点时全部或部分采用无线手段，其中无线接入又可以分为 GSM 第二代移动通信技术、CDMA 码分多址分组数据传输技术、GPRS 分组交换技术，此外还有前些年更新普及的 WCDMA/TD-SCDMA/CDMA2000 的 3G 技术以及 4G 方面的基于 IP 协议的高速蜂窝移动网络 TD-LTE 技术。

第 2 节　网络传播实践技术

传播实践技术是网络传播得以实现与完成的重要环节，无论是新闻网站、社交网站还是论坛、博客，哪种传播形式都离不开传播实践技术的支撑。整个传播过程中，首先，要有网站和相应的网页，这是最基本的外在形式与载体。其次，多媒体传播技术丰富了传播内容。最后，信息资源管理技术保证了信息传播的顺畅。

一、网页设计与开发技术

（一）网页设计原则

网页设计是有原则的，无论使用何种手法对画面中的元素进行组合，都要遵循五个大的原则：统一、连贯、分割、对比及和谐。统一，是指设计作品的整体性、一致性；连贯，是指要注意页面的相互关系；分割，是指将页面分成若干小块，小块之间有视觉上的不同，这样可以使观者一目了然；对比，就是通过矛盾和冲突，使设计更加富有生气；和谐，是指整个页面符合美的法则，浑然一体。

（二）网页布局形式

网页设计作为一种视觉语言，特别讲究编排和布局，它决定了整个网站和用户交互的体验。

网页布局一般分为以下几个步骤：构思，根据网站内容的整体风格，设计版面布局；初步填充内容，把一些主要的内容放到网页中，例如网站的标志、广告条、菜单、导航条、计数器等；细化，考虑文字、图像、表格等页面元素的排版布局。在构思和设计的过程中，还必须掌握平衡性、对称性、对比性、疏密度、比例等原则。

网页设计最重要的就是兼顾美观和功能，在实现功能的基础上尽可能地做到漂亮。传统的网页布局大致可分为“国”字型、拐角型、标题正文型、左右框架型、上下框架型、综合框架型、封面型、Flash 型、变化型等。

（三）网页制作过程

1. 确定网站主题

网站主题就是建立的网站所要包含的主要内容，一个网站必须有一个明确的主题。

2. 搜集材料

明确了网站的主题以后，就要围绕主题开始搜集材料了。常言道“巧妇难为无米之炊”，搜集材料是网页制作的起点。

3. 规划网页

一个网页设计得成功与否，很大程度上取决于设计者的规划水平高低。网页规划包含的内容很多，如版面布局、栏目设置、网站风格、颜色搭配、文字图片等。

4. 完成制作

按照规划一步步地把想法变成现实，这是一个复杂而细致的过程，有时甚至需要多个部门的合作。在制作中，一般要按照先大后小、先简单后复杂来进行制作。

5. 上传测试

网页制作完毕，最后要发布到 Web 服务器上。现在上传的工具有很多，有些网页制作工具本身就带有网页上传功能。网页上传以后，要在浏览器中打开自己的网站，逐页逐个链接地进行测试，发现问题，及时修改，然后再上传测试。

6. 推广宣传

访问量是网页生命力的重要衡量标准。网页做好之后，还要不断地进行宣传，提高网站的访问量和知名度。

7. 维护更新

为了提高浏览者的黏度，网站要注意经常维护更新内容，保持内容的新鲜。只有不断地给它补充新的内容，才能够吸引住浏览者。

（四）网页制作工具分析与选择

尽管选择什么样的工具并不会影响设计网页的好坏，但是一款功能强大、使用简单的软件往往可以起到事半功倍的效果。

1. 初级网页制作工具

如果你是一个网页制作初学者，那么让下面几种软件带你走进那绚丽多彩的网页制作世界。如 Microsoft FrontPage、Netscape 编辑器、Adobe PageMill、Claris Home Page、Web Page Maker、Google Web Designer、HTML Draw 等。

2. 中级网页制作工具

如果你既有一定的网页设计基础，又对 HTML 语言有一定的了解，那么你可以选择下面的几种软件来设计你的网页，它们一定会为你的网页添色不少。如 Dreamweaver、Fireworks、Flash、CSS Design、SharePoint Designer、HotDog Professional、HomeSite、HoTMetal PRO 等。

3. 高级网页制作工具

高级网页制作工具主要有 Microsoft Visual Studio、JBuilder、记事本等。

除此之外，图片编辑工具如 Photoshop、Photoimpact、Freehand、CoreDraw 等，动画制作工具如 Flash、COOL 3D、GIF Animator、PhotoAnim 等，还有网页特效工具如有声有色等，都是网页制作的常用工具。

二、多媒体网络传播技术

（一）多媒体的概念

“多媒体”一词译自英文“multimedia”，是由 mutiple 和 media 复合而成的。所以与多媒体对应的一词是单媒体“monomedia”，从字面上看，多媒体就是由单媒体复合而成的。媒体有两重含义：一是指存储信息的实体，如磁盘、光盘、磁带、半导体存储器等，中文常译作媒质；二是指传递信息的载体，如数字、文字、声音、图形等，中文译作媒介。

多媒体技术从不同的角度有不同的定义。概括起来，多媒体技术即是计算机交互式综合处理多媒体信息——文本、图形、图像和声音，使多种信息建立逻辑连接，集成一个系统并具有交互性。简言之，多媒体技术就是具有集成性、实时性和交互性的计算机综合处理声文图信息的技术。

（二）主要的多媒体传播技术

1. 电子文档技术

目前，国内外提供通用电子文档技术的公司及其产品主要分成两类：一类是定位于文档编辑并开发相关软件的，如微软、金山、永中等公司及其开发的编辑软件和相应的文档技术；一类是定位于出版印刷的，如 Adobe 和方正开发了 PDF 和 CEB（Chinese E-paper Basic）等文档技术。国内的如书生公司，先后与方正、金山、微软和中科院等合作，开发自己的电子文档技术，其模型参考了以上两类技术。

在这些文档技术中，来源于编辑软件的文档技术，主要目的是形成文件，从技术本身看，更关注文件的逻辑结构，不太强调版式的不变性。来源于印刷的文档技术，主要目的是保存文件的版式，在文档格式描述上，更能兼容各种文件格式并保证版式一致。

从公文及其处理流程的定义看，第二类技术，如 CEB 和 PDF，由于其保真性和稳定性，更适合电子公文的要求。尤其是 CEB 格式，是国内公司自主开发的，在安全和中文处理能力方面，已经走在世界前列。并且，针对中国电子政务的具体要求，也已经开发出了一系列的相关解决方案。

> **你怎么看**
>
> 网页设计的工具和理念在不断革新，H5 出现后 Flash 技术逐渐退居二线，移动互联网的兴起，使得我们对网页不得不进行手机版改进。H5 页面或称微场景是当下在微信中传播量最大、传播面最广的一种形式。你知道 H5 页面有哪些好的制作工具吗？你会用哪个制作工具呢？

2. 数字图片处理技术

（1）Photoshop。

Photoshop 是 Adobe 公司旗下最为出名的图像处理软件之一，集图像扫描、编辑修改、图像制作、广告创意、图像输入与输出于一身，深受广大平面设计人员和电脑美术爱好者的喜爱。Photoshop 的应用领域很广泛，在图像、图形、文字、视频、出版等各方面都有所涉及，如平面设计、照片修复、广告摄影、包装设计、影像创意、艺术文字、网页制作、建筑效果后期修饰、视觉创意等。

（2）ACDSee。

ACDSee 是一款较为流行的数字图像处理软件，它广泛应用于图片的获取、管理、浏览、优化与分享。使用 ACDSee，可以从数码相机和扫描仪高效获取图片，并进行便捷的查找、组织和预览，它支持 50 多种常用多媒体格式。作为超重量级看图软件，它能快速、高质量地显示图片。ACDSee 还能处理如 MPEG 之类常用的视频文件，也可播放 WAV 格式的音频文件。此外，ACDSee 是最得心应手的图片编辑工具，可以轻松处理数码影像，拥有去除红眼、剪切图像、锐化、浮雕特效、曝光调整、旋转、镜像等功能，并支持批量处理。ACDsee 同时支持 GIF 格式动态影像，可以方便地将图片格式转换为 JPG、BMP 和 PCX 格式。ACDsee 与其他看图软件相比，最大的特点在于它打开和处理图片文档的速度较快。

（3）Turbo Photo。

Turbo Photo 是一个面向数码相机普通用户和准专业用户而设计的数码影像处理软件，是一套集图片管理、浏览、处理、输出为一身的国产软件系统。Turbo Photo 的设计使用了独创的图像处理技术，使得各应用的最终效果极佳。譬如：它是世界上第一个具有皮肤自动检测、识别与美化全自动处理技术的软件，可以快速达到数字美容的效果；优秀的图像插值技术可以让 130 万像素相机输出 A4 大幅面；综合去噪技术可以有效去除感光噪声和色彩斑点。同时，Turbo Photo 简单的用户界面、大量的向导功能，能让人们轻松上手。

（4）Ulead COOL 360 全景软件。

Ulead COOL 360 能提供强大的影像缝合功能，不需要昂贵的专业相机或是广角镜头，只用简简单单三个步骤，即可将水平拍摄的数张照片连成完整的广角影像，或是 360 度全景视野的虚拟实境影像。

（5）美图秀秀图片处理软件。

美图秀秀作为一款面向普通大众的图片处理软件，有着界面更人性化、操作更简单的特点，使用者不用学习就可以使用。特别是它人像美容的功能深受大众喜爱。同时还提供一键式的特效制作、图像拼合和制作 GIF 动态图片等功能。目前美图秀秀已经开发了多个语言版本，有日语、韩语、英语三个版本。

除此之外，BlackFrame、Exif Show、PhotoSEAM、Picasa2-setup-1884、MiYa 数码照片边框伴侣、光影魔术手、Neat Image、数码照片伴侣软件、PhotoCap142、证件照制作软件、Dead Pixel Test（CCD 坏点和噪点测试）、CleanSkinFX、PHOTORECOVERY、Digital Film、Photo-Brush 等都是比较好的图片处理软件，大家可根据自己的实际需要进行深入学习。

你怎么看

如今各种数字图片处理技术使得照片真假难辨。你知道有哪些分辨照片真假的软件？请尝试用某个软件分辨某张新闻照片是否用图片处理软件进行过加工美化。

3. 计算机动画制作技术

关于计算机动画制作技术，有二维和三维动画的制作，目前三维动画制作已经成为主流，主要有以下几种常见的软件。

（1）3ds Max。

3ds Max（3D Studio Max）软件为三维制作提供了丰富的工具。尽管 Discreet 公司做出了非常卓有成效的努力，想使这个软件进军高端的电影和视觉特效制作领域，但是目前其主要应用领域仍然局限在计算机游戏和建筑视觉展示方面。

3ds Max 软件的强项在于它的多边形工具组件和 UV 坐标贴图的调节能力，另外对于初学者来说，还有一点：此软件提供的工具非常丰富，在解决同一个问题时可以有几种不同的选择。这既是它的强项也是它的弱项，所以初学者也许会感到困惑。早期版本的 3ds Max 软件制作角色动画时需要外挂插件程序的支持，但这些已经在新版本的软件中得到了弥补。

（2）Maya。

Maya 是一个涉及多种功能的大型软件程序。对于一个没有任何使用三维软件程序经验的新用户来说，可能会因为它的内容广泛、复杂而受到困扰。对于有一些三维制作经验的用户来说，使用体验则较好。

Maya 的功能极其强大，任何东西在 Maya 中都可被设置成动画。Maya 使用节点技术，可以制作出非常复杂的材质模型，也可以创建一个用于控制动画的节点网络。使用 Maya 的内嵌编程语言（Mel），Maya 中几乎任何部分都可以被自定义设置，从而更便于使用者控制。Maya 中还包括应用程序开发界面（API），这可让软件开发商们使用 C＋＋语言开发插件程序。

（3）Softimage｜XSI。

Softimage｜XSI 是一款巨型软件。它的目标是企业用户，更适合那些团队合作式的制作环境，而不是那些个人艺术家。因此，这个软件并不特别适合初学者。

Softimage｜XSI 的动画工具是它的亮点，几乎可以为任何所需的东西设置动画效果，如果仅使用缺省的工具不够的话，还可以很方便地使用自定义工具来达到目的。XSI 的毛发系统既快速又强大，建模工具也非常方便，且工作流程非常合理。XSI 运行较为稳定，网络渲染和贴图工作流程非常高效、快速。使用 XSI 可以进行多通道渲染，再结合使用 FXTree，甚至只在此软件中就能够完成后期编辑、输出的工作，既方便又快速。

（4）LightWave 3D。

对于一个三维领域的新手来说，LightWave 3D 比较容易掌握，易学易用。如今，LightWave 3D 被广泛应用在电影、电视、游戏、网页、广告、印刷、动画等领域。得益于 LightWave 3D 出色的软件设计，用户进行建模工作会非常直接、轻松。另外设置融合变形也非常完美，所有的目标物体都可结合进一个物体之中，而不像其他软件那样需要多个目标对象。

此外，PEGS、AXA、点睛动画制作系统、USAnimation、RETAS PRO 专业二维动画制作系统、TOONZ-2D 动画制作系统、Softimage｜TOONZ 二维卡通动画制作系统、ANIMO 2D 卡通动画制作系统等都是非常好的 2D 制作软件，在此不一一介绍。

4. 数字音频处理技术

目前，比较常用的数字音频处理软件有以下几种。

（1）Cool Edit Pro。

Cool Edit Pro 是美国 Syntrillium Software 公司开发的一款功能强大、效果出色的多轨录音和音频处理软件。它可以在普通声卡上同时处理多达 64 轨的音频信号，具有极其丰富的音频处理效果，并能进行实时预览和多轨音频的混缩合成，是个人音乐工作室的音频处理首选软件。不少人把 Cool Edit Pro 形容为音频“绘画”程序，你可以用声音来“绘”制音调、颤音、噪音或是调整静音。而且它还有多种特效为你的作品增色：放大或降低噪音、压缩、扩展、回声、失真、延迟等。你可以在多个文件中进行剪切、粘贴、合并、重叠声音的操作。

（2）Adobe Audition。

Adobe Audition 拥有集成的多音轨和编辑视图、实时特效、环绕支持、分析工具、恢复特性和视频支持等功能，为音乐、视频、音频和声音设计专业人员提供全面集成的音频编辑和混音解决方案。这款软件还包括了灵活的循环工具和数千个高质量、免除专利使用费的音乐循环，有助于音乐跟踪和音乐创作。

Adobe Audition 提供的直觉的、客户化的界面，允许用户删减和调整窗口，从而创建一个高效率的音频工作环境。Adobe Audition 也为视频项目提供了高品质的音频，允许用户对能够观看影片重放的 AVI 声音音轨进行编辑、混合和增加特效。

（3）Audacity。

Audacity 是一款国外软件，从 1.24 版开始，官方下载包中开始包含中文语言。这款软件是在 Linux 系统下发展起来的，有着傻瓜式的操作界面和专业的音频处理效果。这款软件在 Mac OS X、Microsoft Windows、GNU/Linux 和其他操作系统上都可以运行，有较强的兼容性。Audacity 在国外软件站点长期位居同类前列，并且更新迅速，是一款免费开源、功能强大的录音和音频编辑软件。它可以导入 WAV、AIFF、AU、IRCAM、MP3 及 Ogg Vorbis 格式的音频文件，可以对音频进行剪裁、粘贴、混音、升/降音以及变音特效、插件和无限次反悔操作，内置载波编辑器。用户如果懂得编程，则可以对源代码进行改写。

（4）Samplitude 2496。

与 Cool Edit Pro 同是非线性编辑软件的 Samplitude 2496 是德国 SEK'D 公司的得意产品，分为两个版本：Samplitude Classic（经典版）和 Samplitude Professional（专业版）。在 7.0 版本之前，它一直是一款侧重于音频多轨编辑与缩混的数字音频工作站软件，但从 7.0 版本开始，Samplitude 2496 开始支持 ASIO 驱动 VST 插件、VST 乐器以及分轨 MIDI 功能等，至此，Samplitude 2496 7.0 已经成长为音频、MIDI“两手都抓，两手都硬”的全能选手，真正跻身于 Audio＋MIDI 数字音乐工作站软件大家庭。

Samplitude 2496 支持各种格式的音频文件，能够任意切割、剪辑音频，自带频率均衡、动态效果、混响效果、降噪、变调等多种音频效果器。

5. 数字视频处理技术

（1）AVI/MPEG/RM/WMV Joiner 482。

AVI/MPEG/RM/WMV Joiner 482 这个软件可以帮助你把零散的影片文件组合成一个大的影片文件。通过这款软件，你可以将 AVI、MPEG、MPEG-4、DivX 以及 RM 等不同格式的影片任意组合在一起。

（2）Premiere 视频编辑软件。

Premiere 是一款常用的视频编辑软件，使用于专业的视频制作及电视广告制作。作为一款视频编辑爱好者和专业从业人员必不可少的视频编辑工具，它有着易学易用、高效方便的特点。Premiere 提供了采集、剪辑、调色、美化音频、字幕添加、输出、DVD 刻录的一整套流程。这款软件可以轻松胜任一般的视频剪辑中视频段落组接拼合，以及增加一些基础的特效和进行调色。在 Premiere CC 版本中，软件植入了 SpeedGrade 高端调色调光软件的 LUT 色彩滤镜，通过这个滤镜可以轻松对视频实现调色功能。Premiere 还可以加载各种视频处理外挂插件，例如红巨星出品的皮肤美化、调色、去场插件等。

（3）After Effect。

After Effect 简称 AE，是 Adobe 公司发行的一款针对影视后期特效制作的软件。AE 的功能十分强大，深受设计及视频特技制作者的喜爱。目前 AE 已经更新到了 Adobe After Effect CC 2019 版本。AE 涵盖了影视制作中各类高级动画特效，例如常见的文字特效、粒子特效、光效等。利用 AE 可以创建各种各样震撼的视觉效果，具有强大的动画路径、特技控制、电影和静态画面无缝合成等功能。

（4）会声会影。

会声会影支持各类编码，包括音频和视频编码，是一款 DV、影片剪辑软件，相对于 Premiere 来说是一款更为简单的视频编辑软件，更适合家庭影像的制作。会声会影虽然没有 Premiere 功能那么完善，但仍十分强大，可以提供从剪辑到编码生成的整套视频方案。会声会影操作简单，界面简洁明了，支持图像的抓取和编辑修整，同时提供超过 100 多种的编辑功能与视频效果，可以导出各类常见的视频格式。

（5）RealProducer Plus。

这是由 Real 公司出品的新一代 Real 格式音频、视频文件制作软件，它可将 WAV、MOV、AVI、AU、MPEG 等多媒体文件压制成 Real 影音流媒体文件（RMVB、RA、RM、RAM 等），以利于网络上的传送与播放，支持 Real 8、Real 9、Real 10、Real 11 格式，还可以对压缩的 Real 格式文件进行剪裁、设定多种采样率等，是一种专业、强大的 Real 格式媒体制作工具，而且即使是新手也非常容易上手。

（6）Ultra Video Splitter。

这是一款视频分割工具，可将一个巨大的 AVI/DivX、MPEG-1/2、VOB、DAT、WMV、ASF 文件切割或截断成小的片段。使用内置的播放器，此软件还可以把一部电影分割成 AVI/DivX、MPEG-1/2、WMV、ASF 等不同格式的小片段。

（7）WinAVI Video Converter。

WinAVI Video Converter 是专业的视频编、解码软件。界面非常漂亮，简单易用。该软件支持包括 AVI、MPEG-1/2/4、VCD/SVCD/DVD、DivX、XVid、ASF、WMV、RM 在内的几乎所有视频文件格式。自身支持 VCD/SVCD/DVD 刻录。支持 AVI 到 DVD/VCD/MPEG/MPG/WMV、DVD 到 AVI 及视频到 AVI/WMV/RM 的转换。

6. 流媒体技术

所谓流媒体（Streaming Media），指的是在 Internet/Intranet 中使用流式传输技术的连续时基媒体，其关键技术是流式传输。通过流式技术进行传输，即使在网络非常拥挤或拨号连接条件很差的情况下，也能提供清晰、不中断的影音给观众，从而使窄带互联网传输多媒体视音频内容成为可能。

到目前为止，互联网上使用较多的流媒体格式主要有三种，它们是 Real Networks 公司的 Real Media、微软公司的 Windows Media、苹果公司的 Quick Time。

互联网的迅速发展和普及为流媒体业务发展提供了强大的市场动力，流媒体业务正变得日益流行。流媒体技术可以广泛应用于互联网多媒体新闻发布、在线直播、网络广告、网络视频广告、电子商务、视频点播、远程教育、远程医疗、网络电台、网络电视台、实时视频会议等互联网的信息服务领域。流媒体技术的应用将为网络信息交流带来革命性的变化，对人们的工作和生活产生深远的影响。

7. 视频点播技术

视频点播（Video on Demand，VOD）是 20 世纪 90 年代发展起来的网络视频技术。顾名思义，就是根据观众的要求播放节目的视频点播系统，把用户所点击或选择的视频内容，传输给发出请求的用户。

视频点播也称交互式电视点播系统，从根本上弥补了用户过去被动式看电视的不足。VOD 技术不仅可以应用在电信的宽带网络中，同时也可以应用在小区局域网及有线电视的宽带网络中。如今在建设智能小区过程中，计算机网络布线已成为必不可少的一环，小区用户可以通过电脑、电视机（配机顶盒）等方式实现 VOD 视频点播应用。现有的有线电视经过双向改造，可以让广大的电视用户通过有线电视网点播视频节目。

三、网络传播信息资源管理技术

作为媒介，进行信息传播是网络的主要功能。网络作为技术依赖很强的传播工具，通过技术对其进行有效的管理已经在全球得到广泛应用。网络中的信息流通模式如图 2－2 所示。

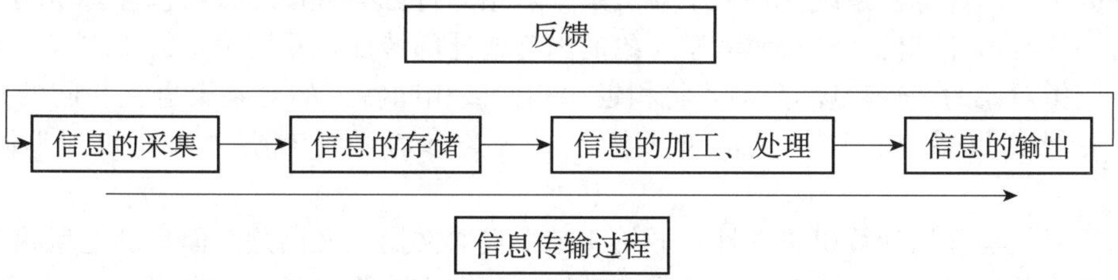

图 2－2　信息流通模式

结合图 2－2，我们从以下几部分对网络传播信息资源管理技术进行讨论。

（一）网络信息的搜集技术

随着互联网的迅猛发展产生了海量的信息，用户要在信息海洋里查找自己所需的信息，就像大海捞针一样，搜索引擎技术恰好解决了这一难题。

搜索引擎是指互联网上专门提供检索服务的一类网站，这些站点的服务器通过网络搜索软件或网络登录等方式，将互联网上大量网站的页面信息收集到本地，经过加工处理建立信息数据库和索引数据库，从而对用户提出的各种检索请求做出响应，提供用户所需的信息或相关指针。用户的检索途径主要包括全文检索、关键词检索、分类检索及其他特殊信息的检索。搜索引擎是一个技术含量很高的网络应用系统。它包括网络技术、数据库技术、检索技术、自动分类技术、机器学习等人工智能技术。

智能搜索引擎是结合了人工智能技术的新一代搜索引擎。它除了具有传统的快速检索、相关度排序等功能，还具有用户角色登记、用户兴趣自动识别、内容的语义理解、智能信息化过滤和推送等功能。智能全搜索能实现一站式搜索网页、音乐、游戏、图片、电影、购物等目前互联网上所能查询到的所有主流资源。

智能搜索引擎具有信息服务的智能化、人性化特征，允许网民采用自然语言进行信息的检索，为他们提供方便、确切的搜索服务。搜索引擎的国内代表有百度、搜狗、搜搜等；国外代表有 WolframAlpha、必应（Bing）、Powerset、Yahoo、Google 等。

（二）网络信息的组织技术

1. 网络信息存储技术

随着计算机网络技术的飞速发展，各种网络服务器对数据存储的需求随之增加，目前高端服务器所使用的专业存储方案有直接附加存储（DAS）、网络附加存储（NAS）、存储区域网（SAN）、互联网小型计算机系统接口（iSCSI）等几种，通过这几种存储方案可以提供专业、高效、安全的信息存储服务。

2. 网络数据库技术

数据与资源共享这两种技术结合在一起即成为在今天广泛应用的网络数据库（Web数据库）。网络数据库是指以后台数据存储库为基础，通过一定的前台程序，如浏览器等完成数据存储、查询等操作的系统。这个概念看上去很抽象，通俗来说，一个网络数据库就是用户利用浏览器作为输入接口，输入所需要的数据，浏览器将这些数据传送给网站，而网站再对这些数据进行处理。例如，用户通过浏览器将数据存入数据库，或者对数据库进行查询操作等，最后网站将操作结果传回给浏览器，通过浏览器将结果告知用户。

3. 自动分类和自动摘要技术

自动分类指用计算机系统代替人工对文献等对象进行分类管理。一般包含自动聚类与自动归类。自动聚类由计算机系统按照考察对象的内部或外部特征，根据一定的要求（如类别的数量限制、同类对象的亲近程度等等），将相近、相似或相同特征的对象聚合在一起的过程。自动归类是指计算机系统按照一定的分类标准或分类参考，将考察对象划归到不同类目的过程。

自动摘要就是利用计算机自动地从原始文献中提取文摘，文摘是全面准确地反映某一文献中心内容的简单连贯的短文。常用方法是自动摘要将文本作为句子的线性序列。主要包括自动提取给定文章的摘要信息、自动计算文章中词的权重、自动计算文章中句子的权重、自动提取单篇文章的摘要、自动提取大规模文档的摘要、自动提取基于分类的摘要。

（三）网络信息的开发与利用技术

1. 数据挖掘技术

数据挖掘，又称为数据库中的知识发现（Knowledge Discovery in Database，KDD），也有人把数据挖掘视为数据库中知识发现过程的一个基本步骤。知识发现过程由三个阶段组成：（1）数据准备；（2）数据挖掘；（3）结果表达和解释。数据挖掘可以与用户或知识库交互。

数据挖掘分为直接数据挖掘和间接数据挖掘。直接数据挖掘包括数据的分类、估值、预言，间接数据挖掘包括数据的相关性分组或关联规则、聚集、描述和可视化、复杂数据类型挖掘。

2. 知识发现技术

知识发现是所谓“数据挖掘”的一种更广义的说法，即从各种媒体显示的信息中，根据不同的需求获得知识。知识发现的目的是向使用者屏蔽原始数据的烦琐细节，从原始数据中提炼出有意义的、简洁的知识，直接向使用者报告。

知识发现中的知识类型有以下几种：广义型知识（Generalization）是根据数据的微观特性发现其表征的、带有普遍性的、高层次概念的、中观或宏观的知识；分类型知识（Classification & Clustering）反映同类事物共同性质的特征型知识和不同事物之间差异的特征型知识，用于反映数据的汇聚模式或根据对象的属性区分其所属类别；关联型知识（Association）是反映一个事件和其他事件之间依赖或关联的知识，这类知识可用于数据库中的归一化、查询优化等；预测型知识（Prediction）通过时间序列型数据，由历史的和当前的数据去预测未来的情况，它实际上是一种以时间为关键属性的关联型知识；偏差型知识（Deviation）通过分析标准类以外的特例、数据聚类外的离群值、实际观测值和系统预测值间的显著差别，对差异和极端特例进行描述。

3. 智能信息处理技术

现阶段信息处理技术领域呈现两种发展趋势：一种是面向大规模、多介质的信息，使计算机系统具备处理更大范围信息的能力；另一种是与人工智能进一步结合，使计算机系统更智能化地处理信息。智能信息处理是计算机科学中的前沿交叉学科，是应用导向的综合性学科，其目标是处理海量和复杂的信息，研究新的、先进的理论和技术。

（四）网络信息的服务技术

1. 智能代理

美国斯坦福大学的海斯·罗思（Hayers Roth）认为："智能代理主要功能在于能感知环境中的动态条件，执行动作影响环境，进行推理以解释感知信息，求解问题，产生推理和决定动作。"通常，广义的智能代理包括人类、物理世界中的移动机器人和信息世界中的软件机器人。而狭义的智能代理则专指信息世界中的软件机器人，它是通过主动服务的方式完成一组操作的机动计算实体，主动服务包括主动适应性和主动代理。总之，智能代理是指收集信息或提供其他相关服务的程序，它不需要人的即时干预即可定时实现所需功能，具有代理性、智能性、机动性和个性化的特征。

2. 服务计算与服务科学

服务计算是服务需求催生下的新学科，是计算机科学、运筹学、工业工程、管理学、经济学、社会学、行为科学、心理学等多种学科的交叉，且跨越计算机与信息技术、商业管理、商业咨询服务等多个领域，是应用面向服务架构（SOA）技术在填平商业服务与信息支撑技术之间的鸿沟方面的直接产物。

服务科学主要应用于服务业。随着以信息通信技术为代表的新一轮科技革命的发展，全球的服务业正处在技术-经济范式转换阶段。云计算、物联网、知识服务、智能服务的迅猛发展，也促进了服务科学的发展，为服务创新提供了有力的工具和支撑环境，从而使服务业成为推动经济和社会发展的战略性产业。

（五）网络信息的安全技术

1. 防火墙技术

防火墙是一种网络安全保障手段，其主要目标就是控制网络出入的权限，并迫使所有的连接都经过这样的检查，防止网络遭外界因素的干扰和破坏。在逻辑上，防火墙是一个分离器、一个限制器，也是一个分析器，能有效地监视内部网络和 Internet 之间的任何活动，保证了内部网络的安全。在物理实现上，防火墙是位于网络特殊位置的一组硬件设备。防火墙可以是独立的系统，也可以在一个进行网络互联的路由器上建立防火墙。

防火墙技术可分为四种基本类型。

包过滤型。这类防火墙内置于 Linux 内核路由功能之上，它通过对数据包的审核和过滤或者更负责的动作，决定丢弃这个包或让这个包通过。

网络地址转换型。这类防火墙利用 NAT 技术能通过地址转换，使外部网络无法了解内部网络的内部结构。同时，其能详尽记录每一个主机的通信，确保每个分组送往正确的地址。

代理型。这类防火墙是网络安全专家和媒体公认的最安全的防火墙，通过代理技术参与一个 TCP 连接的全过程，从内部发出的数据包经过这样的防火墙处理后，就好像是源于防火墙外部网卡一样，从而可以达到隐藏内部结构的作用。

监测型防火墙。这类又称为状态检测防火墙，采用状态检测包过滤的技术，是传统包过滤功能的扩展，它克服了包过滤防火墙和应用代理服务器的局限性，不仅仅检测“to”和“from”的地址，而且不要求每个访问的应用都有代理。

2. 漏洞扫描技术

Web 漏洞扫描是建立 Web 安全的一个重要保障。Web 漏洞扫描通常采用两种策略，第一种是被动式策略，第二种是主动式策略。被动式策略就是基于主机之上，对系统中不合适的设置、脆弱的口令以及其他与安全规则抵触的对象进行检查。主动式策略是基于网络的，它通过执行一些脚本文件模拟对系统进行攻击的行为并记录系统的反应，从而发现其中的漏洞。利用被动式策略的扫描称为系统安全扫描，利用主动式策略的扫描称为网络安全扫描。Web 漏洞扫描有四种检测技术：基于应用的检测技术，它采用被动的、非破坏性的办法检查应用软件包的设置，发现安全漏洞；基于主机的检测技术，它采用被动的、非破坏性的办法对系统进行检测；基于目标的漏洞检测技术，它采用被动的、非破坏性的办法检查系统属性和文件属性，如数据库、注册号等；基于网络的检测技术，它采用积极的、非破坏性的办法来检验系统是否有可能被攻击以致崩溃。

3. VPN 技术

虚拟专用网（Virtual Private Network，VPN）是通过一个公用网络（通常是互联网）搭建一个临时的、安全的连接，像是一条穿过混乱的公用网络的安全、稳定的隧道。VPN 架构中采用了多种安全机制，如隧道技术（Tunneling）、加解密技术（Encryption）、密钥管理技术、身份认证技术（Authentication）等。通过上述的各项网络安全技术，确保了资料在公用网络中传输时不被窃取，即使资料遭到窃取，对方亦无法读取数据包内所传送的资料。

4. 网络加密技术

网络加密是通过某种算法处理，使原来为明文的文件或数据成为不可读的一段代码，只能在输入相应的密钥之后才能显示出本来内容，进而达到保护数据不被窃取、阅读的目的。加密技术通常分为两大类：对称式和非对称式。对称式加密就是加密和解密使用同一个密钥，通常称之为“Session Key”。非对称式加密就是加密和解密所使用的不是同一个密钥，通常有两个密钥，称为“公钥”和“私钥”，它们两个必须配对使用，否则不能打开加密文件。密码技术是保证网络安全有效的技术之一。一个加密网络，不但可以防止非授权用户的搭线窃听，而且也是对付恶意软件的有效方法之一。

5. 病毒防护技术

计算机病毒是一种能够在计算机过程中实现损坏本机或者传染给其他计算机系统，导致计算机工作异常的一种程序。现在成熟的反病毒技术已经能够做到对已知病毒的彻底预防和杀除，主要涉及三大技术：一是实时监控技术，这种技术可为计算机系统构建一道动态、实时的反病毒体系，通过修改系统程序，使其具备防范病毒入侵的能力；二是自动解压缩技术，即文件以压缩状态存放，以便节省传输时间或节约存放空间，减少病毒的滋生；三是全平台防范病毒技术。

6. 身份认证技术

身份认证是指计算机及网络系统确认操作者身份的过程。现在计算机及网络系统中常用的身份认证方式主要有以下几种：用户名/密码方式、IC 卡认证、动态口令认证、生物特征认证、USB Key 认证等。身份认证技术是在计算机网络中确认操作者身份而产生的有效解决方法。计算机网络世界中一切信息包括用户的身份信息都是用一组特定的数据来表示的，计算机只能识别用户的数字身份，所有对用户的授权也是针对用户数字身份的授权。如何保证以数字身份进行操作的操作者就是这个数字身份的合法拥有者，也就是说保证操作者的物理身份与数字身份相对应，身份认证技术就是为了解决这个问题的。作为保护网络资产的第一道关口，身份认证技术有着重要的作用。

7. 入侵检测技术

入侵检测技术是对计算机和网络资源的恶意使用行为进行识别和进行相应处理的系统。入侵行为包括系统外部的入侵和内部用户的非授权行为，入侵检测技术是为保证计算机系统的安全而设计与配置的一种能够及时发现并报告系统中未授权或异常现象的技术，是一种用于检测计算机网络中违反安全策略行为的技术。

入侵检测方法很多，如基于专家系统的入侵检测方法、基于神经网络的入侵检测方法等。目前入侵检测的过程主要通过信息收集、信息分析和结果处理完成。

【知识窗】

如何保护好个人网上信息安全？你应该记住：不要上不正规的网站；定时更新杀毒软件和安全管理软件；严防钓鱼软件或网站套取你的个人信息；电脑和手机都要设置自己的密码；微博、微信、邮箱、QQ等自媒体要经常性更换密码；不要随意在微博、微信、QQ中泄露个人信息；不要随便把电脑和手机借给别人使用；不要随便连接公共区域的WiFi；尽量将信息保存到随身U盘和移动硬盘里面；做好数据备份。

第3节　网络传播前沿技术

对网络传播前沿技术的研究与开发有着重要的意义，可以发挥科技引领未来的先导作用，是提高我国高端技术研发能力和产业的国际竞争力的必由之路。随着计算机技术的成熟与发达，网络传播涌现出不少前沿技术，对该领域的理论与实践都产生了深远的影响。

一、云计算

近年来，“云计算”一词成为互联网产业界和学术界讨论的热点，受到国内外的广泛关注。2010年10月19日，美国市场研究公司高德纳（Gartner）① 评选出2011年十大战略技术，云计算居首位。

（一）云计算概念

1997年，南加利福尼亚大学教授拉姆纳斯·切拉帕（Ramnath K. Chellappa）首次提到Cloud Computing，他认为计算的边界可以不是技术局限，而是经济合理性。而云计算（Cloud Computing）作为新名词诞生是在2007年，经过了短短半年时间，其关注度就超过了网格计算。由于云计算正处于快速发展的初级阶段，还没有形成统一的定义，本书列出如下几种关于

① 高德纳是全球最权威的IT研究与顾问咨询公司。

云计算的定义。

维基百科：云计算是一种基于互联网的计算新方式，通过互联网上异构、自治的服务为个人和企业用户提供按需即取的计算。

中国云计算网：云计算是一种基于互联网的超级计算模式，在远程的数据中心里，成千上万台电脑和服务器连接成一片电脑云。因此，云计算甚至可以让你体验每秒10万亿次的运算能力，拥有这么强大的计算能力可以模拟核爆炸，预测气候变化和市场发展趋势。用户通过电脑、笔记本、手机等方式接入数据中心，按自己的需求进行运算。

有学者提出云计算的三个判断标准：(1) 用户所需的资源不在客户端而来自网络；(2) 服务能力具有分钟级或秒级的伸缩能力；(3) 具有较之传统模式5倍以上的性能价格比优势。这有助于我们理解云计算。① 也有人将云计算比作从古老的单台发电机模式转向了电厂集中供电的模式。它意味着计算能力也可以作为一种商品进行流通，就像煤气、水、电一样，取用方便，费用低廉。它们之间最大的不同在于，它是通过互联网进行传输的。让用户通过高速互联网租用计算资源，而不需要自己进行大量的软硬件投资。②

这些概念定义都各有侧重点，云计算的核心不是计算而是服务理念的体现，这种服务的完成是通过不同以往的计算模式来实现的，而这种计算具有超大规模、虚拟化、高可靠性、通用高可扩展性、按需服务、极其廉价等特点。之所以称为“云”，是因为它某些方面具有云的特征，而称为计算是因为其是在网格计算的基础上发展起来的。

（二）云计算现状

1. 云计算的应用现状

目前，关于云计算的应用可谓丰富多彩。如语义分析、生物学、商业、地理信息、图书馆、航空、气象、教育、医疗、制造业等众多方面。使用云计算的十大厂商有IBM、微软、亚马逊、谷歌、甲骨文（Oracle）、EMC、惠普（HP）、Salesforce、思杰（Ctrix）、思科。此外，美地森科技在云存储和云计算的IDC构建，八百客、世纪互联进行的中国IaaS服务等都是目前云计算应用的重要组成部分。

综观云计算在研究应用领域及具体商业应用上的发展，其主要应用与服务形式有SaaS（Software as a Service，软件即服务）、PaaS（Platform as a Service，平台即服务）、IaaS（Infrastructure as a Service，基础设施即服务）。

云存储是最流行的云计算形式之一，目前，微软、谷歌、IBM等国际巨头涉足更多的是云存储领域。

云安全也是云计算模式中一个比较活跃的领域，是未来网络安全的一种发展趋势。目前，国内如瑞星、绿盟、趋势科技等多家厂商已经开始启动各自的云安全计划。

2. 研究开发现状

云计算最先由企业界发起，然后引起学术界的重视。追述关于云计算最早的讨论，应是1959年6月克里斯托弗·斯特雷奇（Christopher Strachey）发表的关于虚拟化的论文，虚拟化是今天云计算基础架构的基石。③ 自从2007年云计算的概念被首次提出之后，对于云计算的研

---

① 刘鹏．判断是不是云计算的三条标准．（2010－06－03）［2020－03－15］．http：//blog. csdn. net/gloud/article/details/5643607.

② 刘鹏．云计算．北京：电子工业出版社，2010.

③ 郭毅．云计算发展历程大事记．数字通信，2010（3）.

究逐步开始并在后续几年中取得长足的发展。纵观迄今为止关于云计算研究的学术论文，学术界的研究主要集中在以下几个方面。

(1) 云计算理论研究。

目前，关于云计算的理论研究主要集中于体系结构研究、标准化问题研究、编程模型研究、支持平台研究等。这些都属于比较基础的层面，其中体系结构研究和标准化问题研究是其他理论研究的瓶颈所在。关于云与云之间的互操作、跨云虚拟化、云计算与网格计算的结合等深层次的问题并未太多涉及，但随着云计算研究的不断发展，对这些问题的探讨都将很快深入下去。

(2) 云计算关键技术研究。

云计算作为新型网络技术，是一个融合了众多技术的综合体，其中主要包括：高效虚拟化技术，分布式海量数据存储与管理技术，自动化分布式资源部署、调度、配置、监控等资源管理技术，绿色节能技术等。此外，容灾容错等高可靠性技术，可信赖的计费与运营管理技术，稳定、可靠、便捷的网络接入技术，新一代的网络安全技术等也是云计算研究的关键技术。这些关键技术有着内部不可分割和互相依赖的关系，各关键技术构成一个有机整体，影响着云计算的发展及推广应用。

(3) 云计算安全研究。

随着越来越多的企业投入云计算的研究中，未来通过互联网，能够随时随地地获得任何内容，云计算的安全已经成为具有挑战性的问题。如何快速高效地为用户提供安全的信息，如何提高对新型病毒的攻击行为的防御能力，如何保证用户的隐私信息不被泄露，这些都成为未来云计算的重点与挑战。目前已经出现了典型的研究案例，如反垃圾邮件网格（Anti-Spam Grid）、终端恶意软件检测（CloudAV）、恶意软件签名自动检测（AMSDS）、云平台数字身份认证等。①

(三) 云计算发展前景

云计算被视为科技领域的下一次革命，它必将对个人、现有的信息产业、国家、社会均产生广泛而深远的影响。

根据 IDC（Internet Data Center，互联网数据中心）的最新数据，全球 2015 年云计算基础设施支出（服务器、存储阵列和网络交换机）将增长 26.4%，达 334 亿美元，约占 IT 总支出的三分之一（2014 年 IT 总支出增长了 28.1%）。未来五年（2015—2019 年），云计算基础设施支出预计将以年均 15.6%的速度增长，到 2019 年将达 546 亿美元，这将占据 IT 基础设施支出近一半（46.5%）的市场。同时，IT 领域非云计算基础设施将年均减少 1.4%，公有云计算基础设施年均增长 16.5%。2019 年，云计算服务提供商将投入 353 亿美元用于公有云计算基础设施，192 亿美元用于私有云计算基础设施。从 2020 年开始，将不再使用公有云、私有云这种区分，届时将基本使用混合云。② 云计算作为下一代信息网络的主体，将会应用于多种场合，如图 2-3 所示。

为加快我国云计算服务创新发展，推进云计算产业建设，2015 年 1 月 30 日，国务院发布了《关于促进云计算创新发展培育信息产业新业态的意见》（以下简称《意见》）。《意见》指出，云计算是信息化发展的重大变革和必然趋势，我国面临难得的发展机遇。《意见》同时强

---

① 刘鹏．云计算．北京：电子工业出版社，2010.

② 参见 http：//tech.sina.com.cn/roll/2009-10-14/09521096176.shtml。

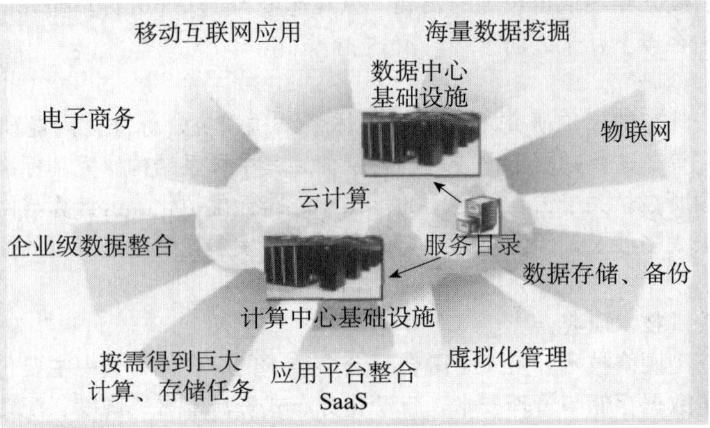

图 2-3　云计算应用的场合

调了“以需求为导向，以改革为动力，以应用为主线，以安全为保障”的云计算发展思路，指出到 2017 年我国云计算在重点领域的应用将得到深化，到 2020 年，我国云计算应用将基本普及。① 根据《2014—2015 年中国云计算市场现状与发展趋势研究报告》的数据，2014 年中国云建设市场规模为 383.6 亿元，同比 2013 年增长达 44.1%。微软、亚马逊、IBM 等国外云计算商业巨头纷纷与中国 IDC 厂商合作，抢滩入市，进入中国云市场。

（四）云计算潜在问题与应对

在展望云计算的美好前景时，我们也必须看到云计算在未来的发展中正面临各种挑战。

首先，云计算意味着数据被转移到用户主权掌控范围外的机器上，也就是云计算服务提供商的手中，安全和隐私将成为首要问题，也是不言而喻的问题。在 2010 年召开的世界信息安全（RSA）大会上，云计算的安全问题成为了绝对的主流话题，“云安全”毫无疑问已经成为 2010 年安全领域的最大热点之一。只有解决了威胁“云安全”的问题，云计算或许才能真正汹涌而来，这需要各方携手去拨开“云安全”的迷雾。

其次，云计算被视为将用户从桌面推向互联网的一步关键棋，学术界和产业界都看到了云计算的巨大潜力，并对其给予了充分的重视，Google、亚马逊、IBM、微软、Sun 等信息巨头都已意识到必须尽早吸引学界与业界的关注，通过与学界和自由智库的磨合来发展技术，赢得规则的制定权。但无论是云平台还是云服务的国际标准都还没有形成，云计算标准的争端就给云计算产业的发展带来了瓶颈。

最后，关于云计算的一些支撑技术也需要进一步的推进。这些技术可用于应对如数据隐私问题、安全问题、用户使用习惯问题、软件许可证问题、网络传输问题等。

二、人工智能

经过 60 多年的演进，人工智能技术取得了革命性的突破。世界各国纷纷抓住这一历史机遇，围绕国家战略大力推进人工智能发展规划，中国也在人工智能技术的发展中获得了一定优势。目前，人工智能被广泛应用到金融、医疗、通信、传媒等诸多领域，给人类社会带来了极

---

① 国务院．关于促进云计算创新发展培育信息产业新业态的意见．（2015-01-06）[2020-03-15]. http://www.gov.cn/zhengce/content/2015-02/30/content_9440.htm.

大便利。然而，在张开双臂拥抱人工智能的同时，我们也要时刻警惕人工智能的负面影响。

（一）人工智能概念与特征

美国著名教授约翰·麦卡锡（John McCarthy）在1956年的达特茅斯会议上提出了“人工智能”（Artificial Intelligence，AI）这一概念，他也因此被称为“人工智能之父”。不同于自然进化所造就的、极具复杂性和创造力的人类智能，人工智能是由人类制造的智能，即机器的智能，通常是机器对人脑思维认知功能的模拟。但约翰·麦卡锡认为，机器不一定需要像人一样思考才能获得智能，重点是让机器能够解决人脑所能解决的问题。① 因此，人工智能是在研究人类智能活动规律的基础上，构建具有一定智能的人工系统，探索如何让机器去模拟人类智能行为、完成人类智力工作、解决人类智能问题的一系列基本理论、方法和技术。

约翰·麦卡锡提出“人工智能”的概念后，引发了人们的极大兴趣。但由于当时的科学技术未能实现突破性进展，人工智能无法达到预期效果，政府和企业用以支持人工智能项目的资金锐减，人工智能陷入了一段沉寂期。进入21世纪后，随着大数据、算法、云计算、机器学习等高级计算机技术的突飞猛进，现代人工智能迅速复苏，并实现了革命性的突破。2016年3月，人工智能程序AlphaGo在与世界冠军、九段棋手李世石的围棋人机大战中获胜，展现了机器所获得的“类人”甚至“超人”智能程度。这一里程碑事件引发了全世界对现代人工智能的高度关注，围绕人工智能的技术研发和产品应用在全世界广泛开展。

人工智能呈现出深度学习、跨界融合、人机协同、群智开放和自主操控等新特点。② 人工智能通过神经网络、机器学习等技术读取海量数据，从中发现规律和联系，并根据新的数据不断自动调整，从而获得认知、预测、归纳、推理和决策等能力。同时，人工智能逐渐从追求机器智能转向高水平人机协同和融合，实现人工智能在多种环境和界面中的群体智能和智能自主。目前，人类已经普遍掌握了类似AlphaGo这样的能在某些领域媲美甚至赶超人类的人工智能，但这种模拟人类认知活动的工具性智能仍属于“弱人工智能”的范畴。未来，受脑科学研究成果不断发展的影响，人工智能将朝着真正具有自主意识和主体资格的“强人工智能”，以及跨过“奇点”、超越人类计算和思维能力的“超级人工智能”的方向发展。

（二）主要国家人工智能发展现状

世界各国已经充分认识到人工智能是未来国家之间竞争的关键领域，因而纷纷开始部署人工智能发展战略，以期在第四次工业革命中抢占制高点。近些年来，中国、美国、欧盟、加拿大、日本、韩国等都出台了人工智能战略发展规划，但每个国家的战略各有侧重。美国重视人工智能对经济发展、科技领先和国家安全的影响，致力于保持美国在人工智能领域的领导地位，并先后发布《国家人工智能研究和发展战略计划》《国防部人工智能战略》等多项战略规划。欧盟国家注重人工智能对社会和经济的推动作用，并关注人工智能带来的安全、隐私等方面的伦理和法律问题。欧盟成员国签署《人工智能合作宣言》，共同努力加强人工智能的部署和发展。加拿大的人工智能战略旨在提高其在研究和培训方面的国际地位，以及生产和协作能力，为整个加拿大创造社会经济效益。日本重点加强人工智能推动生产力、医疗卫生、移动通信等产业化发展的力量，希望通过人工智能推进其超智能社会建设。韩国提出了实现以人为本

---

① 朱敏．《中国人工智能发展报告2018》发布．（2018-07-14）[2020-03-20]. http：//china. cnr. cn/NewsFeeds/20180714/t20180714 _ 524300824. shtml.

② 国务院．新一代人工智能发展规划．（2017-07-20）[2020-03-15]. http：//www. gov. cn/zhengce/content/2017-07/20/content _ 5211996. htm.

的智能信息社会的国家愿景，提倡利用人工智能发展经济、为所有人提供机会、改善每个人的安全和幸福。

中国人工智能的发展是新时代的重大战略机遇，对缓解人口就业和生存压力、促进社会经济结构转型升级至关重要。中国人工智能政策聚焦实现人工智能领域的产业化，助力中国的制造强国战略，使中国成为世界主要人工智能创新中心。中国从2015年开始先后颁布了《中国制造2025》《国务院关于积极推行“互联网＋”行动的指导意见》《新一代人工智能发展规划》《促进新一代人工智能产业发展三年行动计划（2018－2020年）》等重要国家级战略规划，各地方政府也积极出台政策支持人工智能发展，推动了中国人工智能发展的热潮。科技企业和学术界也成为中国人工智能发展的重要支撑力量。在腾讯、阿里巴巴、百度等多家中国科技巨头积极研发的推动下，中国已成为全球人工智能的发展中心之一，众多的人口和完整的产业结构给中国提供了创造海量数据和广阔市场的潜力。[①] 中国人工智能在科技产出与人才投入方面显著增长，人工智能论文总量和高被引论文数量世界第一，其中高校是绝对主力，中国专利数量略微领先美国和日本，三国占全球总体专利公开数量的74%。[②] 从国际上看，中国人工智能在技术发展与市场应用方面已经进入国际领先集团，但美国仍占绝对主导，而中国在人工智能核心技术领域，如硬件和算法上，力量依然十分薄弱，与美国等西方国家的差距还十分明显。

（三）人工智能主要运用

随着人工智能领域全球风投的不断增加，人工智能应用的范围越来越广，包括金融、医疗、工业、运输、安防、通信、法律、娱乐、传媒等诸多方面。在金融领域，银行用人工智能系统开展金融投资和财产管理。在医疗领域，人工智能系统可以组织临床计划、解析医学图像、提供临床诊断决策。在工业领域，大量智能机器人被用于替代人类操作，既提高生产效率，也降低人类受伤的概率。在运输领域，人工智能不仅实现无人驾驶，也将重塑物流运输模式。在安防领域，人工智能可以快速处理海量视频数据，大幅提升视频清晰度和辨识度。在通信领域，人工智能将和5G、物联网等技术相结合，极大改变智能手机的体验。在法律领域，人工智能主要应用在信息检索、文书审阅、案件预测、智能咨询等环节。在娱乐领域，人工智能在玩具、游戏和音乐中的应用已经非常普遍。

人工智能在传媒领域的应用是我们关注的重点。算法新闻，尤其是社交媒体上的算法新闻逐渐成为人们获取信息的主要方式。算法技术提升了新闻生产和传播效率，提高了人们对新闻信息的可获得性，对传统新闻传播业的生产、审核、分发和营销机制带来了颠覆式的影响。算法新闻通过抓取海量用户阅读数据，从中搜集素材、发现选题，控制信息的审核和过滤，开展自动化新闻写作。同时，算法技术通过大量数据来判断用户偏好，为用户制定个性化推荐方案，实现新闻生产者、接受者的聚合，以及自动化营销。除了在传统文字、图像上的应用，人工智能也被进一步运用于音频、视频等领域，包括虚拟现实（VR）、AI合成主播等。

归根结底，人工智能的运用必须以造福人类为目标。2017年6月，联合国举办了人工智能全球峰会（AI for Good Global Summit），会上讨论了人工智能如何遵循能够帮助实现联合国可持续发展目标（SDGs）的发展路线，总结了人工智能已经并且将在以下领域的运用中造福人类：电力供应、医疗改善、核试验、全球渔业观察、自动驾驶、导览机器人、翻译、多语言网

---

① 鲍达民．中国人工智能的未来之路．科技中国，2017（5）．

② 朱敏．《中国人工智能发展报告2018》发布．（2018－07－14）[2020－03－20]．http：//china.cnr.cn/NewsFeeds/20180714/t20180714_524300824.shtml．

络电话、卫生监测、儿童营养监测、肿瘤分析、卫星监测、开放农业、细胞项目、学习开发、人口普查、信息传播等。

(四) 人工智能潜在问题与应对

在知识界、科技界因人工智能促进社会巨大变革而憧憬和狂欢的时候，也需要对人工智能的发展保持一定的警醒。一些人提出人工智能威胁论，认为人工智能在未来可能会形成与人类意志相冲突的自我意志，人工智能可能会成为未来人类的一大隐患。无论是从人工智能未来的发展趋势还是当下正在进行的实践来看，人工智能的开发和应用都存在一些问题。

首先，人工智能会暴露用户隐私。人工智能需要依赖大量的用户数据进行反复训练、学习，才能提高其运算效率和准确性，但与此同时涉及用户隐私的各种数据被大量收集和使用，用户数据安全得不到有效保障。

其次，人工智能会导致社会偏见。人工智能并非完全客观中立，算法由程序员编写，数据来自用户的社会实践，因此必定会融入人类历史和社会偏见，从而对某些性别、种族和弱势群体产生歧视和偏见。例如，谷歌所研制的图像标注系统曾错误地将黑人标记为“大猩猩”。

最后，人工智能会加剧信息传播不平等，扩大数字鸿沟。目前，人工智能技术在世界各国的发展极不平等，对发展落后的国家来说，数字鸿沟可能会变得更加明显和有害。非洲国家在互联网基础设施、算法技术、数据的可得性方面处于绝对劣势，他们不仅面临着工作被人工智能取代的生存威胁，而且享受不到人工智能给人类社会创造的福利。

为了应对人工智能给人类社会带来的风险，人类应联合国家政府、科技企业、技术社群、国际组织、公民等主体的力量，从法律法规、技术规范、国际合作、公民素养等多个方面开展人工智能的治理。在法律法规方面，制定合理的规范保护个人数据隐私，保障对算法的监管和追溯。在技术规范方面，不断提升技术性能，并对技术从业者进行规范。在国际合作方面，应充分发挥联合国的协调作用，促进各国在人工智能领域的开放合作和均衡发展。在公民素养方面，公民需要加强对人工智能技术的了解，具备一定的批判意识，防范人工智能对人类生活可能造成的负面影响。

三、智慧城市与智慧地球

智慧城市与智慧地球是相互关联的两个概念，智慧城市是智慧地球发展的基础，而智慧地球是智慧城市的终极发展。

(一) 智慧城市

1. 智慧城市简介

智慧城市即由新工具、新技术支持的涵盖政府、居民和商业组织的新城市生态系统。智慧城市是一个物联网的城市、一个信息移动的城市、一个信息共享的城市。其核心是挖掘城市管理各领域的数据库、融合联网、开发新的应用技术。居民可以远程工作、购物、学习和进行交易；企业可有效地管理产品开发、制造、物流和配送；政府可以实时收集并分析各领域的数据，快速制定决策并采取适当的行动。它是培育中的“新城市生态系统”。

智慧城市可以充分借助于物联网、传感网，涉及智能楼宇、智能家居、路网监控、智能医院、城市生命线管理、食品药品管理、票证管理、家庭护理、个人健康与数字生活等诸多领域。依托先进的通信技术，智慧城市正在构建城市发展的智慧环境，形成具有基于海量信息和智能过滤处理的新的生活、产业发展、社会管理等模式的全新城市形态。

2. 发展智慧城市的必要性

全球城市化进程加快，人口、技术、服务越来越集中于城市。根据统计：日本和美国前五大城市的GDP占其全国GDP的份额高达70%～80%；英国、法国、韩国等最大城市（大部分为首都）的GDP占其全国GDP的份额也达20%～30%；台北的GDP占到全台湾GDP的31%。目前，中国大陆已经达到城镇化中期的发展水平，进入快速城镇化的阶段。2020年前，中国35个主要城市GDP占全国GDP比例将达到60%。城市化已经成为社会发展的必然趋势。

虽然不断发展的城市成为拉动中国GDP增长的动力之一，但我们也面临着城市化进程带来的一系列挑战。据国家统计局2015年1月20日发布的数据，截至2014年年末，我国城镇常住人口74 916万人，比上年年末增加1 805万人，乡村常住人口61 866万人，减少1 095万人，城镇人口占总人口比重的54.77%。在人口快速增长的背景下，安全、交通拥堵、食品安全、医疗资源紧张、环境污染、公共卫生事件、教育资源分配不均、就业压力等城市问题进一步凸显。

城市的人口、资源、环境、民生、经济成为发展智慧城市的内在动力。而智慧城市建设需要的一些诸如智能识别、移动计算、信息融合、云计算等核心技术也在快速地进步与发展。

3. 智慧城市的意义与影响

“智慧城市”是IBM“智慧地球”策略中的一个重要方面。“智慧地球”提出要以更智慧的方法，通过新一代信息技术改变人们交互的方式，提高实时信息处理能力及感应与响应速度，增强业务弹性和连续性，促进社会各项事业的全面和谐发展。而“智慧城市”的行动正成为“智慧地球”从理念到实践的重要举措。

据世界银行测算，一个百万人口以上的智慧城市的建成，在投入不变的条件下，实施全方位的信息管理将使城市的发展红利增加2.5到3倍。这意味着智慧城市将为促进城市的可持续发展提供动力，并且引领未来世界城市发展的方向。

智慧城市的建设主要包括城市云计算数据中心和数据交换平台、城市交通、医疗卫生、建筑、教育、能源和环境等七个核心系统。我国首批国家智慧城市试点共90个，其中地级市37个、区（县）50个、镇3个，到2015年增加到151个，涵盖国内所有省份（港澳台除外），包括4个直辖市、5个计划单列市、27个省会城市及115个地市级城市。中国社科院信息化研究中心、国脉互联智慧城市研究中心联合发布的《2015中国智慧城市发展水平评估报告》显示，通过从智慧基础设施、智慧管理、智慧服务、智慧经济、智慧人群保障体系等多个方面对全国151个城市的智慧城市进行评估，无锡、上海、北京等城市领跑全国智慧城市建设，为其他智慧城市建设提供了参考。

（二）智慧地球

1. 智慧地球简介

我们赖以生存的地球就像有“智慧”的生命系统，由越来越多的人、越来越多的组织机构和自然系统相互连接而成，人类正在以前所未有的自由度来构建、汇集、整合和连接存在于任何地方的各类资源。

“智慧地球”（Smart Earth）这一概念由IBM首席执行官彭明盛首次提出。2008年年底，IBM向全球推出了“智慧地球”这一构想，其目标是让世界的运转更加智能化，让个人、企业、组织、政府、自然和社会之间的互动效率更高。智慧地球需要把感应器嵌入和装备到电网、铁路、桥梁、隧道、公路、建筑、供水系统、大坝、油气管道等各种物体中，并且使它们普遍连接，形成所谓的“物联网”，然后将物联网与现有的互联网整合起来，实现人类社会与物理系统的整合。

IBM构想为整个世界带来更高的智能化，让每个人、每个企业、每个组织和机构更好、更高效地沟通，构建“智慧地球”。IBM希望自己能像空气一样渗透到智慧运转的每个角落，成为人类地球生存不可或缺的因素。实际上，IBM确实在推动“智慧地球”的过程中，充当了引领者的角色。

智慧地球的核心是以一种更智慧的方法，通过利用信息技术来改变政府、公司和人们的交互方式，以便提高交互的明确性、效率、灵活性和响应速度。在这种智慧的模型之中，政府、企业和个人的关系将被重新定义，从过去单维度的“生产-消费”“管理-被管理”“计划-执行”转变为先进的、多维度的新型协作关系。在这种新型协作关系中，每个个体和组织都可以自由、准确和及时地贡献和获取信息、洞察力和专业知识，从而对彼此的行为施加正面的影响，达成智慧运行的效果。

2. 智慧地球的构建

“智慧地球”可以理解为将物联网和互联网融合，把商业系统和社会系统与物理系统融合起来，形成新的、智慧的全面系统，并且达到智慧运行状态，提高资源利用率和生产力水平，改善人与自然间的关系。

构建智慧地球，将物联网和互联网融合，并非简单地将实物和互联网进行连接，也不是简单的“鼠标”和“水泥”的数字化和信息化，而是深度的整合。按照IBM的定义，“智慧地球”包括三个维度：第一，能够更透彻地感应和度量世界的本质和变化；第二，促进世界更全面地互联互通；第三，在上述基础上，所有事物、流程、运行方式都将实现更深入的智能化，企业因此获得更智能的洞察力。所以，智慧地球的构建是一种“更透彻的感知、更全面的互联互通、更深入的智能化”。

（1）更透彻的感知。

这里的“更透彻的感知”是超越传统传感器、数码相机和RFID的一个更为广泛的概念。具体来说，它是指随时随地利用任何感知、测量、捕获和传递信息的设备、系统或流程。通过使用这些新设备，从人的血压到公司财务数据或城市交通状况等任何信息，都可以被快速获取并进行分析，以便于实时采取应对措施和进行长期规划。

（2）更全面的互联互通。

互联互通是指通过各种形式的高速高带宽的通信网络工具，将个人电子设备、组织和政府信息系统中收集和储存的分散的信息及数据连接起来，进行交互和多方共享，从而更好地对环境和业务状况进行实时监控，从全局的角度分析形势并实时解决问题，使得工作和任务可以通过多方协作得以远程完成，从而彻底改变整个世界的运作方式。

（3）更深入的智能化。

智能化是指深入分析收集到的数据，以获取更加新颖、系统且全面的洞察力来解决特定问题。这需要使用先进技术（如数据挖掘和分析工具、科学模型和功能强大的运算系统）来处理复杂的数据分析、汇总和计算，以便整合和分析海量的跨地域、跨行业和职能部门的数据和信息，并将特定的知识应用到特点行业、场景和解决方案中以更好地支持决策和行动。

3. 智慧地球的应用

智慧地球的具体应用涵盖多个领域。例如：在食品方面，提供可靠的质量管理、应急制度等，有效保证食品安全；在水资源方面，根据用水情况监控，保证水资源有效利用；在交通方面，监控道路状况，有效保证交通顺畅；在医疗方面，医疗信息共享，提高医护一致性和准确性；在电力方面，挖掘电力信息，建立合理的用电体系。不过，在其广泛应用的同时要警惕智慧地球的变相垄断以及一些潜在的危险。

四、区块链

区块链技术是继互联网、云计算、大数据、物联网、人工智能等技术之后的又一前沿技术。区块链技术发端于数字货币领域，经过十多年的发展，已经成为一种底层技术，被初步应用于金融、零售、政务、医疗、传媒等广泛领域，显示出巨大的潜力。

（一）区块链概念与特征

区块链技术起源于2008年由化名为“中本聪”的学者发表的奠基性论文《比特币：一种点对点电子现金系统》。分布式存储、点对点传输、共识机制、加密算法、时间戳等原有技术经过创新组合，形成了区块链技术。

目前，国内外学界、业界并未形成对区块链概念的统一定义。我国工信部指导发布的《中国区块链技术和应用发展白皮书》（2016）认为：“狭义来讲，区块链是一种按照时间顺序将数据区块以顺序相连的方式组合成的一种链式数据结构，并以密码学方式保证的不可篡改和不可伪造的分布式账本。广义来讲，区块链技术是利用块链式数据结构来验证与存储数据、利用分布式节点共识算法来生成和更新数据、利用密码学的方式保证数据传输和访问的安全、利用由自动化脚本代码组成的智能合约来编程和操作数据的一种全新的分布式基础架构与计算范式。”①

通俗地说，区块链是一种分布式的账本数据库。通过去中心化、公开透明等运作方式，网络系统中的每个节点均可参与维护数据库记录，每个节点存储并同步共享复制整个账本的数据。这样，无须可信第三方，就能完成信息交换，并确保所交换信息的完整。正如账本一样，区块链可以用于记录资金、有形资产和无形资产等信息。

区块链技术具有去中心化、去信任、公开透明、集体维护、可溯源等特点。

去中心化：去中心化是区块链技术的突出特征。去中心化意味着没有中心或每个节点都是中心。它基于对等网络，通过共识算法而不是中心机构来建立节点间的信任关系，从而形成去中心化的分布式系统，避免了单一实体的控制。

去信任：去信任是指无须信任中介或第三方机构，运用基于共识的数学算法建立起机器之间的信任，以技术背书创造信任。《经济学人》杂志形象地称区块链为一台信任机器，它满足了交易中可信赖记录的要求。②

公开透明：区块链是一个公共账本数据库，所有信息内容皆公开可见、难以篡改，节点之间无法欺骗彼此。

集体维护：区块链是多方参与、集体维护的，系统中的任何节点都可参与，一笔交易进行时将进行全网广播，经所有主机确认并记录备份。

---

① 中国区块链技术和产业发展论坛．中国区块链技术和应用发展白皮书（2016）．（2016－10－18）[2020－03－20]. http：//chainb. com/download/工信部-中国区块链技术和应用发展白皮书1014. pdf.

② The Promise of the Blockchain：The Trust Machine.（2015－10－31）[2019－10－08]．http：//www. economist. com/news/leaders/21677198-technology-behind-bitcoin-could-transform-how-economy-works-trust-machine.

可溯源：区块链采用带有时间戳的链式区块结构存储数据，每项数据都有时间印记，因此具有极强的可验证性和可追溯性。

（二）主要国家区块链发展现状

近年来，区块链技术在全球范围内得到广泛关注。多国政府就区块链技术、数字货币发布政策引导发展、进行监管，推动研发应用，实施战略部署。区块链技术虽仍处于发展初期，但俨然已经成为各国抢占技术创新制高点的又一前沿阵地。

1. 美国区块链发展现状

美国是全球区块链产业创新的“领头羊”，是加密虚拟货币的“大玩家”，也是ICO（首次代币发行）最重要的发行地和目标市场。[①] 美国业界较早对区块链进行了开发应用，主要集中在加密货币领域，连续多年是全球接收比特币数额最大的国家。[②] 2015年12月，美国纳斯达克率先推出基于区块链技术的证券交易平台Linq，首次使用区块链技术来完成和记录私人证券交易。

政府应用上，目前美国联邦政府多个部门正尝试在财务管理、政府采购、供应链管理、卫生医疗等领域应用区块链技术。[③] 在安全领域，美国政府积极与区块链分析公司合作，以打击逃税、洗钱、毒品、暗网市场等非法活动。

在监管方面，美国联邦政府和各州政府开展了区块链相关立法，美国国会等部门先后发布了《2018年联合经济报告》《区块链：背景和政策问题》等报告，初步阐明了美国政府对区块链的监管和发展思路。[④]

2. 西欧区块链发展现状

西欧各国高度重视区块链技术的发展和应用。2018年4月，欧盟委员会中的22个欧盟国家签署了一份建立欧洲区块链联盟的协议，为启动欧盟范围内区块链技术应用做准备。英国视区块链为前瞻性技术，于2016年发布报告《分布式账本技术：超越区块链》，表示英国政府正在探索类似于区块链技术这样的分布式账本技术。由英国首创的“沙盒监管”正在成为区块链监管的一种代表形式。法国央行已经开始研究数字货币，开展了“银行间区块链试验”。德国是世界上首个承认数字货币合法地位的国家，对区块链技术在金融科技领域的应用持开放态度，同时注重风险控制。2019年9月，德国发布了国家区块链战略，明确了金融等五大领域的行动措施。

3. 日本区块链发展现状

日本政府大力支持区块链应用。在日本的国家级战略中，2016年的《日本再兴战略》、2017年的《未来投资战略》，区块链都是重点投资关注领域。[⑤] 2016年5月，日本国会通过

---

① 邓建鹏．美国区块链监管机制及启示．中国经济报告，2019（1）．

② Crystal. Report on International Bitcoin Flows 2013 - 2019. [2019-10-07]. https://crystalblockchain.com/assets/reports/International%20Bitcoin%20Flows%20Report%20for%202013 - 2019%20 -%20by%20Crystal%20Blockchain,%20Bitfury.pdf.

③ 杨筱敏．美国区块链技术监管和立法进展及思考．（2019-05-06）[2019-10-07]. https://www.secrss.com/articles/9595.

④ 同③.

⑤ 清华大学互联网产业研究院．区块链技术应用白皮书（2018）．（2018-12-12）[2019-10-07]. http://www.miitthinktank.org.cn/aatta/20190306170913933/区块链技术应用白皮书%20最终版（清华大学互联网产业研究院）.pdf.

《资金结算法》修正案，正式将虚拟货币纳入了法律规制的体系内。

4. 澳大利亚区块链发展现状

2017 年 3 月，澳大利亚标准协会发布了区块链技术标准化路线图；同年 9 月，澳大利亚政府出台系列法律，正式将区块链纳入国家数字化战略。2019 年 3 月，澳大利亚公布了国家区块链战略路线图，并增加了 10 万澳元的联邦政府资金。①

5. 俄罗斯区块链发展现状

俄罗斯最初严禁比特币交易，但后来对区块链技术和数字货币的态度都逐步开放。2016 年，俄罗斯银行推出了 Masterchain 以太坊支付网络。此外，俄罗斯近年来还在选举中使用了基于区块链的投票系统。2017 年，俄罗斯总统普京会见以太坊创始人维塔利克·布特林（Vitalik Buterin），被认为是支持区块链发展的信号。

6. 中国区块链发展现状

近年来，中国政府重视并积极推动和引导区块链发展。2016 年 10 月，中国工业和信息化部指导发布《中国区块链技术和应用发展白皮书（2016）》。2016 年 12 月，区块链技术首次被列入国务院《“十三五”国家信息化规划》，区块链与大数据、人工智能、机器深度学习等新技术成为国家布局重点。2018 年 5 月，中国国家主席习近平在中国科学院第十九次院士大会、中国工程院第十四次院士大会上指出，“以人工智能、量子信息、移动通信、物联网、区块链为代表的新一代信息技术加速突破应用……一定要大力发展科学技术，努力成为世界主要科学中心和创新高地”。

根据赛迪区块链研究院统计，2015 年至 2019 年上半年，中国国家各部委发布的相关区块链政策数量达 35 项。在政府支持下，国内 IT、金融、制造业等多领域企业纷纷布局区块链，涌现出了一大批新企业、新产品、新模式、新应用，区块链在金融、政务、司法、网络安全等行业领域的应用逐步展开，影响力较大的应用场景有金融、电子政务、医疗、知识产权保护、溯源及公益慈善等。如在电子政务领域，各地政府都在积极探索区块链与政府服务的融合，一些区块链政务服务平台已落地试行并投入日常使用，有效服务经济社会发展。

与此同时，中国政府十分重视区块链技术监管，发布了《关于防范代币发行融资风险的公告》《区块链信息服务管理规定》等文件加以规范管控。

（三）区块链主要运用

根据梅兰妮·斯万的理论，区块链的应用革新可分为三类：区块链 1.0 是货币，指以比特币为代表的数字货币；区块链 2.0 是智能合约，主要应用于经济、市场、金融等领域；区块链 3.0 则是超越了货币、金融、市场、政府、健康、科学、文化和艺术等领域的全面应用。② 区块链的去信任、公开透明及可溯源等特征使其在金融、政务、医疗、公益、传媒等领域都有着极佳的运用场景。

1. 金融领域

目前，金融领域是区块链技术介入最多的领域。其中，数字货币是区块链技术的代表性应用。早期的数字货币或加密货币以比特币为代表，由私人或企业开发，价值和流通程度不一。数字货币可用于广泛的交易活动，如德国国家旅游局目前已接受比特币等加密货币服务。随着

---

① 中华人民共和国科技部．澳大利亚发布国家区块链战略路线图．（2019-04-08）[2020-03-20]. http://www.most.gov.cn/gnwkjdt/201904/t20190408_146040.htm.

② 斯万．区块链：新经济蓝图及导读．北京：新星出版社，2016：99.

数字经济发展，多国央行已有意研发数字货币。除数字货币之外，区块链技术还适用于跨境支付、资产管理等传统的金融业务。世界经济论坛《区块链将如何重塑金融服务业》报告指出，区块链能解决支付（跨境支付）、保险（财产保险理赔）、存款和借贷（银团贷款）、存款和借贷（国际贸易融资）、资本市场融资（或有可转换债券）、投资管理（合规自动化）、投资管理（代理投票）、市场供应（资产的再抵押）、市场供应（交易后服务）等九大金融服务领域的痛点。①

2. 溯源存证

在电子存证领域，区块链不可篡改、数据可完整追溯以及时间戳功能，可有效解决物品的溯源防伪问题，实现数据真实性证明。商品的来源出处、流转历史记录等相关信息都被真实地记录。2016年，电子存证区块链联盟“法链”在北京成立。在其推动下，我国电子存证领域落地了一批应用案例。例如，电子合同SaaS平台“法大大”联合阿里云邮箱推出了基于区块链技术的邮箱存证产品。在商品溯源领域，我国的蚂蚁区块链溯源服务已经广泛应用于食品安全和正品溯源。

3. 电子政务

“区块链＋电子政务”不仅能辅助创新政府治理和公共服务，推进电子政府、数字社会建设，而且有助于政府信息公开、透明运作，推动可信任政府建设。国外案例有如爱沙尼亚政府利用区块链技术完善本国的数字身份系统，拉脱维亚税务机关利用区块链打击逃税和打击洗钱，而俄罗斯莫斯科市政府运用区块链技术搭建城市IT创新综合平台。国内一些信息化水平较高的地区也开始尝试将区块链运用于政务领域。广东佛山禅城区已经落地应用了基于区块链技术的数字身份认证平台，重庆也推出了区块链政务服务平台。广东等地的税务局在开具区块链电子发票方面进展迅速。

4. 医疗领域

区块链技术中的加密算法等技术优势可解决电子医疗数据共享中的一致性校验、信息安全、同步等难题，实现方便、安全的医疗数据共享。2017年，阿里健康与常州市合作“医联体＋区块链”试点项目，旨在实现医疗机构之间安全、可控的数据互联互通，解决长期困扰医疗机构的“信息孤岛”和数据安全问题。“区块链＋医疗”的代表应用是电子病历。截至2019上半年，国内通过医联体平台的区块链技术，已初步实现上海、宁波两地电子病历的共享。

5. 传媒领域

在新闻产业链上，区块链技术能在新闻内容的生产、审核、分发、营销、评估等各个环节为优质内容提供保障，并有助于遏制虚假新闻等问题。国外涌现了Civil、PressCoin、DNN、Steemit等基于区块链的初创公司或媒体平台，美联社、福布斯等传媒集团也拥抱区块链。新闻界的比特币PressCoin发行了加密货币NEWS，作为新闻生态系统中激励机制的核心，将财富价值返还给所有生态系统内的参与者（包括记者、读者等），目标是打造一个自给自足的“全球媒体生态系统”。对于传媒领域的版权问题，区块链技术的数字签名和算法将实现对新闻作品版权的跟踪、新闻来源的溯源，从而减少侵权问题。中国版权保护中心联合国内多家

---

① McWaters R，Galaski R，Chatterjee S. The Future of Financial Infrastructure：An Ambitious Look at How Blockchain Can Reshape Financial Services. [2019-10-08]. https：//www.weforum.org/reports/the-future-of-financial-infrastructure-an-ambitious-look-at-how-blockchain-can-reshape-financial-services.

相关企业发布中国数字版权唯一标识（DCI）标准联盟链，版权认证信息将被存储在联盟链的全网节点之上。

（四）区块链潜在问题与应对

区块链技术潜力巨大，但目前应用仍面临着许多困难。当前国内外的许多区块链项目还停留在白皮书或实验室阶段，还没有得到大范围的推广运用。

一是物理性能还不高。在技术上，区块链目前未能大规模应用的重要原因是物理性能不高。例如，比特币平均每秒钟最多支持 6 笔交易，而 Paypal 平均每秒钟能支持 193 笔交易，Visa 平均每秒钟能支持 1 667 笔交易[①]，前者显然难以支撑大规模商业交易。实际上，区块链技术长期面临着著名的“三元悖论”技术瓶颈，即它无法同时兼顾性能（或扩展性）、安全、去中心化这三项要求。目前，区块链技术的安全、去中心化特性是以降低性能为代价的。

二是存在潜在安全风险。实际上，区块链技术也存在一定安全性风险，如攻击者算力超过全网算力的 51%时将导致整个系统的瘫痪。2016 年 6 月，以智能合约形式运行在以太坊区块链上的项目 The DAO 出现代码漏洞，遭黑客攻击，导致逾 360 万以太币被窃取。区块链的经济重要性越高，遭受恶意攻击的可能性也越高。

三是耗费大量相关资源。采用 POW（工作量证明）共识机制的区块链项目需要消耗大量的计算能力和电力资源，同时也可能大量消耗底层网络带宽资源，导致网络性能下降甚至瘫痪。交易中大量的信息带来区块链膨胀问题，导致区块链的读写操作日益缓慢。

四是可能规避政府监管。区块链的去中心化、去信任、匿名等特性，为某些非法内容、非法应用、非法活动提供了规避国家政府监管的可能，极易被不法分子利用，危害国家社会秩序稳定。比特币就常被用于网络黑市交易、病毒勒索等非法活动。

针对上述潜在问题，国内外都加强了区块链技术研发与政策监管。在监管上，目前全球多国都通过立法、发布政策文件等方式加强区块链监管和引导，如我国发布了《关于防范代币发行融资风险的公告》《区块链信息服务管理规定》等文件，进一步加强规范、引导区块链技术的安全健康发展。针对区块链可能给社会治理带来的问题，应从更广泛的互联网治理理论和实践中汲取经验和智慧，构筑多方协同共治的治理体系。

【本章小结】

在传统媒介中，内容、技术与经营往往是相互分离的，而在网络世界中，这三者的界限愈来愈模糊。不懂技术，就很难融入网络传播的各个环节中。本章主要介绍了与网络传播相关的技术，与网络传播相关的技术比较庞杂，概括起来大致包括涉及计算机网络基础和互联网基础的基本技术，网页设计与开发技术、多媒体网络传播技术、网络传播信息资源管理技术等实践技术，与云计算、人工智能、智慧城市/智慧地球、区块链相关的前沿技术。

【思考题】

1. 如何使用各种多媒体软件对某一新闻事件进行多媒体新闻报道?

---

① 徐忠，邹传伟．中国人民银行工作论文：区块链能做什么、不能做什么？．[2019 - 10 - 08]. http：//www.chinamfi.net/upload/link/1811/f084866.pdf.

2. 在多媒体的教学应用过程中，我们应注意哪些方面的问题?

3. 你还能列举其他熟知的多媒体传播技术吗?

4. 云计算、智慧城市/智慧地球、人工智能、区块链等前沿技术对你的日常学习生活将会产生哪些影响?

5. 人工智能技术给新闻传播领域的业务发展带来了哪些新变化?

6. 网络传播技术的发展将给新闻传播人才的培养带来哪些影响?

第 3 章　网络传播方式及影响

传播方式是对人类传播行为的高度抽象和概括，也有学者称之为传播形态。人类运用传统媒介的多种方式在网络传播中仍在继续发挥作用，有些方式的功能甚至大为拓展。同时，网络使用的技术门槛日益降低，各种网络应用形态快速普及，这使得网络传播介入社会生活的程度逐渐加深。从大众的日常人际交流到社会性的生产、交换和消费，从网民参与的各种网络文化艺术创造到不同阶层通过网络进行的政治话语表达，乃至跨国界的网络政治、网络经济和网络文化行为，网络传播带来的社会影响范围之广、程度之深、速度之快大大超过了传统媒介。而这个难以预测的影响过程远未终结。

第 1 节　网络传播的主要方式

出现于 20 世纪 90 年代的网络传播，相对于三大传统媒体（报纸、广播、电视）是一种新兴的传播途径和方式，是以多媒体化、网络化、数字化技术为核心的国际互联网络，更是现代信息革命的产物。

但不论媒介如何发展，人类的主要信息传播方式都始终包括人内传播、人际传播、群体传播、组织传播和大众传播五种。互联网从一种小范围的信息交流工具发展为一种覆盖全球、无远弗届同时又分门别类存在的信息平台，在这一载体之上的人类传播方式同样包含上述五种信息传播方式。但跟传统媒体相比，网络传播中这五种信息传播方式的运用情况及其效果则有较大的区别。按照诸多研究者习惯的模式，也本着易于考察、便于描述的考虑，本书只介绍和分析网络中人际传播、群体传播、组织传播和大众传播四类。

一、网络中的人际传播

人际传播也称人际交流。它是指个人与个人之间的信息传播活动，是社会生活中最直观、最常见、最丰富的传播方式。[①]

网络中实现人际传播的方式主要包括以下几种。

（一）E-mail

E-mail 是一种类似于传统通信手段的人际传播方式。但它也有自己的鲜明特点，这主要表现在以下方面。

首先，E-mail 传播速度往往要比传统通信快得多。传统通信的速度与地域的关系很大，双方距离越遥远，通信速度越慢。而 E-mail 传递则较少受地域因素的影响。交流速度的加快，实际上也带来了交流频率的增加。无论大事小事，人们都可以通过 E-mail 交流来完成。从一定意义上来说，这有助于形成更加牢固的交流关系。

其次，从长远看，E-mail 交流是一种多媒体交流。E-mail 主要以文字为传播手段，但是，也可以加入声音、图像、视频等作为附件，因此也是一种多媒体交流。但是，由于 E-mail 传递

① 杜骏飞．网络传播概论．福州：福建人民出版社，2004：51.

的信息都是数字化的，所以一些背景信息会削减。例如，E-mail一般用文本方式，我们不可能看到对方的笔迹，也就很难通过这种“潜台词”来揣测发件人的性格、情绪等。从某种意义上来说，传播质量会受到一些影响。

最后，传统通信交流一般只限于相互认识的人之间，但是E-mail交流可以因偶然因素产生。但这种情形下，人们的交流往往带有功利性。

（二）网上聊天

网上聊天主要有两种方式：一种是在聊天室进行（这里指单聊的情况，群聊则属于下文中提到的群体传播方式），另一种是通过即时传呼（例如QQ）手段进行一对一的交流。

网上聊天是一种借助中介物的交流方式，不是面对面的。即使可以通过视频进行，也受到拍摄质量、拍摄范围、传输速度等因素的限制和影响，在交流的丰富性、互动的实时性等方面明显逊于物理世界的面对面聊天。但以文字为主的网聊也有明显的优点：一是受物理世界的干扰较少；二是有助于表达的清晰和条理化，加强交流的深度。

（三）播客、微博与微信

播客（Podcast）是指iPod＋broadcasting。它是数字广播技术的一种，出现之初借助一个叫“iPodder”的软件与一些便携播放器相结合而实现。它录制的是网络广播或类似的网络声讯节目，网友可将网上的广播节目下载到自己的iPod、MP3播放器或其他便携式数码声讯播放器中随身收听，不必端坐电脑前，也不必实时收听，享受随时随地的收听自由。其后，DV文化和网络Flash的发展，以及便携DV、可录像拍照手机、独立摄像头等音视频同步采集工具的普及，迅速推动了播客由音频生产转向视频生产。

播客中的人际交流主要体现在留言和评论两种手段上。留言与评论一方面在播客和访问者之间建立起一种沟通渠道，另一方面也为访问者之间的交流提供了机会。与一般聊天不同的是，播客中的人际传播往往以播客中的作品为依托，因此，交流的目标更为明确，效果更加理想。

【知识窗】

博客为音译，英文名为Blog，为Web Log混合而成的词。它的正式名称为网络日志，也译为部落格，是指在网络上发布和阅读的流水记录。一般认为，博客是一种个人借助网络平台，以文字和图片表达思想、记录生活，以网络链接和RSS订阅传播，内容按时间顺序排列并且不断更新的出版形式。博客网站成为个人出版物的集合体，也构成了网络世界中个体与群体沟通、互动交流的公共平台。

最早的博客被认为是浏览器发明人马克·安德里森开发的Mosaic的What's New网页，上面主要罗列了Web上一些新兴的网站索引。2001年9月11日，美国世贸大楼遭遇恐怖袭击，博客成为信息和灾难亲身体验的重要来源，从此博客正式步入主流社会的视野。按照功能，博客分为基本博客和微型博客（即微博）；按照用户，分为个人博客和企业博客；按照存在方式，分为托管博客、自建独立网站博客、附属博客和独立博客。

微博，即微博客（Micro Blog）的简称，是一个基于用户关系的信息分享、传播以及获取平台，用户可以通过Web、WAP以及各种客户端组建个人社区，以140字左右的文字更新信息，并实现即时分享。最早也是最著名的微博是美国的 Twitter，根据相关公开数据，截至 2014 年 2 月，该产品在全球累计注册用户超过 10 亿。2009 年 8 月份中国最大的门户网站新浪推出“新浪微博”内测版，成为门户网站中第一家提供微博服务的网站，微博正式进入中文上网主流人群的视野。中国互联网络信息中心（CNNIC）的《第 43 次中国互联网络发展状况统计报告》显示，截至 2018 年 12 月，我国微博客用户规模为 3.51 亿，网民使用率为 42.3%。

微信（WeChat）是腾讯公司于 2011 年 1 月 21 日推出的一个为智能终端提供即时通信服务的免费应用程序。微信不仅支持跨通信运营商、跨操作系统平台通过网络快速发送免费（需消耗少量网络流量）文字、语音短信、图片和视频；同时也可以使用通过共享流媒体内容的资料和基于位置的社交插件，如“摇一摇”“漂流瓶”“朋友圈”“公众平台”“语音记事本”等服务插件。腾讯公司公布的 2019 年第一季度财务报告显示，2019 年第一季度末，微信月活跃用户数量已突破 11 亿，用户覆盖 200 多个国家和地区、超过 20 种语言。此外，微信公众账号总数已经超过 1 000 万个，移动应用对接数量超过 85 000 个，微信小程序日活跃量逾 2 亿，微信支付用户已逾 8 亿。

微博与微信既可以一点对多点，也可以点对点传播。它与博客和 MSN、QQ 等即时通信工具相比，突出的传播优势还在于将点对点的交流以异步方式展现，并以便捷的发表、自主的关注和获取等方式，建构起一个融合自我与社会的人际网络。从这一点上讲，两者的功能是超越了人际传播限制的，尤其是许多组织和单位也以微博及微信上的公共账号来发布信息，这也就使其具备一定的组织传播和大众传播的特点。

网络人际传播的主要特点有传播手段的多样性、传播情境的虚拟性、传播主体的匿名性与多面性、传播范围的广泛性和偶然性以及效果的辐射性。[①] 随着网站技术的发展及新型应用手段的不断开发，不同于上述几种形态的网络人际传播方式将不断涌现。

二、网络中的群体传播

群体传播主要是指群体内部或外部的信息传播活动。群体传播在形成群体意识和群体结构方面起着重要的作用，而这种意识和结构一旦形成，又反过来成为群体活动的框架，对个人的态度和行为产生制约，以保障群体的共同性。因此，群体传播是群体生存和发展的一条基本的生命线。但网络群体的形成不具有强制性，群体能产生的约束力是较小的，群体成员的流动性则较大。

网络中的群体形成可分为两种情况：一种群体是在现实世界中已经存在的，通过网络这一方式来发展成员之间的关系，如学校的班级、工作中的同事等。另一种是原本并不存在，通过网络组织起来的新群体，如一些兴趣社团或小组。网络群体传播的主要方式有新闻组（讨论组）、BBS、论坛（社区）等，在实际使用中这些名称有时也混用，但所指基本相同，只是不同发展阶段的特点和侧重点有所区别。也有人认为社区涵盖了 BBS、E-mail、新闻组、在线聊天和博客等功能。[②]

（一）新闻组

新闻组的英文称为 Usenet 或 NewsGroup，也称讨论组，简单地说就是一个基于网络的计

① 彭兰．网络传播学．北京：中国人民大学出版社，2009：68－71.

② 王长潇．新媒体论纲．广州：中山大学出版社，2009：223.

算机组合，这些计算机被称为新闻服务器，不同的用户通过一些软件可连接到新闻服务器上，阅读其他人的消息和参与讨论。新闻组就像是一个交互式的超级电子论坛，是任何一个网络用户都能进行相互交流的工具。用户通过新闻组可以与世界各地有共同爱好的人就一个共同关心的话题进行讨论，即阅读新闻组的信息并发表自己的观点。

（二）BBS

BBS是电子公告板（Bulletin Board System，BBS）的英文简称，早期的BBS与一般街头和校园内的公告板性质相同，只不过通过计算机传播或获得消息。一直到个人计算机开始普及之后，有些人尝试将苹果计算机上的BBS转移到个人计算机上，BBS才开始渐渐普及开来。后来，由于爱好者们的努力，BBS的功能得到了很大的扩充，并逐渐发展成虚拟社区模式，其形式与功能都得到极大的扩展。BBS的群体一般由三部分人组成：建设者、利用者和游离者。建设者是BBS的发起人、组织者，通常也是讨论区的版主（斑竹）或资深成员；利用者通常只是把BBS当作一种解决问题、联系亲友的工具；游离者可能会因为好奇而注册加入，却很少或从不参与讨论和交流。①

网络群体传播与传统群体传播在本质规律上是一致的，但由于渠道与情境等因素的变化，也表现了一些独特的个性，如传播范围的跨地域性、传播渠道的多样性、传播者身份的双重性（公开性与匿名性并存）、传播情境虚拟化，但也存在实在的结构关系、依靠群体动力与承诺作为传播的内在动力。②

三、网络中的组织传播

组织是通过协调活动来达到个人和集体目标的一个社会集合体。组织传播是指组织所从事的信息活动，包括组织内传播和组织外传播。计算机网络的出现给组织传播提供了更便利的条件与可能。对于组织来说，利用网络进行信息传播可以依靠网络技术——内联网和外联网。内联网主要实现组织内的传播，而外联网则更多实现组织外的传播。

（一）内联网

内联网（Intranet）是在一个组织如企业内部使用的网络技术，它以通信和信息访问的方式帮助组织成员实现组织内的传播（见图3-1）。与互联网一样，内联网可以实现Web功能、电子邮件功能、公告板及聊天功能、文件传输功能（FTP）等。在内联网中采用Web技术后，可以使企业定时和按需发布信息，使员工得到最新、最急需的信息，从而提高工作效率。内联网的主要特征如下。

（1）采用TCP/IP协议作为通信协议；

（2）采用Web技术；

（3）仅供单位内部使用，具有明确的应用目标；

（4）对外具有与互联网连接的接口；

（5）有安全设施防止内部和外部的攻击。

内联网与互联网的区别是内联网上的绝大部分资源仅供企业内部使用，不对外开放。为了防止外界的非法侵入，通常采用防火墙或者其他安全技术，将内联网和互联网隔离开来。

---

① 杜骏飞．网络传播概论．福州：福建人民出版社，2004：56.

② 彭兰．网络传播学．北京：中国人民大学出版社，2009：79-82.

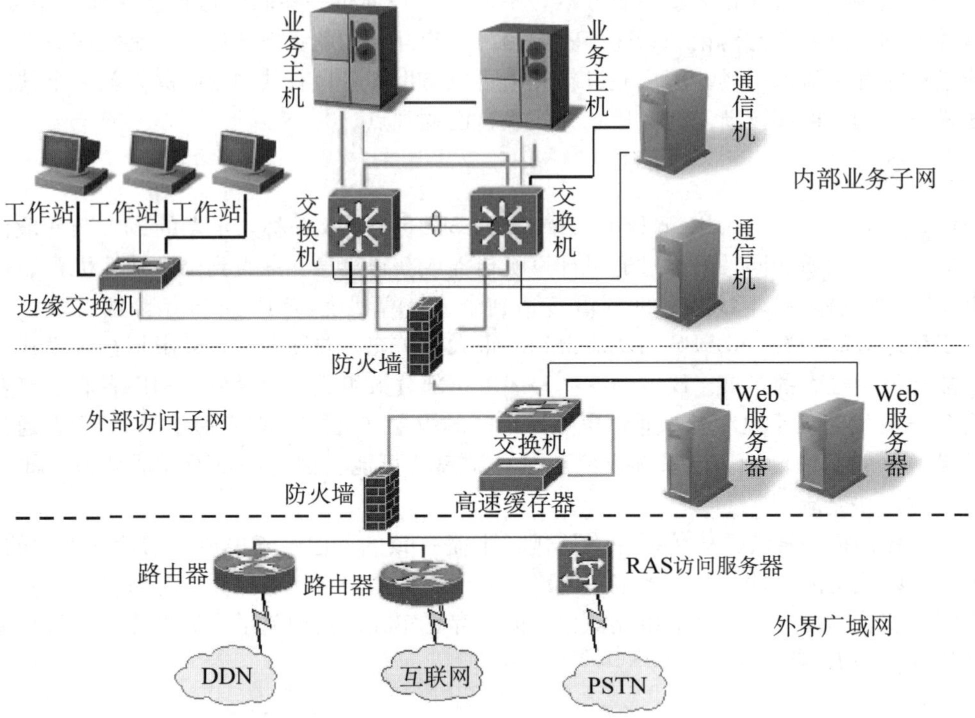

图3-1 内联网结构图

资料来源：http：//www. techcn. com. cn/index. php? edition-view- 68874-1. html。

【知识窗】

按照网络节点分布的地理范围、通信距离和传输速率的不同，计算机网络可以分为广域网与局域网。

局域网（Local Area Network，LAN）：通信范围在几公里之内，传输速率相对较高。

广域网（Wide Area Network，WAN）：通信范围在几十公里以上，甚至可以达到几万公里。传输速率相对局域网来说较低。

局域网主要用来构造单位的内部网，例如校园网、企业网；而广域网则主要是公用数据通信网，一般由国家委托电信部门建造、管理和经营。

（二）外联网

外联网（Extranet）是一种使用互联网/内联网技术使不同单位相连，满足不同单位频繁交换业务信息需求的合作网络。严格地说，外联网是一种内联网通过公用网进行互联的技术，或者被视为一个由多个单位合作共建的、能被合作单位的成员访问的更大型的虚拟网。与内联网类似，外联网也采用了TCP/IP协议作为通信协议。外联网访问是半私有的，用户是由关系紧密、相互信任的单位结成的小组，信息在信任的圈内共享。由于外联网主要用于互联合作企业的网络，并且交换仅限于这些企业共享的信息，因此，安全和可靠是外联网建设考虑的主要因素，可采用的技术包括隧道技术、访问控制技术、身份认证技术等。

在电子政务领域，VPN外联网经常被应用于网上报税、企业审计监察、人大代表联网办公、海关电子报关、政府信息中心和各委办局单位信息中心的联网等系统中。

四、网络中的大众传播

大众传播是专业化的媒介组织运用先进的传播技术和产业化手段，以社会上一般大众为对象而进行的大规模的信息生产和传播活动。①

这一概念首次出现于1945年在伦敦发表的《联合国教科文组织宪章》中。互联网诞生之初并不是作为一种大众传播媒介出现的，但是，随着技术的发展和网络应用的大众化，传播覆盖的范围日益广泛，信息内容和形式日益丰富多样，这就为互联网成为一种大众传播媒介奠定了基础。网页新闻、网络视频分享、移动互联网的新闻浏览、手机报、手机广播、手机电视等由专业组织完成内容生产，面向大规模、非特定受众提供的网络新闻和资讯服务都是典型的网络大众传播形态。

（一）网络大众传播的表现形态

1. 网页新闻

网页新闻是互联网承担大众传播功能的最主要、最普遍形式，也是互联网被界定为“第四媒体”的重要依据。之所以强调“网页新闻”而不是“网络新闻”，是因为“网页新闻”特指通过网页形式，有组织、规模化、日常化的新闻生产方式和新闻呈现形态。如门户网站的新闻频道、专业的新闻网站、各种形式的传统媒体网络版等。这就排除了在论坛、聊天室、博客、微博等其他平台上零散的、个性化的新闻生产。后者强调的是新闻内容（即有新闻价值的信息），虽然可以归在“网络新闻”旗下，但它们却不是大众传播的形态。

2. 网络视频分享

网络视频分享经历了以人际传播为主到由大众传播占据主流的发展过程。视频分享在初期是以社交化的人际交流形式出现的，比如个人播客。后来，在商业的推动下，有组织、规模化、商业化的视频生产，尤其是影视作品的网络分享成为主流。

近年来，短视频行业迅速崛起，成为一种独特的互联网内容传播方式。短视频主要指视频长度不超过20分钟，通过移动智能终端实现播放、拍摄、编辑，并可在社交媒体平台上实时分享和互动的新视频形式。短视频更容易满足用户的表达、分享的需求，更加简明、直观、生动、形象、轻松，具有易于表达、集中精力、病毒式传播、快速获取信息等优点。2017年是短视频爆发元年，用户规模翻倍达4.1亿，碎片化使用、内容的丰富性促进短视频总使用时长的暴涨。2018年，短视频市场获得各方关注，百度、腾讯、阿里巴巴、微博持续在短视频领域发力，网易、搜狐等也纷纷推出新的短视频应用，短视频市场迅速发展。截至2018年12月，短视频用户规模达6.48亿，用户使用率为78.2%。随着短视频市场的逐步成熟，内容生产的专业度与垂直度加深，同质化内容已无法立足，优质内容成为各平台的核心竞争力。②

> **你怎么看**
> 你通过哪种渠道接触过短视频，你认为短视频的发展前景和挑战主要在什么地方？

随着网络视频行业的日渐成熟，网络视频用户逐渐增

① 郭庆光．传播学教程．2版．北京：中国人民大学出版社，2011：99.

② 中国互联网络信息中心（CNNIC）．第43次中国互联网络发展状况统计报告．2019：41－42.

多，用户在观看网络视频时还伴随着大量的社会化分享行为，比如视频上的上传、顶、踩、评论、弹幕、一键分享等。这使得网络视频行业在发展中和社会化平台不断整合和合作。

3. 移动媒体内容生产

中国互联网络信息中心（CNNIC）最新发布的《第 44 次中国互联网络发展状况统计报告》显示，截至 2019 年 12 月，我国网民规模达 8.54 亿，手机网民规模达 8.47 亿，这表明以手机为代表的移动媒体已经成为当今中国主流的媒体发展形态。由手机报到手机广播、手机电视，再到无所不能的移动互联网的内容生产，手机这一平台所拥有的大众传播特征日益鲜明起来，也因此成为新媒体形态的一个典型代表。而在移动媒体各类应用中，作为最早出现类型的娱乐类应用经过多年发展，用户规模和使用率已经逐渐稳定；而商务类应用用户规模不断扩展、增长率不断提高，已经成为拉动网络经济增长的新引擎。

【知识窗】

移动媒体主要是指以移动数字终端为载体，通过无线数字技术与移动数字处理技术运行各种平台软件及相关应用，以文字、图片、视频等方式展示信息与提供信息处理功能的媒介。当前，移动媒体的主要载体以智能手机及平板电脑为主。随着信息技术的发展和通信网络的融合，一切能够借助移动通信网络沟通信息的个人信息处理终端都可以作为移动媒体的运行平台，如电子阅读器、移动影院、MP3/4、数码摄录像机、导航仪、记录仪等。

（二）网络大众传播的特点

相较于传统媒体时代，网络传播的信息在内容与表现形式上都有了深刻的变化。作为大众传播媒介的网络，与传统的大众传播媒介相比，有着自身的特点。

1. 媒介接近和使用的门槛低

随着互联网基础设施建设的稳步推进，互联网普及率大大提升，网络接入和使用费用不断降低，普通大众使用互联网阅读新闻、了解服务资讯的门槛更低。截至 2015 年 6 月，我国网民总数已达 6.68 亿，自互联网在我国进入商用领域以来，网民人数的迅速增长本身就说明它在接近性上比传统媒体更有优势。

2. 媒介生产和使用上时空限制少

媒介技术的发展，不断打破媒介生产和使用的时空限制。印刷术和造纸术的出现，使得以报刊为代表的纸质媒体便于携带和保存，传播的空间限制大大降低。广播电视等电子媒介则因为无线及有线信号的传输而突破了信息传播的时间障碍。如今的互联网则同时突破了时间和空间限制，成为一种全时性和无远弗届的媒介。

3. 传受双方的互动交流便捷

网络技术的交互性使传受双方的联系与互动变成可能，也使互动性成为网络异于传统媒体的一个典型特征。同时，信息传播技术门槛的降低也为普通大众参与信息传播提供了极大的操作空间，使信息传播不再是一个特定组织垄断的行为，传者与受者的身份开始不那么界限分明。

4. 信息表现形式具有多媒体特征

传统媒体受到介质的物理性质、版面或时长的限制，信息表现形态较为单一。而数字技术和互联网技术实现了文本、图像、音频、视频等多种形态的信息传播。通过网络传输的多媒体信息，有较强的交互性、集成性、可控性和实时性。

5. 信息文本具有非线性与层次性

网络传播的信息通过网页来展示，而网页与网页之间则通过超链接来实现关联，超链接完全突破了传统媒介信息之间的线性联系，形成一种多维、发散式的网状联系。同时，网状结构也并非完全杂乱无章，页面层级的划分会将纷繁的超链接统属在一定的分层结构之中，如首页、二级页面、三级页面等层次的形成。当然这也只是从总体而言的，不同级次页面内部超链接的层次感其实还是很难清晰化的。同时，信息传播的层次多也会增加信息失真的风险。

6. 媒介使用的个性化、定制化

虽然大众传播的内容生产仍然以有组织的机构化生产为主，但与传统媒体的使用情况不同的是，个人对网络媒体的使用已经有了巨大的选择空间，网民遨游在网络信息海洋中的自由度远非传统媒体信息的数量级别和接受方式可以比拟。而且，一些网络内容定制工具的出现（如RSSReader、FeedDemon、SharpReader等）为用户进行内容定制与有针对性的阅读提供了更多便利。可以预期的是，下一代互联网因其智能化和更加重视用户的个人化使用，将会赋予网络大众传播更多的个人化和传播自由的色彩。

由上面的分析可以看出，互联网较之传统媒体而言是一个更加融合的传播媒介，它的技术特点可以将人际传播、群体传播、组织传播和大众传播的功能熔为一炉，呈现在一个多层次的综合平台上。同时，它表现出来的每一种具体传播过程和传播行为都不能简单地被归类到某一传播方式中去，而是在发展变化中呈现出多个面相。如特征边界逐渐模糊，像BBS和论坛就兼具了人际传播和群体传播的特点。当前方兴未艾的微博也在人际传播的同时，具备了一些群体传播、组织传播和大众传播的特征。也就是说，网络的技术特点和开放性为多种传播方式的融合提供了可能性。分类有时只是简化认知过程的权宜之计和无奈之举，开放中的变化与融合应该是互联网传播更为重要的特点和趋势。

> **你怎么看**
>
> 在具体业界应用中网络传播有哪些融合的现象，优势和缺点是什么？

第2节　网络传播的政治影响

一、新闻传播与政治

人们在不同时代面临的历史任务不同，需要政治发挥作用的侧重点和着力点不同，再加上不同历史观的影响，所以在解释政治概念时所强调的内容也就不同，于是就产生了对什么是政治的各种各样的答案，形成了众多关于政治的定义。马克思认为，政治是以经济为基础的上层建筑，是经济的集中表现，是以政治权力为核心展开的各种社会活动和社会关系的总和。根据马克思主义对于政治含义的理解，同时扬弃和吸收若干具有代表性的非马克思主义的政治定义，我们倾向于把政治定义为：政治是人们在特定的经济基础上，围绕着特定的利益，借助于社会公共权力来规定和实现特定权利的一种社会关系。①

对于政治的这一定义，可以从三个方面来理解。

首先，它强调政治是一种社会关系，并且指明这种社会关系本质是在一定经济基础上形成的利益关系。因此，政治关系涵盖阶级、民族、社会集团、阶层等之间的关系，涵盖了对立阶级之间、非对立阶级之间和特定阶级内部的关系。

其次，它强调一切借助于社会公共权力来维护、实现和协调的社会利益要求和社会关系，才具有政治性。这就区分了政治现象与非政治现象。

最后，它指出了政治的全部本质内容。一方面，这一定义把政治的本质归结为特定的经济基础之上的一种社会关系；另一方面，它指出了政治的本质内容应该包括利益、政治权力和政治权利这三个基本方面的内容。

新闻传播与政治处于一种系统联系之中，二者的相互作用构成了它们之间的互动发展。一方面，新闻传播推动了政治的发展。从大众传媒出现的那一天起，它就深深地嵌入政治和政治活动中，它不仅是政治的传播载体、工具和途径，有时更是政治本身。政治集团的斗争往往演变成其所代表的媒介集团之间的斗争，政坛的此起彼伏都在媒介中有所反映。现在，互联网的加入使传统意义上的媒介影响政治的趋势有所强化，以网络为代表的新媒体正深刻地影响着政治。另一方面，政治的发展会干预新闻传播，也推动着新闻传播理论和实践的发展。政治学与传播学相互交叉，诞生了新的政治传播学；而电子政务的兴起进一步促进了新闻传播与政治的相互作用。

二、网络传播与国内政治

随着网络技术的飞速发展和全球化趋势的加强，网络已经成为人类传播的新领域。新环境下，网络传播的平等性和匿名性等特征，对现实社会中金字塔式的权力结构造成一定冲击，网络传播开始影响和改变以往的政治传播模式，同时也给政治力量带来了新的挑战和机遇。而在这一过程中，政治力量同样会影响和控制网络传播。以下从电子化政府、网络民主、网络问政等三个角度，来阐述网络传播对国内政治的影响。

（一）电子化政府

1. 概念

对于电子化政府，时下有不同理解。有人认为电子化政府就是办公室自动化；有人认为电子化政府就是政府信息资源的管理；有人认为就是“政府上网”；也有人借用电子商务的概念，将其称为电子政务。“电子化政府”（Electronic Government）是国际上通用的一个概念。从目前的发展来看，所谓电子化政府，是指政府有效利用现代信息和通信技术，通过不同的信息服务设施（如电话、网络、公用电脑站等），对政府机关、企业、社会组织和公民，在其更方便的时间、地点及方式下，提供自动化的信息及其他服务。电子化政府最重要的内涵及精髓是建构一个“虚拟政府”（Virtual Government），即跨越时间、地点、部门的全天候的政府服务体。

电子化政府强调：（1）倡导科技领先。政府要有效运用现代信息技术，并将其整合到政府管理中去，从而实现政府管理的目标。（2）政府信息的公开和可获得性。电子化政府，意味着政府信息的公开化，政府有责任与义务以更便利的方式、以更易理解的语言，让民众能够容易

---

① 许博．政治含义探究．法制与社会，2011（6）．

地获得政府的信息，从而创造更高的附加值。(3) 政府与民众之间的互动回应机制。电子化政府的目的在于建立起政府机关、企业与民众之间的互动机制，经此互动机制，公民可以获得政府的信息与服务，而政府亦可了解民众的合理需求，从而促使政府更有回应力和责任感。(4) 更有效率。电子化政府的目标之一，在于通过信息化的过程，改变传统的政府组织形式，使行政程序简单化、统一化，政府业务电脑化、网络化，从而提高政府的效率。显然，电子化政府的核心，是通过信息技术改革政府，从而实现一个开放的、有回应力的、负责任的和有效率的政府。[①]

2. 发展状况

全球电子化政府的发展现状参差不齐，但世界各国莫不把构建电子化政府作为国家发展的一个战略性举措，借助信息科技提高政府服务效率与施政质量，并通过构建电子化政府提高国家竞争力。美国电子化政府首先提出了“运用信息技术再造政府”的观念，欲通过“分散智慧”的理念将信息与工具分散至整个组织当中，让员工能够收集信息且与工作一起成长，并增强决策人员的能力。英国电子化政府强调以电子化的形态传送为政府服务，并建立了选择机会、信任、可取得性、效率、合理化、公开信息和电子安全的原则，以实现提供更好更有效率的服务、改善行政的效率与公开化、替纳税人看紧钱包的目标。日本电子化政府的主要目的就是在行政的所有领域，普遍地使用信息技术，以提高政府服务的品质和效能。通过政府内部的顺畅沟通、资源共享，达成政策制定的迅速、有效。在确保信息安全的前提下，实现从“纸张”的信息处理转为通信网络、资料电子化的信息处理。

从当前我国电子化政府的发展情况看，国内各政府职能部门的网络基础建设已经初具规模，不同部门的局域网已经基本搭建完成，有些地区甚至已经形成了较为完善的城域网。根据中国互联网络信息中心（CNNIC）的数据，截至 2019 年 6 月，我国共有政府网站 15 143 个，主要包括政府门户网站和部门网站。其中，国务院部门及其内设、垂直管理机构共有政府网站 1 001 个，占总体政府网站的 6.6%；市级及以下行政单位共有政府网站 12 422 个，占比为 82.0%。我国中央政府门户网站 2006 年正式开通，标志着我国政府门户网站体系基本形成。同时，我国电子化政府建设中也存在不少问题，如：技术资源利用率不高，重建设轻应用；地区发展不平衡；部门协作能力不强；电子政务信息更新不及时；公共服务明显弱于自我服务等。

【知识窗】

政府网站，是指各级人民政府及其部门、派出机构和承担行政职能的事业单位在互联网上开办的，具备信息发布、解读回应、办事服务、互动交流等功能的网站。

政府门户网站，是指县级及以上各级人民政府、国务院部门开设的政府门户网站。乡镇、街道原则上不开设政府门户网站，确有特殊需求的特殊处理。

部门网站，是指省级、地市级政府部门，以及实行全系统垂直管理部门设在地方的县处级以上机构可根据需要开设本单位网站。县级政府部门原则上不开设政府网站，确有特殊需求的特殊处理。

---

① 张成福．电子化政府：发展及其前景．中国人民大学学报，2000 (3)．

3. 积极意义

从积极的角度来看，电子化政府的价值十分重大。

第一，提高政府的决策理性和公共政策的品质。政府信息化可使政府运用所获取和掌握的国家政治、经济、社会发展诸领域准确可靠的信息，以制定正确的决策，做出理性的判断及采取必要的行动，进而提高政府决策和公共政策的水准和质量。

第二，促进信息流通利用和平等共享。电子化政府可以使政府机关借助现代信息和通信技术建立政府组织间、政府与社会、政府与企业、政府与公民之间广泛的沟通网络。这种沟通网络可以打破时间、空间及行政组织部门与层级的限制，提高政府内外的沟通效率，及时传达政府的施政意图、方针与政策，从而提高政府治理的反应能力和社会回应力。与此同时，政府可以借助互联网、电子邮件、电子布告栏等新兴的科技方式，与民众建立迅速、有效的沟通途径和意见反馈机制，从而实现和扩大公民对政府公务管理的参与。

第三，促进政府改革，节约行政成本，提高政府效率。电子化政府必将促使政府组织结构和运作方式发生变革。从世界各国的情况来看，电子化政府主要具有以下优点：(1) 使传统的科层组织朝着网络组织方向发展，打破地域、层级、部门的限制，促使政府组织和职能的整合。(2) 促使政府的工作程序和办事流程更加简明、畅通。(3) 节约人力、物力和财力资源。(4) 提高政府机关的办事效率。这些均对政府效率的提高起着重大的推动作用。

第四，公开政府信息，实现开放政府。信息公开是民主政治的基础，也是开放政府的根本。经由网络系统，政府信息除个人隐私、商业秘密、国家机密等不宜公开外，依其性质向社会、组织、企业公开，不仅可促使政府信息得以加值利用，更重要者，便于社会大众、新闻媒体监督政府施政，起到政务透明和公开的作用。

(二) 网络民主

1. 概念

“网络民主”一词最早是由美国学者马克·斯劳卡在 1995 年提出的。他认为网络民主可以理解为以网络为媒介的民主，或者是在民主中渗入网络的成分。芝加哥大学的凯斯·桑斯坦在《网络共和国》一书中探讨了网络对个人行为以及整个社会的影响。总的来说，网络有利于民主，新的传播技术正在使事情变得更好而不是更糟，但同时需要政府介入以提供一个多元的环境来推进网络民主的健康发展。一般认为，网络民主是一种利用信息技术促进民主互动的方法或手段，“以发达的信息、通信技术、网络及其相关技术为运作平台，以直接民主为发展趋向，以公民的全体、主动、切实参与民主决策、民主选举等民主运作程序为典型特征的一种民主新形式”①，是公民表达政治意愿、直接参与政治事务管理决策的一系列制度的总和，也被称为电子民主或虚拟民主。

2. 积极意义

相对于传统的选举民主和协商民主模式，网络民主具有虚拟性、跨时空性、更加平等、更为直接、更具交互性和开放性的特征。网络民主扩展了政治参与的渠道，降低了民主参与的成本；网络民主提供了参与型政治文化生长的土壤，如使公民享有更多的言论自由，使政府工作的透明度大大提高，使民众利益表达和聚合的自由增强。网络民主也可以加快民主直接化趋势。

3. 存在的弊端

作为一种新型民主形式，网络民主也存在着弊端。

---

① 秦润施，韦文杰．网络民主的形成及作用机制分析．新闻世界，2011 (10).

第一，网络民主中的非理性因素。由于网络具有的开放性特征和高度的自由，网络中很可能会出现非理性的“情绪性民主”，出现自发的或受人操纵的信息垃圾及各种流言和谎言。这些不仅导致网络缺乏权威性和公信力，而且严重的还会带来政治不稳定甚至动乱。

第二，网络民主中的数字鸿沟问题。虽然我国网民数量已经跃居全球第一，但据中国互联网络信息中心（CNNIC）统计，截至2019年6月我国网民普及率为61.2%，还有总人口的近40%未普及互联网。另外，网民在性别、阶层、收入、年龄、学历和居住的地理区域以及个人的兴趣习惯方面也存在差异，影响人们接受、使用信息等的机会，导致信息富有者和信息贫乏者之间的分化。这必将带来人们政治参与能力的反差，也会限制网络民主的发展，造成民主的非均衡性。

关于网络民主的前景，学术界探讨的焦点在于网络民主能否取代传统民主模式，带来直接民主的复兴。在这个问题上，目前有两种相反的观点：一种观点认为网络将带来权力的分散和直接民主的复兴；另一种观点则认为网络带来的可能是日益严重的无政府状态，或者变种的政治控制得到加强。

结合网络民主在我国的发展现状来看，要促进网络民主健康持续发展，需要从以下三点来努力：其一，加强政府治理，促进中国网络秩序建设；其二，加强道德治理，促进中国网民行为规范化；其三，加强法制治理，促进中国网络民主法制化。

(三) 网络问政

1. 概念

网络问政与电子化政府、网络民主相互交织，但又各具独立特性。目前，学术界对网络问政的内涵尚未做出统一的界定。一般来说，网络问政包含两层含义，即群众“问事于政府”和政府“问计于人民”。[①]

具体来说，群众“问事于政府”，就是公众个体或群体通过网络向党政部门及其领导者提出或表达各类诉求和意见，行使知情权、参与权、表达权、监督权。政府“问计于人民”，就是党政部门及其领导者通过网络问政于民、汇聚民智，实现科学民主决策、解决实际问题、接受群众监督。从政府和网民之间的一般网络互动到一些公共舆论事件、公共突发事件的网络应对及管理，都可以归于网络问政的范畴。网络问政的主体内涵是双重的，是有问有答的良性互动过程，需要问政主体双方的共同努力。网络问政体现了对国事的关心、对民生的关注、对政事的监督、对百姓的关爱，其所形成的力量不容小觑。实践表明网络问政正越来越显著地影响着国内的权力运作机制和政府治理方式，被称为“一股清新的政治空气”。

网络问政实质上体现的是政府与网民之间的一种积极的、动态的双向互动，具有跨层级性、平等互动性、参与主题的多元性、公开透明性、问政内容的丰富性、民意表达的直通性等特点。[②]

【知识窗】

政务微博，是指中国政府部门推出的官方微博账号，力行“织博为民”，其在社会管理创新、政府信息公开、新闻舆论引导、倾听民众呼声、树立政府形象、群众政治参与

① 朱艳秋．“网络问政”背后的冷思考．领导之友，2010（6）．

② 赵红卫．论“网络问政”及其良性发展的路径选择．法制与社会，2010（15）．

等方面发挥了重要的作用。

2009年下半年，湖南桃源县官方微博“桃源网”出炉，桃源县成为中国最早开通微博的政府部门。紧接着云南省委宣传部的官方微博“微博云南”面世，随后以“平安肇庆”“平安北京”为代表的全国各地公安微博，以及各级党政领导的微博如雨后春笋般开通。

2. 积极意义

互联网时代，网络在畅通民意、表达诉求、监督舆论、参政议政中的作用越来越突出，民众对网络问政的热情高涨，网络问政正成为各国民主政治的一种新途径。

第一，网络问政拓宽了公众意愿的表达渠道，推进了公民参政的热情。网络的匿名性大大提高了公民参与讨论和意见表达的热情。通过网络，一些学者和网友的观点被自由地传播，有效地促进了现代社会民主的进步。较低的参与代价和方便的渠道，使人们更愿意借助网络这个“互联互通、自由表达、平等对话”的载体，表达诉求和意见。民意“直白”地呈现在网络上，它能“直达”各级领导，极大地激发了公众参与政治的积极性。

第二，网络问政加强了民众对政府权力的监督。网络问政不仅逐渐成为政府问计于民的重要途径，而且在网络监督方面发挥了不可替代的作用。网络不但是公民进行政治表达、政治参与的主要平台，而且是实施政治监督的主要战场。在维护社会和谐和推进民主法制的进程中，网络舆论正以前所未有的力量和广度深刻地影响着中国社会。它充当了社会预警的监测灯、社会矛盾的调节器和社会舆论的添加剂，它可以让真相大白于天下，可以让腐败分子无处遁形。

第三，网络问政为构建服务型政府提供了载体。民众通过网络问政向政府表达的，除了相关利益博弈之外，还有温和的陈情以及民智民慧。网络问政使政府行为更加公开透明，政府执行力和公信力得到很大提高，也成了政府科学决策、民主决策的重要形式之一。政府有意识地通过互联网做宣传、决策，了解民情，汇集民智，问计于民，以达到“取之于民，用之于民”的目的，从而实现科学决策、民主决策。网络问政搭建了政府与群众沟通的平台，在处于社会转型过程中的今天，监督舆论的网络作为民众与政府二者之间的平台，能有效促进二者之间的沟通互动，从而一定程度上释放社会的不满情绪，对于稳定社会起到积极的作用。

3. 问题与建议

当前网络问政还处于探索阶段，依然存在尚待完善的问题，如：网络问政的主体不均衡，主要局限于网民问政于官员、官员问计于网民的局面并不乐观，因而问政的信息流向主要是网民流向官员，官员多处于被动应付的状态；网络问政的形式主要局限于问答式帖子，传播模式单一且单向，缺乏多样立体化的问政形式；网络问政的效果主要依某些地方官员、部门的开明思维而定，并没有形成普遍的网络问政绩效考核机制。①

对于政府部门来说，网络问政的发展有赖于以下方面：（1）主动就公共服务问题和公共政策议题与网民进行沟通；（2）充分利用诸如网页、微博、微信、即时通信等多种网络问政的形式，让网民在网络问政平台上有更多的选择方式；（3）建立一整套网络沟通和监督机制，扩大和深化政府与公众间的政治沟通；（4）提高执网能力，积极思考如何提高依法管理和运用以互联网为代表的新媒体发展民主政治、市场经济和先进文化的能力，不断提高网络舆情应对能力，转变对互联网的认识和观念，深入了解各类网络媒体和互动交流平台，建立网络新闻发言

① 钟瑛，罗昕．“网络问政”类栏目的创新、问题与对策．中国记者，2011（2）．

人制度等，通过多种策略来提升执网能力。

总之，网络问政是一个系统的工程，需要包括政府、网络媒体、网民等利益相关方的共同支持。随着政府部门执网能力的不断增强，各地网络问政栏目或平台的不断成熟，网民政治沟通热情和素养的不断提升，中国式网络问政将进入一个更加有序有效、充满活力的崭新境界。

你怎么看

你了解政务微信和政务微博吗？新的传播环境下，政务微信的崛起是否伴随着政务微博的衰弱？

三、网络传播与国际政治

20 世纪 90 年代，墨西哥札巴提斯塔运动（一个反政府的社会运动）利用互联网在全球寻求外交帮助，最后迫使墨西哥政府以和平方式来解决问题。2010 年春，美国国务卿希拉里·克林顿邀请谷歌、Twitter 、Facebook 等网络公司领导人会餐，开始委托这些公司在国际事务上出面。2010 年 12 月，突尼斯的一名街头小贩遭到警察野蛮对待，之后自焚身亡。这激起民众强烈抗议，并演变成骚乱，总统本·阿里被迫选择离开突尼斯，这被称为“茉莉花革命”。在这一过程中，维基解密网站曝光了有关突尼斯政府腐败的电文，对革命起到催化剂作用。

所谓的国际政治，是相对于国内政治而言的，它指的是国家间的政治，通常指代表不同国家的政府之间的政治活动。网络的诞生与发展，其意义既远远超出了信息革命本身，也绝不仅仅限于经济方面的应用，其已经引发了国际政治格局的新变化，使国际政治与国际关系呈现前所未有的新特点。

第一，网络传播促使国际政治活动更加直接化。直接化意味着信息传递将减少许多中间环节，网络使得地球村得以实现，人们可以更直接地知悉发生在遥远国家的政治事件，并由此做出自己的判断与决定。网络也使各国政府之间的政治磋商直接化。[①] 昔日只能通过各国使节传递的政治信息如今仅在瞬间就能传遍全球。政府首脑不出国门，就可以在办公室通过网络参加远程会议，参与国际事务。国家驻外使节也可以借助互联网，实时与上级部门沟通，获取上级部门的信息和指示，相对于传统的起草公文大大节省了时间，提高了效率。

第二，网络传播促使国际政治透明化。网络时代，要封锁信息已经变得非常困难，人们可以通过多种渠道多维度了解和查找政治、经济、文化等信息，国际政治越来越透明化。这一变化也有效消除了政治上的黑金现象，改善滋生贪污腐败的土壤，增强监督效能，提高政府效率。如今，人们不仅能从新闻媒体和互联网上得到大量外交信息，而且可以通过互联网自由地表达自己的观点，对政府外交决策的制定施加直接或间接的影响。

第三，网络传播促使国际政治多元化。网络的多元化性质是与生俱来的，每台计算机后面都可能是一个完全不相同的人，他可能来自不同国家、不同民族、不同政治派别，是不同性别、不同年龄、不同职业的个人。网络时代的国际政治行为主体除各国公民外，还有因共同政治观点组建的各种团体，如网络上非国家主体民族的小民族或种族、日益强大的跨国利益集团等等。非民族、非国家的行为主体在国际政治领域所发挥的作用有逐渐增强的趋势。西方国家一些非主体民族要求独立的呼声越来越高，在国际政治中显示出前所未有的力量。所有这些都说明，国际政治在向立体、多元化发展，这些行为主体既相互交叉，也相互包容。国际政治多元化的特征使国际格局更趋复杂，并向多极化方向发展。

第四，网络传播促使国际政治全球化。互联网使得世界各国前所未有地紧密联系在一起，

① 蔡翠红．试论网络对当代国际政治的影响．世界经济与政治，2001（9）．

各国之间的互动作用日益突出，这就为全球化提供了基础。互联网的超时空性大大淡化了世界中不同种族、民族、国家的差别，推动了国际政治的全球化进程。英语作为网络的通行语言，会将英语文化带到世界各地，冲击着其他国家的政治文化。具有“超国家”“超意识形态”属性的跨国公司等，也从经济、政治、文化等各方面全方位地推动着国际政治全球化。当代的国际政治也因此更加具有全球维度。各国不仅是传统意义上的国际行为主体，而且越来越多地成为国际社会“整体的部分”，各国之间相互依存的程度日益提升。

综上所述，互联网时代，任何一个国家都不可能独立于国际社会之外而存在。对发展中国家而言，只能积极参与其中，适应其发展。而面对国际政治全球化的趋势，以及随之而来的文化渗透、文化霸权，如何保持本国政治的独立和文化独特性，并抓住网络发展的机遇，增强综合国力，提高国际地位，将是发展中国家面临的一个严峻的课题。

第 3 节　网络传播的经济影响

一、网络经济

（一）网络经济的定义

网络经济，又称 Internet 经济，是网络与经济结合的产物。它是建立在互联网技术基础之上，以信息产业为主导产业，以全球市场为导向，以信息和知识的生产、交换、分配和消费为主要内容的一种经济形态。它不仅是指以计算机为核心的信息技术产业的兴起和快速增长，而且包括由于互联网技术的推广和运用所引起的传统产业、传统经济部门的深刻变革和飞跃性发展。

在知识经济时代，一切生产都以知识为基础，所有财富的核心是知识，而不是土地、工厂等传统生产要素。知识经济的出现，标志着人类社会正步入以知识资源为依托的新经济时代。这些知识一般是通过信息表现出来，通过网络来传送的。网络经济正是科技经济一体化的结果。在网络经济中，信息或知识已经成为一种主要的生产要素。

如今，经济运行呈现出信息化和全球化两大趋势。现代信息技术的发展，大大提高了人们处理信息的能力和利用信息的效率，加速了科技开发与创新的步伐，加快了科技成果向现实生产力转化的速度，使知识在经济增长中的贡献率空前提高。全球信息网络的出现和发展，进一步加快了信息在全球范围内的传递和扩散，使网络连接起来的世界产生了新的经济形态，传统的国家、民族界限变得日益模糊，整个世界变成一个小小的“地球村”，使世界经济发展呈现出明显的全球化趋势。

（二）网络经济的发展概况

早期的网络经济，囿于通信技术只能支持低速信息传送，网络经济对传统经济领域的影响十分有限。随着网络技术的进步，网络带宽不断增加，网络上的信息大大丰富，网络经济开始引起人们的注意。1997 年，美国学者迈克尔·哥德哈伯（Michael H. Goldhaber）在著名杂志《热线》（*Hotwired*）上发表了一篇题为《注意力购买者》的文章。他认为，“当今社会是一个信息极大丰富甚至泛滥的社会，互联网的出现，加快了这一进程，信息非但不是稀缺资源，相反是过剩的。而相对于过剩的信息只有一种资源是稀缺的，那就是人们的注意力，目前正在崛起的以网络为基础的‘新经济’的本质是‘注意力经济’。在这种经济形态中，最重要的资源既不是传统意义上的货币，也不是信息本身，而是注意力”①。

面对网络上浩如烟海的信息，个人的注意力相对信息来说是一种极其有限的商业资源，“注意力经济”推动了网络经济的第一个发展高潮，也成就了一批网络成功人士，张朝阳、王志东、丁磊等人就是“注意力经济”的受益者。但是在21世纪初，网络经济的发展遇到了瓶颈，整个网络市场低迷，各大网站纷纷倒闭，“网络寒冬”带来了网络经济的大萧条，“注意力经济”似乎走到了穷途末路。在这样的背景下，“影响力经济”被提出来。

毫无疑问，网络企业生存的首要因素，是要借助甚至是追求注意力资源。但是，仅仅有注意力，解决不了全部问题。著名学者喻国明认为：“‘影响力经济’的本质特征在于它为受众的社会认知、社会判断、社会决策和社会行为打上的‘渠道烙印’。这种‘渠道烙印’大致可以分为两个基本的方面：一是传媒的物质技术属性（如广播、电视、报纸、杂志作为不同类型的传播渠道在传播资讯时所打上的各自的物质技术烙印，并由此产生的对于人们认知、社会判断和社会行为的影响）；一是传媒的社会能动属性（如传媒通过其对资讯的选择、处理、解读及整合分析等等，在传播资讯时所打上的各自的社会能动性的烙印，并由此产生的对于人们认知、社会判断和社会行为的影响）。”②

（三）网络经济的基本特征

网络经济是以信息为基础，以计算机网络为依托的生产、分配、交换和消费经济关系。在知识经济时代，与传统经济相比，网络经济具有一些显著的特征，如虚拟性、实时性、全球性、快捷性、高渗透性、自我膨胀性、边际收益递增性、外部经济性、可持续性和直接性。以下简单介绍网络经济的几个主要特征。

1. 虚拟性

经济的网络化和数据化趋势使传统的交易空间概念发生了新的变化。在网络经济时代，经济活动开始从传统物理空间的物物交换转移到新型的网络空间分布式、在线化的虚拟环境市场，而这种虚拟市场是由信息化和数字化组成的，虚拟产品以比特流的形式存在。交换双方以及中介以网络在线身份参加活动，成为虚拟市场的买者与卖者，从而使线下的产品或服务在虚拟空间里完成交易。

网络经济的虚拟性是建立在计算机网络基础上的电子虚拟空间，不受时间和空间限制，网上销售、网上采购、网上支付等是虚拟经济的主要表现形式，与线下物理空间中的现实经济并存、互相促进。随着线上的经济活动、经济设施和经济实体日益活跃，虚拟市场不断繁荣。但是虚拟市场并不是完全脱离现实的物质市场，而是建立在真实的物理世界基础上的，虚拟参与者、虚拟产品、虚拟市场是现实的一种特定代表，虚拟经济也是实物经济的代表，是虚拟现实的（见图3-2）。

2. 实时性

网络传播技术消除了信息传播的时空限制。首先，互联网突破了传统的国家、地区界限，使整个世界紧密联系起来，把地球变成一个“村落”。其次，信息突破了时间的约束，使人们的信息传输、经济往来可以在更小的时间跨度上进行。网络经济以接近于实时的速度收集、处理和利用大量的信息。网络交易行为可以发生在任何时间和地点。网络经济可以24小时不间断运行，经济活动更少受到时间因素制约。同时，网络经济是一种速度型经济。现代信息网络

① Goldhaber M H. Attention Shoppers. Hotwired，1997（12）.

② 喻国明．影响力经济．中国新闻出版报，2003-02-24.

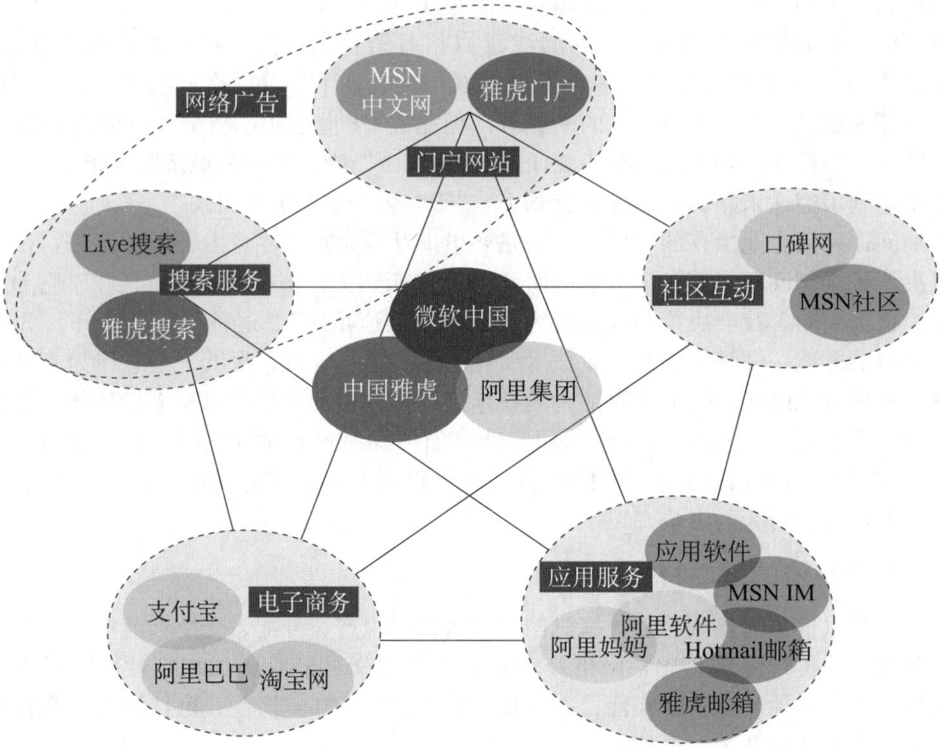

图 3-2　三大网络经济实体的产品整合与服务结构图

资料来源：http：//www. baike. com/wiki/%E7%BD%91%E7%BB%9C%E7%BB%8F%E6%B5%8E。

使人们不出门、敲敲键盘点点鼠标便能创造出巨大的价值。由于网络可用光速传输信息，网络经济以接近于实时的速度收集、处理和应用信息，大大加快了节奏。因此，网络经济的发展趋势应是对市场变化发展高度灵敏的“即时经济”或“实时运作经济”。

3. 高渗透性

迅速发展的信息技术、网络技术，具有极高的渗透性功能，使得信息服务业迅速地扩张，出现了第一、第二和第三产业相互融合的趋势，三大产业之间的界限模糊。为此，学术界提出了“第四产业”的概念，用以涵盖广义的信息产业。美国著名经济学家波拉特在 1977 年出版的《信息经济：定义和测量》中第一次采用四分法把产业部门分为农业、工业、服务业、信息业，并把信息业按其产品或服务是否在市场上直接出售，划分为第一信息部门和第二信息部门。第一信息部门包含现在市场中生产和销售信息机械或信息服务的全部产业，诸如计算机制造、电子通信、印刷、大众传播、广告宣传、会计、教育等。第二信息部门包括大部分公共、官方机构和私人企业中的管理部门。除此之外，非信息部门的企业在内部生产并由内部消费的各种信息服务，也属于第二信息部门。

4. 自我膨胀性

网络经济的自我膨胀性突出表现在四大定律上：一是摩尔定律（Moore's Law）。这一定律是以英特尔公司创始人之一戈登·摩尔命名的。1965 年，摩尔预测到单片硅芯片的运算处理能力每 18 个月就会翻一番，而与此同时，价格则减半。二是梅特卡夫法则（Metcalfe's Law）。按照此法则，网络经济的价值等于网络节点数的平方，这说明网络产生的效益将随着网络用户的增加而呈指数形式增长。从目前的趋势来看，互联网的用户大约每隔半年就会增加 1 倍，而互联网的通信量每隔100天就会翻一番。三是马太效应（Matthew Effect）。在网络经济中，由于人们的心理反应和行为惯性，在一定条件下，优势或劣势一旦出现并达到一定程度，就会导致不断加剧而自行强化，出现“强者更强，弱者更弱”的垄断局面。四是吉尔德定律（Gilder's Law）。据美国激进的技术理论家乔治·吉尔德预测，在可预见的未来（未来10年），通信系统的总带宽将以每年3倍的速度增长。随着通信能力的不断提高，吉尔德断言，每比特传输价格朝着免费的方向发展，费用的走势呈现出“渐进曲线”（Asymptotic Curve）的规律，价格点无限接近于零。网络经济的四大定律不仅反映了网络经济自我膨胀的规模与速度，而且揭示了其内在的规律。

5. 边际收益递增性

边际收益是指生产过程中一个单位产出的增加所带来的收益的变化。边际收益随着生产规模的扩大可能会显现出递增、不变、递减三种不同的变化趋势。[①] 在工业社会物质产品生产过程中，边际收益递减是普遍规律，但是这一现象在网络经济时代却出现了新的状况：首先，网络经济边际成本递减。网络信息具有重复使用的特性，这使得网络信息可以长期使用，建设费用不会随着信息传递距离的增加而增加，信息传递的边际成本为零，平均成本也有明显递减趋势。虽然入网人数越多，所需收集、处理、制作的信息也就越多，这部分成本就会随之增大，但其平均成本和边际成本都呈下降趋势。因此，网络信息的平均成本随着入网人数的增加而明显递减，其边际成本则随之缓慢递减，但网络的收益却随着入网人数的增加而同比例增加。网络规模越大，总收益和边际收益就越大。其次，网络经济具有累积增值性。在网络经济中，对信息的投资不仅可以获得一般的投资报酬，而且还可以获得信息累积的增值报酬。这是由于信息网络能够发挥特殊功能，把零散无序的大量资料、数据、信息按照使用者的要求进行加工、处理、分析、综合，从而形成有序的高质量的信息资源，为经济决策提供科学依据。同时，信息使用还具有传递效应。

二、网络经济对传统产业的影响

（一）网络经济对传统产业的推动

网络经济不仅推动了新兴产业的发展，而且对于传统产业的发展起着至关重要的作用。市场是竞争的市场，网络经济是把双刃剑，可以扶持传统产业，也可以淘汰技术落后的传统产业。毋庸置疑的是，网络经济正在大大地促进传统产业系统的发展和升级，在推动产业结构的优化升级方面起到了巨大的作用。

首先，网络经济带动了传统产业的发展。一方面，网络经济的发展促进传统产业技术更新换代，使传统产业技术装备逐步走向现代化。另一方面，网络经济的发展促使新兴的信息产业与传统产业相互促进、相互融合，促使新的产业得以产生，使产业系统逐步走向复杂化。

其次，网络经济的发展为传统产业提供了良好的发展环境。网络经济是以信息产业为主导的经济，而信息产业在产业系统中处于金字塔顶端，对传统产业部门具有支配作用，从而能强化传统产业之间的关联程度。网络经济的发展为传统产业的发展提供了良好的信息环境和外部环境，使得各传统产业在网络经济的大环境下彼此的关联程度提高，产业部门间的协调运作更易于实现。

---

① 吴君杨．网络经济研究：网络对经济活动影响的规律性探析．北京：中共中央党校，2002.

最后，网络经济的信息化促使传统产业结构进行优化升级。信息技术促进了社会各个领域技术创新，迫使传统产业进行技术的更新换代，使得信息产业在总产值中的比重以及在就业人口中的比重迅速上升。传统产业系统中新兴产业的不断涌现，信息产业的快速发展，使得各国的产业结构均程度不同地出现了优化升级。

（二）网络经济对传统产业的挑战

网络技术为网络经济扫除了全球化发展的障碍，使得网络经济的传播成本大大低于传统产业的流动成本。网络经济资源的快速流动性，也给传统经济和产业带来了挑战。

1. 生产领域

传统产业的生产领域是建立在土地、能源、资本等生产要素领域上，以物质资源消耗为主的经济形态。这种经济主导下产生的后果就是资源耗尽、自然环境和人文环境双双恶化，再加上传统产业在原料采掘、加工、运输过程中信息的滞后，这使得传统产业在生产领域需要花费大量的人力、物力和财力，从而让传统产业面临不利的局面。

网络经济由于拥有信息产业的支撑、信息传输的实时速度以及低廉的信息成本，在生产领域优势明显。一方面可以大大节约生产成本，另一方面信息技术改变了传统产业的生产模式，将最终消费者的需求信息准确地传递给生产商，使之调整生产步骤，按顾客的要求生产，从而避免了资源的浪费。这对于传统产业统一规格、大批量生产的经营模式来说是一大挑战。

2. 流通领域

传统产业的商品流通包括商品流通和信息流通。传统产业基本上已建立自己的物流配送系统，这种传统、分散的配送方式使资源得不到合理利用。一方面信息不流通，使得传统产业基本上处于闭塞的状态，商品流通速度缓慢；另一方面传统产业的各个单位自己建立配送系统，由于自身条件限制，覆盖范围小、配送时间慢等使得传统产业在流通过程中的成本进一步加大，不利于产业的壮大。网络经济在信息流通方面，即对顾客的需求信息方面，较之于传统企业则要快捷和准确得多，在流通环节中处于有利的地位，这也给传统产业带来严峻的挑战。

3. 资金环节

传统产业对生产要素的依赖性高，使得实物资产占总资产的比例较高，但是实物资产具有明显的时间限定，随着时间的增长实物资产会出现不同程度的耗损、减值，同时传统产业在技术工艺、广告费用、信息费用和管理费用方面支出较高，影响传统产业的健康发展。网络经济主要的资产是无形资产，对实物资产依赖程度不高，生产费用相对低廉，使得资金流动性较强，这给传统产业的资金环节也带来极大挑战。

三、网络经济对传统媒体产业的影响

根据清华大学传媒经济与管理研究中心的《传媒蓝皮书：中国传媒产业发展报告(2019)》，2018 年中国全年传媒产业总值达 20 959.5 亿元。传媒产业增长率从 2017 年的 16.6%下降至 10.5%，但依旧保持两位数的增长，传媒产业格局在保持稳健的同时进行深度的结构性调整和政策规制的调整。

随着互联网与传统媒体的融合走向深化，传媒产业已经成为中国数字经济的重要组成部分，2018 年中国传媒产业总规模突破 2 万亿元大关。然而，传媒产业整体发展的良好态势主要依赖于基于互联网的新兴媒体。2014 年互联网与移动增值市场的份额不但一举超过传统媒体市场份额总和，领先优势达到 10.3%，并且差距还有继续扩大的趋势。2017 年传媒产业内部结构已转向“一超多强”的局面——移动互联网的市场份额接近一半，传统媒体总体规模仅占五分之一，其中报刊图书等平面媒体的市场份额不到6%。互联网广告和网络游戏已成为传媒产业中的支柱行业，传统媒体市场持续整体衰落。

传统媒体的颓势还直接体现在传媒细分行业2018年公布的数据中，互联网保持良好发展态势，传统媒体继续下行。其中广播电视行业虽然整体收入基本与上年持平，但根据国家广播电视总局财务司的数据，2017年广播电视广告收入首次负增长，较2016年下降1.84%。报刊广告和发行则继续“双降”，整体市场下滑14.8%，其中报纸广告市场的跌幅更是超过了30%，市场整体规模不足150亿元。图书和电影是传统媒体中仍能保持两位数增长的市场，但目前看和互联网相比，其规模相对较小。[①]

四、网络经济对网络媒体产业的影响

互联网企业已成为中国经济发展的重要驱动力，媒体全面迎接数字化。网络经济的产生，改变了传统媒体增值模式、生态环境，使得电视、报纸等传统媒体产业受到了意想不到的致命打击，由于广告收入不断减少，有的甚至因此倒闭。而对于网络媒体来说却是一个发展契机，网络媒体利用网络优势，吸引了众多广告投放，造就了21世纪以来网络媒体的一个个神话。

网络经济对网络媒体产业的影响是显而易见的，在传统媒体产业持续低迷的状况下，网络媒体依然保持高速增长态势，这是近年来传媒产业发展的现状。在网络媒体产业中，移动互联网媒体的表现尤为亮眼。2014年6月，中国手机上网人数首次超过PC端，手机支付、手机银行、手机购物、手机旅行预订成为用户覆盖率增长最快的应用。前瞻产业研究院发布的《中国移动互联网行业市场前瞻与投资战略规划分析报告》统计数据显示，2014年我国移动互联网交易规模仅达1.34万亿元，占GDP比重也仅为2.1%。2017年，我国移动互联网交易规模达到6.89万亿元，同比增长30.49%，占GDP比重为8.3%；2018年，我国移动互联网交易规模超过8万亿元。截至2017年第三季度在移动互联网各细分领域中，移动购物市场份额超过60%，成为移动互联网市场的绝对支柱；移动营销市场占比达20%，环比增长11.8%；移动游戏市场规模稳中有升，环比增长7.4%。[②] 移动互联网为网络媒体的发展提供了无限的空间。

第4节　网络传播的文化影响

“文化”是一个复杂的科学概念，广义的文化是指“人类为求生存发展，结成一定社会关系，进行种种有社会意义的创造活动。这些活动方式、活动过程及其成果的整合，就是文化”[③]。狭义的文化专指人类的精神创造及成果的综合。一方面，网络为文化提供了新的传播渠道，促进了文化的形成和发展；另一方面，网络与文化互相渗透，网络世界中产生的一切都属于人类的生活方式。由此，我们使用文化的广义概念，以便囊括网络世界的各种现象。本节也是在这个辩证关系的基础上就网络传播对文化的影响进行讨论的。

关于文化的分类有二分法、三分法、四分法等不同分类方法。二分法主张政治和经济体制

---

① 崔保国．中国传媒产业发展报告（2018）．北京：社会科学文献出版社，2018.

② 艾瑞咨询．2017年Q3中国移动互联网季度数据发布研究报告．[2020-03-20]．https://www.iresearch.com.cn/Detail/report?id=3142&isfree=0.

③ 刘守华．文化学通论．北京：高等教育出版社，1992：6.

为表层结构，哲学思维方式和文化价值观为深层结构。[①] 三分法将文化的要素分为物质文化、制度文化、精神文化三个层面。[②] 四分法则认为物质文化、精神文化、制度文化、行为文化共同构成文化结构的四个层面。[③] 本节借鉴文化层次理论中的四分法逐一介绍网络传播对文化的影响。

一、网络传播与物质文化

物质文化，有时也被称为“物态文化”，是“人类所创造的物质财富或物质性成果”[④]。经人类加工的各种具有物质实体的文化事物都是物质文化，包括物质生产文化和物质消费文化，如饮食文化、服饰文化、居住园林文化、日用器物文化、舟车交通文化、劳动工具文化、工艺技术文化等。

（一）网络传播与物质生产文化

20 世纪 60 年代末，计算机网络的诞生引发了第三次工业革命。互联网本身属于工业文化的一部分，它诞生的时间虽短，却爆发出强大的能量，快速地推动着社会各个领域的发展和人类社会信息化进程。互联网的主要功能就是信息传播，它让信息的流动以光速计算，是迄今为止最理想的信息传输工具，使麦克卢汉预言的“地球村”成为现实。

网络的另外两个主要功能是资源共享和协同工作。所谓资源共享，就是指无须重复劳动或投资，用户就能部分或全部享有和使用接入网络的硬件、软件和信息资源。协同工作则是指同一网络内的多台计算机通过协同操作和并行处理的方式，使网络内各计算机负载均衡，从而完成仅依靠单个计算机无法完成的大型负载任务。[⑤]

生产工具是生产力的重要因素，互联网是现代生产工具，也是影响生产力的主要因素之一。网络环境催生了新的物质文化现象，如光纤、交换机、计算机设备、存储设备等硬件设备，人类在网络社会生产的互联网内容、技术、产品等，甚至整个通信行业、IT 行业及服务业，都属于物质生产文化。现实社会各行业可以方便地从网络中获取各种信息，指导生产和服务。尤其是移动互联网时代的到来，更是让网络成为人们随身携带的生产工具，只需一部小小的手机，便可随时随地在网上进行信息交流和物质交易。随着网络渗透率的不断提高和“互联网＋”战略的推进，网络对生产力的作用是无可比拟的。

（二）网络传播与物质消费文化

社会群体的消费活动是在人们物质交换活动中表现出来的。物质消费文化包括饮食文化、服饰文化、建筑文化、交通文化等。互联网不能直接改造人们的饮食、服饰、建筑和交通等，但却在潜移默化地改变人们的消费观念及加快人们物质交换的速度和渠道创新。

网络的出现使得人类的消费形态发生了巨大改变，传统消费的时空概念及物质形式在这里消失。网络极大地刺激了人们的消费欲望，也给经济发展带来强劲动力。坐在电脑前点击鼠标，世界最前卫最流行的食品制作方法、时尚穿衣风格、建筑风格、装潢设计等就可以呈现在眼前。新的信息流通渠道，也使人们的消费出现长尾效应，使小众商品的商业价值最大化。如

---

① 封祖盛，林英男．开放与封闭．石家庄：河北人民出版社，1987.

② 周鸿铎．文化传播学通论．北京：中国纺织出版社，2005.

③ 刘守华．文化学通论．北京：高等教育出版社，1992.

④ 同②7.

⑤ 毕耕．网络传播学新论．武汉：武汉大学出版社，2007：22-23.

今，如果一位女士想要买一件大衣，她可以在网上找到销售各个年龄段、各种风格、厚薄不一、产地不同的大衣的商家，有时还能看到网友在购买了某件大衣之后的评价。在交通方面，网络大大方便了人们的出行，网上路线查询、余票信息查询、网上订票等都可以让交通出行方案在电脑前一键完成。网络促进了社会的整体发展，加速了城市化进程，也把所有人都卷入全球消费社会之中。

网络带来的最直接产物便是电子商务。中国电子商务始于1997年，在21世纪以后开始加速繁荣，出现了B2B、B2C、C2C、B2M、M2C（即BMC）、B2A（即B2G）、C2A（即C2G）、SNS-EC（社交电子商务）、O2O等电子商务模式。尤其是B2B、B2C的淘宝网、京东商城、当当网、亚马逊等网站交易额的大幅增加反映了越来越多的人接受了这种新型购物方式。此外，物流网络不断完善，跨国电子商务持续繁荣，浏览各类购物、团购网站的新信息成为许多人每日上网必做的事。

有学者认为网络文化本身就是一种消费文化，其产品的生产与传播受制于商品和消费的法则，处处呈现出大众消费文化的特征，并且具备大规模生产与复制的能力。通过网络传播的信息、广告、交流方式、娱乐项目等都在促进社会消费，移动终端正成为刺激消费增长的后起之秀。

【知识窗】

2009年11月11日，天猫（当时称淘宝商城）开始在“光棍节”举办促销活动，最早的出发点只是想策划一个属于淘宝商城的节日，让大家能够记住淘宝商城。选择11月11日，也是一个有点冒险的举动，因为“光棍节”刚好处于传统零售业十一黄金周和圣诞促销季中间。2014年11月11日，阿里的数据显示，1分11秒破亿；2014年11月12日凌晨，阿里巴巴公布了“双十一”全天的交易数据——571亿元，其中移动购物占比42.6%。2015年11月12日0点，阿里巴巴“双十一”大促正式结束，数据显示，在“双十一”当天阿里巴巴旗下各平台总交易额达到912亿元。现在“双十一”已经成为电商消费节的代名词。

二、网络传播与精神文化

精神文化又称心态文化、社会意识，由人类在社会实践和意识活动中长期育化出来的价值观念、思维方式、道德情操、审美趣味、宗教感情、民族性格等因素组成，是文化整体的核心部分。社会意识可以分为社会心理和社会意识形态两个层次。社会心理是指尚未经过理论加工和艺术升华的流行大众心态，如人们的日常愿望、要求、感觉、知觉、情绪、风尚等道德面貌和精神状态。社会意识形态是指社会心理经过系统的理论整理或艺术的处理升华，曲折而深刻地反映社会存在，同时以物化的形态如绘画、数据、雕塑等固定下来。①

（一）网络传播与社会心理

互联网的包容性让各种价值观念、思维方式、审美趣味等在网络中自由传播，无论是大众

① 刘守华．文化学通论．北京：高等教育出版社，1992：46－47.

文化、精英文化、草根文化、亚文化，都可以在网络中找到影子。进入 Web 2.0 时代后，博客、维基百科、SNS、微博、微信等新兴媒体形式接踵而来，自媒体、自服务让网民成为网络内容的生产者，草根阶层在网络上得到了极大的个性解放。一方面，他们以极大的热情消解着传统媒体和精英群体的话语霸权；另一方面，草根阶层的意见领袖在网络上爆发出强大的号召力，影响着舆论的走向。网络传播对社会心理的影响体现在以下方面。

1. 去中心化

在互联网出现之前，传播是单向的，大多数人只能被动地接收由精英制造的信息，受众处于被动的信息接收端。随着互联网的兴起，其相对开放、平等的特性不断丰富网民的发声渠道，他们无时无刻不在通过 BBS 发帖，SNS 社区展示，网站新闻跟帖，开设网站，编辑博客、播客、维客、微博等等发声，借此表达自己的观点。在“人人都有麦克风”的时代，他们渴望挑战现实生活中的权威，发出自己的声音，展现个性。

在网络上，虽然精英仍在为网民设置议程，但他们的声音在多样化的信息时代已不再像传统媒体时代那样，成为唯一能够产生强大效果的声音。网民可以自主订阅想看到的信息，把不愿意看到的信息拒之门外。而当网民怀疑精英的观点时，他们可以通过制造舆论，影响主流观点，甚至改变精英观点，变边缘为主流。在网络中，精英的观点虽仍然受到广泛关注，但不一定能够被人们认可，一种新型的协商式议程设置正在形成。

2. 再度中心化

在网络上，信息的传播范围更广、更快、更便捷，但一些思维更敏捷的、更擅长传播技巧的传播者往往更容易成为一个网络社区的意见领袖。在这种情况下，网络传播就不是完全意义上的人人平等的传播。在现实社会中不属于精英阶层的一般人在网络中也可能成为意见领袖，成为新式精英。

精英传播的信息如果被网民视为值得信赖的信息，那么在网络上就容易获得更多的关注度和反馈，达到“再度中心化”。对于传统媒体来说，它们在网络上的权威就是其母媒体权威地位的延续。而如今博客、微博、微信、SNS 等网络媒体的兴盛，让精英比仅有电视、广播、报纸时吸引到了更多眼球。微博、微信中拥有话语权的“大号”中，仅有极少数是“草根”，绝大多数仍是原本在社会上就有一定话语影响力的名人。这些名人的微博通过多渠道传播，其访问量远远大于普通人，“粉丝”数量也是动辄几十万，从而更大程度地曝光在聚光灯下，获得更高的关注度。还有一种“再度中心化”的常见方式是先入为主，即某一社区的建设者和最初的加入者成为其领袖。此外，还有传播技巧的原因，比如发出奇谈怪论以引人注目，或者针对某些权威的观点进行反驳以引起注意，建立自己的权威。这种现象都是网络传播“再度中心化”的表现。

（二）网络传播与社会意识形态

社会意识是社会精神生活现象的总和，它是社会存在的反映，包括道德、文学、艺术、宗教、哲学和其他社会科学等。这里我们选取文学和艺术两个方面具体谈谈它们与网络传播的关系。

1. 网络传播与文学

早期阶段，文学生产和消费都是少数精英阶层的“专利”，也因此产生了一种较为普遍的观念，认为在传统媒体上发布的作品才是真正的为人们所接受的文学作品，普通人的写作只能在小范围内流传。互联网的诞生为文学的传播和接受方式带来了变革，产生了“网络文学”。平民化、边缘化的文学作品和文学形式在网络中与传统文学争鸣，一时间，对于准文学和非文学的讨论非常激烈。毋庸置疑的是，网络这种多元文化吸引了更多的读者，越来越多的人加入网络文学的写作中来。甚至有人说“传统的‘线性写作’和印刷文本已经走进了死胡同，取而代之的便是一种向四处蔓延与散播的可以无限链接的‘非线性文本’”①。

世界上最早的网络文学社团是20世纪80年代中期的“国际电子咖啡屋”和20世纪90年代初的“电子诗社”。华人网络文学则被认为起源于20世纪90年代北美留学生创办的网络文学网站和电子刊物。1991年，王笑飞创办了海外中文诗歌通讯网。此后，在中国内地传播最广的网络小说是台湾成功大学博士“痞子蔡”在BBS上连载的《第一次的亲密接触》，掀起国内网络文学创作和阅读的第一次高潮。

网络对文学的影响有以下几点。

其一，文学创作平民化。在过去，文学作品的出版门槛很高，编辑层层把关，报批上级获准才能出版，这极大限制了文学作品的生产与消费。但在网络出现后，人人都可以在网络上写作，对话文体、书信文体、日志文体、青春抒写、情绪宣泄等形式的网络文学见诸互联网，一些网民甚至将聊天记录、电子邮件、BBS发的帖子等直接放到文学作品中，雅俗共赏造就了今天百花齐放的网络文学。

其二，文学创作方式多样化。如今，许多网络文学作品由作者直接在文学原创网站及BBS、微博等社交网站上连载。在某种程度上来说，这是一种开放写作。网友可以边看边与作者互动，甚至改变作者原来的写作方向，文本在读者的参与中不断变化，印证了本雅明的“越来越多的读者变成作者”的说法。网络文学的创作也是一种实时写作，作者写完一个部分可以立即发到网络上与网友交流，得到网友的回应。许多文学网站往往设置点击率排行榜，作品是否受欢迎立见分晓。

其三，网络文学改变了人们的阅读、审美习惯。非线性文本培养了人们非线性的阅读习惯，网友可以点击任何一个感兴趣的章节开始阅读，无须在意作品的完整性。同时读者也可以成为作者，给原作者提建议，改变作品的一些情节，一些作者也会为了迎合读者兴趣，而改变原有的写作思路，一定程度上印证了罗兰·巴尔特的“作者死了”的观点。当然，网络文学的出现消解了宏大叙事，“元话语”不再是唯一的权威，读者和作者受到主流文化的束缚减少，充分展现出草根阶层的话语自由和审美自由。

其四，网络文学与网友共同催生网络语言。网络文学既然是网络时代的产物，就不可避免地会使用网民独特的语言，以更好地被大家接受。网络语言有创新词汇繁多、表达方式丰富、风格幽默、使用随意等特点。

【知识窗】

网络文学催生了电子书（也被称为电子阅读器）的产生和发展。与电脑相比，电子书的体积更小、重量更轻，功能较为单一，一般采用电子墨水(Eink)技术，这种技术使电子书在强光下也可以正常阅读，对眼睛的刺激相对较小，能耗更低。在日益丰富的产品中，市场表现最好的是亚马逊公司的Kindle。同时根据资料，该网站电子图书内容的销售量在2009年的圣诞节当天首次超过传统印刷书籍。从2011年4月开始，亚马逊售出

① 张品良．网络文化传播：一种后现代的状况．南昌：江西人民出版社，2007：239.

的电子书数量已经超过了纸质书籍。亚马逊Kindle的业绩既是它的阅读器技术本身带来的，还要归功于亚马逊所建立的包含数十万本数字化图书的资源后盾。此外，它还附送终身免费的网络服务，用户可以在亚马逊的网上书城以9.9美元的价格购买书店里几十美元的畅销书，可以以更便宜的价格订购报纸，并于每天凌晨准时接收到当日的早报。这些配套服务都为这一阅读器的普及奠定了基础，也为媒介融合时代的新的产业模式提供了启发。

2. 网络传播与艺术

艺术是人类认识世界、把握世界的一种实践活动。广义的艺术种类繁多，包括文学、音乐、美术、摄影、雕塑、舞蹈、戏剧、影视和广告九大类。狭义的艺术是指上述除文学以外的艺术种类，本书使用狭义的艺术范畴。互联网让当代艺术体现出明显的后现代特征，具体表现有以下方面。

其一，打破经典艺术创造的权威。计算机、互联网使各种艺术形式都能在网上找到，人们可以自由地在网上创作、下载、欣赏、观看音乐、美术、影视剧等作品，网络使艺术走下神坛，日益成为普通人日常生活中的平常事物。同时网络艺术与当代消费文化、视觉文化相结合，拓展了艺术的边界、拓宽了艺术的形态，让千百年来人们的艺术创作方式、接受方式及娱乐方式发生根本性改变。①

其二，艺术形态多样化。网络是大众狂欢的舞台，人们可以用各种方式来创造艺术，网络恶搞、行为艺术大量见诸网络，甚至让从前不为大众所接受的另类艺术也能在这里找到应和者。

其三，网络艺术的自我表达力更强。前所未有的自由让人们对正统、权威常常表现出怀疑和否定的情绪，这些艺术作品运用诸多方式，如反创造、分解、去中心、置换、差异、杂糅、断裂、扭曲、戏仿、反讽等等，去表达含混性、朦胧性、间断性、折中性、多元性、反叛性、异质性，以及反常变形的感受、意境、过程、质地和氛围，以此来满足挣脱束缚、奔向心灵自由的渴望。

其四，新旧艺术形式杂糅。网络把过去的残片、零碎化的事物，通过艺术重新组合在一个新的空间中，让它们互相矛盾冲突，产生新的和谐。网络艺术站在前人的肩膀上，吸收了过去已有的艺术形式来进行创新。如人们现在已经可以利用全息投影作图，但绘画的素材仍来源于现实，绘画技艺也是将现实绘画手法电子化，同时却又能创造出与现实绘画不同的视觉效果。

三、网络传播与制度文化

人类在社会实践中建立的各种行为规范、准则以及各种组织形式构成了制度文化。第一个层次上的制度，是社会形态或体系意义上的制度，如原始公社制度、奴隶制度、封建制度、资本主义制度、社会主义制度等。第二个层次是社会关系或行为模式意义上的具体制度，如婚姻制度、经济制度、教育制度、宗教制度等。第三个层次是社会规范和行为准则意义上的制度，如交通制度、用人制度、考核制度、礼仪制度、学习制度等。②

制度文化是时代的产物，属于上层建筑，既要受到物质生产水平的制约，也要受到人们文化心理素质的制约。下面我们具体谈谈网络传播对法律制度、人际关系准则的影响。

（一）网络传播与法律制度

1. 新生网络及其产业是新法律制度形成的基础

网络是把双刃剑，在人们享受数字化生活便利的同时，网络色情、网络诈骗、网络暴力、

---

① 张品良．网络文化传播：一种后现代的状况．南昌：江西人民出版社，2007.

② 刘守华．文化学通论．北京：高等教育出版社，1992：42－43.

网络侵权、跨国犯罪等违法犯罪行为也在网络上蔓延滋长。自由与法律是相辅相成的，新事物需要新制度来规范。网络空间管理法制化是全球网络管理的主流趋势，也符合网络传播的规律，更是我国突破传统网络管理困境的现实需求。党的十八届四中全会为互联网领域的立法提出了新的要求和带来了新的契机；但针对以往网络空间管理中的问题，建立有效的网络法制管理体系，应包括以下几个层面的思考。我们需要技术层面的思考，凸显网络空间立法的稳定性与权威性；更需要理念层面的思考，增强网络空间管理的包容性和针对性；同时还需要操作层面的思考，突破多头管理的局限，形成依法治理网络空间的合力。

2. 网络问题及网络舆论促进法律的制定和完善

制度是人根据规范社会关系和社会活动的需要而创造的，互联网由于其开放平等的特性，在一定程度上成为公民意见表达的公共领域，一部分掌握专业知识或掌握传播技巧的人往往会成为意见领袖，引领舆论走向，在舆论膨胀到一定时候，引起官方的关注，甚至推动法律法规的完善。鉴于2003年孙志刚事件引发的社会各界的关注，2003年5月14日三名法学博士俞江（华中科技大学法学院）、滕彪（中国政法大学法学院）、许志永（北京邮电大学文法经济学院）向全国人大常委会递交审查《城市流浪乞讨人员收容遣送办法》的建议书，认为收容遣送办法中限制公民人身自由的规定，与中国宪法和有关法律相抵触，应予以撤销。6月20日，经国务院第12次常务会议通过的《城市生活无着的流浪乞讨人员救助管理办法》正式公布，并于2003年8月1日起施行。这是中国第一次因公众舆论而修订一部法规的著名事件。

3. 网络舆论可能会影响司法公正

在法治国家，司法独立是衡量社会制度化程度的重要指标。所谓的司法独立，按照美国著名政治学家亨廷顿的表述，“司法机关的独立表现在它只遵守自己特有的司法规则，表现在它的观念和行为不为其他政治机构和社会团体的观念和行为所左右”。各类新闻媒体、网络媒体、社交媒体都只是传播信息的平台，不具备司法权，但却具备议程设置的功能，通过意见领袖引导舆论，客观上起到干预司法的作用，这也常被称为媒介审判。

媒介审判又叫新闻审判、舆论审判，指新闻媒介利用其公开传播的新闻报道或评论，干预、影响司法独立和司法公正。其表现方式主要是媒体超越司法程序对正在审理的案件的案情分析、案件定性、涉案人员定罪量刑等一系列问题做出公开的判断和结论，以其明显的倾向性引导受众，形成一种足以影响司法独立审判的舆论氛围，从而使审判在不同程度上失去公正性。其实质是以新闻自由干预司法独立，以道德评判取消司法审判，以媒介的“话语强权”代替舆论监督，对于建设和谐有序的民主法治社会，有着极大的负面作用。①

（二）网络传播与人际关系准则

人际关系准则是在人们交往过程中建立和形成的准则，涉及亲属关系、朋友关系、学友（同学）关系、师生关系、雇佣关系、战友关系、同事及领导与被领导关系等，其集中表现为社会伦理。网络传播对人际关系的影响是广泛的，一方面催生了许多新的价值观念和伦理精神，另一方面凸显了网络世界与现实世界、虚拟社会伦理与现实社会伦理的差异。甚至同一性质的行为在虚拟社会和现实社会的伦理中会受到截然不同的道德评价，呈现出后现代特性。下面，我们将从积极和消极两个方面来探讨网络传播对社会伦理的影响。

其一，从积极的方面来看，网络传播对当代社会伦理建设的影响在于，它催生了一些新的人际关系和道德关系，提出了许多新的伦理问题，孕育了许多新的价值观念和伦理精神，刷新

① 慕明春．“媒介审判”的机理与对策．现代传播，2005（1）．

和激活了自由与共享、自主与平等、开放与兼容等现代伦理意识，极大地拓展了社会伦理文化的空间。

首先，网络的最根本精神在于自由和共享。共享总是与开放、自由、互助和奉献密切相关的，因此网络传播有助于促成和推动开放、自由、互助和奉献的伦理精神。其次，网络传播有助于形成和扩大民主平等、开放兼容的现代伦理意识。网络传播有助于创生一个开放化、个性化、多元化的自由、自治的世界，为人的个性化发展提供广阔的空间，使民主、平等、开放、宽容、自主、自治的伦理取向深入人心。最后，网络传播还使机会均等、公平竞争、广泛参与、才能优先成为可能。

其二，从消极的方面来看，网络传播也加剧了一些社会问题和道德问题的复杂性，如信息污染、网络诈骗、色情泛滥、网络自杀、网络暴力、人情隔膜、人格障碍、信任危机、道德权威缺失等等。在网络中，道德相对主义、无政府主义、个人主义、享乐主义风行，人们的伦理价值观更容易发生畸变。技术万能、工具至上、信息崇拜的心理严重膨胀，技术主义甚嚣尘上，导致了人的边缘化和人的异化。人们遭到信息轰炸，人际交往被互联网平面化、单调化。网络中的匿名性容易使人们放松对自己的道德约束，导致伦理失范。网络生活的出现和蓬勃发展使建构网络自我伦理显得极为必要和迫切。此外，网络成瘾对青少年的社会交往和社会经验习得产生诸多不良影响，妨碍了青少年的社会化进程。

四、网络传播与行为文化

行为文化指人的生活方式、实际行为、态度、价值等，它是成功交际的重要因素。行为文化是人际交往中约定俗成的以礼俗、民俗、风俗等形态表现出来的行为模式，它主要“由行为方式、价值观念、行为环境三个要素组成，其中行为方式是行为文化产生的源泉和基础”①。在人们日常的上网活动中，慢慢地衍生出来的一些习惯性的行为，具有大众性、模式化的特点。这里着重介绍网络传播对行为方式的影响。

（一）网络催生新的上网习惯

互联网技术的日新月异，网络应用的不断丰富，不断改变人们的上网行为习惯。人们在上网时很容易产生“游荡癖”，即网民没有明确目标地随便浏览。这是由于一个个的超链接将人的思维牵引到一个又一个地方，人们不断接触新信息造成的。人们对唾手可得的信息，往往很少进行刻意理解和记忆。游荡癖的产生其实是人的一种本能——好奇心使然。但好奇心的满足绝不是人们上网的最终目标，而只是一个过程。这是一般人最早接触互联网时的状态。

微博诞生后，人们常常掏出手机拍摄照片上传至自己的微博空间中与朋友分享心情。移动互联网的诞生使人们有了随时随地上网、刷微博等习惯。于是有些网民戏称这些成天对着智能手机的网民为“低头族”。

（二）网络促进集体行动的扩大和传播

“不满情绪和集体认同感是行动者参与集体行动的前提条件，结合行动者对集体行动的理性计算，共同决定了行动者的参与行为。”② 互联网改变了我们的社会沟通环境，也优化了人们的联系方式。通过互联网，信息可以跨时间、跨地域广泛传播，方便快捷且成本低廉。尤其

---

① 张惠元，桑颖．互联网视阈下大学生行为文化探析．山西高等学校社会科学学报，2011（11）．

② 蔡前．以互联网为媒介的集体行动研究．南昌：江西人民出版社，2009：162．

是社会化媒体的诞生创造了更为便利的信息平台和联系渠道，网上少数人发起的活动也容易成为新的热点，使局外人、旁观者产生共鸣。如在微博等公共社交平台上，人们之间的联系更为普遍，也更容易激发群体情绪，造成群体极化。近些年网民口诛笔伐的舆论事件频发，网络口水战、“仇官仇富”等，对当事人形成了巨大的舆论压力。

集体行动包括“在线集体行动”和“线下集体行动”。其中，在线集体行动包括“网络舆论、网上签名、网上公祭、网络黑客”① 等。线下集体行动发生在现实世界，但互联网在线下信息联络中扮演着首要角色。如今“在线集体行动”和“线下集体行动”的界限越来越模糊，形成在线行动和线下行动的共振。在线行动经常会演变成大规模的线下行动，线下行动经过线上舆论发酵，会产生更大的威力。集体行动有助于政府了解民意，有助于和谐社会的建立，有助于维护公平正义；但如果被非理性的因素掌控，就会破坏社会的和谐稳定。

（三）真实身份与虚构世界交叠

目前，我国尚未强制网络实名，我国网民的人际互动是一种半虚拟的交往。在网络境遇中，网民变得比现实中更大胆，有了网络的“掩护”，有些人会回归本我，甚至变成另外一个人。对于不相识的人，网民可能会展现与现实生活中的自我完全不同的一面，以虚假身份、性别示人，甚至在网络中欺骗、谩骂。但这种交往有时也会是一种真实的人际交往，是基于现实关系的网络化信息沟通。甚至有网友在有了定期网上沟通后，可能会将网络交往变为现实交往，即在现实生活中建立稳定联系。

【本章小结】

本章主要介绍了网络传播的四种主要方式及其具体应用领域，并着重从政治、经济、文化三个角度对网络传播的社会影响进行了深入分析。本书认为：网络传播的不同方式之间存在较明显的融合现象；在网络传播环境下，政治、经济和文化正在不同程度上出现信息化、多元化、去中心化的趋势。

【思考题】

1. 网络传播有哪些主要方式？各自的具体应用和特点是什么？
2. 为什么网络传播的不同方式会出现融合的现象？
3. 网络传播对国内政治的影响主要体现在哪些方面？如何评价这些影响？
4. 什么是网络经济？其主要特点是什么？
5. 如何客观合理地分析、评价网络传播对文化的影响？
6. 结合网络恶搞、人肉搜索的具体案例，分析这些网络传播现象背后的文化意义。

---

① 蔡前．以互联网为媒介的集体行动研究．南昌：江西人民出版社，2009：162.

第 4 章　主要网站类型及特征

目前的网站分类大多就具体网站的主要特征而言，并没有统一的分类标准。事实上，不同类型的网站，其界限并非十分清晰，网站之间功能重叠、互相跨界发展的现象一直普遍存在。就目前情形来看，大致可以分为商业门户网站、新闻网站、视频网站、搜索引擎网站。下面我们对这几类网站的现状进行分析，并指出它们目前各自面临的首要问题，尽可能提供可供参考的解决方案。

【知识窗】

世界上第一个网站诞生于 1991 年 8 月 6 日，由互联网之父伯纳斯-李在一台 NeXT 电脑上架设成功。为了纪念这一项伟大的发明，目前我们可以通过 http：//info. cern. ch 这个网址进行浏览，这是世界上首个网页的“复活版本”，系伯纳斯-李 1992 年制作的副本。

第 1 节　商业门户网站

门户网站是通向某类综合性互联网信息资源并提供有关信息服务的应用系统。在全球范围中，曾经最为著名的商业门户网站是雅虎，在中国著名的商业门户网站有新浪、网易、搜狐、腾讯等。我国的商业门户网站经过十余年的发展，市场格局几经变化，不断上演老将出局、新人登场的悲喜剧，可谓几家欢乐几家愁。

一、商业门户网站再认识

网站是互联网上基于一定的规则，使用 HTML 等制作的，用于展示各种内容信息、提供各类服务的网络传播形式。截至 2018 年 12 月，我国网站数量达 523 万个，网页数量达 2 816 亿个。①

科技资讯网曾经对所谓“新门户”做出过界定，其标准有三个方面：一是足够大的人群浏览量（每日每百万人中到达人次达 4 万以上）；二是盈利模式在广告、付费搜索、电子商务等这几方面都有（游戏的收费可视作电子商务的一种）；三是所提供的功能性应用需尽量全面。②

事实上，随着网络技术环境及上网便捷程度的改变，门户网站的内涵与外延也在不断丰富，我们今天所谈论的门户网站与 Yahoo 初创时所说的门户网站已经有很大的不同。那个曾经以提供搜索服务为主，引导网民“登堂入室”的“门户”角色，早已几经转变而面目全非。从

---

① 中国互联网络信息中心（CNNIC）. 第 43 次中国互联网络发展状况统计报告 . 2019.

② 参见 http：//www. cnetnews. com. cn/news/net/lend。

搜索到新闻，又从新闻到游戏、即时聊天、博客、微博、微信、新闻客户端等等，门户网站的主业一直在转移，而且日渐分化，其间的差异几乎无法用一个词语来概括。比如：今天的网易早已走出了当年新浪、搜狐、网易并称的门户网站格局，有人甚至将其视作网游公司；借即时聊天工具QQ之势而崛起的腾讯，就更是颠覆了传统的门户网站模式。更别说门户网站内部还有了综合与垂直的分野。

如今的门户可谓是一个提供网络信息及应用服务的综合平台，其信息内容及应用功能几乎无所不包，从第一代的以新闻为主到第二代的重视发展博客、播客、游戏和电子商务，再到第三代的SNS、微博方兴未艾，进而移动客户端市场又迅速崛起。同时我们发现新旧业务与功能之间并非取代和颠覆，而是整合和叠加，这就使得现在的门户网站成为一个个新媒体巨无霸，也自然给它们的经营与发展带来许多问题与挑战。

二、四大商业门户网站的经营状况

近些年来，中国商业门户网站的格局一直在变动之中，早年的新浪、搜狐、网易三大门户网站并称的格局早已被打破，腾讯迅速跻身强者行列，而凤凰网、TOM等传统门户网站的市场份额和影响力却有所下滑。根据国际排名情况来看，目前国内综合门户网站的前四强是腾讯、搜狐、新浪和网易。其基本状况如下。

（一）四大商业门户网站的流量排名及市场份额

据美国互联网实验室2019年7月的数据，中国四大商业门户网站的国内和国际的流量排名见表4-1。

表4-1　四大商业门户网站的国内和国际流量排名

网站名称	国内排名	国际排名
腾讯	2	6
搜狐	5	11
新浪	7	18
网易	19	63

数据来源：美国互联网实验室网站2019年7月公布的排名。

从表4-1中可看出，腾讯后来居上，以绝对的流量优势居国内门户网站的首位，搜狐与新浪排名紧随其后，而网易的流量近年来有所下滑，被甩到了第四位，其在国内和国际的总排名中也与另外三家逐渐拉开距离。根据美国互联网实验室官方网站（www.alexa.com）提供的中国网站排名和“跳出率”及“用户日浏览量”来看，百度、新浪微博的影响力和用户黏度均优于表4-1四大商业门户网站。尤其是近年来，随着自媒体的快速发展和搜索引擎网站业务的不断拓展，百度、新浪微博正在从搜索工具和社交媒体转为综合门户网站。这也至少从一个角度说明，目前的门户网站格局并不稳定，未来几年内也许还会有大变化。

流量排名只是反映了特定时间内的流量大小，当然也说明了市场的认可情况，而市场份额则是更为直接的指标。中国互联网实验室以往也定期公布不同类别网站的市场份额情况，但自2009年3月后，这一数据却暂停公布了。因此，以该组织官方网站（www.chinalabs.com）所公布的最近一期数据来略作说明（见表4-2）。

表 4-2　四大商业门户网站的人气值和市场份额

排名	网站名称	人气值	市场份额	上一期份额
1	腾讯	1 588.47	31.93%	33.97%
2	新浪	1 310.12	26.34%	26.27%
3	网易	724.19	14.56%	13.76%
4	搜狐	485.74	9.76%	9.52%

数据来源：中国互联网实验室 .2009 年 3 月中国门户网站市场份额统计报告 .（2009-05-06）[2020-03-20]. http：//www. chinalabs. com/html/shichangpinggu _ wenzhang/2009 /0506/28849. html.

从表 4-2 可看出，我国四大商业门户网站的市场份额与流量排名高度相关，而且位居前二位的腾讯和新浪与网易和搜狐的差距已经较为明显。这四家商业门户网站的市场总份额达 82.59%，说明我国商业门户网站行业已实现了高度集中和垄断。

（二）四大商业门户网站的差异化竞争

我国商业门户网站目前形成的差异化竞争特色是几经较量的结果。三大门户网站皆创办于 20 世纪 90 年代中后期，它们共同营造了中国互联网发展史上的第一次繁荣。在其创办之初，由于受众对网络的崇拜以及对信息的渴求，三大门户网站皆以海量的中文资讯内容提供商为定位。然而，利用内容聚集网民的同质竞争难以一劳永逸。于是，三大门户网站在竞争中又不断调整自己的目标定位，以坚持不懈的努力追求各自在市场竞争中的支配地位。然而，对于门户网站而言，流量始终是根本，也是盈利的保证。所以，增加并保持较大的流量，同时提升网站内容和服务的用户黏度，就成为门户网站经营的直接目标。而当前的四大门户网站，则是通过不同的主营业务来实现这两大目标的，这也体现于它们在长期的生存竞争中采用的差异化战略。而这种差异化的直观结果，就是不同的收入构成。

从收入构成来讲，其一，新浪和搜狐的收入来源较为相近，这两家重视新闻内容生产的网站对在线广告的依赖度相对较高。但在此十年间，这两家经营方针和盈利模式相似的网站在网络广告的争夺上胜负明显。自 2003 年网络经济复苏至今，新浪的广告收入占总营收的比例呈逐年上升的趋势，广告收入总额在四家门户网站中也一直排在榜首；而其直接竞争者搜狐的网络广告收入占总营收的比例则呈现出一条由高转低的曲线。广告收入占总营收比例的变化，一方面表明两家网站在广告营销上的成效有别，另一方面也暗示着新浪和搜狐两家传统门户网站在新闻内容的影响力上正在逐渐拉开距离。

其二，网易和腾讯走上了较为独特的门户网站发展道路。尽管 2003 年以来两家网站的网络广告收入也处在上升通道之中，但广告收入占总营收的比例则逐年下降。前者以网络游戏为主营业务（占 80%左右比例），后者则以网络增值（IM 相关业务）和无线增值业务为主（占 90%左右比例）。

其三，有一点也值得特别注意，腾讯虽然对网络广告的依赖度较低，但近几年腾讯的网络广告增长幅度在这四家门户网站中位居前列，而且经过这几年的迅猛发展，其广告年收入总额已日渐逼近搜狐和新浪这两家素以新闻和广告见长的老门户网站。腾讯的新闻及资讯的生产能力及影响力有了大幅提升。另外，其依靠与 QQ 聊天工具捆绑的弹窗广告营销效果不可小视。再者，腾讯的地方化战略如大粤网、大楚网、大湘网等已初见成效，并已迅速在网络广告中体现出来。

（三）四大商业门户网站的商业模式

在商业门户网站的发展过程中，激烈竞争使得四大门户网站不愿放弃任何一块领地。网络新闻、搜索引擎、通信工具、电子商务、网络游戏、博客、播客、SNS、微博等等，都成为门户网站的必争之地。这样一来，虽然四大门户网站的产品与功能各有侧重，但仍不免同质化的倾向，如新浪与搜狐在新闻领域的竞争及其内容的相似性、几年前新浪与网易对博客用户的争夺、2010年下半年以来新浪与腾讯之间对于微博的白热化竞争等。这些都无非表明门户网站可打的牌不多，也说明支撑门户网站生存与发展的商业模式走向成熟尚需时日。

管理学大师彼得·德鲁克说："当前企业之间的竞争，不是产品之间的竞争，而是商业模式之间的竞争。"当然这是指企业超越生存压力和低水平竞争后的情况，因为模式的生命力与市场价值是远高于具体产品及服务的，但产品与服务形态却是商业模式的具体表现形式。

有研究者对四大门户网站的商业模式类型进行了分类概括，将新浪和搜狐称为"内容型"，将网易和腾讯分别概括为"产品型"和"用户型"，并从战略目标、成本投入、营销模式、收入模式、商业模式等方面进行了分解说明，如表4-3所示。①

表4-3　　四大商业门户网站的模式比较

	战略目标	成本投入	营销模式	收入模式	商业模式
新浪	为全球华人提供新闻与内容服务	新闻采编	海量新闻内容报道	广告	内容型
搜狐	打造中文社群传媒帝国	新闻采编	重要活动内容提供	广告	内容型
网易	提供集内容、社区、电子商务于一身的在线服务	产品研发	以产品吸引人气	收费网游和邮箱	产品型
腾讯	为用户提供一站式服务	电信运营	围绕"即时通信"展开	用户支付	用户型

具体而言，新浪及时、大量和全方位的新闻报道吸引了大量网民，其主要收入也来源于首页或新闻频道上的广告。同样，搜狐也主打新闻，它的总收入中广告收入占大部分。网易的营收由网络游戏、在线广告和无线增值三部分组成，并且收入结构非常稳定。其中，自2005年以来网易的游戏营收占总营收比例一直维持在80%以上。腾讯则以用户为中心，满足了受众一站式的在线体验。从QQ聊天工具到QQ秀，再到QQ空间，受众的体验和持续体验的意愿，都成为腾讯营收不断攀升的重要保障。

网络广告是门户网站最为传统的一个盈利来源，也是门户网站最具有大众媒体属性的表现之一。在当前的网络经济环境中，我国的网络广告仍有较大的上升空间（2013年全球广告支出分布中互联网超过报纸成为世界第二大广告媒介。② 2014年中国整体网络广告市场达到1 540亿元，同比增长40.0%，从增长速度来看，其中门户网站及社交媒体中的效果广告增长迅速，表现依然较为突出③），但搜索引擎类网站占据了网络广告的大头，其余在全国不同类别网站之间分配。大家的广告收益其实有限，尤其是就门户网站总体而言，在网络广告的争夺上已不具备明显的优势了。所以，门户网站除了通过流量推动在线广告收入继续增长外，开发其他的盈利途径与模式便势在必行。比如新浪近年对于SNS和微博大力开发与推广，未来从

① 陈丽洁，肖慧莲，陈文富．四大门户网站商业模式的规范分析．湛江师范学院学报，2010（2）.

② 中文互联网数据资讯中心．实力传播：2014年你应该知道关于全球广告市场的10个要点．（2013-12-19）[2020-03-20]. http：//www.199it.com/archives/180732.html.

③ 艾瑞咨询．2014年中国网络广告营收超过1 500亿元　同比增长40%.（2015-02-02）[2020-03-20]. http：//www.199it.com/archives/326306.html.

中发现盈利点并培养出成熟的商业模式并非没有可能。

但对门户网站的商业模式问题应该全面而辩证地看待。即便是以产品和用户为核心的网易、腾讯目前的盈利能力超出了以内容为核心的新浪和搜狐，我们也不能轻易否定新浪、搜狐以内容生产为核心的商业模式，并简单地断言网游和即时通信工具的价值胜过新闻内容的生产。一种现实存在的商业模式应该是适应市场需要的产物，随着时间推移和环境变化，商业模式自然就会有修正与变革的需要与可能。在一个宏观的市场环境中，商业模式更多地具有互补性和兼容性，而不是排他性和独占性。所以，我们通过四大门户网站的经营情况来分析其商业模式问题，其意义不在于评判优劣，而在于探讨模式革新的必要，或在传统商业模式中挖掘新的盈利模式的可能。单纯以商业价值来判断模式的优劣自然是片面的，何况门户网站在我国的媒介环境中承担了极为重要的大众媒体功能，其社会价值远非一时的经济利益可以衡量。

你怎么看

移动互联网的兴起，将会对商业门户网站的用户行为和商业模式产生哪些影响？

三、商业网站市场竞争面临的问题

商业网站市场竞争面临的最大问题是商业模式危机与制度缺失。2010 年爆发的 3Q 大战是典型的体现。腾讯 QQ 和奇虎 360 是目前国内最大的两个客户端软件。根据 2010 年官方统计数据，QQ 的活跃账户数达 6.125 亿，在当时大大超过了中国的网民总数；360 用户数量也已超过 3 亿，覆盖了 75%以上的中国互联网用户。[①] QQ 和 360，前者主营即时聊天（IM），后者致力于网络安全，本可各行其道相安无事，却爆发了互联网业界最为震惊的 3Q 大战。

【案例】 3Q 大战

3Q 大战的起因，是以即时聊天为主的腾讯在 2010 年上半年推出与奇虎的主打产品“360 安全卫士”功能相近的“QQ 医生”（后升级为“QQ 电脑管家”），为维护自己的领地，奇虎 360 在当年 9 月发布直接针对 QQ 的“隐私保护器”（后更名为“360 扣扣保镖”），并暗示 QQ 偷窥用户个人隐私文件和数据，腾讯随即反击并指出 360 存在“后门”，持续近 2 个月的 3Q 大战就此拉开序幕。更具戏剧意味的是，此次 3Q 大战的战线并不限于奇虎和腾讯两家公司之间，国内一些互联网公司迅速卷入，纷纷站队并形成两大阵营。金山、百度、傲游、可牛等公司跟腾讯联合起来，发表了《反对 360 不正当竞争及加强行业自律的联合声明》。而新浪、搜狐、网易等传统门户网站则站在了同情 360 或委婉批评腾讯的立场上。战斗的胜负未能立马见分晓，双方所共同拥有的用户资源随即被当作撒手锏祭出。11 月 3 日，腾讯发出公开信宣称，将在装有 360 软件的电脑上停止运行 QQ 软件，逼迫用户做出“二选一”的抉择。作为回应，奇虎也在当晚发出公开信“呼吁用户停用 QQ 三天”。至此，这场商战开始变味，无辜的互联网用户不幸

① 刘佳，吕文龙．360 与 QQ，客户端一哥之争．互联网周刊，2010（21）．

成为交战双方裹胁的对象和筹码，成了丧失自主权而任人宰割的工具。此举引发了业界震动和广大网友的愤怒，争端升级并最终导致工信部的介入。

尽管腾讯和奇虎在3Q大战过程中多次利用公开信的形式指责对方行为的非法和不道德，并将自己描绘成悲情的受害者、网络正义的维护者和用户的守护神，但冷静的旁观者可以清楚地看出，这次3Q大战本质是一场客户端争夺战，客户端意味着市场份额和现实利益。

（一）客户端恶性争夺凸显互联网商业模式危机

在互联网行业有这样一个说法："做流量不如做联盟，做联盟不如做导航，做导航不如做搜索，做搜索不如做客户端。"[①] 这句话虽然不尽符合事实，但也大体概括了中国互联网发展的几个阶段，说明客户端仍是重要的网络产品形态。客户端不仅意味着流量，更意味着黏度。而有黏度的流量才是网络服务商实现"二次售卖"和服务增值的坚实基础。

客户端是指与服务器相对应，为客户提供本地服务的程序。从传统的IE浏览器到邮件管理软件，再到即时通信、杀毒工具、影音播放器和输入法等都是服务内容各异的客户端。QQ聊天工具和360安全卫士虽然在表现形式上分别是IM和杀毒工具，但在本质上也都是客户端。客户端软件意味着对用户电脑桌面的占领与分割，其发展目标就是装机量的最大化及用户的高依存度。

在中国当前的互联网环境中，客户端的生存和发展是基于"免费＋增值"的商业模式，QQ和360更是这一模式驾轻就熟的使用者。3Q大战的惨烈不仅没有终结"免费＋增值"模式，而且导致它愈演愈烈，如3Q大战爆发后，传统杀毒软件公司金山与卡巴斯基迅速宣布免费，以争夺那些不得不卸载360的用户。其实不仅是客户端，目前几乎所有的互联网公司都在试图复制"免费＋增值"模式，只是表现形式各不相同。"免费"策略或模式的确造就了一批成功的互联网企业，但反观3Q大战及互联网产业的发展过程，这一模式面临的危机显而易见。

其一，这一模式加剧了企业的危机感并必然导致同行恶性竞争。快速发展的互联网产业，技术门槛已大大降低。雷同的商业模式致使绝大多数公司之间存在直接或间接的竞争关系，尤其是以客户端为核心的网络服务商，因为平台免费，而增值的空间又与免费用户规模直接相关。发展并维护装机量和客户规模就变成生死攸关的头等大事，但技术门槛的降低已使得客户端的替代性增强和用户迁移成本低廉。所以，即使当时已有6亿多活跃用户的腾讯QQ，面对用户量不及自己一半的奇虎360的竞争行为仍会如临大敌。

其二，如何实现由"免费"向"增值"的顺利过渡始终是一个难题。在"免费＋增值"模式中，"免费"并非完全意义上的免费，否则公司将失去生存发展的可能。从免费策略中大获成功的周鸿祎说："免费模式把旧的价值链打断之后，必须创造新的价值链，要实现价值链的转移，要想到新的增值服务模式，这是未来的发展方向。"尽管"免费＋增值"能否代表未来的发展方向仍未可知，但对于当前走免费之路的互联网企业，如何开发出适合用户需要又能赚到真金白银的产品和服务形态，应该是许多或主动或被迫实施"免费"战略的互联网公司必须解决的现实问题。

---

① 马晓芳．人人争做客户端　"免费＋增值"天下无敌？．第一财经日报，2010－11－11.

其三，“免费”带来的生存压力会催生商业投机行为并压制小企业的创新动力。从理论上讲，平台和基础服务免费自然意味着在增值服务领域的创新，这样一来，免费模式应该会成为推动互联网创新的功臣。但现实情况是，中国互联网的增值服务形态并不丰富，产品形态的模仿与复制之风盛行，广告盈利模式也较为单一。究其原因：一是免费策略给互联网企业施加了过大的生存压力，让许多企业无法从容地进行技术和产品创新；二是我国网络广告尽管增速较大，但总体规模仍然偏小，这就使众多互联网企业的盈利空间较为狭窄。尤其对于客户端软件而言，收费的高端用户回报有限，广告收入仍是营收的主要构成部分。如此一来，为争夺有限的广告份额，许多公司就不太顾及用户的体验与感受，如腾讯 QQ 广遭诟病的弹窗广告，百度把收费的广告结果与自然搜索结果混在一起呈现给用户等。

（二）3Q 大战凸显我国互联网领域的制度供给不足

在 QQ 和 360 大战犹酣之际，《南方周末》有文章称“腾讯有无侵犯用户隐私，不兼容举动究竟有无涉嫌违法？这不仅普通用户想知道，很多法律界人士也为此争论不休”①。而 3Q 大战最终偃旗息鼓依赖的也不是法律而是行政力量，这些现象无疑凸显了我国互联网领域的相关法律及制度设计的滞后。

有关法律媒体在“3Q 大战”进程中邀请法律界人士座谈，并指出此次争端暴露出中国互联网行业存在的四大法律问题。②

（1）对网络垄断行为的认定与处罚困难。一方面是由于法律本身有缺陷。我国反垄断法律体系还在起步阶段，其条款大多是框架性的，缺乏具体实施的指导细则，可操作性不强；而且豁免条款较多。另外，《反垄断法》对网络垄断行为很少涉及。这都导致《反垄断法》很难在实施过程中有效打击互联网领域的垄断行为。另一方面是执法主体问题。在国外，反垄断机构通常都是单一的独立机构，而在我国，工商局、发改委、商务部共同享有反垄断的执法权力，相互之间权力又有交叉。这不利于具体的反垄断执法工作，可能造成有利时执法机构抢着执法，无利时执法部门毫无动静的情况。

（2）对不正当竞争行为缺乏有效约束。法律专家认为，在 3Q 大战中，交战双方都存在不正当竞争行为，如奇虎的“360 扣扣保镖”以保护 QQ 用户的姿态来干扰 QQ 软件的正常运行，腾讯则强迫用户做出“二选一”的决定，这都是忽视用户利益和社会责任的不正当竞争行为。但我国现有的法律体系在反不正当竞争行为的认定与打击上效力不足。一方面，我国的反不正当竞争立法大多规定的是民事责任和行政责任，采取罚款、停止违法行为之类的处罚手段。这种主动司法在执法主体上存在问题，比如碰到 3Q 大战这种全国性事件，就少有执法部门第一时间出来监管。这时，交战双方就容易采取法律之外的手段来应对不正当竞争，比如以牙还牙。另外，在腾讯和奇虎大打口水战时，一直没有第三方机构来做评判，直至双方做出侵害消费者自主权的行为。这也可以看到行业监管机构和行业协会在管理上的缺失，无法对行业内部产生自律性影响，未能及时调整和处理内部的关系，缺乏有效的调解机制。

（3）对网络消费主体的权益保护不力。3Q 大战中，腾讯单方面宣布在装有 360 软件的电脑上停止运行 QQ 软件，这一行为于理于法都有问题。我国的《消费者权益保护法》规定，经营者不得以格式合同、通知、声明、店堂告示等方式做出对消费者不公平、不合理的规定，或者减轻、免除其损害消费者合法权益应当承担的民事责任。由此可见，腾讯的条款在法律上是

---

① 李梦堃 . 3Q 大战谁违法 . 南方周末，2010-11-11.

② 陶琪 . “3Q 大战”突显四大法律问题 . 新法制报，2010-11-10.

无效的。但在腾讯做出有损用户权益的行为并引起公愤后，虽然很多用户表示抗议，但真正采取诉讼途径维权的却很少。究其原因，一方面可能民众对网络行为的维权意识不足，另一方面这种权利不可衡量，造成的伤害程度和损失大小都难以界定。在侵权后果难以衡量的情况下，搜集证据难度加大，维权成本自然被抬高。这无疑凸显了《消费者权益保护法》在保护网络用户权益上的不足。

（4）互联网监管制度的缺失。3Q大战反映出目前我国的网络环境还有待进一步规范，需要制定一些类似《反不正当竞争法》《反垄断法》等的规范互联网经营行为的法规，对互联网企业的行为进行约束。另外，目前我国对于互联网的监管还存在明显的不足，比如对软件、信息库的保护等，互联网信息活动有待法律进一步规范。还有法律专家认为，桌面客户端软件已成为第六大媒体，应强化监管。其理由是，在以“云计算”为代表的新技术的推动下，装机量动辄数亿的桌面客户端软件的商业运营，早已具备了中央指令、全面覆盖、任意时空实施的运行特点，实际已满足了成为继报刊、广播、电视、互联网及手机后的“第六大媒体”的所有技术与运行要求。一旦该软件的最高管理权限被不良势力攻击、利用或劫持，则可能给我国互联网安全乃至国家利益带来重大威胁。因此，有专家主张，在市场上主要的互联网桌面客户端软件中，强制设置“超级管理权限”，并内嵌“网上110”模块、“网上315”模块。①

第2节　新闻网站

新闻网站，根据《互联网新闻信息服务管理规定》（2005年9月25日）第二章第五条规定，包括三类：新闻单位设立的登载超出本单位已刊登播发的新闻信息、提供时政类电子公告服务、向公众发送时政类通讯信息的互联网新闻信息服务单位；非新闻单位设立的转载新闻信息、提供时政类电子公告服务、向公众发送时政类通讯信息的互联网新闻信息服务单位；新闻单位设立的登载本单位已刊登播发的新闻信息的互联网新闻信息服务单位。

世界上最早的新闻网站可以追溯到1987年美国《圣何塞信使报》（*San Jose Mercury News*）的上网。在我国，新闻网站的建设一直备受政府重视。早在20世纪90年代中期，中国实现了与Internet的全功能连接，向社会提供网络接入服务。这一期间中国第一批互联网站诞生。如1995年1月12日，国家教委主办的《神州学人》杂志上网，成为中国第一份电子杂志。1995年4月，中国新闻社网站开通。1995年10月20日，《中国贸易报》上网。1995年12月，中国日报网站开通。在我国互联网发展初始阶段，我国重要的新闻网站乘上互联网发展的头班车，纷纷上网。

在互联网的发展历程中，中国政府自始至终重视对主流媒体网站的建设，特别是对重点新闻网站大力扶持，这一举措产生的深远影响使中国的网络主流舆论基本处于可控制状态，这可以称作我国网络舆论管理的有效举措。

一、网络主流媒体的形成

2000年以前，中国互联网迅猛发展，中国政府以开放的姿态面对网络发展，并有意识利用互联网对外宣传介绍中国。

---

① 网易科技．博客网举办中国互联网垄断问题研讨会．(2010-11-17)[2020-03-15]. http://tech.163.com/10/1117/18/6LN9RR43000915BF.html.

在网络内容管理上，基本处于放任状态。最早的网络创办者，大多是留学生与计算机网络专业人员，政治敏锐性方面相对欠缺。不少网站自办新闻类栏目，许多海外信息纷至沓来，其中甚至与我们主流思想相违背的内容会赫然出现在互联网上。政府及时发现了问题的严重性，着手进行规范管理。

经过一段时间的准备，2000 年 11 月 7 日，国务院新闻办公室、信息产业部联合发布《互联网站从事登载新闻业务管理暂行规定》，规定网站登载新闻实行资质许可审批制度。审查条件如下：（1）有符合法律、法规规定的从事登载新闻业务的宗旨及规章制度；（2）有必要的新闻编辑机构、资金、设备及场所；（3）有具有相关新闻工作经验和中级以上新闻专业技术职务资格的专职新闻编辑负责人，并有相应数量的具有中级以上新闻专业技术职务资格的专职新闻编辑人员；（4）有符合规定的新闻信息来源。在操作中，进一步做了如下简化：具有一定的规模，买得起新闻；具有一定资金、技术、从业人员（2 名具有中级以上专业职称的新闻编辑）；具有正规的体制、接受中国共产党的领导，尽量不考虑民营网站，外资背景的网站基本不考虑。

政府对网络新闻资质的审批要求越来越严格。到 2005 年，《互联网站从事登载新闻业务管理暂行规定》运行 5 年之后，国务院新闻办公室、信息产业部于 2005 年 9 月 25 日联合发布《互联网新闻信息服务管理规定》，在进一步明确网络新闻、网络新闻服务概念的同时，对网络新闻资质的审批条件有所提高：（1）有健全的互联网新闻信息服务管理规章制度；（2）有 5 名以上在新闻单位从事新闻工作 3 年以上的专职新闻编辑人员；（3）有必要的场所、设备和资金，资金来源应当合法。

获取资质开办新闻栏目的网站被称作网络主流媒体。截至 2008 年年中，这类网站达到 190 余家。

与此同时，自 2000 年始，政府开始实施重点新闻网站建设工程，即在具有新闻登载资质的网站中确定一批重点新闻网站，给予更多的扶持。第一批被认定的重点新闻网站有 32 家，其中中央级新闻网站 9 家，地方级新闻网站 23 家，之后陆续有所增加。目前所知的中央级重点新闻网站，如人民网、新华网、中国网、国际在线、中国日报网、央视国际、中青网、中国经济网、中国台湾网；地方级新闻网站，如千龙网、北方网、东方网、华龙网、东北网（黑）、中国吉林网、东北新闻网、天健网（大连）、长城在线（河北）、山西新闻网、大众网（山东）、青岛新闻网、中国江苏网、中安在线（安徽）、浙江在线、中国江西网、荆楚网、长江网、红网、南方新闻网、大洋网、广西新闻网、南海网、宁夏新闻网、中国甘肃网、青海新闻网、天山网、中国西藏网、四川新闻网、云南网、金黔在线（贵州）。

重点新闻网站，除了如一般新闻网站可以登载传统媒体新闻外，还具有自主发布新闻的权利。而且政府每年给予重点新闻网站一定的财力支持，中央级媒体每年数千万元，地方级媒体每年数十万元。

这些重点新闻网站成为主流新闻网站的旗帜，在舆论引导方面发挥着重要的先锋作用。

二、网络主流媒体的发展

20 世纪 90 年代是中国互联网发展的第一次高峰。90 年代末，我国网络用户已达 890 万，上网计算机 350 万，3W 站点数达 15 153 个。

90 年代开通了一批主流新闻网站，例如：1995 年 4 月，中国新闻社网站开通。1995 年 10 月 20 日，《中国贸易报》上网。1995 年 12 月，中国日报网站开通。1995 年，中华网科技公司创办中华网。还有和讯网（1996年）、湖南信息港（1996年）、上海热线（1996年）、人民网（1997年）、黑龙江信息港（1997年）、网易（1997年）、江西热线（1997年）、天津热线（1997年）、源于河南省门户网站商都信息港的商都网（1997年）、新华通讯社网站（1997年，后改为新华网）、齐鲁在线（1997年）、中国网（1997年）、山东新闻网（1997年）、福建热线（1997年）、中国黄金网（1997年）、《光明日报》网络版（1998年）、百灵网（1998年）、山西新闻网（1998年）、扬子晚报网（1998年）、中国广播网（1998年）、源于《天津日报》电子版的天津日报网（1998年）、大河网（1998年）、中原网（1998年）、腾讯（1998年）、国际在线（1998年）、新浪（1998年）、搜狐（1998年）、源于《检察日报》电子版的正义网（1999年）、21CN网（1999年）、源于《贵阳晚报》电子版的金阳时讯（1999年）、中国青年网（1999年）、河北新闻网（1999年）、中国台湾网（1999年）、《经济日报》网络版（1999年，后为中国经济网）、源于《厦门日报》电子版的厦门网（1999年）、乌鲁木齐信息港（1999年）、法制日报社主办的法制网（1999年）、大洋网（1999年）、云南网（1999年）、每日甘肃（1999年）等。

在这批网络主流媒体中，有传统媒体或其主管部门开办的新闻网站，其中一部分是中央级新闻网站，一部分是地方级新闻网站。中央级新闻网站，如人民网、新华网、中国网、国际在线、央视国际、中青网、中国经济网。地方级新闻网站，如千龙网、北方网、东方网、东北网、红网、荆楚网、南方新闻网。有完全商业化运作的媒体网站，它们经过政府审批具有开办新闻栏目的资质，如新浪、搜狐、网易、腾讯、和讯等。

新闻网站在管理归属上较为多元，有传统媒体主办的，有各级宣传部、外宣办主办的，还有多元主体以合作的方式主办的。因此在发展过程中，产权归属、管理体制、信息资源等问题日益突出。

在新闻网站的发展过程中，产权归属、管理体制、信息资源等陆续成为网站发展的重要阻碍。因此，新闻网站，特别是地方新闻网站的重新调整组合，在2004年以后成为新闻网站进一步发展的必然选择。

2005年，全国地方新闻网站的整合进入高潮。2005年11月，千龙网被北青传媒并购。2005年11月，湖南省委、省政府主办的红网移交省出版集团与潇湘晨报社管理。2005年12月，广西壮族自治区党委宣传部主办的桂龙网与广西日报报业集团的新桂网合二为一。2006年1月，中安网并入安徽日报报业集团成为现在的中安在线。在这一整合过程中，最明显的特征是，地方新闻网站的管理权大多由宣传部等党政部门移交给传统媒体集团。

随着互联网的发展，舆论生态、媒体格局、传播方式发生了深刻变化，网络主流媒体建设急需进一步适应新时期的新要求，增强网络主流媒体传播力、引导力、影响力。2018年8月，习近平总书记在全国宣传思想工作会议上指出，要扎实抓好县级融媒体中心建设，更好引导群众、服务群众。2018年9月，中宣部召开县级融媒体中心建设现场推进会，对在全国范围推进县级融媒体中心建设作出部署安排。网络主流媒体的发展进入“下沉”建设阶段，开始稳步推进县级融媒体建设。

三、新闻网站市场化之路

2010年，国家“圈定”十家重点新闻网站转企改制，这十家新闻网站分别是央视网、人民网、新华网、千龙网、东方网、北方网、大众网、华声在线、浙江在线和四川在线，并要求确保至少有1～2家能够成功上市。这成为新闻网站市场化之路长期徘徊的重大出击，似乎指明了新闻网站的发展方向。随之而来的舆论关注点是“整体上市”，“而不是局限于过去将报纸的采编业务与广告等商业经营剥离开来的做法”。有学者称此举是“我国传媒业从不完全企业向完全企业迈进的破冰之举”（黄瑚）[①]、“中国对新闻管理模式进行改革的一种探索”（史安斌）[②]。

2012 年 4 月 27 日，经过两年多的筹备，被称为“中国官网上市第一股”的人民网在上海证券交易所成功上市。这也标志着我国新闻网站转企改制之路取得实质性突破，也给了被列入改制名单的重点新闻网站一个积极的示范。当然，上市只是新闻网站市场化改革进程的一个步骤，如何面对市场竞争，取得经济效益和社会效益的双丰收，并成为网络舆论引导中的主导性力量，这将是上市后的新闻网站面临的更大难题。[③]

其一，新闻网站如何在商业逻辑下坚守宣传导向和公共利益？

我国政府充分意识到互联网在意识形态上的重要性，因此着力打造互联网的“国家队”。政府积极推动重点新闻网站上市，一方面希望通过市场化手段来解决自身体制和资金匮乏问题，另一方面希望增强活力，壮大实力，提高网络的影响力和引导力，抢占在互联网世界中的舆论高地。新闻网站整体上市，将采编等内容资产打包进入市场，新闻网站能否继续承担宣传导向的任务而不陷入商业逻辑的槽模，新闻网站如何改制为公共企业维护公共利益，传统新闻理念、新闻尺度在商业环境下是否会逐步发生转变，编辑方针、管理层任命将由政府决定还是由董事会决定，如何在政治性、公共性、商业化之间寻求合理的边界等，都是新闻网站转企、改制、上市的关键难题。

我国的新闻网站具有特殊的身份：既有事业性质，要坚持正确的舆论导向；又是企业单位，得面临激烈的市场竞争。它的双重身份与双重职能，决定了要完全市场化独立运作和全面与市场机制接轨具有相当的难度。

其二，新闻网站在新闻内容上的核心竞争力还能保持多久？

依据 2000 年 11 月 6 日发布的《互联网站从事登载新闻业务管理暂行规定》第五条和第七条规定，新闻网站最大的优势是拥有政府的政策资源和传统媒体的新闻资源，拥有新闻采访权和新闻发布权是政策、体制赋予新闻网站的“尚方宝剑”，也是新闻网站与商业网站展开竞争的先天特权，而商业网站只有转载新闻的资质。短期内，特别是在新闻网站上市的前几年，政府不会轻易改变当前新闻资源分配的格局。在新闻网站整体上市的背景下，商业网站和新闻网站进行全面竞争，仍然是在不对等的新闻资源占有权下的竞争。但是拥有新闻发布权，并不等于拥有不可替代的核心竞争力。随着市场机制的日益完善，一旦有关部门在某些领域将新闻发布权下放给商业网站，那么市场竞争将会被全面激活，新闻网站的新闻垄断优势将被打破，新闻网站在新闻内容上的核心竞争力将被削弱。这应该是未来我们需要关注的重要走向。

当前新闻网站作为母媒体的一个部门，可以用母媒体采制的新闻内容和商业网站进行有偿交易或资源互换。新闻网站一旦整体上市，作为各自独立运作的网站企业和母媒体在新闻资源资产方面将发生转变。作为独立法人的新闻网站和它的主办单位之间如何处理新闻内容版权的有偿交易或资源互换，也是新闻网站整体上市后面对的重要问题。一旦两者存在新闻内容版权上的协议，将进一步动摇新闻网站在新闻内容上的核心竞争力。

---

① 黄瑚．我国传媒业的破冰之举．人民日报，2010－06－08.

② 汪涛．重点新闻网站改制是中国新闻管理模式改革的探索．（2010－05－20）［2020－03－20］. http：//news.sina.com.cn/o/2010－05－20/155317540336s.shtml.

③ 钟瑛，罗昕．新闻网站上市的“冷思考”．网络传播，2010（7）.

其三，新闻网站的资本来源与有效利用问题如何解决？

时任国务院新闻办公室副主任蔡名照曾表示，“列入改革试点的新闻网站可以尝试通过多种渠道拓展资金来源，引进国有战略投资者，在确保主办单位控股的前提下，建立现代企业制度，组建股份公司，条件成熟时在国内上市”①。

由于新闻网站的媒体属性所限，一定程度上并不能完全实行资本化运作，在融资环境和融资政策方面依然受到诸多限制。资本来源仅限于“国有战略投资者”，并没有对民营资本、私人资本、国外资本放开；控股方仅限于“主办单位”（即政府或所属母媒体），股份结构总体上并没有得到多大改观，从性质上看均来自国有资本。应该看到，资本来源仅限于“国有战略投资者”，是当前政府对投资主体的阶段性限制。随着新闻网站的实力增强到一定程度，在确保主办单位控股的前提下，资本来源应由“国有战略投资者”向民营资本、私人资本、国外资本逐步放开。

通过资本市场筹集到的大量资金在一定程度上能解决新闻网站长期以来资金来源单一、生存压力较大的难题，但怎样合理使用这笔“从天而降”的资金，资金注入后对新闻网站的发展能否起到推动作用，新闻网站公司如何避免母媒体对公司的投资方向进行过多的干预，这些问题都尚待解决。

其四，新闻网站的盈利能力能否提供其生存发展的源泉？

政府要求新闻网站构建盈利模式，增强盈利能力，努力将网站打造成为具有强大竞争力的新型互联网企业。在新闻网站的内在动力和行政意志的外在推力下，新闻网站转企改制并最终上市。目前的盈利能力也许不会成为主要的障碍，但上市后是否具备能够提供可持续发展的盈利能力是个关键问题。当前新闻网站的盈利主要来源于政策保护下的垄断资源，如依靠新闻采集发布权进行的版权交易、重大活动转播权、电子政府网站建设等，可持续发展的盈利能力有待观察。新闻网站的盈利模式单一，大多依靠提供纯新闻来获得广告收入。特别是地方新闻网站，虽拥有新闻资讯、无线增值、宽带内容、技术服务、电子政务等核心业务，可是从服务内容到广告收益，都无法与新浪、搜狐等门户网站数亿的浏览量相比，对于广告商的吸引力显然较小。

新闻网站如果还坚持依靠纯新闻拉广告的现有操作模式，将难以获得可持续发展的盈利能力。在网络广告、信息出售、电子商务和手机短信等方面，留给新闻网站的市场空间有限。新闻网站需要以信息传播生产与经营为主，积极开展多种经营，不拘一格尝试新的商业模式，寻找新的盈利增长点。

总之，新闻网站转企改制上市还需要做细致而繁杂的工作，还存在如产权关系复杂、盈利模式不清、财务制度不规范、独立性不强等问题。但无论怎样，“转企改制上市”对于新闻网站来说是非常积极的信号，无疑具有重大的意义。

【知识窗】

截至2014年，我国国家级重点新闻网站主要包括人民网、新华网、中国网、国际在线、央视网、中国日报网、中青在线和中国经济网8家，网站基本情况见表4-4。

---

① 战鼓擂响　东方网或将成“新闻网站第一股”. 中国证券报，2007-12-05.

表 4-4　八大新闻网站基本情况

网站名称	创办时间	主办单位	网站规模	特色与定位
人民网	1997年1月1日	人民日报社	中文版、7种少数民族语言及8种外文版本	丰富、权威的信息；“权威媒体、大众网站”；“报道全球、传播中国”
新华网	1997年11月7日	新华社	北京总网、分布于中国各地的30多个地方频道；中文版、2种少数民族语言及8种外文版本	权威、全面的信息，“传播中国，报道世界”
中国网	1997年1月1日	中国外文出版发行事业局（中国国际出版集团）	10个语种、11个外文版本	向世界及时全面介绍中国
国际在线	1998年12月	中国国际广播电台	53个语种；中文网栏目总数310个；英文网栏目约100个；其他外文网栏目约25个	丰富的音频节目资源，对外宣传
央视网	1996年12月	央视国际网络有限公司	6个外语频道、5种少数民族语言频道	丰富的央视影视资源
中国日报网	1995年12月	中国日报社	30余个子网站和300余个频道	多渠道、全天候向全球传播权威中国资讯
中青在线	2000年5月15日	中国青年报	30多个频道，近20个子论坛	国内青少年的精神家园，国内外青少年交流的桥梁
中国经济网	2003年7月28日	经济日报社	除中文版外，用7种外文对外发布经济信息；100多个综合频道，40多种经济分类数据库	权威、全面的经济新闻报道

资料来源：钟瑛．中国新媒体社会责任研究报告（2014）．北京：社会科学文献出版社，2014：25.

第3节　视频网站

视频网站是指在完善的技术平台支持下，让互联网用户在线流畅发布、浏览和分享视频作品的网站，著名的如优酷、爱奇艺等。近年来，P2P直播网站、BT下载网站、本地视频播放软件、影视点播等都是各类网络视频运营商争夺的要地。

一、视频网站的形成及影响

2001年，Userland创立者、RSS作者戴夫·维纳（Dave Winer）将RSS与声讯技术结合起来，推出Radio Userland软件，该软件可将影音文件上传到播客。2004年，电台节目主持人克里斯托弗·莱登（Christopher Lydon）用此技术制作了2004年美国大选专访，以MP3文件格式传到Berkman Weblog，引起广泛注意。2005年，美国知名在线支付网站PayPal的三个员工查德·赫尔利（Chad Hurley）、陈士骏（Steve Chen）和贾德·卡林姆（Jawed Karim）希望把自己聚会时的录像通过互联网与好友一起分享，但苦于互联网上没有快捷便利的共享平台，从而创建了YouTube网站。YouTube网站建立的初衷是提供给用户上传、搜索、观看视频文件的平台，使每个用户与全世界分享他们的经历与知识。YouTube靠提供各种视频短片的共享和搜索迅速走红，在短时间内成为世界上最庞大的视频分享平台，每天的视频点播量已经突破1亿大关。2006年10月，Google以16.5亿美元的天价收购了YouTube。YouTube神话般的成功也刺激了中国视频网站的飞速发展。

在中国，视频分享网站行业2005年诞生。2005年年初，第一家播客网站土豆网（www.tudou.com）开通。之后，反波网（www.antiwave.net）等跟进，很快，门户网站感觉到商机后开始高调介入。2006年形成爆炸性发展，这一年国内的视频网站从30多家暴增到300多家，因此该年被称作网络视频发展元年。到2007年，更是飞速发展到400多家。到2009年年底，我国网络视频用户规模达到2.4亿，其中近4 000万用户只在网上看视频，成为网络视频独占用户，每天都能接触到网络视频的用户占到了47.9%。[①] 根据iAdTracker的监测数据，各行业2009年在视频网站的广告投放费用都有较大增幅，食品饮料、鞋服、化妆品等行业的投放费用比例都在上升。[②] 2017年短视频强势发力，平台数量快速增加至六十多家，除了快手、秒拍、美拍等早期市场进入者，今日头条在2016年推出头条视频、火山小视频、抖音、梨视频。2017年短视频使用时长占移动互联网总使用时长的5.5%，而这一比例在2016年仅为1.3%，短视频行业用户总使用时长从2016年的808.8分钟，增长到2017年的3 724.6分钟，增长率高达360.5%。[③] 网络直播作为网络视频实时分享的一种新形式，近年来也迅速发展起来。根据中国互联网络信息中心（CNNIC）发布的《第44次中国互联网络发展状况统计报告》，截至2019年6月，网络直播用户规模达4.33亿，用户使用率为50.7%。视频分享网站正在成为网络主流媒体而影响着更多的受众。

视频分享网站是脱胎于论坛（BBS）的一种社交网站，网络用户通过注册，即可以以一个创建者的身份上线，凭此身份共享或者发布视频，浏览其他用户的视频节目，发表对节目的意见，添加好友，订阅感兴趣的频道和节目。该类网站大多将用户上传的视频再次编码压缩，通过Flash播放器以FLV格式在网页上播放。在视频网站上，用户之间的多向交流以及用户的双向选择使之形成一个可操纵的良性互动圈。[④]

可以说，视频分享网站是基于Web 2.0技术、以用户为中心的理念而建立的网络视频交流平台，用户可以通过该信息平台进行视频分享，包括上传、观看、评论等互动活动，其突出特点是网站本身并不提供视频内容，而是以用户为核心，用户生产内容，并与其他用户分享内容。[⑤] 视频分享网站属于提供信息存储空间并实现信息共享的网站。

目前视频网站的类型，或以播放方式来划分，或以内容制作特色来划分，或以平台运营商来划分，各有不同。从用户使用的角度来看，主要可以分为视频分享和视频直播两种形式：视

---

① 中国互联网络信息中心（CNNIC）. 2009中国网民网络视频应用研究报告.（2010-04-07）[2019-10-08]. http://www.cnnic.net.cn/uploadfiles/pdf/2010/4/7/94334.pdf.

② 奇艺正式上线拿下第一单 百度“铁树开花”进军视频.（2010-04-29）[2019-10-08]. http://www.chinanews.com.cn/it/it-itxw/news/2010/04-29/2254605.shtml.

③ QuestMobile. 2017年中国移动互联网年度报告. 2018.

④ 傅蕾. 我国视频分享网站现状与前景分析：以土豆网为例. 北京：中国传媒大学，2008.

⑤ 宋菊倩. 视频分享网站用户研究. 上海：华东师范大学，2008.

频直播的内容多来自专业内容制作机构，包括电视媒体、影视制作、音乐制作、体育组织等；视频分享的内容则多来自网民原创、转载和二次加工，如视频分享类的土豆网、六间房等皆是如此。

伴随着 Web 2.0 应用的深入，视频网站成为最具冲击力的网站类型。其极具吸引力的显著优势如下：(1) 制作成本低廉。视频网站的关键技术，最初是借助于 iPodder 软件与一些便携播放器结合而成的。之后，支持各种音视频格式，如 MP3、WMA、AVI 等。(2) 更具互动性与分享性。网民提供并分享自制的网络视频，打破了专业视听制作播出机构主导内容制作的传统格局。(3) 更具动态性。之前的网络信息获取，大多以文字的形式呈现，网络视频带来生动多元的多媒体传播方式，使信息的获取具有更多的娱乐成分。

视频网站的影响日益凸显，这些影响既有正面的，也有负面的。如 2008 年 3 月，中国网民因为西方媒体在西藏事件上的不公正报道以及 CNN 主持人在节目中的辱华言论而群情激愤，很快一首名叫《做人别太 CNN》的歌曲视频节目在中国网络上广为流传。这首歌的作者和演唱者自称“慕容萱”，歌曲所配视频的内容是西方媒体的失实报道片段。网民制作的这段视频通过 YouTube 网站以中英文版在国内外广泛传播，获得数十万的点击量，其引发的强大社会舆论迫使当事人道歉，更重要的是成功地向全球传达了中国的民意和声音，这甚至是中国传统媒体对外传播无法做到的。就负面而言，网络视频传播带来的知识产权侵犯问题最为突出。CNNIC 发布的《2008 年中国网络视频市场及用户行为研究报告》的调查结果显示，电影和电视剧是视频网站最受欢迎的内容，以高达 86.3%的比例远超其他内容。为了加大网站流量，网站盗播电视剧、电影等现象非常严重，因此产生的版权纠纷层出不穷。例如，2008 年 5 月，上海市第一中级人民法院判决土豆网侵犯电影《疯狂的石头》著作财产权，要求其立即删除侵权电影，并赔偿人民币 5 万元。2008 年 6 月 16 日，六间房网站未经许可播放《金婚》招致起诉。之后，酷 6 网未经许可播放《士兵突击》也遭到起诉。2018 年，爱奇艺状告哔哩哔哩（B 站）擅自播放《中国有嘻哈》片段侵权，优酷起诉电视猫擅播《我是歌手》第六季，捷成华视状告如家酒店擅自播放电影《美人鱼》等，网站视频节目版权纠纷居高不下。

> **你怎么看**
>
> 随着视频网站中的网络自制视频越来越受到重视，网络首发的电视剧、电影的数量和影响力越来越大，你认为这将会对传统的影视业带来哪些冲击？

二、网络视频与网络恶搞

2005 年岁末，陈凯歌导演耗时三年、耗资三亿的贺岁大片《无极》被一个普通青年胡戈以五天构思、五天制作，快速改编成网络搞笑短片《一个馒头引发的血案》。该短片一经网上传播，在年轻人中爆炸般蹿红，胡戈一夜成名。该短片造成的影响远在贺岁片《无极》之上，由此掀起网络恶搞高潮。

（一）网络恶搞流行的现状

网络恶搞之源，多有文章认为是来自日文 KUSO，经由我国台湾、香港传入大陆。国内“网络恶搞第一人”胡戈并未论及自己作品与上述国家和地区的渊源，因此网络恶搞就其结果来看，更像是网络技术与本土文化结合的产物。

“网络恶搞”已经成为一个约定俗成的网络用语，其所对应的意思多为网上搞笑、搞怪、搞恶作剧等。“搞”在汉语中含义十分宽泛，大凡动作都可以用“搞”字来涵盖，落实到网络恶搞上，则有搞视频、搞音频、搞图像、搞文字等等，因此网上恶搞的形式多种多样。就恶搞内容而言，恶搞之“恶”，本义是贬义词，但现在活用为滑稽、搞笑之意，从而带上了中性的色彩。

目前最为典型的网络恶搞有如下五类。

一是恶搞知名作品。既包括当代知名作家不同形式的作品，也包括中外历史经典。如胡戈的《一个馒头引发的血案》对陈凯歌执导影片《无极》的改编，《晚饭》对冯小刚执导影片《夜宴》的改编，卓别林的电影配上方言，《格林童话》中的白雪公主被恶搞成与父王乱伦遭毒手，《红楼梦》中多愁善感的林黛玉被恶搞成风尘女子，当代作家赵丽华的诗歌风格被恶意模仿与嘲讽等。就连奥运吉祥物“福娃”、歌曲《吉祥三宝》、舞蹈《千手观音》等都未能幸免。2008年奥运会吉祥物福娃刚面世不久，就被改头换面成北奥福娃战队、葫芦兄弟版、超女五人组、无间道福娃海报、圣斗士五福娃等等。《吉祥三宝》脍炙人口，恶搞版本很快出台数十个，影响大的如“馒头无极版”“养猪版”“小偷版”等。2005年央视春晚节目《千手观音》一炮而红，摆出类似造型的滑稽搞怪照片在网上被到处张贴。

二是恶搞名人、红人。名人是指不同类型的社会名流，红人是信息时代突然一夜成名的普通人。如对中央电视台体育解说评论员黄健翔世界杯解说词的恶搞，各地方言版、手机彩铃版、机关枪版等争相产生，最终导致黄健翔不堪压力辞职。娱乐明星被恶搞的则举不胜举，如葛优、赵本山、巩俐、周星驰、王姬等，像木子美、芙蓉姐姐、李宇春这样的网络明星更是首当其冲，木子美征婚成了“我也要从良”的怪图，《芙蓉姐姐传奇的一生》的恶搞视频短片借文涛拍案夸张丑化“芙蓉姐姐”的成名经历，李宇春因演唱的中性风格被恶搞成与2006年“加油！好男儿”选手向鼎的连体图。

三是恶搞红色经典。包括恶搞凝聚民族精神、体现社会主流价值、社会认可度极高的不同形式的艺术作品。如胡倒戈将《闪闪的红星》改编成《闪闪的红星之潘冬子参赛记》，小英雄潘冬子被恶搞成了整日做明星梦希望挣大钱的“富家子弟”，父亲变成“地产大鳄”，母亲一心想参加“非常6+1”。依照《铁道游击队》改编的《铁道游击队之青歌赛总动员》，英勇的铁道游击队队员成为带着脏话标签的参赛选手。长沙某饭店油画《开国大典》成为“同志们大饭锅成立了”的广告牌的图片流传于网络。

四是恶搞民族英雄和历史人物。这些人物早已转化为中华民族优秀儿女的象征符号，其榜样价值远远超出个体本身，如雷锋、黄继光、董存瑞等。但是，雷锋助人为乐被恶搞成帮人太多过劳死，黄继光英勇献身被恶搞成摔倒顺便堵上枪眼，董存瑞炸碉堡被恶搞成被炸药包的两面胶粘住了跑不掉。连历史人物也成了恶搞对象，清廉的包公被恶搞成垂涎青楼女子美貌的“淫棍”，爱国诗人屈原成为饲料、农药的商标。

五是恶搞普通人（包括自己）、普通事。对日常生活中有意思的瞬间进行夸张。木子美、芙蓉姐姐皆因自己恶搞自己而出名。被别人恶搞的，如被称作恶搞鼻祖的百变小胖，主人公本来只是上海某中学的普通学生，好事者将其照片上传到网上后，他的面部被合成到机器猫、阿里巴巴、怪物史莱克、蒙娜丽莎、自由女神，甚至裸女、光屁股小孩身上。又如猥琐男，即体现一男子的好色、猥琐态的照片被上传至网上进行恶搞。还有后舍男生视频，后舍男生是广州美术学院的两名男生，创造性假唱流行歌曲，其独特夸张古灵精怪的表演手法令人捧腹大笑。

网络恶搞的对象几乎应有尽有，只要想象所及。其形式迎合了年轻人，不仅受到热捧，而且吸引了大量年轻人积极参与，许多网站开设了相应的栏目来吸引眼球。如恶搞妙文、恶搞贴图、歌曲歪唱、影视恶搞工作室、搞笑论坛等等在网上随处可见。即便号称反恶搞的网站也带着恶搞的风格。如网易的“反恶搞联盟”，其口号是：“一人恶搞，全家断网！结恶搞的扎，上文明的环！恶搞不改，牢底坐穿！养儿爱恶搞，不如养盆草！养女爱恶搞，就像养雀鸟！聚众恶搞违纪，私下恶搞可耻！”

（二）网络恶搞流行的原因

恶搞在互联网上突然蹿红，甚至在《无极》导演陈凯歌对《一个馒头引发的血案》的恶搞者胡戈的谴责声中，胡戈的恶搞短片还得到了95％的网民认同①，支持声倒向恶搞者，以至于最后事情不了了之。网络恶搞如此受到网民欢迎，究其原因不外有二：其夸张的发泄形式迎合了网络青年的心理需求；宽松的社会环境对娱乐化的纵容以及网络媒介的技术支持为网络恶搞提供了滋生土壤。

1. 其夸张的发泄形式迎合了网络青年的心理需求

网络恶搞其实是以一种极度夸张的方式表达与发泄个人情感，这种情感发泄对步入社会不久、面对社会竞争尚未完全适应的年轻人无疑是一种极具吸引力的放松途径。

如同世界大多数国家的网民构成以年轻人为主一样，我国网民年龄也主要集中在20～29岁。根据中国互联网络信息中心（CNNIC）发布的《第44次中国互联网络发展状况统计报告》，截至2019年6月底，我国网民8.54亿，其中20～29岁的网民占到网民总数的24.6％。这是一个极富创造力与想象力的群体，他们出生于20世纪90年代，其成长期正是中国社会对外开放、世界经济一体化、网络传播全球化的特殊时代。开放的互联网带来多元文化的冲击，加上中国经济快速发展带来的秩序调整，中小学应试教育给年轻人造成巨大的心理压力，这些使他们在对主流价值的认识、传统文化的认同、多元文化的甄别上产生了不同程度的困惑。互联网上相对宽松的表达环境，成为他们张扬自我、叩问社会、发泄叛逆的理想场所。

美国作家唐·台普斯科特在其研究网络新生代的著作《数字化成长：网络时代的生活主张》中谈到网络时代的意识形态，“网络时代的未来充满了不确定性，即使他们满怀着自信与自尊，而且有数字媒体的推波助澜，但还是必须为未来担忧，这些都是他们无法控制的。外在的成人世界及缺乏尝试的机会，使他们不信任政府与精英。（他们）极度强调自己的权利：独处的权利、隐私权、拥有及其表达他们自己观点的权利”。“拥有相当强烈的共同归属感和集体的社会意识。”② 这些基本特征在我国年轻网民身上都有明显的体现，也正是这样一些共同的心理机制，致使网络恶搞成为他们群体发泄与表达的共同选择。

2. 社会环境日益宽松、娱乐化的文化氛围提供了滋生土壤

改革开放40多年来，人们的经济生活水平得到快速提高，在物质生活达到一定水平之后，对精神生活的需求自然会随之提升，因此不同形式的娱乐活动成了人们工作之余放松精神的主要渠道，随之而来的娱乐产业成为现代社会经济的重要支柱产业。

网络恶搞作为一种娱乐文化的极端发展并非始于网络媒体，早期的滑稽剧、喜剧电影等所呈现的搞笑风格皆蕴含着恶搞的潜质。其实以善意搞笑为目的的娱乐节目在电视频道中早已极为普遍，网络媒体的互动性、大众参与性更扩大了传统媒体的娱乐功能，将搞笑的主动权延及独立的个体。而且在技术处理上，只要拥有基本的设备与操作技能，如电脑、数码相机、相关编辑软件等，视频、音频、文字、图片的制作，对现代年轻人而言都轻而易举。

网络恶搞以自娱自乐、自我发泄为主要目的，因此表现手法极尽夸张，表达语言极尽诙谐，情感发泄淋漓尽致。2006年，在网易科技频道网络科技栏目的“中国网络恶搞视频终极

---

① 姜奇平．当“恶搞”遇上“胡搞”．互联网周刊，2006（4）．

② 台普斯科特．数字化成长：网络时代的生活主张．大连：东北财经大学出版社，2003：394．

排行榜”中，排名前十的依次是《一个馒头引发的血案》《后舍男孩处女作》《春运帝国》《分家在十月》《闪闪的红星》《中国队勇夺世界杯》《方言配音卓别林系列剧》《狙神传说》《鸟龙山剿匪记》《芙蓉姐姐传奇的一生》，它们皆以表现出“网友们无穷的想象力和创意”上榜。①

【案例】 AI 换脸，是隐患还是前景？

近日，一段通过 AI 技术把朱茵扮演的角色的脸替换成杨幂的视频在网络热传，替换技术可以说是巧夺天工，毫无违和感。同样因为这个视频，主人公杨幂和视频制作者换脸哥被送上了热搜。

事实上，这项江湖人称“deepfakes”的自动换脸技术出现已经不是一两天了，这是一个依托于 AI 技术的视频合成工具。早在 2014 年，deepfakes 的雏形“生成对抗网络”（GAN）已经诞生，并在 2016 年孵化出 Face2Face，Face2Face 可以把一个人的面部表情移植到另一个人脸上。

这项技术真正进入大众视野，是因为一位名为“deepfakes”的网友。他在 2017 年将女明星的脸合成到不雅视频中，并上传至 Reddit 论坛而引发大量访问。不过 deepfakes 的 AI 换脸技术的代码已经在 Gitbub 上开源，降低了适用门槛，故而换脸视频还是大量出现，在国外已经有不少政要、明星被恶搞。②

（三）网络恶搞面临的伦理与法制困境

网络恶搞在各网站推动下大为流行，受到网络青年的热捧，成为网站吸引眼球的新途径。而且恶搞内容已经从一般性的搞笑发展到对红色经典、英雄模范、传统文化的嘲弄。关于网络恶搞的主要问题有二：一是网络恶搞的道德底线何在；二是网络恶搞是否构成侵权、是否合法。

1. 网络恶搞面临的道德问题

关于网络恶搞的道德底线，一直有两种不同的声音，特别是在网络恶搞之初，支持网络恶搞者的声音远远大于反对恶搞者的声音。在我国现有媒体管理政策之下，互联网是最为自由开放的舆论市场，自然成为人们自由表达与情绪发泄的理想场所，特别是话语权相对有限的年轻人。代表性的观点如：“《无极》与《馒头》真正的矛盾，是两代人对人性看法的冲突，是现代价值观与后现代价值观的冲突。陈凯歌那代人，是崇尚英雄、精英的一代，胡戈这代人是崇尚小人物、普通人的一代。”③“生活需要娱乐，恶搞是一种发泄方式，是一种对现有主流文化的背叛与颠覆。”“（恶搞）是纯粹来自民间的娱乐，我们最擅长的就是用不规则的，电视上、媒体上看不到的话语方式，用逗笑的方式让大家高兴。”“任何公众都有权对文化产品作出自己的评价，而网络的虚拟性则激发了恶搞者的创造力、想象力和幽默感。”④

甚至在政府试图出台网络视频管理新规对网络恶搞进行管理的情况下，质疑之声也指向

---

① 网易科技．中国网络恶搞视频终极排行榜．[2020-03-20]. http://tech.163.com/special/000915RB/egao.html.

② AI 换脸，是隐患还是前景？．(2019-03-05) [2020-03-20]. http://www.sohu.com/a/299222591_100195267.

③ 姜奇平．当“恶搞”遇上“胡搞”．互联网周刊，2006 (4).

④ 网络“恶搞”应该有底线．视听界，2006 (5).

政府管理。关于网络视频管理新规的内容，大家较为关注的是，个人传播视频内容需要领取许可证。因此批评之声如："设立视频许可证的懒政思维必定会伤害中国正在成长的开放社会与公共空间，而那些多是自娱自乐的恶搞视频，更没有发展到威胁公共安全与经济发展的程度。""新规定意味着网上冲浪遭遇了疯狂的石头。""网上恶搞并不限于视频，还有图片与文字，显然，没有谁会同意自己每传送一张图片或张贴一个帖子都要经过相关部门的审查。"①

恶搞将搞笑之手伸向红色经典、民族英雄，其道德底线问题不容置疑地凸显出来。2006年8月，《中国青年报》社会调查中心与新浪网新闻中心联合展开了一项调查，调查对象近千人，调查内容中有一项是："在你看来，以下哪些东西不应该被'恶搞'?"选项有"红色经典""传统文化""道德伦理""信仰信念""他人人格""他人形象""名著名篇""时政新闻""其他"等。结果是，大家普遍认为不应该成为恶搞对象的内容依次为："道德伦理"（84.6%）、"传统文化"（73.1%）、"他人人格"（67.9%）、"信仰信念"（63.3%）、"红色经典"（63.3%）。②《中国青年报》社会调查中心与腾讯网新闻中心在5月份也展开过一个类似调查，调查对象有6 000多人，结果89.9%的人认为恶搞应该有道德底线。③ 据此，网络恶搞应该具有道德底线应该说达成了基本的共识。《中国青年报》社会调查中心与新浪网新闻中心联合调查的另一问题："你觉得怎样才能促进适合青少年的'善搞'佳作取代'恶搞'佳作?"选项有"政府引导""民间人士推动""文化媒体界人士推动""青少年自身努力""借鉴西方文化""发掘传统文化"等，结果是，"文化媒体界人士推动"居首（76.8%），"发掘传统文化"其次（71.0%）。④ 据此，对网络恶搞现象的改善，媒体与教育责任重大。

2. 网络恶搞面临的合法性问题

网络恶搞构成的侵权包括侵犯著作权、名誉权、隐私权、肖像权等等，其中讨论更多的是著作权与名誉权的问题。一般来说，民事侵权有四个条件：损害事实客观存在；致害行为具有违法性；致害行为与损害事实之间有因果关系；致害人主观上有过错。但网络恶搞由于网络行为的特殊性，使人们对其侵权行为的判断显得更为复杂困难。

认为网络恶搞构成侵权的观点如："对于仍在著作财产权保护期限内的作品，即便仅仅是改编也应当经过著作权人的同意。有些恶搞作品会注明恶搞中的素材出处，尽管如此，其行为仍然构成侵权。因为，恶搞作品一般侵犯著作权中的修改权和保护作品完整权，注明素材的出处，并不能解决上述侵权问题。"对于歪曲英雄人物形象的恶搞侵权，"其本身并不是针对某一具体作品，而是针对英雄人物在公众心中的正面形象。这种情况虽然不会侵犯著作权，但有可能构成侵犯英雄人物或者其后人的名誉权，也可能违反相关的行政法规"⑤。

认为网络恶搞并不构成侵权的观点，主要是认为网络恶搞只是借鉴了他人的一些图画等素材，在思想和表达的意义上完全不同，如针对胡戈《馒头》一案，一位法学家认为，"如果改编中未使用侮辱、谩骂、诋毁、诽谤等语句或形象，未以书面、口头形式宣扬他人隐私，未捏造事实公然丑化他人人格，造成一定影响，则这种不利倾向还不至于上升到侵犯名誉权的高

① 婴雄．网络视频许可证"恶搞"了谁？．南风窗，2006（17）.

② 唐勇林．89.5%公众担心"恶搞"混淆青少年是非观．中国青年报，2006－08－28.

③ 唐勇林．"恶搞"到自己63%的人会怒火中烧．中国青年报，2006－09－04.

④ 同②.

⑤ 何红峰．恶搞涉及侵权问题．（2016－10－10）［2019－10－08］. http：//news. nankai. edu. cn/nkzs/system/2006/10/10/000001903. shtml.

度”[①]。更为折中的看法是，《馒头》具有原创成分，即便侵权，情节也极为轻微，结果也只会是公开道歉。胡戈自己的辩护则不以为然，他说：“根据《著作权法》第二章第四节第一条（第二十二条）的规定，就好比影视专业学生对成名片子进行修改，只是我的作品被人传出去了。”

网络恶搞是否合法，是指是否遵守了国家广电总局、文化部、工业和信息化部等管理部门的相关管理法规，如《互联网等信息网络传播视听节目管理办法》《互联网文化管理暂行规定》《电信条例》《互联网信息服务管理办法》等。国家广电总局正试图出台的网络视频管理新规将具有更强的针对性。

三、视频网站的著作权之争[②]

我国视频分享网站自2005年发展至今，一直面临著作权问题的困扰，有关视频分享网站的著作权诉讼有增无减。2008年，仅北京海淀区人民法院就受理了100余件视频网站侵权案件，比2007年增长了5倍。2009年，仅1—4月份，海淀区人民法院受理案件153件，这一数字已超过2008年全年的受理案件总和。[③] 视频分享网站建立的初衷是为了让网络用户传播自己原创的视频节目，供网友分享。然而，在视频分享网站发展过程中，逐步摆脱了通过传播原创视频作品以分享原创内容的初衷。网络用户除了向视频分享网站上传自己原创的视频外，往往还上传自己收集的受著作权保护的影视剧、电视节目等。目前，视频分享网站充斥着大量未经著作权人及邻接权人许可的视频内容（包括影视及以类似摄制电影的方法创作的作品以及录像制品等）。视频分享网站由于为他人提供侵权作品的传播空间而陷入著作权纠纷。

（一）视频网站侵犯著作权的界定及其类型

视频分享网站为用户提供信息存储空间服务，主要涉及的是著作权人的信息网络传播权。信息网络传播权是随着信息和通信技术的发展和交汇而产生的一种专有权，是一种具有排他性质的作品财产权。根据我国2001年修订的《中华人民共和国著作权法》（以下简称《著作权法》）第二章第一节第十条第十二项和2006年5月国务院颁布的《信息网络传播权保护条例》第二十六条的有关规定，“信息网络传播权，是指以有线或者无线方式向公众提供作品、表演或者录音录像制品，使公众可以在其个人选定的时间和地点获得作品、表演或者录音录像制品的权利”。由此肯定了网络传播是作品的一种使用方式，信息网络传播权属于著作权内一项独立的权能，具有网络传输、复制权、发行权、表演权等权利交叉的特点。[④] 著作权人享有以该种方式使用、许可他人使用，并由此获得报酬的权利。若未经著作权人许可而以网络方式传播其作品，则构成对其信息网络传播权的侵害。

视频分享网站按照用户的指示接收信息，本身并不组织、筛选所传输的内容，网站上存储的涉嫌侵权的视频是由网络用户提供的。可以说，网站本身并没有真正参与实施侵犯著作权的行为。但越来越多的视频分享网站被卷入著作权侵权纠纷中，被指控为“侵犯信息网络传播权”。以土豆网为例，在2007年至2010年，上海全土豆网络科技有限公司就被起诉几十次，涉嫌侵权的作品达几十部，被起诉理由都是影视公司等拥有影视作品的信息网络传播权，而土

---

① 王晓雁．恶搞短片是否侵权观点碰撞激烈．法制日报，2006-02-16.

② 牛静．网络环境下著作权侵权问题探讨：以视频分享网站为研究对象．未刊稿．

③ 夏欣．视频分享网站侵权激增 知识产权产业化举步维艰．中国经营报，2009-05-02.

④ 何悦．网络著作权侵权责任研究．吉林：吉林大学，2009.

豆网在未经许可的情况下，为公众提供该剧的在线播放，侵犯了影视公司等著作权方的信息网络传播权。视频分享网站虽然没有直接实施著作权侵权行为，但其提供的服务在客观上确实“帮助”他人达到了实施侵权行为的目的，使著作权侵权作品得以在未经权利人许可的情况下在网络空间中向公众传播，所以，视频分享网站在他人实施的侵权行为中自觉或不自觉地扮演了某种角色，从而侵犯了作品的信息网络传播权。[①]

视频分享网站著作权侵权行为大致有两类：网络用户的侵权行为和网站运营商的侵权行为。网络用户的侵权行为是指，网络用户未经著作权人许可，上传影视剧等视频作品，侵犯著作权下的专有权利——信息网络传播权。实施上传行为的用户存在身份难以辨别、取证较为困难并且不具备足够的赔偿能力等问题，因此矛头指向视频分享网站。网站运营商的侵权行为是指，视频分享网站本身侵犯了信息网络传播权，或视频分享网站为网络用户的侵权行为提供了帮助或便利条件，被侵权人无法查找到直接侵权人时，将矛头指向了视频分享网站运营商。

（二）视频网站侵犯著作权的解决方案

1. 完善我国《著作权法》的相关条款

比如，建立网络服务提供商间接侵权责任制度。间接侵权已成为现代社会侵犯著作权的普遍形式，在网络环境下，间接侵权责任的认定不仅关系着著作权人的利益是否可以得到有效保护，而且关系着社会公众获得信息的正当权利是否可以实现。在判例法系国家，随着间接侵权制度的不断发展，侵权责任认定标准的法定化，间接侵权制度愈来愈完善。我国现有的涉及信息存储空间网络服务提供商的法律法规，如《民法通则》《著作权法》《信息网络传播权保护条例》以及部分司法解释，至今尚未规定任何可操作的判断标准。在司法实践中，法官根据自己的解释极有可能做出不同的判决，使该制度的利益平衡机能无法实现，也与法律的公正、公平性相违背。再如，完善我国著作权间接侵权制度。我国是成文法系，制定的法律条文往往具有原则性、抽象性，“共同侵权”“连带责任”“帮助侵权”等模糊用语，缺乏具体的法律规定，法院判案大量依靠“自由裁量”，各地的法院对同类型著作权纠纷案的判决结果往往不一致。应当在《著作权法》或相关司法解释中引入对“间接侵权责任”的具体规定，以专门的条款列举常见的网络服务提供者著作权间接侵权行为，并规定其构成要件。如关于帮助侵权责任，行为人要对直接侵权人的行为承担法律责任，必须符合以下三个条件：（1）直接侵权行为的存在；（2）行为人必须对直接侵权行为提供了实质性的帮助；（3）行为人知道或有合理的理由知道正在发生的具体侵权行为。还可借鉴美国版权间接侵权制度，行为人的行为若符合以下两个要件，则应承担替代侵权责任：（1）行为人行使最大的监控权利和能力可以制止侵权人通过其产品和服务进行的侵权行为，但却没有制止该行为而放任其发生；（2）行为人因其提供的产品或服务被用于侵权而获得直接的实际的经济利益。

2. 采取技术措施防止著作权侵权

技术措施主要有两类：一是著作权人或其他著作权相关的权利人，可以为保护著作权等相关权利而实施技术保护措施。《信息网络传播权保护条例》中指出，“技术措施，是指用于防止、限制未经权利人许可浏览、欣赏作品、表演、录音录像制品的或者通过信息网络向公众提供作品、表演、录音录像制品的有效技术、装置或者部件”。这就是著作权人的数字权利管理，包括访问控制和使用控制措施，具体包括设置登录密码和访问权限，或者在作品中加入显性或

① 薛虹．网络时代的知识产权法．北京：法律出版社，2000：150.

隐性水印。[①] 美国联邦通信委员会要求在2005年7月1日以后，所有的数字电视接收装置以及其他能够接收数字电视广播信号的设备必须包含能够识别“广播旗”的技术装置。“广播旗”是植入数字电视广播信号中的一种数字编码，相关权利人可以通过设置“广播旗”控制节目的再传播。[②] 二是视频分享网站可以采用相应的技术措施对视频内容进行著作权识别。如国内的视频分享网站开始引进先进的视频音频“指纹识别”技术对网站上的内容进行过滤。这种技术可以识别拥有著作权的视频文件，从而将盗版视频从网站的服务器上清除出去。[③] 这种行为也会被视为履行“注意义务”而可能免于侵权责任。

3. 规范视频分享网站的商业合作模式

为了解决著作权困扰，许多视频分享网站基于共赢的目的，纷纷开拓新的合作模式，通过签署合作协议，共享视频著作权内容，分享广告商业利益。2008年国内的优酷、土豆网等6家网站与美国电影协会及6家成员公司达成“保护性协议”，网站同意“在三个工作日内删除相关侵权内容”，“并愿意谈论如何更富效率地移除侵权影片”，“同意就过滤侵权影片的技术进行探讨”，这为著作权侵权纠纷的非法律解决途径提供了一个良好的开端。

此外，多家视频分享网站已经与版权方建立了各种各样的合作关系，越来越多的经过授权的正版视频内容开始在视频分享网站上出现。2008年9月，土豆网推出了黑豆高清版频道，一举大规模地引入了上万部影视作品，所有作品都是通过版权合作方式获得了网络播放权的正版内容。目前主要存在视频分享网站与影视媒体的合作、门户网站与视频分享网站的合作、搜索网站与视频分享网站的合作等几种合作模式。[④]

除了和享有视频著作权的媒体进行合作之外，视频分享网站也广泛寻求其他著作权合作模式。2009年10月，德云社、优酷与支付宝的合作即可视为一例。郭德纲希望借助于网络平台将传统的民间艺术更广泛地进行传播和推广，因而与优酷达成著作权协议，其费用的支付通过支付宝（中国）网络技术有限公司进行。这样，作为用户，只需通过支付宝支付10元钱，即可在优酷上观看郭德纲的《济公传》。[⑤] 这一合作模式有望解决困扰著作权人和视频分享网站多年的著作权纠纷问题。

虽然视频分享网站可以通过购买的方式获得正版视频，但这样的成本毕竟过于高昂，所以也可以通过其他手段来避开著作权问题所产生的风险。面对激烈的市场竞争，视频分享网站和传统电视台一样，最终决定胜负的还是内容本身。2009年，视频分享网站开始强调“分享不是视频网站的全部”，开始在垂直行业频道全视频化方面寻求突破。如激动网建立汽车垂直频道，网站作为创作者拍摄车展花絮、进行彩排视频报道等，使视频分享网站呈现媒体化趋势。此外，一些视频分享网站自己拍摄影片、制作视频来充实视频分享网站的内容。如：为了鼓励内容独创，土豆网开始投资视频创作团队，从短小的视频到大型真人秀不一而足；而乐视网甚至两次涉足大电影的制作；优酷开始介入互动直播等一系列尝试；激动网强调垂直频道的全视频内容覆盖。这些努力都是视频分享网站在著作权纠纷不断的环境下寻求新的生存之路的尝试。

中国网络视听节目服务协会发布的《2018中国网络视听发展研究报告》调查显示，截至

---

① 张茹，杨榆，张啸．数字版权管理．北京：北京邮电大学出版社，2008：11-13.

② 孙雷．版权领域内技术措施与相关设备产业的关系．知识产权，2008（1）.

③ 周春慧．视频分享网站版权之痛．电子知识产权，2009（4）.

④ 包宇．视频分享网站合作经营的版权问题研究．电子知识产权，2009（4）.

⑤ 邹韧．版权合作新模式为视频网站摘去盗播帽子．中国新闻出版报，2009-09-10.

2018 年 6 月，中国网络视频用户规模达到 6.09 亿，占网民总体规模的 76%；手机视频用户 5.78 亿，占手机网民的 73.4%；短视频应用迅速崛起，热门短视频应用用户规模达到 5.94 亿，占整体网民规模的 74.1%；网络直播发展趋于稳定，用户达到 4.25 亿；网络音频持续发力，用户规模达到 3.0 亿；互联网电视迅猛发展，累计覆盖终端达到 3.22 亿台，激活终端 2.18 亿台，激活率达到 67.7%。① 视频分享网站的发展前景还是很乐观的，但是借助于他人侵权行为获得盈利的商业经营模式是不可能稳定的。尽可能避免著作权侵权，转变经营模式，是我国视频分享网站走向成熟的必由之路。

四、视频网站的管理

视频网站的飞速发展，使管理者措手不及。2008 年，政府开始对视频网站进行大力整顿。

2003 年 1 月，国家广电总局发布了《互联网等信息网络传播视听节目管理办法》（15 号令），允许持《网上传播视听节目许可证》可以向公众传播视听节目，许可证实行年检制度，有效期为 3 年。其中第七条规定，开办视听节目网络传播业务，应当同时具备以下基本条件：（1）符合通过信息网络向公众传播视听节目的规划、技术标准和管理要求；（2）有与业务规模相适应的自有资金、设备及场所；（3）拥有与其业务规模相适应的符合国家规定的视听节目资源；（4）拥有必要的专业人员；（5）符合国家法律、法规及其他有关规定。该文件未对视频网站的主体性质明确约束，打破了传统电信业务和广电业务互不渗透的政策壁垒，为互联网站的发展提供了政策支持。随后，中国电信和中国网通获证，分别打造了“互联星空”“天天在线”这两个宽频网站。

2004 年 7 月，国家广电总局又发布了《互联网等信息网络传播视听节目管理办法》（39 号令），新办法废止了原来的《网上传播视听节目许可证》制度，规定从事信息网络传播视听节目业务应取得《信息网络传播视听节目许可证》。其中第七条出现变化，对视频网站的主体做出了约束性规定：“外商独资、中外合资、中外合作机构，不得从事信息网络传播视听节目业务。”这项规定出台后，一些民营网站通过引进国外风险投资的方式（国外企业到中国设立一家外商独资企业，一般是广告公司，与中国负责经营的内资企业两块牌子，一套人马。境外设立公司将资金注入国内的外商独资企业，并以此支持内资企业的发展），成功规避了新的管理规定，同时也使得视频网站的发展与外国的企业管理合拍，带动了视频网站产业化发展。国家对视频网站的管理措施依旧是从信息产业发展的角度制定的。

2007 年 12 月，国家广电总局与信息产业部又发布《互联网视听节目服务管理规定》（56 号令），其中第三条规定：“国务院广播电影电视主管部门作为互联网视听节目服务的行业主管部门，负责对互联网视听节目服务实施监督管理，统筹互联网视听节目服务的产业发展、行业管理、内容建设和安全监管。国务院信息产业主管部门作为互联网行业主管部门，依据电信行业管理职责对互联网视听节目服务实施相应的监督管理。”明确提出了视频网站的行业管理归属主要是国家广电总局，这标志着中国视频网站的管理由互联网管理向大众媒介管理的倾斜。该文件同时规定申请互联网视听节目服务的企业，必须“具备法人资格，为国有独资或国有控股单位”。而此前快速发展的中国视频网站带有明显的产业属性，而且已经形成民营视频网站渐成规模的局面，文件规定的“国有”无疑对它们影响巨大。

不久之后，《互联网视听节目服务管理规定》（以下简称《规定》）的解释细则指出，对于

---

① 中国网络视听节目服务协会 . 2018 中国网络视听发展研究报告 . 2018.

最引人关注的“国资成分”，《规定》发布之前依法开办、无违法违规行为的可重新登记并继续从业。而《规定》发布之后，申请从事互联网视听节目服务的，必须符合《规定》第八条所列的条件。这意味着国家政策对民营资本视频网站合法身份的正式肯定。

第 4 节　搜索引擎网站

搜索引擎网站是在网络搜索技术基础上演变而来的，最初的搜索引擎（Search Engine）是指根据一定的策略、运用特定的计算机程序从互联网上采集信息，在对信息进行组织和处理后，为用户提供检索服务，将检索的相关信息展示给用户的系统。[①] 如今，搜索引擎越来越像综合门户网站，不仅在首页为受众提供了琳琅满目的热点新闻和资讯排行，而且在搜索结果页面中提供了丰富的信息摘要。大多数情况下，受众不需要点击链接进行跳转即可获取想要的信息。

一、搜索引擎的发展历程

搜索引擎伴随着互联网产生而产生，根据其对网页索引技术的不同可划分为以下四个阶段。

第一个阶段为搜索引擎的早期阶段，该时期的代表系统是 1994 年出现的 Yahoo 搜索引擎。因为当时网络信息总量不大，爬虫技术也不成熟，此时的搜索引擎广泛采用人工标引等技术对网页做标注。同时，在检索时主要依据传统的信息检索算法，特点是人工分类存放网站的各种目录，用户通过多种方式寻找网站。

第二个阶段，伴随互联网的飞速发展，搜索引擎技术有很大提升，此阶段的代表系统是 1998 年出现的 Google 搜索引擎。此时的网络信息总量剧增，所以 Google 推出了以网页超链分析为基础的 PageRank 算法，以此来表示网页的权重，同时对检索结果按照相关度排序。该阶段搜索引擎技术能够覆盖互联网的大量网页内容，该技术可以在分析网页的重要性后将重要的结果呈现给用户，这个时期国内的百度等中文搜索引擎也采用类似技术。

第三个阶段，随着网络信息的迅速膨胀，用户希望能快速准确地查找到自己所要的信息，因此出现了第三代搜索引擎。第三代搜索引擎更注重个性化、专业化、智能化使用自动聚类、分类等技术，采用区域智能识别及内容分析技术，利用人工介入，实现技术和人工的完美结合，增强了搜索引擎的查询能力。第三代搜索引擎以宽广的信息覆盖率和优秀的搜索性能，为搜索引擎开创了崭新的局面。

第四阶段，随着信息多元化的快速发展，通用搜索引擎在当下的硬件条件下要得到互联网上比较全面的信息是不太可能的，这时，用户就需要数据全面、更新及时、分类细致的面向主题的搜索引擎，这种搜索引擎采用特征提取和文本智能化等策略，相比前三代搜索引擎更准确有效。

二、搜索引擎的分类与特点

（一）搜索引擎的分类

搜索引擎可按不同的标准进行分类。按查询类型可划分为分类型搜索引擎和词语型搜索引

① 郭晓刚．个性化网络搜索引擎研究．长春：吉林大学，2010.

擎，其中分类型搜索引擎通常带有关键词索引，词语型搜索引擎通常带有范畴层次索引，用以弥补分类法和主题法各自的不足。按照覆盖范围可以分为通用搜索引擎和专业搜索引擎两类。从功能和原理上，搜索引擎大致分为全文搜索引擎、元搜索引擎、垂直搜索引擎和目录搜索引擎等四大类。它们各有特点并适用于不同的搜索环境。

1. 全文搜索引擎

全文搜索引擎是目前应用最广泛的主流搜索引擎，代表有 Google 和百度。全文搜索引擎是利用爬虫程序抓取互联网上所有相关文章予以索引的搜索方式，通过从互联网提取各个网站的信息来建立数据库，当用户提出搜索需求时，检索程序根据数据库进行查找，按照一定的排列顺序返回查询结果。这种搜索方式搜索范围大，搜索出的信息量大，十分方便、简捷地获得所有相关信息。但搜索到的信息过于庞杂，并会出现大量无用信息，因此用户需要逐一浏览并甄别出所需信息。

2. 元搜索引擎

元搜索引擎是基于多个搜索引擎结果并对之进行整合处理的二次搜索方式。元搜索引擎用户同时登录多个搜索引擎，从中选择和利用合适的搜索引擎来实现检索，元搜索引擎的出现对于那些需要连续地使用不同的搜索引擎重复相同检索的人来说非常适用。使用元搜索引擎同时对几个搜索引擎进行检索，获得分级编排的检索。不同的全文搜索引擎由于其性能和信息反馈能力差异，导致其各有利弊。元搜索引擎的出现恰恰解决了这个问题，有利于各基本搜索引擎间的优势互补，而且有利于对基本搜索方式的全局控制，引导全文搜索引擎的持续改善。

3. 垂直搜索引擎

垂直搜索引擎是对某一特定行业内数据进行快速检索的一种专业搜索方式，是搜索引擎的细分和延伸，是对网页库中的某类专门的信息进行一次整合，定向分字段抽取出需要的数据进行处理后再以某种形式返回给用户。垂直搜索引擎是针对通用搜索引擎的信息量大、查询不准确、深度不够等问题提出来的新的搜索引擎服务模式，通过针对某一特定领域、某一特定人群或某一特定需求提供有一定价值的信息和相关服务。其特点就是“专、精、深”，且具有行业色彩，相比通用搜索引擎的海量信息无序化，垂直搜索引擎则显得更加专注、具体和深入。

4. 目录搜索引擎

目录搜索引擎是以人工方式或半自动方式搜集信息，由编辑人员查看信息之后，人工形成信息摘要，并将信息置于事先确定的分类框架中。信息大多面向网站，提供目录浏览服务和直接检索服务。目录搜索引擎是网站内部常用的检索方式，旨在对网站内信息进行整合处理并分目录呈现给用户，但其缺点在于用户需预先了解本网站的内容，并熟悉其主要模块构成。目录搜索方式的适应范围非常有限，且需要较高的人工成本来支持维护。

（二）搜索引擎的特点

搜索引擎具有信息抓取迅速、信息挖掘深入、检索内容多样化和广泛性等特点。

1. 信息抓取迅速

大数据时代，网络产生的信息浩如烟海，令人无所适从，难以得到自己需要的信息资源。在搜索引擎的帮助下，利用关键词、高级语法等检索方式可以快速捕捉到相关度极高的匹配信息。

2. 信息挖掘深入

搜索引擎在捕获用户需求信息的同时，还能对检索的信息加以分析，以引导其对信息的使用与认识。例如，搜索引擎可以根据检索到的信息条目判断检索对象的热度，还可根据检索到的信息分布给出高相关性的同类对象，利用检索到的信息给出用户解决方案等。

3. 检索内容多样化和广泛性

随着搜索引擎技术日益成熟，几乎可以支持各种数据类型的检索，例如自然语言、智能语言、机器语言等语言。目前，不仅视频、音频、图像等可被检索到，人类面部特征、指纹、特定动作等也可被检索到。可以想象，在未来几乎一切数据类型都可能成为搜索引擎的检索对象。

三、我国搜索引擎网站的发展现状

根据中国互联网络信息中心（CNNIC）发布的《第 44 次中国互联网络发展状况统计报告》：截至 2019 年 6 月，中国网民规模达 8.54 亿人，其中搜索引擎用户规模 6.95 亿人，较 2018 年年底增长 1 338 万人，搜索引擎在网民中的普及率达 81.3%。[①] 据 CNNIC 的《2016 年中国网民搜索行为调查报告》：截至 2016 年 12 月，互联网搜索服务用户中通过综合搜索引擎搜索信息的用户占比最高，为 85%，在手机综合搜索引擎用户中，27.3%的用户并未使用过任何综合搜索 App。[②]

目前，我国互联网搜索引擎的发展呈现出以下五个特征。

1. 用户的平均受教育水平明显高于整体网民

搜索用户中受教育水平在初中及以下占比仅为 20.4%，而整体网民中受教育水平在初中及以下的用户占比高达 53.2%，两者相差 32.8 个百分点。与此相对应的是，搜索用户中受教育水平在大专及以上的占比为 52.5%，高于整体网民（20.5%）32 个百分点。互联网搜索服务用户主要集中于城市地区，互联网搜索服务用户的城乡比例为 87.6：12.4，而整体网民的城乡比例为 72.6：27.4。[③]

2. 用户搜索行为向移动端进一步迁移

目前国内搜索用户向移动端迁移的趋势愈发明显，具体表现在用户搜索设备使用率和综合搜索引擎企业营收结构两个方面。从用户搜索设备使用率来看，手机搜索用户占比稳定提升，而使用电脑搜索信息的用户占比显著下降。从综合搜索引擎企业营收结构来看，移动端营收在综合搜索引擎企业的营收结构中占比日渐提高。数据显示，截至 2016 年 12 月，使用手机搜索信息的用户占比达到整体搜索用户的 90.2%，而使用台式机或笔记本电脑搜索过信息的用户仅为 60.6%。从综合搜索引擎企业营收结构来看，移动端营收在综合搜索引擎企业的营收结构中占比日渐提高。根据企业公开财报，百度 2016 年的移动端营收占比达到 63%[④]。

3. 行业规范化发展得到进一步推进

搜索引擎对于互联网信息的汇集整理和用户查阅使用起到了重要作用，但仍存在搜索结果包含谣言、淫秽、色情、暴力、恐怖等违法信息，或搜索结果有失客观公正进而误导和影响公众判断的情况。2016 年 8 月 1 日《互联网信息搜索服务管理规定》开始实施，明确了搜索引擎服务的监督管理体系、信息搜索服务提供者应当履行的义务，以及对于互联网信息搜索服务中

① 中国互联网络信息中心（CNNIC）. 第 44 次中国互联网络发展状况统计报告 . 2019.

② 中国互联网络信息中心（CNNIC）. 2016 年中国网民搜索行为调查报告 . 2016.

③ 同②.

④ 同②.

违法信息的界定标准和处置方式，为保护网民合法权益提供了法律基础。

4. 用户主动搜索信息的行为有所减少

用户主动搜索信息的行为模式在一定程度上受到信息被动推送模式的冲击，使得互联网搜索服务在用户网络生活中的重要性有所降低。调查发现，2016 年用户在 PC 和手机端使用综合类、导航类、购物类等主要搜索服务的比例均相比去年有所降低，仅微信搜索的使用比例相比去年有所提升。造成这种情况的主要原因在于以下三点：一是移动端互联网服务的入口变浅，使得搜索引擎不再是首选服务的入口。随着移动互联网发展，相比综合搜索引擎手机端应用可以通过更加便捷的方式为用户提供更为专业的信息，手机百度用户占比明显低于微信、QQ 和手机淘宝；二是低学历、低收入用户群体在整体网民中的占比逐渐提高，进一步削弱了搜索引擎服务对整体网民的重要性；三是移动端持续优化的信息推送机制在越来越多的场景下满足了用户的信息获取需求，从而降低了搜索服务在信息获取过程中的地位，互联网内容与服务供应商不断完善信息推送机制，使得其推送结果可以高度匹配用户的潜在需求，甚至在用户产生明确需求之前就能够推送相应信息，进而淡化了搜索服务在用户信息获取过程中的重要性。

5. 人工智能技术成为搜索引擎厂商未来竞争重点

一方面，各种人工智能技术与搜索引擎的结合提升了用户搜索体验和效率，通过融入语义分析、问题理解、信息抽取、知识图谱、信息检索、深度学习等多种人工智能技术，新一代的搜索引擎产品可以深度挖掘人类自然语言所表达的意图，直接为用户提供问题答案。另一方面，搜索引擎企业依靠其用户数据规模和数据挖掘能力两方面优势，将以加强人工智能技术为核心的创新应用开发作为下一步业务发展方向。

四、搜索引擎网站的发展趋势

搜索引擎网站是互联网变化最快的领域之一，搜索引擎网站的发展为我们的数字化生存带来了极大的便利。随着互联网技术的发展，搜索引擎网站的发展呈现出以下几个趋势。

1. 社会化搜索崛起

社交应用占据了互联网的主流，社交应用强调用户间的联系和交互，这对传统搜索技术提出了新的挑战。传统搜索技术强调搜索结果和用户需求的相关性，社会化搜索除了相关性外，还额外增加了一个维度，即搜索结果的可信赖性。这使得互联网更加个人化、更富有人情味。社会化搜索为用户提供更准确、更值得信任的搜索结果。

2. 搜索情景化

情景搜索是融合多项技术的产品，目的是提升用户信息理解的卷入感，能够感知人与人所处的环境，针对“此时此地此人”来建立模型，试图理解用户查询的目的，根本目标还是理解人的信息需求。情景搜索对搜索引擎的实时性要求增高，强调时效性强。如今越来越多的突发事件首次落点聚合于社交媒体（如微博）上，这就要求搜索引擎对信息的索引要“快”，使得用户发布的信息第一时间能被搜索引擎搜索到。

3. 搜索个性化

随着互联网渗透率的提高，网民对信息搜索的个性化需求越来越强烈。个性化搜索主要面临两个问题：如何建立用户的个人兴趣模型？在搜索引擎里如何使用这种个人兴趣模型？个性化搜索的核心是根据用户的网络行为，建立一套准确的个人兴趣模型。而建立这样一套模型，就要全面收集与用户相关的信息，从这些信息中提取出关键词及其权重。为不同用户提供个性化的搜索结果，是搜索引擎总的发展趋势。大数据时代的到来，为解决这些问题提供了基础。

同时，目前大多手机具有 GPS 的应用，这是基于地理位置感知的搜索，而且可以通过陀螺仪等设备感知用户的朝向，基于这种信息可以为用户提供个性化的地理位置服务以及相关搜索服务。

4. 智能化搜索

随着网络用户对检索精确度和效率的要求不断提高，越来越多的搜索引擎重视自身在检索功能和检索服务上的智能化程度，涌现出智能搜索引擎。智能搜索引擎基于自然语言理解技术，可以通过自然语言与用户交互，能够最大限度理解用户的搜索需求，并能通过自动分类、自动聚类等人工智能技术及内容分析技术和区域智能识别技术，为用户提供了真正智能化的、个性化的信息过滤和推送服务，使查询结果更为精确。

【本章小结】

本章主要介绍了典型传统网络传播形式中的商业门户网站、新闻网站、视频网站、搜索引擎网站，通过现状和特征分析，把握这四种网站的内容生产及经营管理现状、特征和社会影响、存在的问题及未来发展的可能方向。

【思考题】

1. 什么是门户网站?
2. 门户网站从主营业务到商业模式经历了怎样的变化过程?
3. 什么是新闻网站? 成为新闻网站的条件是什么?
4. 现行的政策、制度对网站登载新闻有哪些禁止性规定?
5. 新闻网站为什么必须走市场化的道路? 如何走?
6. 我国当前视频网站发展中存在的主要问题是什么?
7. 你认为搜索引擎网站的未来发展有哪些趋势?

第 5 章　网站及自媒体的商业运营

Web 1.0 时代的主体是网站，主要包括门户网站及各种垂直网站，展示的终端是 PC 机；到了 Web 2.0 时代，随着移动终端的普及，以社交、互动为特点的各种自媒体应用逐渐成为网络经营的主体。当前我们正处在网站和自媒体应用共存的时代，很多网络内容运营商一面经营着格局已趋稳定的网站，一面又在形态各异的自媒体平台上试图进行各种形式的融合与创新，以应对随时可能出现的新应用形态的冲击和挑战。但无论是网站还是自媒体应用，其建设和维护都需要耗费人力、物力、财力，运营者自然期待得到一定的回报。所以，一旦网络和自媒体建成上线，运营者都不希望看到它们无人问津或难以为继。运营，正是要解决如何让网站及自媒体应用长久生存下去的问题。本章将以网站和自媒体两种形态为主体，介绍它们的商业运营过程及相关规则。

第 1 节　网站运营概述

网站运营就是在网站建设后以网站盈利为目的的相关工作，主要包括网站的产品/服务设计管理、内容策划和更新、市场推广和网站活动策划、客户服务以及用户需求分析、竞争对手分析、运营人员管理、投资回报分析、安全维护等。[①] 简单地讲，网站运营是指网络营销体系中一切与网站的后期运作有关的工作，也可称作网站运作、网站营运等。网站的内容制作与营销推广无疑是网站运营工作的两个重要领域。

一、网站运营的内涵与外延

网站运营是一个很大的概念，从网络运营和盈利模式设计、网站功能测试、用户体验分析到网站内容维护规范、注册用户审核甚至用户评论管理等都属于网站运营的范畴。而网站的内容日常维护与营销推广应该是网站运营的核心内容。

（一）内容策划与更新

“内容为王”一直是被传统媒体奉为圭臬的经营法则，20 世纪 90 年代末期被引入到互联网经营领域中来，尤其是在新浪、搜狐、网易等传统商业门户网站蓬勃发展之时，这一口号受到互联网业界和社会的广泛认可。“内容为王”还意味着与“渠道为王”的提法相抗衡，意在强调网络媒体时代内容依然有着不可替代的重要性。当然，时至今日，随着互联网技术的发展及应用的普及，“内容为王”与“渠道为王”孰轻孰重难有定论。但有一点是可以肯定的，无论互联网和其他新媒体形态拥有多少渠道的传播优势，内容本身的价值始终是无法逾越

> **你怎么看**
>
> 对于“内容为王”和“渠道为王”的观点，近年来多有争议，你觉得这两种提法各自的合理性何在？

① 赵守香．网站运营与管理．北京：清华大学出版社，2011：2.

的根本，只是因为获取内容的成本在网络时代逐渐降低，渠道的优势得到了凸显而已。

从网站运营的角度来看，策划和发布网站的目标用户喜欢和搜索引擎易于抓取到的内容，始终是网络内容运营的关键所在。

（二）网站推广及效果跟踪

网站推广的目的在于让尽可能多的潜在用户了解并访问网站，通过网站获得有关产品和服务等信息，为最终形成购买决策提供支持。一般来说，除了提供各种网络信息和服务的门户网站、搜索引擎、免费邮箱服务商等大型网站之外，一般的企业网站和其他中小型网站的访问量通常都不高，虽然有些企业网站经过精心策划设计，但在发布几年之后其访问量仍然非常小，每天可能才寥寥数人，这样的网站自然很难发挥其作用。因此网站推广被认为是网络营销的主要任务之一，是网络营销工作的基础，尤其对于中小型企业网站来说，用户了解企业的渠道比较少，网站推广的效果在很大程度上决定了网络营销的最终效果。网站推广需要借助于一定的网络工具和资源，常用的网站推广工具和资源包括搜索引擎、分类目录、电子邮件、网站链接、在线黄页和分类广告、电子书、免费软件、网络广告媒体、传统推广渠道等。任何网站推广方法实际上都是对某种网站推广工具和资源的合理利用，因此制定和实施有效的网站推广方法的基础是对各种网站推广工具和资源的充分认识和合理应用。

（三）网站流量统计分析

网站流量统计是指统计网站访问者的访问来源、时间、内容等访问信息，加以系统分析，进而总结出访问者访问来源、爱好趋向、访问习惯等一些共性数据，为网站进一步调整做出指引的一门新型用户行为分析技术。网站流量分析系统可以向商业网站提供页面访问计数、排行和访问分析服务，可以分析网站流量，对整个站点乃至任意页面的访问流量进行数据分析，并做出完整的统计报告。商业网站随时可以了解网站乃至任意页面的流量动向和受欢迎程度，并以此做出相关调整。

目前，国内已经推出不少免费网站流量统计系统，可以方便我们了解网站的基本访问数据，一般包括以下内容。①

（1）访问量，包括网站的独立访客数（统计 IP）及页面访问量（统计 Pageview）。

（2）访问时段，即 24 小时内访问量的分布。

（3）访问者来自的地区，对国内访问的分析可以精确到省。

（4）来自搜索引擎的访问，可以统计出搜索引擎种类及关键字分布。

（5）客户访问时所使用的浏览器及操作系统。

（6）客户访问时所使用的计算机分辨率。

（7）访问来源，可以统计出来自其他网站的链接所导入的访问量。

（8）页面热点统计，可以统计出网站上最受欢迎的页面的排名。

（9）同时在线统计，可以统计出 15 分钟内网站上的同时在线人数。

（10）回头率分析，可以统计出访客回访网站的频率。

（四）网站分析及改进

从网络营销管理的角度来定义网站流量统计分析，是指通过对用户访问网站的情况进行统计、分析，从中发现用户访问网站的规律，并将这些规律与网络营销策略相结合，从而发现目

---

① 赵守香．网站运营与管理．北京：清华大学出版社，2011：2.

前网络营销活动中可能存在的问题，并为进一步修正或重新制定网络营销策略提供依据。

实际上网站运营更多的是细微的工作，比如网站内容维护并不是从网上搜索一批相关内容加以编辑整理或者修改一下标题就发布在自己的网站上那么简单，专业的内容设计应该是在研究用户获取信息行为的基础上，参考该选题在其他网站的相关内容，最终完成一篇专业的内容。这种内容写作是对编辑整理而言的，对于完全原创的文章，在选题和用户分析方面，也可以参考这种思路。在网站运营的其他方面也有各自的专业方法和技巧，比如网站流量统计分析，如果只看访问量和搜索引擎来源等基本数据，有点互联网知识的人都可以看明白，但如何从这些数据背后发现网站运营中存在的问题并去合理解决，则需要丰富的网站运营经验和多方面的综合知识。

（五）网站优化

网站优化是一个整体过程，从网站建设到网站运营，整个过程都离不开优化策略，每个环节都必须有优化思想。

网站优化是指在搜索引擎许可的优化原则下，通过对网站中代码、链接和文字描述的重组优化，以及后期对该优化网站进行的合理反向链接操作，最终实现被优化的网站在搜索引擎的检索结果中得到排名提升。网站优化包括网站自身的优化和针对搜索引擎的优化。

所谓搜索引擎优化（Search Engine Optimization，SEO），也就是针对各种搜索引擎的检索特点，让网页设计适合搜索引擎的检索原则（即搜索引擎友好），从而获得搜索引擎收录并在排名中靠前的各种行为。如对于基于 META 标签检索的搜索引擎，在 META 标签中设置有效的关键词和网站描述；对于以网页内容相关性为主的蜘蛛型搜索引擎，则通过在网页中增加关键词的密度，或者专门为搜索引擎设计一个便于检索的页面（如 sitemap. htm、robots. txt）。搜索引擎优化是搜索引擎营销的常见形式之一。

你怎么看

对于非营利性质的网站，是否也需要进行优化呢？为什么？

【知识窗】 百度关于网站内容质量方面的建议

网站的内容应该是面向用户的，搜索引擎也只是网站的一个普通访客，放置任何用户不可见或者欺骗用户的内容，都可能被搜索引擎当作舞弊行为，这些行为包括但不仅限于以下方面：在网页中加入隐藏文字或隐藏链接，在网页中加入与网页内容不相关的关键词；具有欺骗性跳转或重定向，专门针对搜索引擎制作桥页，针对搜索引擎利用程序生成的内容；具有大量重复无价值内容，充斥大量恶意广告或恶意代码等。

百度更喜欢独特的原创内容，如果站点内容只是从各处采集复制而成的，就很可能不会被百度收录。谨慎设置友情链接，如果网站上的友情链接多是指向一些垃圾站点的，那么网站可能会受到一些负面影响。谨慎加入频道共建、内容联盟等不能产生或很少产生原创内容的计划，除非我们能为内容联盟创造原创的内容。百度会尽量收录提供不同信息的网页，如果网站上相同的内容可以通过不同形式展现（如论坛的简版页面、打印页），则可以使用 robots. txt（这个文件告诉搜索引擎蜘蛛程序在服务器上什么文件是可以查看的）禁止 Spider（搜索引擎蜘蛛程序）抓取不想向用户展现的内容，这也有助于节省带宽。

二、网站的主要盈利模式

商业网站存在的重要目标之一便是盈利，在当前我国新闻网站转企改制的政策背景下，传统的有事业性质特征的新闻网站同样也面临生存及盈利压力，而网站运营的内容、手段和方式都应该围绕着网站的主营业务形态来展开，也是为实现盈利服务的。从这个意义上讲，网站尤其是商业网站的运营方式便与网站的盈利模式有着高度的相关性。

（一）在线广告盈利

在线广告盈利即网站为广告主提供网络空间，展示文本、图片、音视频等形式的广告作品，并获取收益的盈利方式。这是目前最主要、最常见的商业网站盈利模式。新浪、搜狐、网易、腾讯等商业门户网站都是运用在线广告盈利模式的典型代表。而搜索引擎类网站（如百度）的竞价排名和关键词广告等则是在线广告盈利模式的另一种表现。

（二）企业信息化服务盈利

企业信息化服务主要包括：帮助企业建设、维护和推广网站；提供网络基础服务，如域名注册和服务器托管等服务形式；提供网络营销策划和搜索引擎优化的方案与相关资讯。

（三）电子商务盈利

电子商务盈利包括各种形式的电子商务模式，可细分为：通过网站销售产品的B2C模式（如当当网、亚马逊、京东商城）；提供网络销售平台的C2C模式（如淘宝和拼多多）；提供独特商业资源，为会员提供服务获得收益的B2B模式（如阿里巴巴）。

（四）网络游戏盈利

网络游戏盈利包括出售网络游戏时间和游戏所需的虚拟物品两种类型。前者直接针对游戏参与过程本身收费，后者名义上实行免费游戏，而对游戏中使用的装备和道具收费。近年网络游戏中开始出现植入式广告的盈利模式。网易、盛大、腾讯、巨人等网络公司是我国网络游戏领域盈利模式的开拓者。

（五）无线增值服务盈利

无线增值服务是指建立在移动通信网络基础上的，除了语音以外的数据服务，包括短信、彩信、彩铃、IVR、WAP、Java应用、PDA等。网站的无线增值业务必须与移动运营商（如中国移动、中国电信）合作才能完成，所以，该领域的盈利也是通过与移动运营商的分成来实现的。由于中国的手机用户规模庞大，移动增值业务成了一块令众多网站青睐的领域，在21世纪初的十年，对于新浪、网易、搜狐、TOM等主流门户网站而言，无线增值服务的盈利能力一度达到与网络广告和在线游戏并驾齐驱的水平。

（六）会员制营销服务盈利

会员制是传统商业领域的一种常见的经营模式，上至大型商场下至普通小店甚至于街头理发店都有推行会员制的成功实践。如今这一模式也被成功地移植到网络上来。一些提供特定信息和服务的网站通过会员制来积累并维护用户资源，形成稳定的经济回报，已成为一种逐渐成熟的盈利模式。如腾讯QQ的会员、阿里巴巴的中小企业会员、无忧人才网的企业和个人会员、豆瓣网的会员等，这些网站经过多年经营已形成一个规模庞大、构成相对稳定的会员数据库，会员不仅为网站带来可观的直接经济收入，而且还是网站赖以进行营销推广的重要潜在资源。

盈利模式没有固定的准则，也不存在好和坏的截然分野，只有成功和不成功的区别，而且这也要放在特定的时间和环境中来分析。应该说，总有一种或几种盈利模式与某个具体的网站相契合。现实网络中存在各种各样的盈利模式以及若干种盈利模式的组合。而网站运营的方式也与网站的盈利模式关系密切，一定的盈利模式总是要求一定的运营方式与之配合，或者说，运营方式的选择与运用总是围绕盈利模式来进行的。

【知识窗】

盈利模式是管理学的重要研究对象之一。盈利模式指按照利益相关者划分的企业的收入结构、成本结构以及相应的目标利润。

盈利模式也是对企业经营要素进行价值识别和管理，在经营要素中找到盈利机会，即探求企业利润来源、生产过程以及产出方式的系统方法。还有观点认为，它是企业通过自身以及相关利益者资源的整合并形成的实现价值创造、价值获取、利益分配的组织机制及商业架构。

盈利模式分为自发的盈利模式和自觉的盈利模式两种。前者是自发形成的，企业对如何盈利、未来能否盈利缺乏清醒的认识，虽然企业盈利，但盈利模式不明确不清晰。其盈利模式具有隐蔽性、模糊性，缺乏灵活性的特点。后者，也就是自觉的盈利模式，是企业通过对盈利实践的总结，对盈利模式加以自觉调整和设计而成的。它具有清晰性、针对性、相对稳定性、环境适应性和灵活性的特征。

在市场竞争的初期和企业成长的不成熟阶段，企业的盈利模式大多是自发的，随着市场竞争的加剧和企业的不断成熟，企业开始重视对市场竞争和自身盈利模式的研究。即使如此，也并不是所有企业都有找到盈利模式的幸运。

三、网站运营的主要方式

目前，国内外商业网站的商业模式大体可分为内容导向型、产品导向型、服务导向型和用户导向型四种，相应地也存在四种主要的网站运营方式。不同的运营方式是依托各自的商业模式和盈利模式而形成的。

（一）内容导向型网站的运营方式

这一运营方式主要是围绕网站的内容生产来开展的。内容（新闻与服务资讯）是这类网站生存与发展的根本所在，其内容生产一般不针对特定用户，而是面向数量庞大、身份不确定的大众，因此其内容策划与发布、网站营销推广、流量统计分析、网站分析与更新、网站优化等日常运营工作都是以如何生产并提供优质、全面或有鲜明个性特色的内容为核心来进行的。如商业门户网站中的新浪、搜狐，数量众多的新闻网站（如新华网、人民网、东方网）和提供专业资讯的网站（如艾瑞网），它们的运营方式都可归为此类。

（二）产品导向型网站的运营方式

产品导向型网站的主要业务是推出带有独特价值和优势的产品，比如电子邮箱、网络游戏、搜索引擎、B2C型的电子商务产品。这些产品在一定的阶段通过有偿使用的方式来推广（如企业邮箱和早期的网络游戏），有时也使用免费模式（如搜索引擎和现在的大部分网络游戏）。它们与用户的结合度明显要比内容导向型网站更加紧密，有时也需要进行注册或一定程度的用户身份管理。基于这种特点，这类网站的运营方式就是围绕如何保持并扩大原有产品的特色与优势，提高市场占有率，并选择适当时机推出新型产品。产品的市场行情分析、用户构成情况分析、产品推广也就成为日常运营中的重要内容。商业门户网站中的网易、百度、谷歌和盛大、九城等网站公司的运营方式都属于这一类别。

（三）服务导向型网站的运营方式

垂直门户网站和大部分电子商务类网站（B2B和C2C）都属于服务导向型网站。它们既不以提供通用信息为主，也不致力于不断推出新产品。行业化或专业化的服务是其主营业务，如为用户提供交易平台的电子商务网（如阿里巴巴、淘宝、京东商城），为企业和个人提供招聘和求职服务的人才网（如前程无忧、智联招聘网），提供专业服务的网站（如中国化工网、天极网）。这类网站的日常运营是以如何在了解市场行情及行业发展趋势的基础上，提供专业化、有特色的各类服务为核心的。依托行业类别及特点来开展网站服务的营销与推广是这类网站运营的主要任务。

（四）用户导向型网站的运营方式

用户导向型网站也提供内容、产品或服务，但它的一个重要特点是其主营业务与用户的结合度相当紧密，也就是拥有高黏度，或者借助客户端的方式来实现（如腾讯的QQ聊天工具），或者有相对更为严格的注册与登录要求（如社区、博客、播客、微博）。这些网站的日常运营重点是监测和分析用户的行为与需求，及时根据用户需要更新和调整技术平台功能和交流环境，并将尽可能多的内容和服务整合到某一功能强大的平台上来。提供地域化的服务，即开展本地化渗透是这些网站近年来的主要运营策略。

第2节　网站运营中的问题及改善途径

虽然不同类别的网站会选择不同的运营方式，但网站运营也有一些颇具规律性的内在要求，总的来说就是必须立足于自己的主营业务和目标受众，深入了解市场行情，在此基础上开发优质和有特色的内容、产品和服务，并积极利用多种手段做好营销与推广，同时通过技术手段保证网站的安全运行。

一、网站运营中的常见问题

事实上，在大多数网站的实际运营过程中，容易出现且比较突出的问题通常出现在内容、技术、资金、营销推广和安全等方面。

（一）内容缺乏吸引力

1. 定位不够明确

不管是大规模的商业网站还是企业和个人网站，提供内容都是必需的一项，这也是网站运营的首要环节。尤其是商业网站，更希望通过好的内容带来可观的流量，取得经济回报。但实际情况是，很多网站的内容缺乏吸引力，或者因为同质化严重，在日益激烈的竞争环境面前变得没有优势可言。主要原因之一是网站的内容定位不明确，之二是对目标受众群体认识不清。这就导致网站的内容生产缺乏方向引导，以至于盲目地跟风模仿。其运营也自然会迷失方向，在互联网商业竞争的迷雾中大走弯路，甚至以耗尽资源而告终。

2. 内容更新不及时

网站内容更新不及时常常会直接影响网站的营销推广效果，其直接表现就是搜索引擎的网页快照得不到更新，收录缓慢，快照回档。因为内容未及时更新会导致网站权重不高，无法被搜索引擎的抓取软件抓到。所以，作为新建成的网站，一定要每天固定时间给网站添加一些“油水”，也就是多更新，而且最好是用原创文章来更新，事实证明搜索引擎“喜欢”原创的东西。高密度的复制文章，最终不但会导致网站快照缓慢、搜索引擎不收录，而且严重者还可能会因搜索引擎惩罚导致降权或 K 站[①]。

（二）技术存在瓶颈

网站运营中的技术瓶颈通常出现在网站程序、功能更新、服务器升级、安全维护等方面。一个站点除了要不断对用户体验进行修正，还要防止别人复制模仿，乃至恶意攻击，没有强有力的后援技术支持，抗干扰能力就非常弱。若能加强技术团队的建设，抬高技术壁垒，网站的成功率就会大大提高。

互联网上同质化的东西越来越多，各种开源的系统让很多人不需要懂什么高深的技术就能轻而易举地创建一个网站。但一个商业网站应该有独特的内容与服务，这需要有较强的技术团队，才能确保不断开发出满足网站发展需要的各项功能。如果技术的开发进度过慢，或者开发出来的功能难以正常运行，那么网站在竞争激烈的局面下将会面临很大的生存压力。

（三）推广缺乏力度和章法

随着网站数量的增加和竞争加剧，网站推广的难度自然加大。以前有效的传统推广方式逐渐不再行得通，或者效果大打折扣。对于一家新的网站或处于成长期的网站而言，推广缺乏力度和章法会带来严重的后果。其一，推广力度不够导致网站的知名度和影响力长期上不去，在搜索引擎中的关键词排名不稳定或没有排名。其二，缺乏全球推广意识也会使网站的知名度和影响力受到局限。有些商业网站只放在国内的服务器上，国外网民在打开网站时速度会非常慢，如果 10 秒钟内不能正常显示，那么他通常会关掉网页。[②] 而且，网站未放在国外服务器上也会影响在搜索引擎中的更新频率和排名。

（四）资金没有保障

互联网商业化发展自 20 世纪 90 年代中期至今已有 20 多年历史，依靠一个想法和概念就能白手起家打天下的丛林时代已经成为过去，网站建设和运营发展的门槛逐步被抬高。虽然新媒体产业在国内国际金融市场上已有了较多的融资机会，但资金依然是许多商业网站运营的一大瓶颈，每年都有一批网站因为资金难以为继而不得不含恨退出。国内由于创业板市场创办较晚，市场容量有限，网站的融资问题更显迫切。如今，成功运营一个商业网站，少则需要上百万，多则需要上千万甚至上亿元的资金，才能保证在激烈的竞争中坚持更长久，前些年前程无

---

① K 站是搜索引擎营销中常用的一个名词，它所指的是在网站已经达到正常收录的状态下，因为作弊或者其他原因，搜索引擎突然删除了所有网页或只留下首页。造成 K 站的原因多种多样，一般来讲，网站上有违反搜索引擎规定或是作弊行为才会遭到这种处罚。

② 赵守香．网站运营与管理．北京：清华大学出版社，2011：3.

忧、智联招聘、中华英才网等人才招聘网站一掷千金的火拼，之后土豆网、优酷等视频分享网站快速烧钱的白热化竞争以及2012年上半年走向合并等案例，都可看出成长期的网站对资金的依赖程度。如果没有强大的资金保障，那么想在竞争激烈的市场上取得成功，可谓难如登天。

（五）网站的安全性差

常常有网站被他人恶意攻击导致瘫痪的情况发生，这当然是每个网站经营者都不愿看到的情况。这样的情况一般都发生在一些行业网站。由于网站排名好、生意好引来竞争对手使用非法手段攻击，进而导致网站出现瘫痪或不能正常运转。为了防止出现这样的情况，可以经常检查服务器的稳定情况，尽量不要让服务器出现漏洞，还要注意网站程序的漏洞，发现后要及时处理。网站管理员的用户名和密码要经常修改，并使用复杂的密码。网站数据库要进行加密处理。一旦网站出现了被攻击的情况，要迅速检查是哪里出现漏洞，并及时修补以防止以后发生类似事件。

二、改善网站运营的途径

网站运营是一个日常性、长期性、动态的过程，优与劣不应以一日之短长论之，也就是说，包括内容设计与制作、营销与推广在内的运营工作可以及时进行调整和完善。但应注意的是，改善运营既要有针对性，又不能头痛医头、脚痛医脚，统筹兼顾是一个重要原则。

（一）做好内容管理①

随着近些年来新媒体自身的成熟和传统媒体应对能力的增强，“渠道”变得越来越多，“渠道”间的竞争愈演愈烈。同时，互联网上内容的版权问题越来越受到重视，相关法律法规在不断健全，有独特价值的内容再度成为争夺点。不论是传统媒体还是新媒体，无论是门户网站还是视频网站，要想在激烈的竞争中脱颖而出，“内容”都是不容忽视的法宝。

1. 生产网民感兴趣的内容

用户喜欢什么样的内容呢？这是一个很重要的问题，在互联网发展的头十年，中国的互联网就是娱乐的互联网，做娱乐相关的网站很容易获得流量。因而，腾讯的流量很快超越新浪成为中文第一大流量网站。目前，网站的类型在不断地拓展，视频网站、社交网站越来越火。总体来说，当前阶段用户喜欢的内容具有以下几个特征。

（1）免费内容。

“内容免费＋后续服务增值”已成为网站经营的一个经典模式，吃惯了免费午餐的网民很难接受收费的内容，这一点在我国的网络产业发展中尤其明显。再好的东西，要是收费的话，人们都会考虑一下。如果收费的东西在别的地方是免费的，那他会毫不犹豫地离开，比如电影、一些常用软件等。而如果收费的东西是别的地方所没有的，或者很难找到免费的，那他可能会有三种行为：第一种是犹豫再三，最终还是离开；第二种是立刻到其他地方看看有没有更便宜的；第三种是思前想后，最终忍痛买下一个最便宜的。但第三种情况发生的概率是越来越低了，因为网上免费的东西实在太多了，“免费”已然成为各大网站的一句广告语。

（2）独特内容。

这里所讲的独特性具有广泛的含义，包括最基本的定位、美工、结构、资讯和一些特有的

---

① 陈光锋．玩赚你的网站：网站运营必备手册．北京：机械工业出版社，2010：34－40.

功能。在资讯的选择上，并不能简单地追求多而不注重质量，因为现在的资讯太多，真正有价值的却比较少。还可以就一些资讯开展各种形式的讨论，这样不仅带动了用户的参与性，而且还增强了用户的黏度。如果运作得好，形成了一种氛围，有了一批铁杆“粉丝”，那网站算是成功了一半。其实，品牌的建立就是这样开始的。另外一个更重要的独特性就是一些别的网站所没有（或是不尽相同）的服务或功能，例如阿里巴巴的支付宝、诚信通、旺旺，网盛的生意宝、行业联盟等。每个网站的这些独特功能，都要基于本网站所服务的用户，通过深入了解他们的真正需求，有针对性地进行开发。

（3）新鲜内容。

不论是资讯还是功能，只有新鲜的才能吸引人。如果网站上尽是一些过时的资讯，用户匆匆看上一眼就会离开，从此不会再来访问网站。同样，如果网站还只停留在 Web 1.0 的功能上，既没有评论、顶帖，也没有论坛、博客之类交流的地方，是很难吸引眼球的。然而，如果网站上不仅有最新的资讯，还有一些新奇的功能，让人眼前一亮，不仅会引来用户的关注，而且他还会把这种良好的体验告诉更多的人。要知道，最好的传播方式就是口口相传，因为这种传播不但会以几何式速度增长，并且有着较高的信任度和关联性，所以现代人称其为“病毒式传播”。

（4）互动内容。

网站有好的、新鲜的内容和功能还不够，还需要有一些能够互动的功能和氛围。能够互动的形式很多，除了发帖、回帖、顶帖之外，还有发邮件、QQ、MSN、电话、短信等形式，关键是在这些互动功能的使用上要人性化，要能集聚一群长期活跃的用户，通过他们来带动整个网站的氛围。这说起来容易做起来难，需要长时间的培养、细心的观察，有了问题要及时做出反应。

（5）权威内容。

信息爆炸的时代，人们很难有时间和精力去看那么多信息，而且有时候，网民的鉴别成本是很高的，那些“误导信息”和“虚假产品”让人头疼，最后出现的结果就是“马太效应”：强者更强。若有人觉得新浪上的新闻是最权威的，他看新闻就只上新浪，若有人觉得支付宝每天交易额超 10 亿元，很专业很权威，他用支付工具的时候就会首选支付宝。

2. 生产搜索引擎喜欢的内容

搜索引擎是网民上网时常用的应用，让自己的网站在搜索引擎上有靠前的排名，从而方便网民找到想要的内容也是提高网站访问量、提升网站知名度的有效方式之一。要达到这种效果，我们得先看看搜索引擎对网站的内容有什么偏好。

3. 媒体型网站应关注“三高”人群的内容偏好

随着中国网民规模持续增长，人们越来越关注网民本身能给互联网带来的价值，其中网民价值直接关系到网络广告价值的挖掘和电子商务的发展潜能，这一直是业界关注的热点。网民整体操作水平提升后，对互联网的应用意识越来越强烈。我们可以先从三个大的方面看看目前的互联网“三高”（高学历、高收入、高消费）人群的网络阅读偏好，这对媒体型网站很有借鉴价值。

（1）在娱乐中寻找归属感，虚拟世界成为重要娱乐场。

娱乐是人的天性和本能需求。CNNIC 数据显示，中国网民在网络娱乐、信息获取和交流沟通这三大功能上的使用比例较高，这三类网络应用在网民中的普及率均在 50%以上。网络娱乐化早已不是业界的新鲜词了，热门事件的炒作以及文化的传播，使得娱乐早已不是非主流的专属词。正如著名传播学者波兹曼所言，高度的理性和秩序，超常的冷静和客观，都已渐行渐远，娱乐时代款款而来。被戏剧性炒作的“贾君鹏”事件、“小月月”事件就是网络娱乐化的典型表现。开心网风靡白领群又被多家公司封禁，SNS“反庐舍”联盟成立等事件闹得沸沸扬扬，年轻的“三高”人群喜欢在社交网站与同道中人的娱乐中找寻归属感。校内网更名为人人网，一度引发网民热议，可见，网络世界和现实世界的融合日趋紧密，网络世界对现实世界的影响越来越大，现实世界早已存在的群体认同感和归属感在网络世界更加凸显。

（2）理性需求仍有地位，深度信息受青睐。

互联网的发展在给人们的生活提供便捷的同时，也在加剧着这个时代的信息超载和信息泛滥，加之当今大事不断、纷乱变化的时代背景，人们对信息的需求早已超出了简单获知，而是更希望在网络上看到海量的、非同质化的内容，探寻意义成为这个时代主流媒体的主旨。而作为主流人群，本身就具备高学历、高收入、高消费的先天优势，这类人群多偏向理性思考，他们对媒体的需求已经从广度媒体向深度媒体转变。

第一代门户网站提供的一些功能性的产品，以及海量快速的资讯平台已经无法满足这些用户的信息需求。一直以广度媒体自居的门户网站日益面临用户分流的紧迫局面，开始探寻用户细分的转型之道，“三高”人群自然为各家门户网站所重视。但老牌的几大门户网站毕竟一时之间无法舍弃庞大的信息资源平台，只能在产品形式上煞费苦心，大有仿效腾讯锁住用户之势。

值得注意的是，一直具备海外色彩的凤凰网另辟蹊径转型门户网站后，一方面加强自身深度媒体的优势，另一方面也竭力以大动作整合其自身各类资源。这一发展思路不仅未影响其原本对“三高”人群强大的吸引力和黏度，同时也毫无悬念地成为跻身新一代门户网站的一匹黑马，其发展前景不言而喻。

除了独特的品牌优势外，在资讯深度方面，凤凰网对“三高”人群产生的吸引力相较其他老牌门户网站更为突出。其信息从选题、标题、立意、独家评论、多元观点、口碑传播等方面都拥有较典型的深度媒体的特质，尤其是其资讯、历史、军事频道等在业界口碑较好。

（3）从注意力到影响力，关注热门事件的重点报道。

主流人群担当着社会中坚力量的角色，其社会角色在一定程度上也赋予了他们本身对于影响力的推崇。网络媒体由于信息把关体系的不成熟，导致在公信力和权威性上一直逊色于传统媒体。但从另外一个角度来说，自身“传者即受者”的特殊属性以及 Web 2.0 背后话语权的聚合，相对传统媒体来说，也使得网络媒体更加具备聚合力和公信力，草根新闻的盛行即是典型的例子。而在这个媒体碎片化的时代，最有聚合力和公信力的媒体无疑是最有影响力的。

对热点事件的关注度历来被认为是衡量媒体影响力的重要指标。2008 年的奥巴马竞选事件，一度闹得沸沸扬扬，“互联网总统”的称号，彰显了互联网在传统的政治舞台上也能扮演至关重要的角色。同时网络媒体在对这一重大新闻事件的直播报道中，也丝毫不逊于传统媒体，几大主流媒体纷纷发挥了重要作用。新浪、腾讯、搜狐、网易都在要闻区进行了同步直播。在美国大选等重大事件报道中，网络媒体具备的无可比拟的速度优势以及更多的表现形式，进一步吸引了普通人群由传统媒体向网络媒体转移。

4. 树立“质量比数量更重要”的内容生产理念

网站有多少内容才能盈利？这类问题是没有标准答案的。很多企业产品网站，只有十几个介绍页面，但其一年的销售额能做到上千万，而有的网站拥有上万的网页内容，其一年收入十万尚且困难重重。不同类型、不同行业的网站内容价值系数是不一样的，但可以肯定的是，在同质化严重的互联网中，内容的质量比数量更重要。

5. 内容运营与管理的策略

网站内容是网站持续发展的重要基石。无论是做资讯类型的网站还是行业性质的网站，网站内容都是第一位的。只有看到的内容对用户来说有价值，他才会在第一次来访时被吸引住，才会在下次继续浏览，直到成为网站的忠实用户。

网站内容通常由文本、文档、图片、表格、视频、动画、音乐等元素组成。不同类型的站点可能侧重点不同，例如视频网站以视频为主，新闻网站以文本为主。从视觉冲击程度来说，视频、动画给人的印象最深，其次是图片，最后是文本，所以资讯类的网站穿插一些图片和视频，会给整个网站带来一些活力。

（1）网站内容管理的八项基本工作。

一是编辑。编辑站外的信息，通常从本行业的各类媒体中找到适合本网站的内容和线索，进行不同程度的编辑；编辑本站会员发布的信息，对标题的准确性、信息的完整性或真实性进行核实编辑。

二是撰写。网站要有特色，很多时候需要自己撰写一些相关的文章或信息。原创性的信息会给网站用户带来更好的体验，也会引起搜索引擎的青睐，持久的原创内容更容易提高网站竞争力，打造独特的网站品牌形象。

三是发布。把编辑或撰写好的文章发布在对应的栏目里。

四是修改。有需要修改的地方及时修改。

五是删除。对不符合网站宗旨的内容、违反网站规定的内容、不良违法信息等及时删除。

六是查看。无论是发布、修改还是删除之后，一定要仔细核对检查，以防出现差错。

七是整理。定期地对整个网站内容进行梳理，分析一些数据，统计成表，方便调用。

八是汇总。汇总网站内容，进行内容整合，制作专题是网站内容精细化的重要手段。

（2）网站内容管理的三个要点。

一是版权管理。网上的监管越来越严，对版权的保护也越来越重视。无论是文章、图片还是音乐视频，如果是转载的必须按版权所有者要求注明出处，对于明确声明不允许转载的内容千万不可抱侥幸心理，否则会引起麻烦。

二是评论管理。时刻关注会员的互动信息，留言、评论等都必须有专人定时处理，第一时间删除垃圾留言、有政治倾向的言论及所有恶意评论。

三是专题管理。利用一件事或者一个点来进行深度挖掘，无论是新闻事件还是专业主题，制作一个好的专题，有利于用户的焦点关注。将用户需要的信息集中地展示在专题上能够方便用户浏览与查找，体现网站内容的全面与系统，还能获得搜索引擎的青睐，从而带来更多的用户。

（3）网站内容管理的三项基本原则。

一是可用性。可用性是基础，是指对本网站用户有用的内容。要确保网站的所有内容都是为目标群体服务的。有价值的东西永远是让用户喜欢网站的基础条件。

二是可寻性。可寻性则是方便用户找到他最想要的内容，通过清晰的导航、精准的站内搜索来实现。通常对网站内容可寻性处理优先于可用性。

三是专业性。网站的内容要高度集中于所表现的行业。现在大多行业性网站，越来越注重体现精细化、专业化运营。要避免与网站不太相关的内容出现在网站的任何板块上。

(二)注重用户体验[①]

1. 用户体验的构成

用户体验是指一个用户访问一个网站或者使用一个产品时的全部体验。用户体验包括印象和感觉(满意度)、忍受和质疑(忍受度)、期望和收益(回馈度)三个部分。

(1)印象和感觉(满意度)。

即用户对网站或产品的宏观、细节上的印象,对访问和使用流程的综合感觉。满意度是用户的整体感受,它受用户自身的认知、习惯影响,存在着一些不确定因素。

(2)忍受和质疑(忍受度)。

即用户对发现问题的可接受程度,以及对产品和流程上面的问题及 Bug(漏洞)的质疑度。没有问题的网站是不存在的,存在的问题(包括 Bug)同用户忍受度之间的关联程度与用户体验有直接的联系。

(3)期望和收益(回馈度)。

即用户在访问网站或使用产品时,生成的期望值与实际获得的利益之间的差异程度。当用户深入访问一个网站的时候,他会下意识地形成访问的期望值。如果这次访问得到的收获高于期望值,则会形成较好的用户体验,反之就可能会有一种“上当受骗”的感觉。

从网站运营的角度出发,对于一个确定的网站和产品,它的用户体验应当是特定用户或典型用户的用户体验。就像一个商务网站,一个在网上寻求休闲娱乐的用户是无法对其形成好的体验的。因此,如果这个商务网站盲目推广,即使带来了较多的娱乐类用户流量和用户体验,那也只是增加了服务器的访问负担,没有太多实际价值和意义。

至于选定的目标访问群体,他们的用户体验则非常重要。用户体验虽然是一种包含不确定因素的主观心理感受,但却是衡量一个网站是否受欢迎、网站运营是否能成功的重要标志。

2. 良好用户体验的八个要素

(1)速度要快。

网站要能快速地打开。该压缩的就压缩,该缓存的就缓存。1 秒钟就能打开的网站,用户体验肯定是非常好的,搜索引擎也会给出高评价。

(2)美感要强。

浏览网站就像看美女一样,看着养眼总是舒适的,看不顺眼则可能立马就走。但如果为了美感而舍弃速度,那就得不偿失了。要二者兼顾,在保证速度的前提下兼顾美感。建议少用图片做底,否则会影响网站速度。

(3)域名易记。

越短,越容易记;越有意义,越好。

(4)内容精华。

让人感兴趣的信息越多越好,无关痛痒的东西越少越好。虽然用户口味不一,但物以类聚、人以群分,锁定目标受众之后,总是有规律可循的。

(5)注册快捷。

能不注册/登录,就不注册/登录;能少填点注册信息,就少填点注册信息;能不用输入验证码,就不输入验证码。用户总是很忙,也很懒,所以应当尽可能满足他们“懒”的需求。

---

① 陈光锋. 玩赚你的网站:网站运营必备手册. 北京:机械工业出版社,2010:128-131.

（6）用户中心。

把用户最关心的信息、最常用的功能第一时间呈现出来，把希望用户使用的功能，用最简单的方式介绍给用户，最好用户都不用去看帮助就能玩得转，应用自如。

（7）发布信息。

系统最好能预知用户要发布什么，这样就可避免填写很多信息（保存用户之前的操作记录，提供要发布的信息类别检索，提供默认选项）。

（8）互动交流。

用户总是喜欢发表自己的高见，当网站肯定甚至表扬了用户的高见之后，用户心里是美滋滋的，很可能会把网站加入收藏夹，甚至设为首页。毫无疑问，网站应当尽可能提供更多的机会供用户发表意见、贡献智慧，包括上传资料、发布信息、参与用户调查等。

用户体验有的时候是难以捉摸的、无规律可循的，但总会有蛛丝马迹显露出来。只有通过不断地调整、尝试和创新，才能将网站研发和用户体验最好地结合起来。

用户体验既是运营人员重点考虑的问题，也是开发人员必须关注的问题。特别是一些新技术如 AJAX 的应用，能有效提升用户体验。对于开发人员而言，在网站开发过程中充分考虑各个环节的用户体验，能够事半功倍，使网站更加人性化，同时也能增强成就感。

3. 提升网站用户体验的方法

（1）分析用户的行为和特征。

清楚自己的网站目标人群：涵盖什么年龄段？他们的电脑操作水平如何？职业构成情况如何？这些人群的特点是什么？会有怎样的信息需求和上网习惯？这些是做用户体验设计与提升的前提。例如，做一个销售茶叶的 B2C 电子商务网站，应考虑用哪些标准来划分用户比较好，是消费者年龄段、价格区间，还是他们的购买目的等。

（2）站在用户的角度思考问题。

只有设身处地才能更真切地体会用户的现实需要。如果是行业网站，就得想想用户可能需要这个行业的哪些信息，这些信息的重要程度是怎样展现在我们面前的，怎样和其他圈内人士交流，有了相关问题怎么寻求解决方法等。然后根据自己所预想的，做个初步模型。

（3）做好调研工作。

如果担心对这个行业了解得不够深入，可以与目标群体做些深入沟通，了解他们的想法，确定他们的需求，并把他们的需求按重要程度依次排序。

（4）明白网站的盈利点。

用户的需求会很多，要根据刚性需求、软性需求及自身优势来确定最重要的盈利点在什么地方，达到一个什么样的平衡就会满足双方的需求。同时要注意的是，网站不一定能全部满足用户的需求，但是要尽量提供对用户有用的东西。

（5）速度要快。

无论是初步设计还是测试、上线调整等，网站使用起来都需要速度快，用户没有理由等网站完善，这个网站不行，还有其竞争对手的网站。互联网比的就是速度，一定要根据当前的财力和人力快速调配各种资源吸引用户进入自己的网站。

（三）做好数据收集与统计①

如何评估负责网站运营的人员的工作业绩？如何评估网站的价值？如何评估网站的潜力？

---

① 陈光锋．玩赚你的网站：网站运营必备手册．北京：机械工业出版社，2010：135－141.

如何评估网站的收入？如何布置不同阶段的工作重点？这需要每天关注所有数据，对数据进行全面分析与统筹。通常主要从网际关系、网站流量、网站互动性、网站收入四大方面来进行数据统筹。

1. 网际关系

网际关系与人际关系一词很类似。其实网络世界跟现实世界有着高度的相似性，在现实中，是人与人打交道。人有不同的性格，不同的类别，有擅长外交的就有含蓄内敛的，有的人很虚假而有的人很坦诚，所以也有了不同的人物形象。在互联网中，是网站与网站打交道。有的内部链接通畅而有的外部链接多，有的互动性好而有的互动性差，有的口碑好而有的口碑差，所以形成了不同的品牌形象。

评估网际关系的参数有网站页面数、内容更新数量、核心内容更新数量、二级栏目数量、搜索引擎收录页面数量、外部链接数量、合作网站数量和质量、合作媒体数量和质量、媒体报道数量、Google PR 值、A1exa 排名及变化曲线、重点关键词自然排名等。

2. 网站流量

这个大家很熟悉，也是看得最多的数据，现在很多流量统计系统为网站提供网站流量的动态信息。分析网站流量日志可以了解访问者浏览网站的方式，寻找用户行为的线索。通过分析用户行为资料，可以调整网站，更好地为用户服务，增加收益。

通常网站流量的参数有搜索引擎来源、搜索关键词、来路、访问者系统、访问者浏览器、访问者语言、访问者时区、访问者 IP、访问者地区、访问者访问次数、浏览深度、入口、页面浏览明细、每日单独访问者数量、每小时单独访问者数量、总访问数量、首次访问者数量、重复访问者数量、每日重复访问者数量、每个访问者的平均页面浏览数、每个访问者的平均访问数量、平均访问时间长度、该日内每小时平均页面访问数量、该日内每小时平均单独访问者数量、该日内每小时平均访问数量、周月分析等。

3. 网站互动性

对于社区类网站或者会员制网站，互动性是网站的灵魂，也是成功的标志之一。作为一个网站运营者，其中一项重要的工作，就是加强网站与用户的互动，提高用户与用户之间的沟通和交流，激励用户的参与和贡献。总之，一定要让用户对网站产生依赖性，直白地说就是让用户舍不得离开，只有这样才能提高网站的活跃用户数和黏度。

网站互动性的参数有在线人数、会员登录人数、注册会员数量（会员构成比例）、会员增长率、有效会员数量、每天发布信息数量、在线反馈（留言）数量、接受询问数量等。

4. 网站收入

网站有收入才有存在的价值。门户网站有广告收入，购物网站有销售收入，行业网站有会员收入。作为网站运营者，得非常清楚网站的收入来源是什么，否则，光出钱不进钱的事肯定是没有投资者会干的。

网站收入的参数有日收入总额、周收入总额、月收入总额、收入增长率、成交单数、意向单数、客户转化率、投资回报率等。

（四）思考广告运营与管理①

网络广告是很多网站收入的重要来源之一。同样一个广告作品为不同的网站带来的广告收

① 陈光锋．玩赚你的网站：网站运营必备手册．北京：机械工业出版社，2010：184－185.

入可以相差上百倍；同样类型的流量，收入也能相差数十倍。如何让网站的广告效益最大化，是运营者思考的一个重要主题。

1. 完善一套适合自己网站的广告管理体系

（1）小型网站广告的管理。

小网站或者上线不久的网站，可能广告位并不多，广告主也没几个，在管理上难度不大，通过人工更改一下很简单，没必要花钱使用比较复杂的广告管理系统，但对于这些网站，广告的选择很重要。这时候网站名气不大，流量可能不是很高，就需要选择合适的联盟广告。

（2）中型网站广告的管理。

对于中型商业网站来说，广告位可能是成百上千的，如果条件成熟，可以使用适用的广告管理系统，直接控制各个广告位的广告投放。如果不成熟，可以先用 Excel 表格来统计广告投放，每天根据表格中各广告位的投放时间来控制进度。

（3）大型网站广告的管理。

广告位很多，成千上万，靠人工来实施管理几乎是不可能的，应通过广告管理系统来控制。合适的广告管理系统，稳定性和安全性是比较重要的。

2. 网站广告管理的技巧

（1）投放适合自己网站主题的广告。

投放适合自己网站主题的广告，用户看着不会反感，广告的转化率高，这样的广告才是“三赢”的。有的网站为了赚一点钱，投放一些与网站很不搭调的广告，让用户很反感，造成用户流失，同时对广告主来说没什么效果，下次也不会再往网站投放了，所以作为网站要把好关。

（2）不同广告形式立体组合。

广告可以用多种形式表现，不局限于横幅广告（Banner），像文字广告、CPS 广告、视频广告、富媒体广告等多种形式组合可以让用户享受不同的视觉效果。当然要慎用弹窗广告，现在的网民越来越厌恶弹窗广告了。如果避免不了，尽量用退弹的形式出现。文字广告优先，可以多用，事实证明与网站用户群体很对口的文字广告效果很好。

（3）多投放本网站的活动广告。

网站开始上线的阶段，通常广告很少，这时可以投放本网站重点栏目、重点活动的广告，让用户对网站更熟悉，互动性更强。在能开发成广告位的空位里，多宣传网站自身的一些优势，能有效提高用户活跃度与忠诚度。拿传统的电视广告类比，凤凰卫视为自家栏目做的广告特别多，在观众看某档精彩节目的间隙，通过广告告诉他们后面还有更精彩的节目，目的就是不让观众换台，这样做效果很好。

（五）重视网站运营中的安全管理①

服务器被攻击、会员资料遭泄密、网站被封……任何一个环节的疏忽都可能带来巨大的损失，网站的安全管理是网站运营维护过程中的重要工作之一。

1. 网站安全的相关领域

（1）网站服务器安全。

防止服务器被黑客入侵，应注意以下方面。首先，要选择比较好的托管商，托管的机房很

---

① 陈光锋．玩赚你的网站：网站运营必备手册．北京：机械工业出版社，2010：186－188.

重要。现在很多服务商都号称采用硬件防火墙防 CC 攻击[①]，其实一般小托管商很少具备这些配置。机房里其他电脑的安全也是很重要的，例如现在很多攻击方法是通过嗅探的方法得到管理密码的，或者 ARP 欺骗，其最大的危害就是根本找不到服务器的漏洞，却莫名其妙地就被黑了。其次，对于服务器本身，各种安全补丁一定要及时更新，把那些用不到的端口全部关闭，越少的服务等于越大的安全系数。

（2）网站程序安全。

程序漏洞是造成安全隐患的一大途径。网站开发人员应该在开发网站的过程中注意网站程序各方面的安全性测试，包括在防止 SQL 注入[②]、密码加密、数据备份、使用验证码等方面加强安全保护措施。

（3）网站信息安全。

信息安全有多层含义。首先，最基本的是网站内容的合法性，网络的普及也使得犯罪分子利用网络传播快捷的特性而发布违法、违规的信息。要避免网站上出现各种色情内容、走私贩毒、种族歧视及政治性错误倾向的言论。其次，防止网站信息被篡改。对于大型网站来说，所发布的信息影响面大，如果被不法分子篡改，那么引起的负面效应会很恶劣，后果也会很严重。轻者受到网监的警告，重者服务器被没收。

（4）网站数据安全。

说到一个网站的命脉，非数据库莫属。网站数据库里面通常包含了整个网站的新闻、文章、注册用户、密码等信息，对于一些商业、政府类型的网站，里面甚至包含了重要、机密的资料。网站之间的竞争越来越激烈，就出现了部分经营者的不正当竞争，即通过黑客手段窃取数据。更有黑客直接把“拿站”[③] 当作一项牟利的业务。所以，提高一个网站的安全性，最根本的就是保护数据库不被攻击、不被剽窃。

2. 网站安全的管理手段

网站在建设和运行中，要加强安全措施，制定完善的安全管理制度，增强安全技术手段，保证网站每天 24 小时正常运转，以方便公众访问。

（1）网站备案。

对于新上线的网站，按照工信部的规定及时完成备案工作，杜绝因网站未备案而被关停的事件发生。

（2）专人负责，明确责任。

各部门应明确分管负责人、承办部门和具体责任人，负责本部门网站的日常维护工作，并建立相应的工作制度。

（3）定期备份制度。

网站应当对重要文件、数据、操作系统及应用系统做定期备份，以便应急恢复。特别重要的部门还应当对重要文件和数据进行异地备份。

---

① CC=Challenge Collapsar，其前身名为 Fatboy 攻击，利用不断对网站发送连接请求从而达到网站拒绝服务的目的，CC 攻击的原理就是攻击者控制某些主机不停地发大量数据包给对方服务器，造成服务器资源耗尽，一直到宕机崩溃。

② SQL 注入，就是通过把 SQL 命令插入 Web 表单的递交或输入域名或页面请求的查询字符串中，最终欺骗服务器执行恶意的 SQL 命令。

③ 拿站是指雇用黑客对第三方商业或个人网站进行攻击的行为。黑客一旦收取佣金后，就会替客户入侵指定网站，使雇主获得该网站的后台管理权限，进而由黑客或雇主直接实施“挂马”、盗取信息、篡改内容等非法行为。

（4）口令管理制度。

网站应当设置网站后台管理及上传的登录口令。

口令的位数不应少于12位，且不应与管理者的个人信息、单位信息、设备（系统）信息等相关联。严禁将个人登录账号和密码提供给他人使用。

（5）服务器和网站定期检测制度。

网站应及时对网站管理及服务器系统漏洞进行定期检测，并根据检测结果采取相应的措施。要及时对操作系统、数据库等系统软件进行补丁包升级或者版本升级，以防黑客利用系统漏洞和弱点非法入侵。

（6）客户端或录入电脑安全防范制度。

必须对网站负责人、技术开发人员和信息采编人员所用电脑加强病毒、黑客安全防范措施，必须有相应的安全软件实施保护，确保电脑内的资料、账号和密码的安全、可靠。

（7）应急机制建设。

网站应当充分估计各种突发事件出现的可能性，做好应急响应方案。同时，要与岗位责任制相结合，保证应急响应方案及时实施，将损失降到最低限度。

（8）安全事件报告及处理制度。

网站在发生安全突发事件后，除在第一时间组织人员进行解决外，应当及时向上级报告。

（9）人员管理制度。

网站应当制定详细的工作人员管理制度，明确工作人员的职责和权限。要通过定期开展业务培训，提高人员素质，重点加强负责系统操作和维护工作的人员的培训考核工作。同时，规范人员调离制度，做好保密义务承诺、资料退还、系统口令更换等必要的安全保密工作。①

第3节　自媒体的运营

进入“互联网＋”时代后，政府机构、商业组织、事业单位、各种社会组织以及个人都在不遗余力地运用网络平台，尤其是自媒体平台进行商品、服务和观念的营销。而且，一家组织机构往往同时在多家媒体平台注册自己的账号，打造所谓“自媒体矩阵”，集合式地发布内容，推广产品和服务。因此，自媒体运营就成为当下所有社会组织和个人（主要是文体明星）都十分重视的领域。

一、自媒体概述

（一）自媒体界定

自媒体（又称“公民媒体”或“个人媒体”），是为个体（或小型团队）提供信息生产、积累、共享、传播，内容兼具私密性和公开性的信息传播方式，是私人化、平民化、普泛化、自主化的传播者以现代化、电子化的手段，向不特定的大多数或者特定的单个人传递规范性及非规范性信息的新媒体的总称。② 自媒体平台包括博客、微博、微信、百度贴吧、今日头条号、百家号、知乎、抖音等内容开放平台。

---

① 陈光锋．玩赚你的网站：网站运营必备手册．北京：机械工业出版社，2010：186-187.

② 林华安，张盈，陆焰，等．新媒体平台运营实战：从入门到精通．北京：人民邮电出版社，2019：4.

(二) 国内主流自媒体应用

1. 新浪微博

2009 年 9 月 25 日，新浪微博正式上线。刚开始时通过邀请明星和名人加入，与网友们进行内容分享与互动，吸引了一大批用户使用新浪微博。多家企业从中嗅到了商机，开始使用新浪微博获取用户与树立品牌，例如小米手机、凡客等企业。

截至 2017 年 3 月 31 日，新浪微博月活跃用户达 3.4 亿，其中，91%的用户是通过移动端访问的，同时新浪微博超越 Twitter 成为全球用户规模最大的独立社交媒体平台。新浪微博已经成为企业新媒体营销中不可或缺的一环。

2. 微信

2011 年 1 月 21 日微信正式上线。凭借腾讯系产品的庞大用户群导入与极佳的用户体验，微信完成了早期大量用户的积累，开始了飞跃式发展。2012 年 8 月 23 日，微信上线微信公众平台，曾命名为“官号平台”和“媒体平台”，后于 2013 年 8 月 5 日更名为“微信公众平台”，进行了大幅度调整，吸引了部分作家试水创作。2014—2015 年是微信公众平台的发展爆发期，大批内容创作者与企业开展微信营销，其中罗振宇（罗辑思维）等自媒体人获得了丰厚的回报，企业也由以往的微博营销转变成微博、微信双微营销。截至 2017 年 6 月底，微信和 WeChat I 的合并月活跃用户达到 9.63 亿，超越了 QQ 与微博的用户，成为企业新媒体营销必选的平台。

3. 今日头条

2012 年 8 月，今日头条上线。凭借个性化推荐引擎技术，平台根据每个用户的兴趣、位置等多维度信息进行个性化推荐，推荐内容不仅包括狭义上的新闻，还包括音乐、电影、游戏、购物等资讯，成为移动资讯客户端的一匹黑马。4 年间，注册用户数从零增长到 5.5 亿。

2013 年，今日头条推出了头条号，致力于帮助企业、机构、媒体和自媒体在移动端获得更多曝光和关注，在移动互联网时代持续扩大影响，进而实现品牌传播和内容变现。同时，头条号也为今日头条这个用户量众多的平台输出更优质的内容，创造更好的用户体验。

4. 其他平台

2015—2016 年，市场掀起了个性化资讯客户端的浪潮。各大互联网巨头纷纷加入了这个战场，腾讯推出企鹅号，百度推出百家号，阿里巴巴通过旗下 UC 浏览器推出大鱼号，网易推出网易号，搜狐也推出搜狐号。战场硝烟弥漫，各平台争抢好内容，投入大量资金补贴内容创作者。正是因为移动互联网的高速发展，才出现了用户分散、流量入口分散的局面。企业为获取用户，由以往的双微营销转换成全渠道全平台的新媒体矩阵营销。在新媒体发展初期，对于新媒体营销，大多数企业还处于观望期。随着早期试水新媒体营销的企业收获了大量的低成本用户和品牌知名度的大量曝光后，众多企业纷纷从过去的观望转变到现在的重视。未来，企业会不断加大新媒体营销的投入，新媒体营销人才的需求数量将会激增。新媒体营销经过前几年的高速发展，已不仅限于简单的内容制作了。

(三) 自媒体运营简介

自媒体运营主要是从内容、渠道、活动和用户四个维度来开展的。其中，内容是外显的物质载体，渠道与活动是媒介与方式，用户及其商业价值的挖掘是运营的终极目标，即向用户推广产品或服务，实现广告收入和销售收入。从这个意义上讲，自媒体运营的基本目标就是针对用户的拉新、留存、促活和转化。自媒体用户，也就是我们常说的“粉丝”。

下面我们就分别从内容、渠道、活动和用户四个角度分析和介绍自媒体运营的一般原则和具体要求。

二、自媒体的内容运营

各类组织机构和个人通过自媒体生产并传播的主要是基于互联网行业产品的内容，具体包括从策划到输出的各个环节。从职能方面来看，内容运营这一分支所有的问题都是围绕内容展开的，并在运行方向上力求实现内容生产与消费的良性循环，这也是内容运营的根本问题。而从其具体工作来看，内容运营分支所包含的问题是多种多样的，具体包括如下环节。

（一）内容的定位

关于内容定位，可从两个方面进行了解，一是内容的调性定位，二是内容的形式定位。所谓调性定位，就是内容必须确定一个基调。如内容是某一领域大师的个人经验和领悟，那么其调性就是以比较正式的、专业的文字来传递给读者一些干货技巧；又如内容是关于时事、社会现象的个人观点，那么其调性就应着重于深度评论上。

所谓形式定位，就是对内容的表现形式有一个基本稳定、可识别的结构特点，也就是说，围绕文字、图片、音频、视频等形式，以选择其中的一种或多种组合的方式，将要运营的内容表现出来，如单一文字式的内容，文字和图片混合的内容，文字、图片和音频综合的内容等。

（二）内容的呈现

在对内容进行了定位后，接下来就是怎样具体去组织和呈现内容以及怎样在质量上提升内容了。从这一方面来看，内容运营也可从多个方面来展开工作。基于内容的基本组成，如标题、文字内容、图片和版式等，在掌握一定的方法和要点的情况下可以去组织和呈现内容，并积极运用方法去提升内容的质量，使其被更多受众接受和关注。

1. 文案

虽然企业对运营者的文笔要求不高，但运营者也需具备基本的文字功底和写作能力。对于文案，企业更加看重运营者知产品（准确提炼产品的卖点、了解产品的使用场景和理解产品的属性等）、懂用户（分析目标用户人群的属性和了解他们的需求与痛点等）、有创意（富含趣味性、让用户耳目一新）。

2. 图片

新媒体运营者应精通图片处理软件如 Photoshop，并拥有基本的审美能力和设计能力。

3. 视频

新媒体运营者应拥有视频内容的制作与后期处理的能力。视频内容的制作主要是直播、视频拍摄，以及精通视频处理软件如会声会影、Adobe Premiere（简称 Pr）和 Adobe After Effect（简称 AE）。

（三）内容制作流程

1. 栏目规划

栏目也可理解为文章的类型或文章的归类。就像一本杂志会有汽车、房产、健康等不同内容的栏目，我们也需要提前为微信公众号、微博等新媒体平台制定内容栏目，这样才能让我们在一个框架内着手写文章。栏目不是一成不变的，在一个周期内要根据用户的喜好度进行调整。

2. 确定选题

选题可以理解为文章的中心思想，也就是这篇文章想表达哪些观点，想传递怎样的信息给用户。我们写文章时，在确定好的栏目下，确定一个选题，用两句话去表达，例如：周一的内容栏目是时尚穿搭，选题是“来自巴黎时尚周的最新时尚元素”或者是“跟刘涛学职场穿衣搭配”等。

好的选题是文章质量高的重要保障。选题的好坏决定了该文章能否吸引用户阅读与转发。做选题需要对用户有比较深入的了解，知道他们喜欢什么不喜欢什么。对一位刚进入全新行业的运营者来说，比较难以做到快速地对用户有一个全面的了解，这需要他通过对行业自媒体、行业网站和同行等做研究，来确定选题的方向。

为了提高工作效率，减少查找素材的时间，平时应习惯性地把所有跟领域相关的信息渠道全部收藏为浏览器的书签，并进行整理归类，打造我们的素材库。素材库可以理解为一个专属的“图书馆”，每次写文章可以去“图书馆”查阅素材，获得选题思路。

3. 文案构思

构思是把选题分模块地表达，分析每一个模块讲什么内容。常见的构思形式就是“总—分—总”或“总—分”。例如，文章选题是“跟刘涛学职场穿衣搭配”，构思形式按“总—分—总”内容如下。

总：为什么要跟刘涛学职业装穿搭？

分：罗列搭配的技巧。

总：职业装搭配的注意事项。

构思形式还有很多种，可以根据自己的思维发挥。主要思路是先确定选题，然后按模块填充内容。

4. 采集素材

明确构思后可以通过网络搜集素材，这时候素材库的作用就发挥出来了。根据构思的内容，在素材库中快速搜索相应的素材。然后在电脑上创建一个文件夹，把文字素材以文档的形式保存，图片素材直接保存。

5. 文章编写配图

先将搜集到的素材进行整理，然后按照文章构思的顺序撰写完整的文章，并不断修改直至完善，最后把搜集制作的图片素材插入文章当中，做到图文并茂。

6. 排版及图片处理

将编写好的文章发布到各大新媒体平台进行预览，然后根据各大平台的要求与用户阅读习惯进行字体大小、段落划分等调整，也要对图片尺寸、水印等问题进行处理。

7. 负责人审核

将文章在手机中的预览效果推送至相关负责人进行审核，再根据审核的建议确定是否需要修改文章。

（四）内容运营的实现

在内容运营范畴内，除了要在内容自身上下功夫外，还需要有其他方面的支撑如内容方面的数据分析、运营时间和人员的选择等。说到数据，其实在整个内容运营过程及其核心问题的解决过程中，都是有数据存在的，都与数据有着紧密的关联。要想在内容运营方面保证进展顺利，就需要在内容数量、内容阅读量、内容互动数和内容传播数四个方面对数据进行选择或提升，以保证产品内容向着更好的方向发展。

内容运营指的是文案、图片和视频的制作与处理。在企业新媒体营销中，内容起到了非常关键的作用。无论是新媒体营销中的拉新、留存、促活还是转化，都需要靠内容来进行支撑。新媒体时代“内容为王”，是否具备内容运营能力是企业招聘新媒体运营人员着重考核的内容之一。

三、自媒体的渠道运营

无论是线上还是线下，渠道运营都是非常重要的运营模块。其目的在于产品的宣传、营销和推广，而在达到这一目的的过程中所有能被利用的资源、流量和平台都属于渠道运营的范围。渠道运营的核心是搭建起一个可以实现良性循环的体系。这个体系是围绕渠道展开的，它是各种手段作用于各个平台和入口的外在体现。具体来说，渠道运营的工作包括三个方面。

1. 制定运营任务

对运营者而言，围绕渠道开展的工作主要有两个任务：一是发掘新的渠道，以便利用渠道加快推广；二是对现有渠道进行维护以保证其功能的正常运用。因此，在渠道运营之初，要明确该阶段的任务究竟是推广还是维护，以便后续工作的展开。

2. 明确运营要素

渠道运营要素包括时间区划和人员两个方面。一方面，渠道作为运营的一个分支，是需要专门人员来负责的，且这些渠道运营人员需要具备与之相当的水平和能力。另一方面，事物是存在阶段性发展周期的，运营也是如此。因此，在不同的阶段，渠道运营的方法和途径选择应有所不同。

3. 规划渠道构成

在互联网体系中，渠道运营所能选择的各组成要素呈现出多样化的特征，具体表现如下：（1）连通互联网各要素之间的渠道多样化；（2）互联网各要素所能选择的渠道多样化。

一般说来，在渠道运营中，运营者选择渠道主要从两个方面着手：从作用来看，主要有搜索入口、腾讯系列渠道、电商渠道和新媒体渠道等；从内容的表现形式来看，也存在多类渠道，如音频、视频等。

四、活动运营

活动运营，常指企业或个人为了推广产品而展开的与活动有关的运营工作，包括从策划、创意、开发、实施到评估的全过程。活动运营存在理解和职位设置两个层面。在理解层面，活动运营不仅是运营职能划分上的分支，也是运营手段划分上的分支，这表明了活动作为一种常见的手段存在于整个运营过程中。而且，活动运营与其他运营分支有着很大的区别。从职位设置层面来看，由于活动更多的是作为一种运营手段而存在，且其职能的完成一般会与多数部门产生联系，这就使得在企业的运营中，虽然会涉及各种活动，但企业一般都不会设置专门的职位来承担相应工作，而是由相关主管部门的领导或助理来负责活动运营。活动运营有着明确的运营目的、多样化的运营形式和特定的运营流程。

1. 确定活动运营的目的和形式

企业之所以策划和举办活动，是因为活动有着很强的宣传和推广作用。达到运营目的的活动形式是多样的，如互联网上各种打折活动就是常见的一种。这就给企业的发展提供了另一种可能的实现途径。

2. 制定活动运营的流程

在活动运营的过程中，从最初活动目标的确立到最后的活动评估，运营者需要注意多个方面的问题，才能在明确的目标指引下，让活动执行落地。其中，最后的活动评估其实并不是一个阶段性的工作，而是在阶段性的时间段里完成的、基于全流程的活动的各项数据持续追踪的结果展示。

一般说来，活动运营的基本流程包括五个环节，首先是活动前期的活动目标策划、活动的创意设计，其次是具体的活动开发、活动展开，最后还需要完成活动评估的工作，这才能算是一个完整的活动运营流程。

五、用户运营

我们希望用户消费我们的内容，这样内容才能具备价值，才能给予我们回报。用户运营，即是围绕用户这一中心，为实现用户流量的增长、用户黏性的提升和让用户付费等目标而进行的一系列运营工作。在自媒体运营中，尽管内容重要，但光有内容还不够。一般来说，用户运营主要包含五个方面。

认知：通过各种途径和方式获取信息，掌握用户行为特点和需求，并进行较为精准的用户画像。

聚合：为自媒体平台获取新用户。使用免费推广、付费推广的方法，在各大用户人群聚集的平台引导目标人群进入自媒体并成为用户。

留存：用户进入自媒体平台后，要留住用户。如果用户进入平台后逛了一圈就走，就意味着前功尽弃。我们要分析用户进入平台的目的，然后不断优化平台的展示页面，满足用户的需求使其持续关注平台。

促活：用户关注了微信公众号或下载了 App，使用一段时间后就很少阅读微信公众号内容或打开 App 了，这时候需要促进这些“潜水”的用户活跃起来。一般通过活动、互动、奖励等形式让“潜水”的用户参与。

转化：让用户购买某一个产品或某一项服务，从而获得利益的回报，实现运营的价值。一般会通过软文、优惠活动和促销活动的形式，吸引用户进行购买。

用户运营的核心集中在认知、聚合、留存、促活和转化五个方面的良性循环中。用户是需要不断更新和增长的，这也就使得用户运营工作是周而复始的，不断重复上述五个方面的工作。

六、主要自媒体平台的运营举例

（一）微博运营技巧

微博是一个能聚拢人气的平台，每天都有新鲜的事件、话题在上面传播并持续发酵。各类机构和个人都可以利用微博的特性进行营销和推广，实现自己的意图。

1. 巧借热门话题

机构和个人可以检索热门微博、热门话题、综合热搜榜等方面的内容，并借助这些热点来吸引网民的关注，将推文内容和热门内容相结合，能有效地提高被搜索引擎抓取的概率和用户的关注度。

2. 善于挖掘历史

历史不仅可以包括历史故事，而且可以涵盖企业所在地的历史文化、企业的创业史，甚至企业经营项目的历史渊源等。这些历史信息如果能与企业产品或服务相关的推文相结合，就会产生很好的营销效果。

3. 合理策划新闻

面对微博这个人口流量庞大的即时性平台，企业要学会给自己策划新闻，虽然发布新闻的方式不多，但是新闻的内容却可以有很多种，例如，企业年中、年底的经销商座谈会，企业在资本市场获得融资，企业接待社会知名人士，企业领导参加重要的社会活动，等等。

企业微博关注上面的各种信息内容，这样就能保证企业的新闻不断，让消费者时时都能看到企业的消息。

另外，策划新闻还要讲究一定的原则，内容要有本有据、真实可靠。企业可通过新闻来植入软性的产品广告。

4. 擅长向对手学习

对于企业等商业机构而言，面对市场竞争是常态。企业要擅长向竞争对手学习，对于同一个产品或者同一项服务，要仔细研究对手的软文特点，然后取长补短，找出自己的优势所在，将自己具备的而对手不具备的优势在软文中呈现出来。

当然，在与对手竞争的过程中，要站在客观的角度进行软文创作，不能为了达到自己想要的营销效果，就刻意去诋毁对手，这样很容易形成不好的企业形象。

5. 充分利用短文本

企业在微博上进行营销，最好是采用140字的短文。虽然企业也可以发长微博，但一般情况下，人们不会花费太多时间去阅读长篇大论的微博。发140字微博推文可使用以下几点技巧。

（1）40字以内吸引读者眼球。

进行软文营销，应追求在前40个字就吸引住读者的眼球，那样才会有效果。比如很多企业或组织者在发布开店的微博软文时，会用短短两行字，直接说明主题，将能够提供给加盟者的好处直接说出来，让有意向的人一眼就被吸引住。

（2）多用疑问句。

在微博广告推文中，可以多用一些疑问句，这样就相当于抛出一个话题来供消费者讨论，引起更多人的共鸣。如@小米手机的微博广告这样写道："一些常见充电误区，经常弄得人们一头雾水：新手机电池到底要不要激活？减少充电次数能延长电池寿命？过度充电很危险？……"

（3）简要罗列信息。

微博软文营销可以使用1、2、3等编号形式将软文的信息罗列出来，更能清晰地阐释推文内容。

（4）巧用"@"功能。

在微博软文营销中，"@"这个功能非常重要，使用得当，可以加深与粉丝、名人及媒体的互动。企业运用"@"功能，通常能大大提高微博的活跃度，同时也有助于拉新，从而扩大品牌影响力。很多时候，粉丝在不经意间@企业微博，就是间接为企业做了广告。

（二）微信公众号运营技巧

微信作为腾讯公司推出的一款移动智能手机应用，能为用户提供免费的文字、图片、语音、视频等信息传输，目前已覆盖中国90%以上的智能手机，截至2018年9月，月活跃用户超出10亿，成为移动互联网流量最大的入口。除人际聊天功能外，其微信群功能和微信公众号功能，因分别具备群体传播和大众传播特性，故成为各类组织机构用于营销推广的主要工具和利器。

1. 专注一个账号

微信已经发展为很多企业重要的推广渠道，目前很多的企业为了构建所谓“新媒体矩阵”或形成规模效应，都会申请多个微信公众号，甚至会投入大量的成本二次开发，但却并没有专人负责运营，最终让微信公众号演变成一种摆设。因此，微信应用开发公司也提出建议，企业要将自己的精力集中起来专攻一个微信公众账号，三心二意做事，终将一事无成。

2. 加强用户互动

微信本身就是一个社交平台，如果你不说话、不交流，那就吸引不来用户。想方设法表现自己，并以此吸引用户，这是微信运营的基础。把用户吸引过来以后，运营者需要通过优质的内容与互动将用户留下，这是一个比较漫长的过程，也是最考验运营者基本功的。如果想要把微信公众号运营好，就必须把它当成一个产品来做，并认真地对待每一个用户。运营者不需要过度讨好用户，但也不能不尊重用户，应该把重心放在内容打造和平台服务上面，这样才能长久地留住用户。用户的回复、阅读、认可都是对运营者最大的鼓励。创造沟通话题是提升用户互动频率和质量的重要策略。

3. 重视文案细节

运营最应注重的就是细节问题，尤其是推文的撰写与编辑。有些运营人员比较粗心，导致公众号文章中存在错别字，甚至标题里也能读到错别字，这些都是不应该犯的低级错误。每个微信公众号都是一家大众媒体，从信息的内容到表现形式都非常重要，标题制作，文本编辑，图片、音频和视频的选用与编辑等每个环节，都需要认真对待，不能马虎。

4. 增加用户数量和提高用户黏度

粉丝的力量是强大的，公众号得到认可后，粉丝会给公众号做免费宣传和推广。当你把用户转化为粉丝后，接下来要做的就是吸引更多的潜在客户成为新的粉丝。毕竟，已有客户的关注与阅读对产品和服务的增量贡献是有限的，所以拉新始终是重要的运营工作。但不要为了提升粉丝量，就随意地骚扰陌生用户，要有针对性地加粉，否则就很可能遭到他人举报，然后被封杀。经常策划沟通话题则是提高粉丝对微信公众号依赖性的重要法宝。

5. 推送时间和图文数量合理

每个人生活作息规律都会略有不同，所以登录微信的时间自然有差异，这就需要运营人员去用心研究自己的用户群体，掌握好他们每天在微信上活动的时间段，继而及时推送内容。这样做，一方面方便用户获取信息，另一方面也能够方便用户传播。同时还要掌握好每天推送图文的数量，要注重质量，而不是数量。因为现在公众号的数量越来越多，一个用户有可能同时关注很多家的微信公众号，所以少而精推送更能吸引用户注意。

6. 合理安排广告

合理安排广告，最重要的是不乱发广告。不乱发广告就是不发与自己品牌、平台没有关联的广告。例如，做化妆品的企业在推送信息时，夹带与化妆品主题不相关的家居广告，在用户眼中这就是令人深恶痛绝的垃圾广告。企业要避免无节制地发送大量不相关的垃圾广告，因为这样做很有可能会令用户反感，甚至还可能被用户取消关注。

（三）头条号的运营技巧

今日头条开发的自媒体平台为“头条号”。头条号，曾命名为“今日头条媒体平台”，是今日头条旗下媒体/自媒体平台，致力于帮助企业、机构、媒体和其他自媒体在移动端获得更多曝光和关注，在移动互联网时代持续扩大影响，同时实现品牌传播和内容变现。2019 年 5 月，头条小店开通后，用户可以通过图文、视频、微头条、小视频、直播等多种方式展示自己的产品。这使得原创内容与商业变现模式进一步融合，头条号的运营也就成为个体和机构日益重视的领域。

头条号上传的文章都要经过“消重”和“审核”两道把关程序，其中，“消重”是要解决文章是否为权威媒体发布或者原创以及排除相似主题，“审核”是要解决敏感、低俗等问题。因此，头条号最重要的运营就是内容运营，其具体目标一是能通过把关程序，二是获得更多的推荐机会，能被更多网民读到。

1. 标题优化

文章标题是非常重要的，能直接影响文章的推荐量与阅读量。因此在标题上我们需要花时间、花心思去优化，否则文章内容写得再好，用户不点击也都是白费精力。基本的标题优化技巧可以包括：

（1）长标题更能确保文章的观点准确地传递给用户，吸引用户点击阅读。

（2）标题中多出现热门的人、物或事件的关键词，不仅能蹭到热度，也能让系统识别到文章标签而进行大规模推送。

（3）分析相同内容领域的、高阅读量的文章的标题，学习制作标题的技巧。

2. 文章内容优化

文章内容的优化要达到效果是让用户能够看完整篇文章，并且是较慢的阅读速度，最后引导用户评论互动。

（1）文章开头要与标题相结合，避免被投诉是标题党。也可以埋下悬念，吸引用户往下阅读。

（2）文章有可读性，控制在 1 000 字以内，配图美观，有吸引力。

（3）文章末尾引导用户评论，可使用反问用户观点、向用户提问题等方式。

3. 封面图优化

今日头条提供三种文章封面图的设置方式即单图、三图和自动，封面图的图片只能从正文中选择。设置封面图应多选择三图的形式，因为在今日头条 App 的文章展示中，三图模式占据的位置比单图模式的大。另外，尽量不要选择有大量文字或 GIF 的图片作为封面图，而要采用清晰美观且有吸引力的图片。

4. 推送优化

发文时间对文章阅读量有一定的影响，因此选择用户看 App 的高峰期发布最为合适。比如目标用户经常在早上 9 点、晚上 6 点、晚上 10 点看今日头条，那么这些时间段就是最佳的发文时间。当然，这需要以真实的目标用户阅读行为习惯为依据。尽量选择手动操作发布文章，这样不但能避免被后台机器误判为第三方软件在批量地发布文章，而且能够提高所发文章的推荐量。

【本章小结】

本章主要介绍了网站及自媒体运营的基本知识、原理和实用技巧。其中，网站指向第一代互联网，自媒体则代表着第二代互联网。本书认为，对于网站而言，内容生产和营销推广是核心环节，网站的运营设计和实际操作应以此为中心展开。对于自媒体而言，在注重内容生产的同时，用户运营和活动运营也是重要的组成部分，这是移动互联网为自媒体运营带来的新变化。

【思考题】

1. 什么是网站运营？其核心内容是什么？
2. 当前商业网站的主要运营方式有哪些？
3. 如何既有针对性又有系统性地改善网站的运营？
4. 自媒体运营的主要内容是什么？它与网站运营有什么区别？
5. 用户运营和活动运营对自媒体而言为什么比较重要？
6. 微博、微信、头条号的运营技巧与区别有哪些？

第 6 章　网络新闻的评价与管理

对网络新闻的评价与管理不单纯是网络新闻业务层面的问题或网络管理技术层面的问题，它在很大程度上反映了一个国家的新闻管理部门对网络新闻事业特点及功能的认识和理解，以及规范、引导网络新闻事业的目标与方向。当然，这种评价和管理都会带有鲜明的时代特征，因此其原则与具体制度会处于变动之中，这种变化与国家特定时代的媒介环境及网络传播技术发展水平密切相关。

第 1 节　网络新闻及其类型

对于网络新闻的界定及分类，国内学者并未形成统一认识。另外，学术定义与政府颁布的网络新闻管理规章制度中做出的界定也存在区别。

一、网络新闻的定义

网络新闻是以互联网为传播介质，对新近发生和正在发生的事实的报道。网络新闻有广义和狭义之分，广义的网络新闻是指通过网络发布的各种信息，狭义则专指网络上的新闻类信息。

2000 年的《互联网站从事登载新闻业务管理暂行规定》没有对其概念进行明确的限定，但适用该规定的登载新闻对象明确，是指通过互联网发布和转载的新闻，主要特指三类：国际国内时政新闻、国内外社会新闻、不含娱乐的文化新闻。2005 年的《互联网新闻信息服务管理规定》则将网络新闻明确限定在时政类新闻信息上，即有关政治、经济、军事、外交等社会公共事务的报道与评论，以及有关社会突发事件的报道与评论。该规定不仅对网络新闻的内容进行限定，对其传播形式也进行了清楚的归类，包括三类，即通过互联网登载新闻信息、提供时政类电子公告服务、向公众发送时政类通讯信息。2017 年新修订的《互联网新闻信息服务管理规定》，将网络新闻信息界定为“包括有关政治、经济、军事、外交等社会公共事务的报道、评论，以及有关社会突发事件的报道、评论”。与 2005 年的旧规定相比，删除了“是指时政类新闻信息”的限定，规定中也明确了互联网新闻信息服务的三种类型，即互联网新闻信息采编发布服务、转载服务和传播平台服务，同时相应地扩大了互联网信息服务的主体范围，将其从早期发布或转载新闻业务的新闻网站、门户网站扩展至各种互联网站、应用程序和网络自媒体。

随着时代和网络技术、网络应用的发展，对于网络新闻的界定，从形式到内容都有了明显的改变且对象明确，这就使网络新闻的管理更具时代性、针对性和操作性，有利于整个网络新闻环境的净化。

【知识窗】

中国互联网络信息中心（CNNIC）《第 44 次中国互联网络发展状况统计报告》显示，截至 2019 年 6 月，中国网民规模达 8.54 亿，网络新闻用户规模达 6.86 亿，网民使用比例为80.3%，在网民各类互联网应用的使用率中，网络新闻排名第三，仅次于即时通信、搜索引擎；中国手机网民规模为8.47亿，手机网络新闻用户规模为6.60亿，手机网民使用率为78.0%，在手机网民各类手机互联网应用的使用率中，手机网络新闻也排在第三位，仅次于手机即时通信、手机搜索。由此可见，网络新闻在网民中的使用率之高。

二、网络新闻的特点

网络新闻是互联网产业内容生产的一个重要形态，也是互联网迅速成为大众化信息平台的基石。我国的互联网发展历程中，网络新闻为互联网应用的普及立下了汗马功劳，这与网络新闻明显优越于传统媒体新闻的传播特性密不可分。

（一）时间的突破：从及时到全时

1999年4月15日16点05分，韩国大韩航空公司的一架麦道MD-11货运班机在上海虹桥机场起飞1分钟后坠毁。两个小时后，新浪发布了由网友提供的消息，成为在国内第一个报道此事的网站。2001年9月11日，美国发生恐怖袭击后约8分钟，新浪登出第一条消息。2003年3月20日10时30分左右，美国向伊拉克开战，这个早已在预期中的“突发事件”成为时效性竞赛的一个重要机会。10时34分，新华网依靠新华社巴格达报道员贾迈勒向全世界发出第一条英文快讯和中文快讯。1999年起，中国从中央到地方的新闻网站先后建立。网络媒体事业的大跃进，也给网络新闻业务的繁荣提供了大好时机，多家网站都在极力争夺新闻发布的“第一落点”，“及时”“实时”很快成了大多数新闻网站的时间标准，完全改变了早期网络媒体“定时”发布新闻的方式。

进入移动新媒体时代，微博、新闻客户端、微信公众号等相继出现，虚拟现实新闻、机器人新闻等网络新闻的载体和形式越来越丰富，网络新闻传播得更加快速、便捷，从之前的以“分”计甚至发展到以“秒”计，“及时”“实时”已经不能满足用户的需求，“全时”逐渐成为网络媒体热衷和追求的理念。这是一种以全天候随时服务并按需供给的网络新闻传播理念，主要以网友为导向，强调时间的纵深感和连续性，即快速发布、高频率更新、主题链接和超文本阅读，使网友对新闻的接收具有历时感和历史感。[①] 近年来的全国“两会”报道就是网络媒体“全时”报道的盛宴。

纵观网络新闻时间观的发展过程，既是网络新闻工作者对网络新闻传播规律认识不断深化的过程，也是新闻网站对网络媒体自身的性质以及它与传统媒体关系的认识不断深化的过程。网络媒体时效性的不断提高，并非简单地取决于网络技术的支持，更重要的还在于观念、体制上的改进。网络新闻时效性上的进步，也并非只是简单地提高了新闻报道的水平，它带来的另外一些冲击也许更意味深长。例如，在冲破某些人为的报道障碍、在更好地满足受众知情权方面，网络媒体以时效性优势来突围，便有着一种实验性的意义。在某些时候，它会成为一种压力与动力，带动其他媒体的革新。

（二）空间的突破：从有限到无限

传统新闻由于受传播渠道和地域的限制，传播的范围十分有限。而网络新闻具有跨媒介、

---

① 李文明，吕福玉．全时化时代下的网络新闻写作．网络传播，2010（8）．

跨地区的特征，不受传播渠道和地域的限制，大大拓宽了传播的范围，使你足不出户，就可以纵横八荒，把天下的新闻尽收眼中。在新闻网站时代，一条热门新闻可以有几千万的浏览阅读量，而到了社交媒体时代，热门新闻的浏览阅读量动辄以亿计算，这是任何一家报纸都办不到的。全世界任何角落发生的新闻，都可以以最快的速度呈现在互联网用户面前。

正因为网络新闻打破了原有的地域限制，所以它为地方性报纸拓展狭窄的生存空间提供了一个不可多得的良机。据统计，我国目前已上网的地区和地方性报纸已经有上千家，它们都有自己独立的域名。这些地区和地方性报纸的新闻网站不仅能把当地发生的新闻迅速及时地传播出去，在当地和世界之间搭起一座沟通的桥梁，而且能够淡化地区报纸原有的“地域弱化”现象。因为在网上人们关心的是新闻本身的价值，而不会计较它出自一家主流大报还是一家地方小报。尤其是移动新闻客户端的出现，为网络新闻的传播提供了更为快捷、及时的平台，全世界任何地方发生的新闻都可以第一时间且实时在新闻客户端上报道或者直播，让用户了解究竟发生了什么，此时用户关注更多的是新闻本身，而忽略了报道新闻的是哪个媒体，甚至是哪些网民等。

（三）信息容量的突破：从单一到集合

网络新闻不仅可以为广大网民提供大量的能够引起共同兴趣的最新信息，而且能够提供更多的与最新信息相关的背景材料，以满足读者对新闻全方位、多层面的需求。在传统的新闻报道中，虽然也要求对新闻背景做出解释，但由于报纸的版面或广播电视时段的局限，不可能将新闻背景交代得十分详尽。而网络新闻却能够弥补传统新闻这方面的缺陷，使信息高度集约化。如美国加利福尼亚州圣何塞市的《圣何塞信使报》的网络版，就提供印刷版因限于篇幅而未能刊登出来的消息、深度报道和背景资料，以及收自通讯社和报业辛迪加的稿件等，供用户选择阅读。再如新加坡《联合日报》电子版在及时报道新闻事件的同时，还将同一事件的相关信息归纳、分类，形成供读者了解事件全貌并便于检索的专辑，对原有的文字和图片做大幅扩充和更新。近年该报曾推出中共十五大专辑、东南亚金融风暴专辑、戴安娜专辑、江泽民访美专辑等，使人们对新闻事件及背景了解得更深入。我国新华社办的新华网和人民日报社办的人民网则经常根据国内外大事制作专题数据库，如人民网的“领导人视频报道集”“党政领导干部资料库”等，这些专题数据库少则几十万字，多则几百万字，且配有大量图片、图表，内容丰富、资料权威、材料翔实，深受网民欢迎。

（四）表现形式的突破：从简单到多样

网络新闻是一种崭新的多媒体形态，具有将信息符号的各种形式——声音、图像、照片、数据、文本融为一体的特征，因此网络新闻又被称为“多媒体新闻”或“融合新闻”。它使新闻报道突破了过去用单一文字符号传播的局限，尤其是随着移动互联网的发展及移动终端的普及，网络新闻报道方式也从原来的文字直播扩展到以文字、图片、音频、视频、动漫、Flash动画或H5页面中的一种甚至多种相结合的方式传递，使传播的内容图文并茂、声画兼备，更加形象生动，具有很强的立体感。如美国《纽约时报》的网络版就不但以独家新闻而且以多媒体的制作来吸引读者，提高新闻的视觉冲击力。对纸质报纸来说，版式的改变是多年不遇的大事，且需要提出多种方案，反复权衡比较，花费较长时间才能最后拍板决定。而在网络新闻上，新技术、新手段、新功能不断涌现，在版式（网页）的设计布局上可以根据事件的主题常换常新。如发生重大灾难事故时，报道页面多以深色调为主，表达沉重、严肃、哀痛；而有喜庆的事情发生时，报道页面多用红色、黄色等表达温暖、喜庆之情。在网页上，即使是一个小地方，在设计和制作上都可独具匠心，尤其是当前流行的H5，页面设计更是没有固定版式，编辑可以根据内容大胆创新，浏览者不仅能获得美感，还能一目了然地了解新闻事件，而且能加深对事件新闻的理解。

（五）信息接收方式的突破：从被动到主动

在传统新闻的传播过程中，读者的不确定性及读者对所传播的新闻内容的被动接收，使新闻传播往往采取高冲突的传播方式进行。换句话说，办报人根据自己的倾向性和编辑思想选择的新闻却可能不为接收者所需要和接受。购买和阅读载有大量自己不需要的新闻的报纸，对读者来说无疑在金钱和时间上都是一种浪费。而网络新闻的传播是一种交互式的传播方式，使传播过程中传受双方的矛盾在一定程度上得到缓解。在阅读网络新闻的时候，网民不是被动地接收网站“推”来的新闻，而是主动地从网上“拉”出自己需要的新闻，进行自主选择和组织。网民只要利用网上信息检索的功能，在几分钟内就能把几十家报纸对同一新闻事件的报道和评论搜集在一起，这为网民搜索和接收新闻提供了极大的便利。人们不必再为几条未知的消息去订阅全年的报纸，相反，他们可以利用网络为他们提供个性化的新闻服务，甚至可以预订各种新闻回顾。目前，拥有大规模用户的新闻客户端（特别是基于个性化算法推荐的客户端，如“今日头条”等）就是一个能够帮助网民量身定制新闻的软件应用，无论是突发事件、奇闻怪事、明星消息还是体坛风云，凡是你想知道的新闻类型都可以通过新闻客户端订阅。网民再不必为了一条急切想知道的消息而不断地刷新网页，因为一旦有了更新，这些内容就会自动出现在新闻客户端中，而且，新闻客户端还可以根据用户的浏览习惯推荐相关或类似的新闻，为用户提供了极大的便利。

> **你怎么看**
>
> 技术的发展，给新闻的生产和传播模式带来了巨大的冲击。在社会化媒体高度发展的今天，更多的互联网用户开始参与新闻生产（即UGC），你认为网络新闻还有哪些特点？

三、网络新闻的分类

中华全国新闻工作者协会将网络新闻划分为五大类：网络新闻评论、网络新闻专题、新闻网页设计、网络新闻专栏、网络新闻访谈。这从网络新闻的评奖中也能得到验证，这个分类标准既包含了内容和体裁，也涉及了内容的呈现方式，既体现了新闻管理者对网络新闻的理解，同时也反映了目前我国网络新闻发展的实际。[①] 应该说，这种分类概括了当前网络新闻作品的主流形态。具体而言，网络新闻可划分为以下类型。

（一）网络新闻专题

网络新闻专题是综合运用文字、图片、音视频、动画等多媒体技术手段和多种新闻报道体裁，从不同角度全面呈现同一新闻事件或同一新闻主题的作品。如上所述，网络新闻专题不仅应涉及事件性选题，还应涉及非事件性选题，应鼓励网站运用创新思维、原创报道进行舆论引导。

（二）网络新闻专栏

网络新闻专栏是指新闻网站固定设立的、在至少一年时间内保持更新，且具有共同特征（如同类主题、同类题材、同类体裁等）的新闻报道专门栏目。在评价过程中，应该强调网络

---

① 钟瑛，陈盼．网络新闻分类及其评优标准探析：以中西网络新闻奖评选为例．国际新闻界，2009（9）.

新闻专栏的更新及其影响力。

（三）网络新闻评论

网络新闻评论是指通过新闻网站首发的对某一新闻事实进行评价的原创言论作品。该类型作品应充分考虑网络新闻的特征，不必拘泥于用文字形式发表评论，实际上，通过多媒体语言进行评论更能凸显网络新闻的个性特征。

（四）网络新闻访谈

网络新闻访谈是指通过直播手段，主持人与嘉宾就公众关注的新闻人物、新闻事件或热点话题进行讨论的在线访谈作品。网络直播技术最能体现网络新闻即时性的特点。在实际运作中，应特别鼓励新闻网站对突发事件进行直播报道，以最可靠的信息维护社会秩序，引导社会舆论。

（五）新闻网页设计

网页设计作品类似于传统媒体的版面设计作品，主要有网站首页、新闻频道首页或新闻专题首页，通过新闻网页的设计表达新闻理念。对该类型作品可以主要考察网络新闻的视觉效果、媒体类型的搭配等要素，应该意识到视觉效果本身就是网络新闻的独特语言。

近年来，在移动互联网的飞速发展影响下，新闻作品的表现方式不断推陈出新。在奖项设置中为了及时体现和反映新闻实践新进展新成果，使新闻评奖工作能够更好地适应传媒格局的深刻变化，经过调研，2018 年第二十八届中国新闻奖增添了媒体融合类，并划分为短视频新闻、移动直播、新媒体创意互动、新媒体品牌栏目、新媒体报道界面和融合创新六类。

> **你怎么看**
>
> 这里提供的网络新闻分类与传统的新闻分类方式有哪些较明显的差异？

短视频新闻：在移动端发布的短视频类新闻作品（含纪录片）。

移动直播：与新闻性事件的发生和发展同步采集现场信号并发布，集现场报道、背景介绍与事态分析等于一身的新闻作品。

新媒体创意互动：以用户交互为主要特征，发布方与用户方形成完整新闻传播链条的新媒体作品。

新媒体品牌栏目：新闻媒体持续发布且有固定名称的新闻板块（单元）。

新媒体报道界面：在移动端发布的新闻作品界面。

融合创新：在媒体融合报道方面有重大创新的新闻作品。

技术赋能让新闻产品拥有更多想象空间，媒体融合正在重新定义新闻生产，也重新定义着网络新闻的分类。第二十八届中国新闻奖的评委之一、中国传媒大学教授曾祥敏认为，媒体融合类奖项在作品类别、内容标准和形式规范方面做了积极的探索和规制，也积极适应新媒体迅猛发展的现实，为规则的调适和逐渐完善留有空间。

> **【知识窗】**
>
> 中央厨房：由两部分构成，即新闻采集部门和新闻编辑部门，并采用同一个新闻智慧中心，对各部门工作进行协调，实现协同办公。因此，基于中央厨房模式的新闻媒体

系统具有集约化采集、及时化发布和多点化传播等特点。要实现这一运营模式，需要技术部门的参与和配合，为统一的新闻编辑发布和传播流程提供技术支持。

第 2 节　网络新闻的评价

评价网络新闻是一种带有主观色彩的价值判断，但从新闻业务发展状态和媒介环境的角度来理解，这种判断也具有一定的客观基础。对于网络新闻的评价，既包括对具体新闻作品的微观评判，也涵盖中观或宏观的评价体系建构。

一、中外网络新闻评价标准

（一）我国网络新闻的评优标准

科学的评优标准本身负荷价值，对评价对象具有极大的认识与导向功能。对于已有网络新闻类目的评优，中华全国新闻工作者协会（简称中国记协）结合多年的评选实践，不断改进和优化评选标准，《中国新闻奖评选办法》对各类作品提出了明确的评选标准。

1. 关于网络新闻评论

观点鲜明，立论正确，有新意，论据准确，分析深刻，论述精辟，论证有力，有鲜明的网络特色。

2. 关于网络新闻专题

主题得当，特色鲜明；容量大、采集广、更新快；交互性强、表现形式丰富；页面结构清晰、逻辑分明、布局合理，页面设计新颖美观，富有特色，达到内容、形式与主题思想的完美统一。

3. 关于网络新闻访谈

主题恰当，时效性强；嘉宾选择有代表性、权威性；谈话主题集中，脉络清晰，结构完整；语言简洁、生动、流畅、准确；主持人提问转承自然得当，对现场节奏把握适度，背景资料运用得当。

4. 关于新闻网页设计

主题鲜明，风格独特；能够完美、准确展示新闻内容、体现首页功能性；布局合理、富于创新；细节精致、色彩协调；符合读者阅读习惯；体现新闻性、艺术性和网络特点的完美统一，技术先进。

5. 关于网络新闻专栏

内容选择与栏目定位、版面位置相适应；形式新颖，特色鲜明；编排制作精良，社会影响较大，同时要求信息量大、交互性强，有鲜明的网络特色。

6. 媒体融合类

作品新闻性强、即时性强、交互性强、共享性强，技术应用效果好，传播效果好。鼓励内容呈现方式创新和技术应用创新的作品。

（1）短视频新闻：要求时效性强，新闻价值大，立意深刻；现场感强，音质画面效果好，信息含量丰富；剪辑精心，短小精悍。

（2）移动直播：要求策划周密，能够全面迅速准确地采集与传播新闻现场的重要信息，音质画面清晰（对重大突发事件的报道可适当放宽），充分体现新媒体直播特征，体现用户的参与性、同场感。

（3）新媒体创意互动：要求主题鲜明，特点突出；交互性强，社会反响好；技术先进，有传播力、感染力；体现新闻性、互动性、技术性的高度统一。

（4）新媒体品牌栏目：要求内容选择与栏目定位、发布平台相适应；发布量大、交互性强；编排制作精良，社会影响较大。鼓励在新闻媒体自有平台设立的栏目参评。

（5）新媒体报道界面：体现新闻性与艺术性的统一，运用图片、漫画、音视频等手段表达新闻主题、展现新闻内容，版面语言丰富，界面设计主题鲜明、风格独特、布局合理、互动性强、色彩协调，便于阅读。

（6）融合创新：要求作品在报道内容、报道形式、传播渠道等方面有所突破或创新，传播效果好，社会影响大，对推动媒体融合发展有积极引领和示范效应。

网络新闻作品的类别不断丰富，评选的标准也随着新闻实践逐渐完善，这些已经成为我国网络新闻评优的指导性原则。

【知识窗】 中国新闻奖网络奖项的由来及评选

中国新闻奖是经中央批准常设的全国优秀新闻作品最高奖，由中华全国新闻工作者协会组织评选，每年评选一次，自 1991 年开始，截至 2019 年 11 月已评选 29 届。而网络新闻奖的设立从 2006 年开始，由最初的网络新闻评论和网络新闻专题两项很快扩展出新闻网页设计、网络新闻访谈、网络新闻专栏三项，到 2018 年又在此基础上增加了媒体融合类一项。而且，网络媒体上登载的新闻摄影、新闻漫画作品还可以参加综合评选类摄影、漫画等奖项的评选。

参评中国新闻奖网络奖项的评选范围为新闻宣传主管部门和新闻单位主办的具有登载新闻业务资质的新闻网站（不含网络版、电子版）。

每年先由地方率先评选省级新闻奖，而后采用推荐和报送相结合的办法，由各地记协以及具有推荐资格的媒体单位、新闻教研机构等将优秀作品推荐参评中国新闻奖（2014 年中国新闻奖评选首次全面放开自荐，社会单位和个人可以直接向评奖办公室自荐作品参加评选，最终有五件自荐作品获奖）。按照《中国新闻奖评选办法》分为九个小组分类别推荐各项目候选建议作品，网络作品为第八组，经过审议参评作品资格、小组推荐程序、评委会全体会议评选三项严格的评审程序，得出评选结果。

评选结果连同评委名单、评选细则一并在新华网、中华新闻传媒网（中国记协网）上公示，网上公示时间不少于十个工作日。评奖办公室对公示期间收到的事实性举报进行核查，并按照《中国新闻奖评选办法》规定提出处理意见，报告评委会主任会议决定。评选结果将在公示及相关工作结束并报经中宣部审定后揭晓。

（二）欧美网络新闻的评价标准

欧美国家由于技术的发达，对网络新闻的研究也更早。早在 21 世纪初，西方学者就将新闻网站的首要特征归结为多媒体（Multi-media）、互动（Interactivity）、超文本（Hypertext）、即时（Immediacy）。这些特征自然基于网络媒体的技术优势，但也是衡量网络作品的首要标准。

由于欧美国家的网络新闻奖评选制度跟我国不同，所以不同的网络新闻奖对于网络新闻作品的评价标准均不完全相同，各有侧重点。如EPPY奖（the EPPY Awards），由《编辑与出版人》（*Editor & Publisher*）主办，评选标准包括以下方面：（1）内容，要求撰写质量高、选题有思想，含有图片、表格、音频、视频及相关链接等帮助读者更好地理解新闻；（2）设计或创造力，包含页面布局、图像、空间、色彩、可持续性，能够强化媒体品牌，形式与内容相统一；（3）友好性或互动性，要求页面功能设计友好，用户互动性强；（4）创新，力求在内容、设计技术、表现形式、登录界面等方面进行创新，并成为有影响力的典范；（5）总体印象，着重新闻在内容和形式上留给读者的整体感觉。

【知识窗】 网络新闻评价：8条标准和16条标准

关于评价标准的探讨，2001年，詹科斯基（Jankowski）和范塞尔姆（Van Selm）提出8条标准：（1）扩展新闻资源的超链接；（2）新闻服务的有效性；（3）传统媒体新闻的消融；（4）在线用户的讨论群；（5）用户反馈；（6）多媒体表达；（7）线上线下新闻服务的融合；（8）新闻信息的即时更新。

之后，又有鲁宾逊（Robinson）的16条标准：（1）图片库，网站是否拥有丰富的图片；（2）图片制作，网站通过技术使用大量图片，如Flash；（3）音频，以音频文档呈现相关内容，如访谈、音乐；（4）视频，以视频文档呈现相关内容，如访谈、讲座；（5）交互式图表，以生动、交互的视觉形式，呈现数据、对象、观点、过程，可能情况下附带声音；（6）讨论版、聊天室，充分有效互动；（7）民意测验，组织在线投票，用户参与并实时显示结果；（8）游戏与问答，仅针对娱乐，如填字；（9）搜索功能，提供在线搜索服务；（10）SMS服务，用户可以对其标题或突发新闻订阅SMS服务；（11）WAP/GPRS，内容能有效地在移动手机上阅读；（12）PDA版本，即个人数字助手；（13）PDF文本，识别简易的文件形式或类似的编辑；（14）使用内在的与外在的超链接，以此链接相关的文章，提供更多信息；（15）邮件，是否有用户为其标题与突发新闻订阅E-mail服务；（16）突发新闻，热点新闻发生时，不停地更新内容。①

二、网络新闻的评价体系

在我国科学的、系统的网络新闻评价体系亟待完善。这一体系的创建可使各界能够客观地认识我国网络新闻传播的现状及发展趋势。评价体系的建构是一项繁杂的工作，指标的确立、获得和分析都必须建立在对网络新闻发展的历史追踪和最新关注中。

武汉大学网络新闻评价课题组曾以“第七届湖北网络新闻奖”为切入点，尝试性地建构了网络新闻评价指标。他们认为，对我国网络新闻的评价体系应包括两大部分，即内容呈现评价和技术呈现评价。具体而言，可包含选题评价、编辑评价、视觉设计评价、互动性评价和浏览效果评价五个方面，前两点是对内容呈现的评价，后三点是对技术呈现的评价。

---

① 钟瑛，陈盼．网络新闻分类及其评优标准探析：以中西网络新闻奖评选为例．国际新闻界，2009（9）．

（一）网络新闻选题评价

从新闻选题的普遍性原则看，网络新闻选题应符合新闻价值的一般规律，即新鲜性、重要性、显著性、接近性和趣味性。此外，网络新闻选题还有其自身的特殊性。

在多个官方主办的网络新闻评奖活动中，对新闻选题的评价呈现了一个较为类似的新闻价值判断。即从新闻价值的一般规律出发，体现传播者对新闻价值的判断，尤其突出的是，新闻单位网络媒体始终围绕我国新闻宣传的主旋律，将舆论引导者的社会责任内化为自身的功能定位。

网络新闻选题对象可以分为事件性选题和非事件性选题。从网络新闻选题的现状看，事件性选题是网站的常态作品，而非事件性选题往往是网站展示自身新闻传播能力、提升品牌影响力的创新之作。可以说，网络新闻选题已经实现了对固有选题类型的突破。

（二）网络新闻编辑评价①

网络新闻编辑水平表现出网络媒体的专业水准。对网络新闻编辑的评价应该基于三个原则：第一，应有对正确舆论导向的把握能力；第二，应有对新闻内容的取舍能力；第三，应有对网络传播技术的运用能力。

1. 网络新闻编辑应体现对正确舆论导向的把握能力

在我国，网络新闻作品无疑是新闻宣传阵地的一个组成部分，因此，对网络新闻编辑而言首先要有把握正确舆论导向的能力。这种能力不仅体现在选题中，也同样体现在标题、语言、顺序排列等新闻要素的组合中。

2. 网络新闻编辑应体现对新闻内容的取舍能力

网络新闻与传统新闻的一个重要区别是不受版面、时间等资源的限制，可以容纳并展现巨大的信息量，但是，受众的注意力是有限的，他们会根据阅读习惯、自身需要来选择新闻内容。

3. 网络新闻编辑应体现对网络传播技术的运用能力

网络新闻的实现非常依赖传播者对技术的运用能力，应该说，技术是网络新闻传播的制约因素。仅从内容表现手段看，现有传播技术已经可以实现同步直播、互动报道等报道方式，应该说，丰富、恰当的技术手段应用将大大提升网络新闻传播效果，反之则无法体现新闻作品的网络性特征。

（三）网络视觉设计评价

网络视觉设计是一种以功能性为主的设计，它应始终服务于信息传达，实现“视觉载动信息”的根本原则。设立网络视觉设计评价指标的原因在于，网络视觉设计是针对网络媒体的、独特的视觉传达设计方式。

首先，网络新闻作品在视觉语言（如色彩）的选择上必须与传达的主题相关，才能较好地表现主题思想；其次，网络新闻作品的视觉总体风格应保持统一性；最后，网络新闻作品应体现视觉要素的丰富性。网络媒体作为新兴媒体，包含了更多的构成要素，如文字、图形、声音、视频、动画等，此外，还包括 Java、Active 控件等制作特殊效果及呈现交互功能的元素。

---

① 武汉大学网络新闻评价课题组．我国网络新闻类型及评价体系建构：“第七届湖北网络新闻奖”的启示．新闻前哨，2006（8）．

当前网络新闻作品在网络视觉设计中表现出三个突出问题：一是盲目选择视觉要素，出现“为视觉而视觉”的错误倾向；二是网络视觉要素的选择缺乏人文关怀；三是空间运用不合理。

(四) 网络新闻互动性评价

结合国内网站的实际情况，该课题组采用五维测评体系进行网络新闻互动性评价。

1. 用户控制水平

用户控制水平主要观察网站中有没有设置“搜索”“导航”和“热门关键字”这三项功能，此项水平代表网站对用户控制的程度。

2. 信息交换水平

信息交换水平主要考察“邮箱”“博客”“论坛”“聊天室”“发表评论”“向朋友推荐”和“联系编辑”这七项功能的设置情况。

3. 用户信息收集水平

用户信息收集水平主要考察“登录”“网上订阅”“无线订阅”和“调查”这四项功能。

4. 表现形式多样化程度

表现形式多样化程度主要考察“视频”“音频”“图片”“Flash”和“大标题”这五种主要表现形式的应用情况。

5. 选择形式多样化程度

选择形式多样化程度主要考察“滚动新闻”“新闻导读”“新闻排行”“往期新闻查询”和“其他服务信息”这五项功能的设置情况。

(五) 网络浏览效果评价

浏览效果是一项综合性的评价指标，它包括：页面的访问速度如何，页面是否存在链接错误，作品是否有明显的程序错误，主流显示器分辨率下的浏览效果如何等共四项具体评价内容。

浏览效果评价是对网络新闻作品的一个基本要求测评，也是对于网站的最基本要求。一个好的网络新闻作品，应该具有较快的访问速度，页面中不应该存在链接错误和程序错误。

浏览效果的综合评价表明，被测评的网络新闻作品大都缺乏前期周密策划，而且缺失严格的网络新闻编辑规范，这导致某些网络新闻作品的页面元素使用随意或搭配不当，还有些作品中页面链接错误情况严重。

近年来网络媒体发展迅猛，传统媒体与新兴媒体加速融合，加之移动互联网的发展，使更多优秀的网络新闻作品通过新颖的表达形式展现，如H5等，中国新闻奖今后势必会重视并加大融合报道作品的权重。而且，为了提高评选过程的科学化、规范化、标准化，必须针对网络新闻作品的发展状况，不断调整已有的评价标准，构建评价指标体系并确保指标可以量化考核。

第3节　网络新闻信息的管理

2000年11月6日，国务院新闻办公室和信息产业部联合发布了《互联网站从事登载新闻业务管理暂行规定》(以下简称《暂行规定》)，以此为标志，中国开始了对网络媒体的依法治理；2005年9月25日，《互联网新闻信息服务管理规定》颁布实行，《暂行规定》同时废止。网站从事登载新闻业务被依法界定为互联网新闻信息服务，有了规范的《互联网新闻信息服务许可证》。这些规定特别加强了对网络新闻的管理，如网站登载新闻业务要进行严格审批，对网站开办新闻栏目设置较高的准入门槛，对网络新闻信息源进行严格控制等。其结果，在网络信息普遍可信度较低的情况下，我国的网络新闻信息不仅影响大，而且权威性强。

2017 年 5 月 2 日，新修订的《互联网新闻信息服务管理规定》颁布，与 2005 年的相比，它完善了新闻信息的概念，更新了互联网新闻信息服务单位分类，强调提供服务前须获得许可，明确互联网新闻信息服务主体及责任，建立健全了配套管理体系，可以说新规定主要针对当前复杂多元的互联网新闻信息服务主体，更加切合互联网发展和管理实际，有助于维护良性可持续的新闻环境。①

一、我国政府对网络新闻信息的管理方式

（一）对互联网新闻信息服务严格审批

对互联网新闻信息服务进行严格审批，是我国管理中一贯坚持的原则。2000 年的《互联网站从事登载新闻业务管理暂行规定》中明确了互联网站申请从事登载新闻业务，首先要填写并提交国务院新闻办公室统一制发的《互联网站从事登载新闻业务申请表》，将网络新闻业务划分给新闻单位建立的新闻网站、非新闻单位依法建立的综合性互联网站和综合性非新闻单位网站，并采取分类管理。2005 年版的《互联网新闻信息服务管理规定》基本沿用该管理方法。

2017 年版的《互联网新闻信息服务管理规定》强调提供服务前必须先获得许可，对通过互联网站、应用程序、论坛、博客、微博客、公众账号、即时通信工具、网络直播等形式提供互联网新闻信息服务进行了统一的规范和管理。调整了原来的三类许可，调整后仍然分为三类：一是互联网新闻信息采编发布服务，申请主体限定为新闻单位（含其控股的单位），取得该类许可的同时可以提供互联网新闻信息转载服务；二是互联网新闻信息转载服务，主要是指新闻单位（含其控股的单位）以外的其他法人单位；三是互联网新闻信息传播平台服务，主要指微博客、即时通信工具等平台，传播平台同时提供采编发布、转载服务的，要按要求申请互联网新闻信息采编发布、转载服务许可。

规定内容的变化也表明，政府对于互联网新闻信息服务监管的手段和方法更加灵活务实，更尊重客观情况，也有助于管理效率的提高。

（二）对互联网新闻信息服务提供者设置较高门槛

2005 年版的《互联网新闻信息服务管理规定》中，设置较高的准入门槛进行资格审查主要是针对非新闻单位设立的互联网新闻信息服务单位，其基本条件包括：有健全的互联网新闻信息服务管理规章制度；10 名以上专职新闻编辑人员，其中，在新闻单位从事新闻工作 3 年以上的新闻编辑人员不少于 5 名；有必要的场所、设备和资金，资金来源应当合法。

2017 年版的《互联网新闻信息服务管理规定》中，互联网新闻信息服务提供者应当设立总编辑，总编辑对互联网新闻信息内容负总责。总编辑人选应当具有相关从业经验，符合相关条件，并报国家或省、自治区、直辖市互联网信息办公室备案。互联网新闻信息服务相关从业人员应当依法取得相应资质，接受专业培训、考核。互联网新闻信息服务相关从业人员从事新闻采编活动，应当具备新闻采编人员职业资格，持有国家新闻出版广电总局统一颁发的新闻记

---

① 田国敏，王楠．《互联网新闻信息服务管理规定》新版解读．互联网天地，2008（8）．

者证。

在规定内容变化中，将各类新媒体纳入管理范畴，更加强化了互联网新闻信息服务提供者的主体责任，明确了总编辑及从业人员管理、信息安全管理、平台用户管理等要求。

（三）对网络新闻信息源进行严格控制

《互联网站从事登载新闻业务管理暂行规定》专门对“新闻信息来源”作了具体阐释，即“指通过互联网发布和转载新闻”。然而，其发布权仅仅针对新闻单位设立的互联网新闻信息服务单位——网站，非新闻单位设立的网站经审批同意开办新闻业务之后仅仅只有转载权。

2005年版的《互联网新闻信息服务管理规定》，明确非新闻单位设立的互联网新闻信息服务单位不得登载自行采编的新闻信息。非媒体网站在转载新闻时，必须与中央新闻单位或者省、自治区、直辖市直属新闻单位签订书面协议。在新闻发布的时候，要求必须注明新闻信息来源，不得歪曲原新闻信息的内容。这一要求保证了在我国的正规网站发布的网络新闻都经过传统媒体新闻发布程序的把关。而且还对外资涉及互联网新闻业务提出了明确的限制性管理条款。

2017年版的《互联网新闻信息服务管理规定》，要求互联网新闻信息服务提供者转载新闻信息，应当转载中央新闻单位或省、自治区、直辖市直属新闻单位等国家规定范围内的单位发布的新闻信息，注明新闻信息来源、原作者、原标题、编辑真实姓名等，不得歪曲、篡改标题原意和新闻信息内容，并保证新闻信息来源可追溯。互联网新闻信息服务提供者转载新闻信息，应当遵守著作权相关法律法规的规定，保护著作权人的合法权益。在对网络新闻发布进行严格控制的同时，对违规发布网络新闻者进行严格的制裁，或责令改正，或给予警告并处罚款；情节严重的，按有关规定停止其互联网信息服务或者责令互联网接入服务者停止接入服务。

> **你怎么看**
>
> 2017年版《互联网新闻信息服务管理规定》中的管理方式是否适应当前网络发展新需要，还有哪些方面有待加强管理？

二、中美网络新闻信息管理及生产机制的比较

（一）美国网络新闻信息的管理和内容生产

美国网络管理政策的发展有着自身的历史逻辑和复杂背景，是各方力量相互博弈与妥协的结果和产物，而美国网络新闻信息的具体采编业务运作则是这一管理政策的具体体现和表征。美国的网络新闻信息管理和采编运作概括起来具有如下特征。

1. 宏观政策管制：产业化格局下的法治与伦理并重

美国在有关的媒体政策制定上由于有宪法第一修正案作为红线，所以管理媒介的法律法规少且宽松。最近十几年间具有规制作用的主要有《电信法》《传播净化法案》和《爱国者法案》，分别从产业竞争、内容过滤、国家利益三个维度对网络传播进行了多层次的规定。这三大法规产生于不同时期，都有其产生的背景和针对的问题，正是这种“问题意识”使得美国的互联网政策逐步得到完善。

从产业化竞争角度讲，1996年的《电信法》是给传媒行业“松绑”的宏观政策保证。美国国家管理层认为只有通过竞争才能体现公平，才符合公共利益，信息产业巨头也认为只有通过竞争才能获得可观利润回报。在这个双重诉求下，1996年的《电信法》无疑为两者提供了

合法性依据。正是在这种背景下，美国在网络政策和管理方面采取比较宽松的环境，只是从产业行业层面给予宏观限定。如在传媒网站建立上，政策规定传媒不必再申请新的新闻许可证，这不同于之前对广播电视业的管理实行的审查制规定。另外，1998 年出台的《国际互联网免税法》规定 3 年内不对电子商务课税，以鼓励人们利用科技发展从事商务往来，以促进在线交易。1999 年通过的《反网域名称抢注消费者保护法》，旨在保护公司商标不受到恶意注册域名行为的损害，以确保公司商标在网络上的权益。因此，在有关网络硬件和软件行业发展的政策制定和保护下，包括网络新闻业在内的美国互联网快速发展起来。

从网络内容过滤的伦理化角度讲，美国在《电信法》颁布前夕的 1996 年 2 月出台的《传播净化法案》则旨在加强对互联网色情信息传播的监管力度，严禁通过互联网向未成年人发布带有色情内容的信息，否则处以 25 万美元罚金和最高可达 2 年的有期徒刑。这种从内容伦理角度着眼的法规，实际上形成了对网络产业竞争在内容提供上的制衡，使其在激烈竞争的前提下，也要照顾到公共利益。如果不加选择地发布有损于公共利益特别是青少年的信息，那么将付出高额代价。

美国法律体系随着互联网和社会的发展同步向前推进，也在不断完善。如斯诺登事件之后，为在反恐监控与保护公民隐私之间寻求平衡，时任美国总统奥巴马签署了《美国自由法案》，规定美国国安局在进行涉嫌恐怖主义活动的相关调查时，必须先获得法院许可或在紧急状态下，才可向通信运营商索取公民的通话数据。

2. 政府与新媒体的关系：管理与充分利用相结合

由于有宽松的网络环境，所以美国政府在对待媒体问题上采用“软”的手段较多一些，对媒体采用软化的手段进行引导或操控。作为新技术产物的互联网，政府在制定法律法规进行“硬”规制的同时，也采用主动出击的积极态度对新媒体技术加以利用，力图在深刻认识其不同于传统媒体传播特点的基础上，利用网络进行社会动员和政治传播操控。

美国政府善于利用已有网络资源进行政府信息传播。美国的网络新闻网站主要是三类：传统媒体创办的网站、商业网站以及普通民众创办的网站。影响最大的网站是前两种，并且传统媒体的网站和商业网站也经常合作。民众创办的网站数量繁多，但影响相对有限。所以借助于已有商业网络进行信息发布就成为政府利用互联网的重要手段。比如，2008 年奥巴马竞选总统，就是利用已有的互联网资源进行政治传播的经典案例。奥巴马的竞选班底设计并使用了全面、系统的互联网策略，拉近了竞选总统和年轻选民的距离。如利用商业性质的 Facebook 和 MySpace 这样的社交网站与年轻人进行沟通与联络，用来募集资金、组织动员和传播信息等。BarackObama. com 网站链接了最受欢迎的社交网站，包括 Facebook、MySpace 和Second Life。选举结束当天，奥巴马的 Facebook 主页已拥有 260 万支持者，他的 Twitter 账号中大约有 12.3 万名追随者，YouTube 的使用者观看了 1 450 万小时官方的奥巴马竞选视频，这些免费播出的时间相当于价值 4 600 万美元的电视时间。①

美国政府还敏锐地认识到新媒体的技术特性，并利用互联网作为新型的社会动员工具。新媒体的技术优势使得政府可以跨过传统媒体直接设置议程，克服了传统媒体作为媒介组织所具有的对信息进行选择发布的弊端，从而将政策直达民众，促进了民众参与。仍以奥巴马的竞选为例，选举前，专家们就断言奥巴马对互联网的使用将是富有想象力和革命性的。竞选期间，奥巴马阵营使用的是自下而上的组织模式，而非传统竞选中自上而下的管理和控制方式。而自

---

① 郭恩强．管制与利用：中美网络新闻管理与采编机制比较．(2010-12-22)[2020-03-20]. http://media.people.com.cn/GB/137684/13554593.html.

下而上是网络新媒体的优势和特长，在线网络的互动与沟通很快转化成了线下的人际交流和信息共享网络，从而为选举吸引志愿者和资金进行了有效的社会动员。随着他的当选，奥巴马被冠以“互联网总统”“YouTube总统”或“数字总统”等称谓，由此可见奥巴马对网络等新媒体技术的重视和利用，在美国的政治选举中产生了革命性影响。

3. 政府与社会力量的关系：分层管理与完善监督相结合

美国是联邦制国家，有着独特的政治体系，其互联网管理体制也带着同样的特征，实行分层管理模式，联邦和州级层面有着不同的管理权限和职能。在联邦层面，从2010年6月起，美国国土安全部分布在各地的指挥中心根据联邦法律已开始执行“社交网络/媒体能力”项目，对网上公共论坛、博客、留言板等进行常规监控。在州级层面，各州拥有各自的立法，州级司法机构则是按照联邦法律和本州法律，根据本州的实际情况进行监管。

而且，美国各地普遍实行公开、透明的方式，充分利用社会力量对网络进行监督，做到防患于未然。

总体而言，美国的网络新闻管理是宏观的、市场导向的，正是在这种主张市场竞争、强调技术革新和应用的背景之下，美国的网络发展领先于世界。随着信息技术的发展，面对具有强大融合能力的互联网现状，单纯以纸质抑或电子媒介这样的分类标准，已经很难对网络媒体进行归类，而互联网的诸多挑战，是全世界所有国家都要应对的问题。

你怎么看

网络直播、短视频等成为新的热潮，但同时也产生了很多问题，你知道美国对此是如何管理的吗？

(二) 我国网络新闻的管理和生产机制

中国的网络新闻管理和采编运作由于国情、体制的原因与美国存在较大差别。经过二十多年的发展，中国在网络新闻管理方式方法以及网络媒体采编运作上，形成了一些特点。总结这些特点可以显现我国网络新闻管理和运作的经验、优势和不足，以便在促进互联网事业发展的同时，提高管理互联网的水平和能力。

1. 宏观政策：从舆论引导出发，形成多层级的网络布局

我国的网络建设与管理主要是从政治的角度着眼。早在1999年中共中央办公厅就转发了《中央宣传部、中央对外宣传办公室关于加强国际互联网络新闻宣传工作的意见》的通知（33号文件），该文件是我国网络新闻宣传工作的第一个指导性文件，明确了今后网络新闻宣传工作发展的方向，并提出了一系列原则。2000年1月，举行了互联网络新闻宣传工作会议，明确中国要在21世纪到来之际加快网络传播领域的步伐。同年的3月底，《国际互联网新闻宣传事业发展纲要（2000—2002年）》出台，这一文件提出了互联网新闻宣传事业建设的指导原则和三年奋斗目标，由此推动了从中央到地方新闻网站建设高潮。党的十八大以来，习近平总书记在多个会议及讲话中对我国的网络工作提出了要求，这在一定程度上也反映出抢占网络世界的国际话语权是我国发展网络新闻信息的最初动因。也正是在这一目标的指引之下，我国经过十多年的发展，形成了中央及地方新闻网站（包括传统媒体网站）、商业网站、政府网站等为主导，PC端与移动端并重的多层级网络布局和互联网体系。

2. 微观管理：网络新闻信息刊载限制手段较多且具体

在互联网发展初期，我国就确立了要加强对互联网管理的思想，这种思想一直贯穿在互联网新闻管理政策的制定中，从最初的《互联网站从事登载新闻业务管理暂行规定》、2005年版的《互联网新闻信息服务管理规定》到2017年版的《互联网新闻信息服务管理规定》，

概莫如是，具体表现在日趋细密地限制新闻采编权、严格限定新闻传播主体的准入资质等方面。

国家互联网信息办公室室务会议审议通过的2017年版《互联网新闻信息服务管理规定》是我国对互联网新闻信息发布规定最为全面的一部法规。新媒体不再是“自由王国”，除网站外，App、论坛、博客、微博、微信公众号、即时通信工具、网络直播等都在管理范围内，要想提供新闻信息采编发布、转载服务都要取得许可。不仅对“许可”和“运行”有着明确而具体的规定，也明确了监督检查的相关制度和机制，如规定国家和地方互联网信息办公室建立日常检查和定期检查相结合的监督管理制度，并建立与国务院电信、公安、新闻出版广电等部门的信息共享机制，依法开展联合执法等活动。规定中还明确了，如不得设立中外合资经营、中外合作经营和外资经营的互联网新闻信息服务单位等几条要遵守的“硬杠杠”，还规定了相关法律责任。

从以上内容可以看出，对于网络新闻信息的管理，这部法规从监督管理单位到创办互联网新闻单位的资质，从允许刊载的内容到禁止刊载的范围都进行了详细的规定，涵盖了方方面面的内容。

三、我国网络新闻管理中存在的问题与不足

互联网在信息传播方面技术含量大、跨越国界的特点，以及我国新闻网站远比传统媒体复杂的投资结构，给网络新闻管理出了不少难题。同时，管理层对网络新闻管理的认识水平有一个发展的过程，所制定的法规、政策也有一个不断完善的过程。在加强网络新闻管理的同时，正视存在的问题，对确实存在漏洞的方面及时进行堵漏，对不适应甚至阻碍网络新闻实践发展的现有法规进行适时调整与补充，将有利于网络媒体的茁壮成长，也将有利于网络新闻的健康发展。

（一）新闻网站身份与网络新闻信息服务许可问题

2014年10月21日，为了加强新闻网站编辑记者队伍建设，提高队伍的整体素质，国家新闻出版广电总局和国家互联网信息办公室联合下发《关于在新闻网站核发新闻记者证的通知》，要求在全国新闻网站正式推行新闻记者证制度，将全国范围内的新闻网站采编人员正式纳入统一管理，彻底解决了新闻网站工作人员的“身份”和采访权问题。

2017年版的《互联网新闻信息服务管理规定》中明确规定了互联网新闻信息服务包括采编发布服务、转载服务和传播平台服务，申请采编发布服务许可的是新闻单位（含其控股的单位）或新闻宣传部门主管的单位，这也就注定了商业门户网站只能从事转载服务和传播平台服务。

新浪、搜狐、网易、腾讯等网站、新闻客户端大量登载新闻，并且依靠新闻获得了巨大的流量和知名度，它们登载新闻的影响力也不在传统媒体依托的网站、新闻客户端（如新华网、人民网、央视网等及其对应的新闻客户端）之下。没有采编发布服务许可并不能影响商业网站转载和传播的数量、速度，它们可以通过整合多家媒体的新闻成为网络新闻传播中的一支重要力量，但从长远发展来看，在时事新闻重要领域缺乏原创性报道将一直是商业门户网站发展的软肋。相比而言，有采编发布服务许可的新闻单位网站、新闻客户端可能存在用户流量不多、影响力不高的尴尬局面。

（二）新闻网站与商业网站发展力量失衡问题

我国的商业网站在网络新闻的发展上抢先一步，造就了它们的新闻超市模式，商业网站长

期以来用较低的代价整合传统媒体的新闻资源。传统媒体在发展初期轻视自身新闻资源的价值，并希冀通过商业网站扩大自身影响力的一厢情愿，都造成了自己的弱势地位，且一时难以根本改变。同时，商业门户网站以市场为导向，以先进的技术为依托，紧紧跟随世界互联网发展的潮流，不断开发和更新网络新闻传播的方式和平台，在移动互联网中已然占得先机。而新闻网站的发展步伐受到各种因素的制约，影响力和发展水平一直不够高，在移动新闻客户端领域亦是如此。搜狐、腾讯、网易新闻客户端，以及之后出现的“今日头条”等客户端的用户数量和知名度、影响力等均在新闻网站客户端之上。

另外，我国政府管理部门对网络媒体认识的滞后以及对传统新闻管理体制的过分依赖，造成了我国新闻网站发展的制度性障碍，极不利于一大批有传统媒体背景的新闻网站做大做强。

这种力量对比失衡的格局无疑会严重影响我国数量庞大的新闻网站的长远发展。虽然近些年我国启动了旨在加强新闻网站发展的“重点新闻网站转企改制”战略，但要从根本上提升新闻网站的影响力并改变力量失衡的格局尚需时日。

（三）网络新闻管理法规建设的不足与缺陷

我国至今尚无专门的新闻法，虽然《中华人民共和国网络安全法》已于2017年6月1日正式实施，但其内容主要是网络空间主权、关键信息基础设施的保护条例，真正属于法律层次上的网络新闻立法还没有成熟。可以说，网络新闻的管理性规章相对于法律而言，立法层次较低，而且各规章之间缺乏协调，呈现出“各管一块”的现象，不利于对网络新闻进行整体性、协调性和宏观性管理。

与网络新闻立法层次低相对应的是立法的不完备问题，尽管从数量上来看，目前中国与网络新闻管理相关的法律法规已有20部，但专门针对网络新闻管理的法律法规却为数甚少，只有《互联网新闻信息服务管理规定》《互联网等信息网络传播视听节目管理办法》《互联网著作权行政保护办法》《信息网络传播权保护条例》等少数几部。而且目前出台的与网络新闻管理相关的法律法规条文大多只是作了一些原则性的、暂时性的规定，声明性的内容比较多，有些条目随着互联网的快速发展也会过时。另外，网络立法的困难与滞后在网络新闻领域同样得到体现。随着技术进步，网络新闻的形式、传播方式等不断更新，微博、微信、新闻客户端、各种App应用不断涌现，这导致网络新闻立法难以适应网络新闻的发展取向和管理需要。

（四）网络新闻管理主体的重复与缺位

就宏观管理主体而言，虽然已经成立了网信办，但中国社会科学院新闻与传播所在调研中发现，互联网管理依然存在“众人规划”格局，内容建设环节涉及所有中央部委机关，不仅仅包括与互联网内容密切关联的中宣部、原国家新闻出版广电总局、原文化部等，而且包括与互联网关联不大的部委，如农业农村部、公安部、财政部、卫健委等，这些部委也都有自己的“互联网+”计划，都对所在行业有着重大影响，存在“全局视野不足，局部考虑过多”现象，从宏观管理上来说需要国家在互联网整体发展中有“全国一盘棋”的顶层设计。①

就微观管理主体而言，传统媒体是通过“把关人”程序来控制信息的产生与传播的。众多信息到达传媒组织之后，要经过媒介组织的层层把关，如记者、编辑根据一定的新闻价值、政

---

① 朱鸿军．让互联网成为新时代中国特色社会主义事业的最大增量：我国互联网管理的问题及应对建议．传媒，2019（4）．

治标准、价值观念等对它们进行选择加工后，才能传播给受众。然而，信息来源分散的网络新闻很难建立一个可以有效发挥效用的“把关人”制度。另外，网络新闻不仅存在“把关人”缺乏问题，也存在管理覆盖不到位的问题。如从2017年版的《互联网新闻信息服务管理规定》及一些地方制定的网络新闻法规来看，对新闻信息的界定是包括有关政治、经济、军事、外交等社会公共事务的报道、评论，以及有关社会突发事件的报道、评论，新闻网站热衷登载的娱乐新闻不在其中。实际上有些娱乐新闻已违背了新闻底线，对整个网络新闻大环境和网络新闻公信力、认可度产生了巨大危害，却存在无人监管、监管空白的问题。

（五）参与网络新闻管理的社会力量缺乏

网络新闻具有传播的迅速性、形式的多样性、过程的交互性、信息的海量性、影响的广泛性等特征，这些特征会极大削弱单向的网络管理部门的作用。本质上，网络新闻管理是网络信息管理，它是个体、群体、国家等多元主体参与的关于信息获取、汇集、控制、利用、发布或引导的活动。因此，要实现网络新闻的有效管理，仅依靠有限的管理部门和人员是不够的，需发挥各种社会力量如网站自身、公众、网民以及行业协会等多元主体参与网络新闻管理活动。从实践看，社会力量参与网络新闻管理已经有所突破。如2001年，新浪、搜狐、千龙网、中青在线、中国日报网站等39家网站曾联合发出了电子公告服务倡议书，提出了行业自律准则。再如人民网“联谊会馆”论坛从网民中选出“服务总管”“志愿者”等角色，与版主分工合作，一起对“联谊会馆”的工作进行主持和管理。还如2005年北京网络媒体协会的网站成员订立了共同协定，成立了评议会，不定期对网站成员在网络新闻信息服务中的违约行为进行评议。[①]

这些个案性尝试为社会力量参与网络新闻管理提供了经验和先导。根据中央关于加强网络文化建设和管理的有关要求，为规范网络文化信息服务，完善“法律规范、行政监管、行业自律、技术保障、公众监督、社会教育”的网络管理体系，推动网络文化行业自律，营造文明健康的网络环境，各省市均成立了网络文化协会。不过，总体来看，现阶段网站“鱼龙混杂”、公众积极性不高、网民新闻素质欠缺以及社会力量和社会组织发育不足等导致社会力量参与网络新闻管理的程度仍然非常有限，多元化力量共同、联合管理网络及新闻内容的体系还未形成。

【本章小结】

本章从网络新闻的定义入手，并参照我国官方新闻评奖和新闻管理的口径对网络新闻进行了分类，还着重介绍了我国主流意识形态评价和管理网络新闻的相关制度，同时对照美国网络新闻的评价标准和管理模式，分析了当前我国网络新闻评价标准，以及指出了网络新闻管理中存在的问题与不足。

【思考题】

1. “新闻”的定义随着新媒体的发展被不断改变，你认为网络新闻该如何定义？

---

① 李艳．网络新闻管理体系构建研究．网络财富，2009（23）．

2. 网络新闻的分类依据是什么，你认为网络新闻应该如何分类更合理?
3. 欧美国家对网络新闻信息是如何管理的，有哪些可借鉴的地方?
4. 我国现行的网络新闻信息管理方式是如何形成的，其内在逻辑是什么?
5. 我国网络新闻信息管理方式还存在哪些问题和不足，你认为应该如何完善?

第 7 章　网络舆论及其传播规律

在《数字麦克卢汉——信息化新纪元指南》中，保罗·莱文森明确指出，“因特网是一切媒介的媒介”“因特网摆出了这样一副姿态：它要把过去一切的媒介‘解放’出来，当做自己的手段来使用，要把一切媒介变成内容，要把这一切变成自己的内容”①。网络媒介这种“兼容并包”的特性，为网络舆论提供了一个宽广平台。从传播类型看，网络舆论又表现为常规形态网络舆论行为和非常规形态网络舆论行为。从传播模式看，我国的网络舆论又分为舆论的爆发、舆论的形成、舆论的消散和舆论的平息四个阶段。从发展概况看，我国网络舆论行为在时间、空间、事件类型、行为结果等方面各自呈现出不同的特色。

【知识窗】

《数字麦克卢汉——信息化新纪元指南》既是麦克卢汉评传，又是一部专著，而且是给网民“扫盲”和帮助网民提高的指南。

《数字麦克卢汉——信息化新纪元指南》实际上有两个平行的主题和任务。一个是批评和张扬麦克卢汉。另一个是作者自己的思想。它“不仅谋求提供进入数字时代的向导……而且谋求证明麦克卢汉思想隐而不显的准确性。为了完成这个双重任务，本书的每一章都试图阐明麦克卢汉的一种重要的洞见、原则或概念。与此同时，它试图揭示麦克卢汉告诉我们一些什么信息”。作者对麦克卢汉的肯定，不做雕饰、非常平实，却字字千钧：“《数字麦克卢汉》所取的视角是：麦克卢汉是对的。至少他提供的框架是对的。这个框架可以帮助我们理解人与技术的关系、与世界的关系、与宇宙的关系。这个框架是重要的。它和理解人的心理、生活和物质宇宙的框架一样重要。”

第 1 节　网络舆论的形态

网络舆论行为表现多样，大致上可以分为两类：一类是以常规形态出现的网络舆论行为，一类是以非常规形态出现的网络舆论行为。网络舆论大多以常规行为方式出现，它是网民在网上表情达意的自发行为，一般不是人为操纵的结果。它也是网络民意的真实反映，没有虚假的成分掺和其中。在行为表达方面显得相对理性，通常处在法律与道德允许的范围之内。而非常规形态网络舆论行为则恰好相反，网民在网络舆论表达时或弄虚作假，或幕后操纵，或行为极端，常常在司法与传统伦理道德上引起非议。这种以非常规形态出现的网络舆论行为主要有网络舆论黑客行为、网络舆论签名与调查行为、网络舆论谣言行为、网络舆论暴力行为、网络舆论推手行为。以常规形态出现的网络舆论行为历年来在所有网络舆论事件中占绝大多数，非常

① 莱文森．数字麦克卢汉：信息化新纪元指南．北京：社会科学文献出版社，2001：7.

规形态网络舆论行为则在整体网络舆论事件中所占的比例非常小，但影响力巨大，下面分别做详细分析。

【知识窗】 何为网络舆论

在我国，网络舆论常与“在线舆论”“因特网舆论”“网上舆论”等概念并提，2003年后，“网络舆论”基本上就成为一个固定概念被使用。正如传统媒体时代的舆论有广义和狭义之分。网络舆论也有广义和狭义之分，广义的网络舆论几乎包含了所有的社会舆论形式。既有经过精心选择的经由传统新闻媒体表达的新闻舆论，也有未经任何过滤的公众舆论；既有各种利益集团及其代理人故意制造的舆论“气球”，也有来自草根阶层的真实民意。它们的主体也是多样的，这让网络舆论充满了矛盾和复杂性。狭义的网络舆论特指网民在互联网上表达的舆论。[①]

一、网络舆论黑客行为

很多人通过黑客行为表达自己的愤怒情绪与观点看法，他们有的是职业黑客，有的是电脑高手。网络舆论黑客行为并非完全出于恶意，他们的观点与情绪有时代表群体的想法，只是行动相当“出格”，形成网络舆论表达上的一种极端形态。比较典型的事件如1998年的印尼骚乱、1999年的美国轰炸中国驻南联盟大使馆、2001年的中美撞机事件、2012年的钓鱼岛事件等，中国黑客都发起过洪水般的进攻。在这种极端网络舆论形态中，许多黑客行为表达了国人的愤怒与不满，显示了国人高涨的民族情怀。

目前，通过黑客行为表达意见观点的行为并非主流，但这种渐趋多见的舆论极端表达行为，仍值得注意与研究。

二、网络舆论签名与调查行为

（一）网络签名

网络签名是一种相对强烈的网络舆论行为，由于对IP地址进行控制，每个IP地址只能投一次票，因此可信度较高。同时，网络签名相对成本较低、效率很高，在短时间内能聚集众多社会力量，因此是具有相当可信度的民情采集与民意表达方式。

网络签名从深层次看，是网民利用网络手段实现的“自我呈现”。自我呈现理论认为，社会交往中的人会设想自己扮演他人角色或处于他人位置时的情况，想象他人对不同行为的反应，从而选取相应的举措，以形成或改变他人对自己的印象。当然，作为网络舆论的一种表现手段，网络签名不仅限于对自己的印象与承认，而且在更高层面上希望社会对自己所代表的群体想法予以承认，即对舆论表达的承认。如2005年反对“日本入常”的网络签名就是如此，是中国广大民众民族主义高涨的一次集中体现；2008年北京奥运圣火在希腊传递时，遭藏独分子破坏与西方媒体歪曲报道，爱国热情通过网络签名方式再度高涨；2015年，为了纪念中

---

① 邹军．试论网络舆论的概念澄清和研究取向．新闻大学，2008（2）．

国人民抗日战争暨世界反法西斯战争胜利 70 周年，各大网站以及微博等平台纷纷开展网络签名寄语活动，表达强烈的爱国情怀。

（二）网络调查

网络调查是指以互联网为沟通平台，受访者在某个设定站点或通过 E-mail 的方式填写问卷并发送给调查机构的一种调查方法。①

网络调查现在已经成为社会采集舆情和民众表达民意的一项重要手段。很多社会问题，民众不愿意当面表露看法，但在网络调查上则可一吐“真言”。人民网的一项调查显示，在网络调查中有 92.5%的受访者认为大部分网民能认真表达自己的想法和意见。2008 年全国“两会”前，人民网推出调查“您最关心的十大热点问题是什么”“十大话题，您最关心什么”，到“两会”开幕前夕就吸引了 50 余万网友参与调查并留言近 1.6 万条，加上“有话网上说”“我有问题问总理”“我给总理支一招”“听民意答民情”等多个栏目，累计 100 多万网友参加。②

很多涉及别人的隐私问题或敏感问题，采用网络调查也会得到很好的效果，并且通常以网络投票的形式进行。如果通过投票，某观点获得网民一致支持，往往会形成巨大的舆论压力。如 2009 年湖北邓玉娇事件发生后，联合早报网 2009 年 6 月 17 日对此进行了网上调查，共有 13 352 名网民参与此调查，结果如图 7－1 所示。

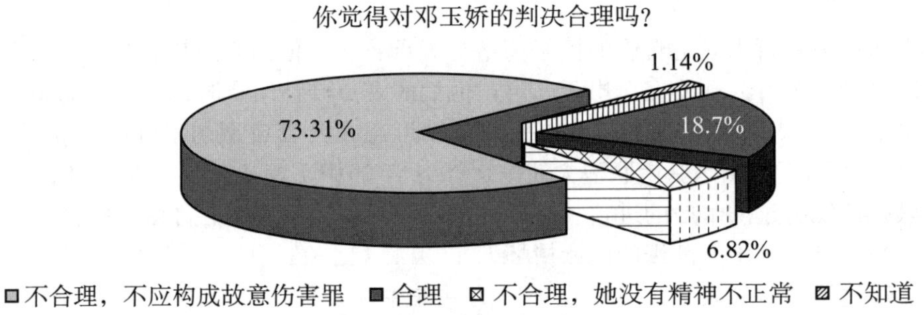

图 7－1　邓玉娇事件网络调查

在网络舆论的巨大压力之下，邓玉娇最后在审理中被无罪释放。同样的情况发生在 2009 年的绿坝事件中，工信部在 5 月 19 日发出通知后，一些门户网站进行网上在线调查，结果显示超过 80%的网友反对强行安装这款软件，最后工信部以民意为主，取消了此款软件的强制安装。

三、网络舆论谣言行为

网络上的谣言行为是一种舆论的畸变形态。社会上的谣言通常以口头传播方式进行，传播效果与范围有一定的限制。网络谣言具有跨国、跨语言、跨种族的特点，传播范围广、传播速度快，加上网络谣言通常是凭空捏造或与事实出入很大，因此由网络谣言产生的舆论比口传谣言破坏力更大、杀伤力更强。2003 年“非典”大面积暴发时，各种谣传如放鞭炮、喝绿豆汤能防治“非典”等就在全国多地传播。在广大的农村，谣传也波及甚广，有些人连“和病人打个照面就能死人”和“缺米缺盐缺水”这样的谣言都相信。③ 近年来在网络上流传的谣言更是

① 温淑春．国外民意调查发展研究综述．理论与现代化，2007 (1).

② 何德军．网络民调：代表性与可靠性的平衡．新闻实践，2009 (2).

③ 张立新．“非典”事件引发的深层思考：从“非典”事件看网络时代政府的行为责任．中国党政干部论坛，2003 (5).

层出不穷，它们都产生了严重后果。如2008年的“蛆橘”事件让全国柑橘严重滞销，2010年地震谣言令山西数百万人街头“避难”，2011年QQ群里散布谣言更是引发了全国性的“抢盐风波”，这些谣言在当时无疑加剧了恐慌气氛并形成危机。[①]

四、网络舆论暴力行为

网络舆论暴力行为同网络暴力行为不同。网络暴力行为主要是指通过交友网站、手机拍照、电子邮件等网络手段对他人所进行的侮辱、诽谤和攻击行为。而网络舆论暴力行为则是部分网民通过网络表达对某一事件或现象的观点与意见，并形成比较一致的看法；在表达这些看法的同时，伴随着网上激烈的言辞甚至网下的响应行动，对事件当事人进行“道德审判”或“正义审判”。虽然网民主观上是为了维护社会公理与正义，但是客观上却侵犯了他人的隐私、名誉等权利，给事件当事人的生理、心理及生活等造成某种程度的伤害。

网络舆论暴力行为的形成有两种重要途径：一种是网络恶搞，另一种是人肉搜索。相比之下，人肉搜索造成的网络舆论暴力行为对当事人的损害更大。下面分别作简单介绍。

（一）网络恶搞

从传播学角度看，网络恶搞也是一种另类的网络舆论形态，只不过其表现方式更加引人注目。从受众接受的角度看，若“社会舆论被赋予新的、奇的内容则最容易为人接受与传播”[②]。作为言论自由的体现，许多诙谐、幽默、新颖和搞笑的恶搞，是另类网络舆论表达的方式，如《一个馒头引发的血案》就代表了很多人对电影《无极》的失望与不满情绪。但恶搞如果不分对象，不讲界限，则会颠覆传统美德与主流社会价值观。如在2008年汶川地震中，当举国上下都在为无数逝去的灵魂悲哀时，网上出现了如下恶搞：“外交部发言人杨洁篪申明：中国政府于2008年5月12日14时30分在罗布泊地下核基地成功试爆了一枚高爆小型核武器，使得全国各个地区普遍觉察到了震感，在此中国政府严正申明：此项核试验，不针对任何国家和地区。中国只在提高自己的国防实力，对他国不构成任何威胁。”[③] 这种漠视生命、极度冷血的恶搞，让广大网民非常愤怒。

（二）人肉搜索

“人肉搜索”一词最早于2007年6月出现在中国华讯互联旗下的网趣，并在猫扑论坛上盛行，进而流行起来。古代“人肉”追杀会有赏金，网络上的“人肉搜索”也有赏金，猫扑有种虚拟货币叫作MP，挣取MP的人叫赏金猎人。为了“邀功”与虚拟的“赏金”，网络搜索这台庞大的机器很快就能运行起来。

人肉搜索是一把双刃剑，一方面它确实对很多公众人物、公众事务起到一定的监督作用，另一方面人肉搜索引发的庞大网络舆论力量会让事件当事人受到严重伤害。如“女子虐猫”事件、“铜须门”事件、“功夫少女情色照片”事件、“史上最毒后妈”事件、“流氓外教”事件、“华南虎”事件、“3377”事件、“张殊凡”事件、“姜岩死亡博客”事件，无一不是在人肉搜索的助推下，激起网络舆论的声浪。一则《人肉搜索网民颂》就很能说明人肉搜索所激起的网络舆论力量：

---

① 黄庆畅，张洋．时政：近年来在社会上产生严重后果的十起网络谣言案例．(2012-04-16)［2020-03-20］．http：//politics.people.com.cn/GB/17659935.html.

② 杨张乔．声张自我的艺术：舆论社会学．北京：中国国际广播出版社，1988：115.

③ 王石川．人民时评：有一种恶搞叫丧尽天良．(2008-05-26)［2020-03-20］．http：//www.022net.com/2008/5-26/516044362621219.html.

“咱们网民有力量，一石能激千层浪。道德底线莫逾越，否则天涯无处藏。人肉搜搜转，三天逮回乡。痛哭流涕晚，只恨当初犯。”只是如何引导这股网络舆论力量，是一个亟须深思的命题。

五、网络舆论推手行为

网络舆论推手则是通过幕后策划、包装等各种手段，在网上推广或制造已经存在或并不存在的事件与话题，吸引网民注意，营造舆论态势。网络舆论推手的目的是通过幕后策划、推广行为，误导人们的正常认知并引发网上舆论关注来实现的。网络舆论推手行为最早始于2005年的“天仙妹妹”，此后在“铜须门”事件、“史上最毒后妈”事件、“王老吉捐款”事件、“香水女生”事件、“贾君鹏”事件、“艾滋女”事件中均有突出表现。

网络舆论推手既可以是个人，如浪兄、陈墨、立二、小百度、阿任等，也可以是团体机构，如尔玛、大时代传媒、伊人推手俱乐部等。网络舆论推手在营造舆论的过程中，同中国武术中的太极推手很像，其过程甚至达到神似地步。练拳的人都知道，在太极推手中讲究三步劲，第一步是化劲，即绷、捋、挤、按，是吴式太极推手中攻、守、进、化的四正推手；第二步是内劲，即绵延浑厚的内部凝聚力量；第三步是意劲，意劲只可意会不可言传，能达到“四两拨千斤”的境地。

成功的网络舆论推手，在营造与推介网络舆论时也需要三步劲。第一步化劲，需要做好三点，议题点、创意点与争议点。第二步内劲，需要高科技、网络舆论推介人群和丰富的网络资源。第三步意劲，要了解传统文化与时代精神，了解网络传播规律，了解网民心理。

网络舆论推手的第一步是化劲，即确定一个议题，并进行议题设置。网络媒体的私人化与个性化特性及传播权力的分化与开放特点，让原本私人化的议题得以在网络平台广为流传。如果议题得到更多网民注意，为了增加点击量，很多网站就会转载、转帖，传统媒体也会介入进来，网络舆论推手的私人化议题很快就会转变为社会热点事件，受到媒体与社会的广泛关注。议题设置后，在舆论推介过程中还需要创意点，这个创意点需要足够新奇、反常或夸张、有趣等，总之要能拨动网民的心弦，激起网民情绪的波澜。一般来说，网友兴趣与热议行为很难持久，网络舆论推手经常在事件传播过程中不断制造热门话题或争议话题，吸引网民注意。在网上，有争议性的帖子，才是潜力帖。争议点不怕被拍砖，只要准备了足够的回拍力量。因为，观点意见在交流、博弈后会形成更为强大的舆论力量。网络舆论推手们经常会抛出争议性话题，甚至双方故意产生意见分歧而对骂，通过炒作吸引网民的注意与参与，从而形成主流民意。

网络舆论推手的第二步是内劲。单个人的力量总是有限的，增强内劲的方式最好还是以群体的力量出现。目前网络舆论推手会通过扩大网络舆论推介人群、高科技和丰富的网络人脉资源，来增强内劲，让自己的力量最大化。现在很多网络推手背后都有一个集团，而且他们会在网络论坛、QQ群、微博、微信群等网络领域招募大量兼职推手，在舆论形成的过程中推波助澜。高科技手段“发帖机”也经常披挂上阵。发帖机是一种伪装身份发送信息的软件，它采用黑客技术，在很短时间内就可以发送千万条帖子。据了解，现在很多发帖机可以分析简单的语气，做到内容不重复，因此即使网站编辑也很难识别。发帖机所发的大量帖子，经常在网上被误为民意的选择。最后，许多网络推手会和网站上众多论坛的“斑竹”与编辑声息相通，互相配合，在网络舆论散发过程中，掀起舆论大波。

第三步是意劲。就像“独孤九剑”，单凭意会、没有招式，这是区分网络舆论推手高低的标杆。达到这一步的网络舆论推手必须了解传统文化与时代精神，了解网络传播规律，了解网民心理。首先，要了解中国的时代精神与传统文化，如“天仙妹妹”事件中，浪兄充分了解现代人身处闹市对田园美好生活的追求，如是，一个大山中羌族姑娘被包装策划后迅速在网上蹿红，因为她勾起了人们追求清新自然的美好情感。“铜须门”事件、“史上最毒后妈”事件也是因为触动了中国人古老的传统伦理神经，从而在网上引起轩然大波。其次，要了解网络规律，善于利用网络的开放、快速、复制等特点，形成病毒式传播。最后，最重要的是要有“网感”，即了解网民心理。网民一般有追求新奇、反常、正义、传统美德、从众等心理。只有充分了解网民的这些心理，网络舆论推手才可以达到围棋中的九段境界，从而在网络舆论推手行为中“唯我独尊”“东方不败”。

网络舆论推手行为是一把双刃剑，如果网络舆论推手能在现实生活中发现民意并顺应民意，利用自己的能力实时推进民意最终让社会了解民众心声，这无疑是网络舆论之福。但现实中，很多网络舆论推手行为是为了一己之私而操纵民意，如“艾滋女”事件中的网络推手是“艾滋女”闫德利的前男友，他炮制“艾滋女”事件纯粹是为了向闫德利打击报复；“史上最毒后妈”事件中的网络推手是为了募捐；“香水女生”事件是为了出名等。在这里，网络舆论推手制造的网络舆论“强奸”了民意。最使人担忧的是网络舆论推手有走向职业化之势，通过网络舆论推手行为操控网络舆论已经成为一桩赚钱的“生意”，民意成为“鱼肉”，被越来越多的网络舆论推手瓜分。久而久之，就会造成网民对网络媒体的不信任，同时也给正确反映社会舆情带来困难，阻塞了正常的民意表达渠道。

以上是主观上的网络舆论推手行为，也是网络舆论的非正常表达行为。其实，从更广义上看，也存在客观上的网络舆论推手行为。这种网络舆论推手行为是一种人为的自发行为，没有主观策划、操控民意的意图存在。如一个网络舆论事件中自然而然形成的意见领袖，一个社会中政治、经济、文化和民族心理特点等，都在客观上成为网络舆论的“推手”，并成为网络舆论行为的注脚。

你怎么看

网络舆论推手是网络舆论爆发、发展的重要原因与手段，一般认为网络舆论推手即为网络民间意见领袖，对此你怎么看？网络舆论推手对网络舆论的正向发展是否都具有积极意义？

【案例】

“秦火火”涉嫌诽谤、寻衅滋事案，是2011年中国公安机关集中开展打击网络有组织制造、传播谣言等违法犯罪行动，以及最高人民法院、最高人民检察院出台《关于办理利用信息网络实施诽谤等刑事案件适用法律若干问题的解释》以来，第一起依法公开审理的典型案件。

“秦火火”，真名系秦志晖，曾是尔玛公司员工。尔玛公司2010年3月在北京市朝阳区成立，主要从事网络推手、网络营销等业务。为了扩大知名度、影响力，秦志晖、杨秀宇及其公司员工组成网络推手团队，伙同他人，通过微博、贴吧、论坛等网络平台，组织策划并制造传播谣言、蓄意炒作网络事件、恶意诋毁公众人物，以此达到公司牟利目的。

根据警方的调查，秦火火涉及在新浪微博造谣传谣3 000条左右，其中重点包括：编造“7·23”动车事故政府花2亿元天价赔偿外籍旅客，虚构雷锋生活奢侈细节并称道德楷模雷锋的形象完全是由中国共产党编造的，捏造中国残联主席张海迪拥有日本国籍，炒作“郭美美炫富”事件并造谣地方公务员被强令给红十字会捐款，恶意攻击中华人民共和国的慈善制度，造谣攻击著名军事专家（罗援）和资深媒体记者以及社会名人孔庆东等。另外，为使公司获得更多营销利益，他们使用淫秽手段，色情包装“中国第一无底限”暴露车模干某某、“干爹为其砸重金炫富”的模特杨某某等，助其成名，严重败坏了社会风气。

第2节　网络舆论的传播模式

网络舆论的传播模式是指事件中网络舆论传播的特征和方式，其表现形态多样，但大体都包括舆论的爆发、舆论的形成、舆论的消散和舆论的平息四个阶段。本节内容主要以“城管打死瓜农”事件为例，分别从舆论的爆发、舆论的形成、舆论的消散和舆论的平息四个阶段着手，具体分析舆情事件中网络舆论的传播模式与特征。

一、网络舆论爆发阶段

网络舆论爆发期又称浅舆论阶段，该阶段舆论中，什么样的网络评论帖子的内容能够存活？什么人所发的评论帖子能够存活？什么事件所引发的评论帖子能够存活？这些都是舆情事件能否成为重大网络舆论传播事件的关键所在。反之，什么样的评论帖子不能存活？什么人所发布的评论帖子让网络舆论熄火？什么时段所发的评论帖子让舆论平息？也是舆情事件中网络舆论传播研究的重点所在。

人民网舆情监测室在监测网络舆情时，曾经总结了一条宝贵经验，即“黄金4小时”原则。从网络舆论传播的时间点看，舆情事件在舆论传播的4个小时之内是网络舆论引导的黄金时间。也就是说，在事件信息经网络平台传播4个小时之内，该事件的舆论评论帖子有可能引发难以收拾的重大网络舆论事件，同时如果相关政府机构或意见领袖引导及时，关于该事件的网络舆论有可能平息，或者向良性方向发展。因此，重大舆情事件发生的4个小时是考察其网络舆论传播的关键时段。舆论上，事件能否成为舆论焦点，关键在于其传播的评论帖子信息是否具有“引爆点”。网络空间是一个观点自由表达的平台，在这平台上的观点要想成为网民的关注点，形成舆论，议题就必须要有一个引爆点。这个引爆点按照格拉德威尔在《引爆点》一书中所阐述的引爆理论，必须要有三个法则。第一法则是个别人物法则，如联系员、内行和推销员的推动作用；第二法则是附着力因素，流行物本身所应具备的要素，它至少具有给人留下深刻印象的力量；第三法则是环境威力法则，强调引发流行的环境极端重要。①

舆情事件发生后的前4个小时内，能否迅速成为舆论关注点，首先要看信息的质量，一般包括重大舆情事件的类型、规模和性质，信息传播者的身份。从信息内容表达上看，一般刺激性内容容易引发网民关注，再者信息如果留白，即信息带有某种不确定性，给人留下想象的空间，也比较容易引起舆论用户的关注。“城管打死瓜农”事件发生后，在前4个小时内，在新浪微博上共有11条舆论信息。其首条舆论信息是名为“miumiu小夕”的舆论用户在2013年7月17日13时14分所发，其内容如下：

---

① 罗昕．网络舆论暴力的形成机制探究．当代传播，2008（4）．罗昕转述了格拉德威尔在《引爆点》一书中所阐述的观点。

> **miumiu 小夕：** 就这样，一个活生生的生命死在了城管的践踏下湖南临武一个瓜农被所谓的城管给活活打死，这个社会是怎么了？@董毅智律师@袁裕来律师@新浪湖南@郴州新闻头条。

从内容上看，舆论用户“miumiu小夕”所发的舆论明显为刺激性内容，而且态度倾向明显，如“活活打死”“这个社会是怎么了”等，但是该微博在发表后却并未引起多大关注。纵观整个事件的网络舆论传播过程，该舆论的影响力很低，其转发量仅有10条，评论6条，点赞和收藏为0条。

影响力研究在政治经济学、社会学等领域广泛应用，一般认为是用一种他人乐于接受的方式，改变他人的想法和行为的能力。为了研究的目的，本书将舆论的影响力界定为所发评论帖子的赞、转发和评论的综合。舆论的影响力主要考察的是舆论用户粉丝以及其他舆论用户的行为，主要包括发布转发、赞、评论、收藏等行为。

湖南临武城管打死瓜农事件真正的舆论引爆，最初是在2013年7月17日13时40分，一个叫“新民周刊杨江”的在百度临武贴吧上发布了这样一条信息[①]：

> 网传湖南临武今日中午，一个城管当街砸死了一个卖西瓜的农民。目前这条消息真伪尚未得到确认。

该条帖子一发布，迅疾受到网民广泛关注，短短一个小时之内，就被微博用户转发数百次，评论数十条。从影响力角度看，该条评论帖子可谓整个“城管打死瓜农”事件的引爆点，很大程度上促发和引起了整个网络舆论进程，而“新民周刊杨江”在整个事件的进程中也扮演了民间意见领袖。

意见领袖最早是1944年由美国学者拉扎斯菲尔德、贝雷尔森、高德特在关于1940年美国总统竞选中的民意的研究报告《人民的选择：选民如何在总统选战中做决定》中提出的。在1955年，拉扎斯菲尔德又与卡茨合作，在《人际影响：个人在大众传播中的作用》一书中认为，意见领袖只有作为媒介的中介才能发挥应有的作用。英国传播学者麦奎尔也认为，“观念常常是从广播与报刊流向舆论领袖，然后由舆论领袖流向人口中的不太活跃的部分”[②]。

“新民周刊杨江”关于“城管打死瓜农”的舆论成为引爆点，绝非偶然。从背景上看，杨江属于《新民周刊》首席记者，《新民周刊》是上海第一份综合性新闻周刊，发行量和影响力巨大，是具有全国影响力的传统媒体之一。杨江作为传统媒体记者，具有丰富的信息资源，同时在舆论上又以个人身份出现，扮演意见领袖角色，在当时其粉丝达到89 411位，在舆论上具有一定的影响力。从舆论内容上看，杨江的上述帖子内容看似平淡，其实颇具技巧，该评论并未使用任何张扬和刺激性文字，显得客观理性，甚至稍显平淡（如“网传湖南临武今日中午，一个城管当街砸死了一个卖西瓜的农民”），但却留了白（如“目前这条消息真伪尚未得到确认”）。从事件类型看，当街打死人当属重大舆情事件，但事件是否属实，发布该帖子的作者

---

① 网眼榜．临武小贩之死时间脉络梳理．(2013-07-17) [2020-03-20]. http: //www.wyyyy.com/Comment/contents/4266/1010.html.

② 周庆山，梁兴堃，曹雨佳．舆论中意见领袖甄别与内容特征的实证研究．山东图书馆学刊，2012 (2).

表示并不确定，这就给网民留下了好奇、质疑与查证的空间。从评论帖子的走势上看，也确实如此。该帖子发布后不久，就有微博用户在转发该帖子时作出回应。[①]

> **@小纯就是小纯：** 新闻是真实的，我家是临武的，死者是我外婆的亲弟弟……今天出来卖西瓜，被城管围着打，然后当场打死……可怜啊，粗暴的城管！没有人性!! 大家转发起来！百分百真实的!!
>
> **@我是文飞：** 刚刚跟在老家的同学确认了下，瓜农已经死亡。这城管真是丢了我们临武人的脸！不过，估计 ZF 马上会出面说是临时工。

在转发、求证和回复、评论的过程中，一些微博大 V 和意见领袖开始慢慢加入进来，"城管打死瓜农"事件开始在微博乃至整个互联网络扩散，网络舆论开始慢慢形成。如微博大 V"于建嵘"在转发时发表倾向明显的评论，而"新民周刊杨江"则给予了及时回应。[②]

> 死者曾拼死从打人者身上抢下胸牌，胸牌主人为临武县城市管理行政执法局执法三大队大队长廖卫昌。//**@于建嵘：** 城管维护城市秩序没有问题，但使用暴力致人死亡，则罪责难逃。//**@小纯就是小纯：** 新闻是真实的，死者是我外婆的亲弟弟……今天出来卖西瓜，被城管围着打，然后当场打死……
>
> **@新民周刊杨江**
>
> 网传湖南临武今日中午，一个城管当街砸死了一个卖西瓜的农民。目前这条消息真伪尚未得到确认。

在"城管打死瓜农"事件的舆论中可以看出，在舆情事件发生的初始阶段，事件的性质与舆论的语言表达形式固然重要，但舆论发帖人的身份更为重要，因为它直接决定了所发舆论的影响力和生命力。如舆论用户"miumiu 小夕"虽然最先发布"城管打死瓜农"的信息，且用刺激性语言吸引眼球，并且有意将舆论以@的形式通知给舆论大 V 和传统媒体（@董毅智律师@袁裕来律师@新浪湖南@郴州新闻头条），但所引起的回应却依然寥寥。直到"新民周刊杨江"发布该事件的舆论信息后，该事件才在微博平台上迅速引起轰动。

二、网络舆论形成阶段

在网络舆论形成阶段，网络平台上的网民评论总体呈现一种双螺旋交替上升的过程，即德国诺尔-诺依曼（Noelle-Neumann）1974 年在《传播学刊》上发表的《沉默的螺旋：舆论——我们的社会皮肤》（The Spiral of Silence：Public Opinion-Our Social Skin）一文中所说的"沉默的螺旋"过程。经过网络舆论爆发期的激发，特别是经过网络意见领袖的引导或推动，在众多观点中，某种观点开始逐渐占据优势，形成某种共同的舆论诉求和情境，同时由于人们恐惧受到孤立的心理，与之截然相反的态度与观点则越来越势单力薄，最后在网络平台形成一种主流的观点和态度。至此，网络平台上关于某个事件的舆论开始形成。

在网络舆论的形成阶段，事件本身的变化、事件当事人和相关管理部门、媒体平台、意见领袖等都是网络舆论形成的主要因素，网络舆论形成则是以上主要因素相互交织和影响的共同

---

① 张巍巍．快来看，城管又打死人了．[2020-03-20]. http：//star. news. sohu. com/s2013/linwu/.

② 同①.

结果。

以2013年湖南“城管打死瓜农”事件为例，经过最初的舆论爆发期后，很快引来了舆论形成期。从事件的发生过程看，舆论的形成明显同事件本身的发展息息相关。

在7月17日事件发生后，从“新民周刊杨江”的舆论看，关于该事件的舆论已经开始发酵，此后众多舆论大V和传统媒体纷纷加入，关于该事件舆论的沉默螺旋开始逐步运转。然而反观当地政府，对该事件的处理和反应仍然处置十分失当。例如，17日10时50分瓜农死亡，下午1点40分自“新民周刊杨江”发布帖子开始，该事件在网络上迅速扩大，但当地政府并没有在黄金第一时间出来对该事件进行说明，也没有任何处置措施，任由舆论发酵、蔓延。不仅如此，到18日凌晨，当地政府更是做了火上浇油的事。17日，瓜农邓正加亲属几十人守护出事地点遗体，下午当地警察开始封锁街道。18日凌晨4点，路灯突然熄灭，警察开始强制清场，并抢夺瓜农遗体，死者遗体被从现场运回家乡。当地政府的作为进一步激化了矛盾，也让该事件舆论形成过程中的沉默螺旋加速运转。

在网络舆论形成过程中，事件当事人或者事件利益攸关方也是网络舆论形成的重要因素。如湖南“城管打死瓜农”事件发生后，截至7月18日9时左右，作为事件当事人一方的临武城管局和临武地方政府并未在网络上发表任何信息和申明。这也间接助长了网络舆论形成中，沉默的螺旋加速向同情瓜农、谴责城管局一方发展。

此外，在该事件的沉默螺旋运转过程中，传统媒体和意见领袖明显起到对舆论的推波助澜和引导作用。通过分析该时段所发的评论帖子的影响力，发现传统媒体中《广州日报》《人民日报》《羊城晚报》等以及网络媒体“今日头条”在网络舆论形成过程中发挥了巨大作用。传统媒体及网络媒体所发评论选取如下[①]：

@广州日报：【曝湖南临武瓜农被城管打死 家属称尸体被警方抢走】央视网驻湖南**@记者曹晓波：**凌晨4点42分，接到死者家属电话援助：警方出动200多人，手持电棍、伸缩式警棍、盾牌冲锋至人群，家属称警察高喊“不让路的就死”，敲打盾牌轰轰作响。而在人民医院有多名警察把守，更多受伤者尚不知。死者尸体被抢走。

转发（2 623）｜评论（735）7月18日08：40 来自皮皮时光机

@人民日报：【网曝湖南郴州“城管打死瓜农”当地：正在调查】网曝2013年7月17日上午，湖南郴州市临武县莲塘村瓜农邓正加在县城卖西瓜时，与城管发生冲突后死亡。临武新闻网发文证实17日上午发生“意外死亡事件”，称“事件原因正在进一步调查中”。http：//t.cn/zQGBXC2

转发（4 143）｜评论（2 202）7月18日09：02 来自人民日报舆论

@羊城晚报：＃临武小贩之死＃【据称警方凌晨抢走尸体】昨日，湖南临武县瓜农邓正加与城管肢体冲突后死亡。冲突中他从一位城管身上抢下工作证显示“临武县城市管理行政执法局廖卫昌”，职务“执法三队大队长”。据@记者曹晓波，今天凌晨4点42分，警方出动200多人，手持警具，死者尸体终被抢走。伤数十余。都市快报

转发（4 444）｜评论（1 615）7月18日08：27 来自享拍舆论通

① 网眼榜．临武小贩之死时间脉络梳理．（2013-07-17）[2020-03-20]．http：//www.wyyyy.com/Comment/contents/4266/1010.html.

> **@头条新闻：**【湖南瓜农死亡事件多名城管被警方带走调查】昨晚9点多，湖南临武县公安局长证实，警方已带走数名城管调查。据报道，事发时，死亡瓜农妻子骂城管是土匪，随后被城管打晕，醒来后发现丈夫躺在旁边，半小时后停止呼吸。多名目击者称，死亡瓜农被打倒在地，又被踢了几脚。http：//t. cn/zQGuh3N
>
> 转发（18 799）｜评论（9 758）7月18日06：06 来自新浪舆论

在“城管打死瓜农”事件舆论形成过程中，除传统媒体发挥巨大作用外，@记者曹晓波、@新民周刊杨江、@范炜等舆论大V作为意见领袖也发挥了巨大作用，其中曹晓波和杨江皆是传统媒体记者，但是在舆论中二者皆是以个人身份出现的。在这些舆论大V们的加入和推动下，更多的民间意见领袖加入，同舆论上的传统媒体一道，推动了汹涌的舆论浪潮到来。该事件民间微博大V的舆论选取部分如下①：

> **@新民周刊杨江** http：//verified. weibo. com/verify
>
> 网传湖南临武今日中午，一个城管当街砸死了一个卖西瓜的农民。目前这条消息真伪尚未得到确认。http：//t. cn/zQG4hKi
>
> **@记者曹晓波：**#临武小贩之死#凌晨4点42分，接到死者家属电话援助：警方出动200多人，手持电棍、伸缩式警棍、盾牌冲锋至人群，家属称警察高喊“不让路的就死”，敲打盾牌轰轰作响。在中医院有十名受伤者头破血流接受治疗；而在人民医院有多名警察把守，更多受伤者尚不知。死者尸体被抢走。
>
> 转发（248 072）｜评论（78 878）7月18日05：36 来自iPhone客户端
>
> **@范炜：**【湖南临武官方暴力抢走被当街打死小贩尸体】凌晨4点42分，接到死者家属电话援助：警方出动200多人，手持电棍、警棍、盾牌冲锋至人群，家属称警察高喊“不让路就死”，敲打盾牌轰轰作响。在中医院有十名受伤者头破血流接受治疗；而在人民医院有多名警察把守，更多受伤者尚不知。死者尸体被抢走。曹晓波
>
> 转发（1 240）｜评论（417）7月18日08：25 来自iPhone客户端

从以上传统媒体、网络媒体和微博大V所发的评论看，内容分两种：一种是对该事件发展进程的客观陈述，如《人民日报》和“新民周刊杨江”的评论；另一种是客观陈述中蕴含倾向的词语，如死者尸体被抢走的“抢走”，家属称警察高喊“不让路的就死”等，这些貌似客观却略带倾向性的词语直接引导了同情瓜农一方的舆论到来。为了验证该事件舆论形成中，在传统媒体、网络媒体和微博大V们影响下，舆论是否如沉默螺旋理论所述一样朝一方发展，本章采用内容分析法，对7月18日9时的6 203条新浪微博帖子进行仔细分析发现，6 203条帖子竟然没有一条是替舆论另一方临武城管局辩解和说话的，广大网民要么是对该事件消息的转发，要么是评论，而评论中除开几条与该事件无关的插科打诨外，无一例外都是对瓜农的同情，以及对城管局和当地政府的不满。网络评论选取部分如下②：

---

① 网眼榜．临武小贩之死时间脉络梳理．（2013-07-17）［2020-03-20］. http：//www. wyyyy. com/Comment/contents/4266/1010. html.

② 同①.

Jonesdong：我在《城管事件》临武城管打死瓜农 http：//t. cn/zQGeTrw

异水寒：#新华分享#湖南临武城管被曝打死瓜农：五六人围殴 用秤砣砸头——17日上午，湖南临武县城管局工作人员在执法过程中，与南强莲塘村村民邓正加发生争执冲突，邓正加死亡。据邓一名家属黄素君介绍，邓正加是临武县南强乡莲塘村人，今年56岁……http：//t. cn/zQGeTZs @mark

侯店毛笔：湖南临武县城管被曝当街用秤砣打死瓜农 http：//t. cn/zQGgz6f（分享自@网易新闻）什么苍蝇老虎一起打，城管这是什么底气？谁给的？教授撰文说《全国大部分城管还是好的》，尼玛的真是和城管一样叫"兽"啊。这次事件你还有脸说大队长也是临时工吗？

麻莉娅：湖南临武城管疑用秤砣打死瓜农 警方现场维稳 http：//t. cn/zQGR9lg 微提问：这个维稳之后就没事了嘛？杀人不犯法？

为了进一步验证"城管打死瓜农"事件中，微博大V等意见领袖与一般网民在网络舆论形成过程中的关系，本章使用"一找微分析"可视化软件，选择"新民周刊杨江"的舆论"网传湖南临武今日中午，一个城管当街砸死了一个卖西瓜的农民。目前这条消息真伪尚未得到确认。http：//t. cn/zQG4hKi"的转发和评论传播途径进行可视化处理，路径显示如图7-2所示。

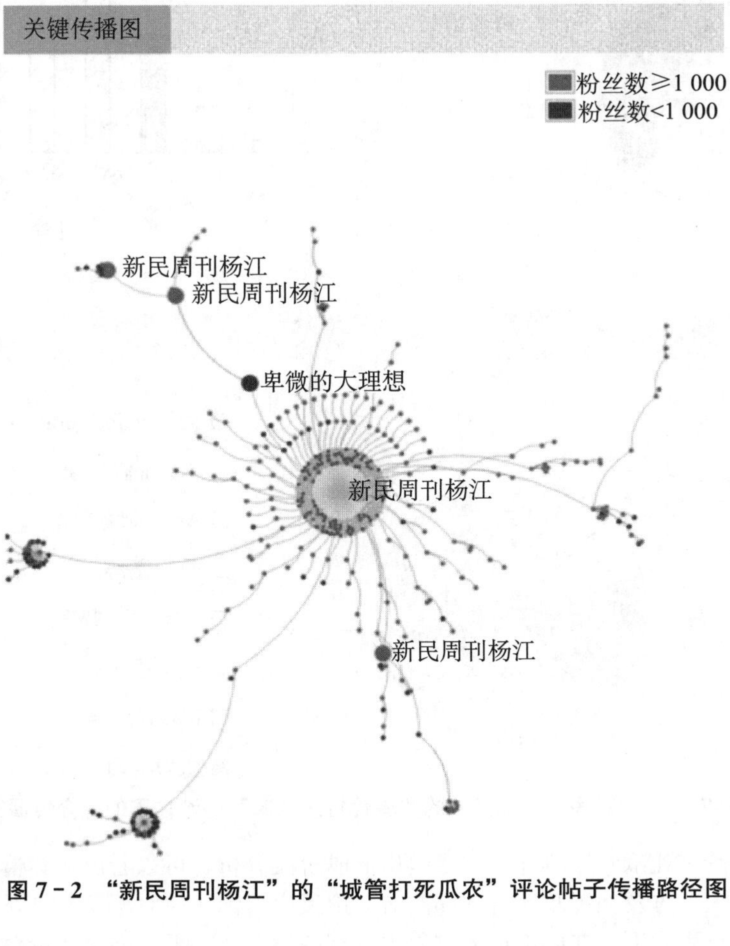

图7-2 "新民周刊杨江"的"城管打死瓜农"评论帖子传播路径图

从图7-2可以看出，“新民周刊杨江”是典型的民间意见领袖，围绕该帖子的所有转发、评论以及点赞都是围绕杨江展开的，外围仅有@卑微的大理想、@舞美大师、@天涯社区、@老徐时评等微博用户形成了几个不大的传播中心，但跟“新民周刊杨江”的发射状传播态势比，这些微博用户在传播中仅算得上是几朵不大的“浪花”，而其他微博用户则如涓涓细流，在新浪舆论上大家共同融汇成一条颇为壮观的舆论之河。

在对“新民周刊杨江”评论帖子传播的可视化分析中，另一有趣的发现是，相对于转发和评论，短链点击数竟然多达15 598条。这一方面说明网民对事件发展进程及真相的迫切了解，另一方面也说明相关链接对微博用户的态度和倾向也有很大影响作用。此外在对“新民周刊杨江”的评论帖子可视化过程中也呈现了另一些有趣的现象。如对该帖子的转发和评论及点赞中，真实用户占74%，疑似水军竟达26%，这些用户中，男性用户占59%，女性用户占41%，其中黄V用户占8%，微博达人占30%，普通用户占62%。在传播的终端分布中，来自网页舆论的占41%，iPhone客户端占21%，Android客户端占18%，位居传播终端的前三甲。以上传播状况可视化如图7-3所示。

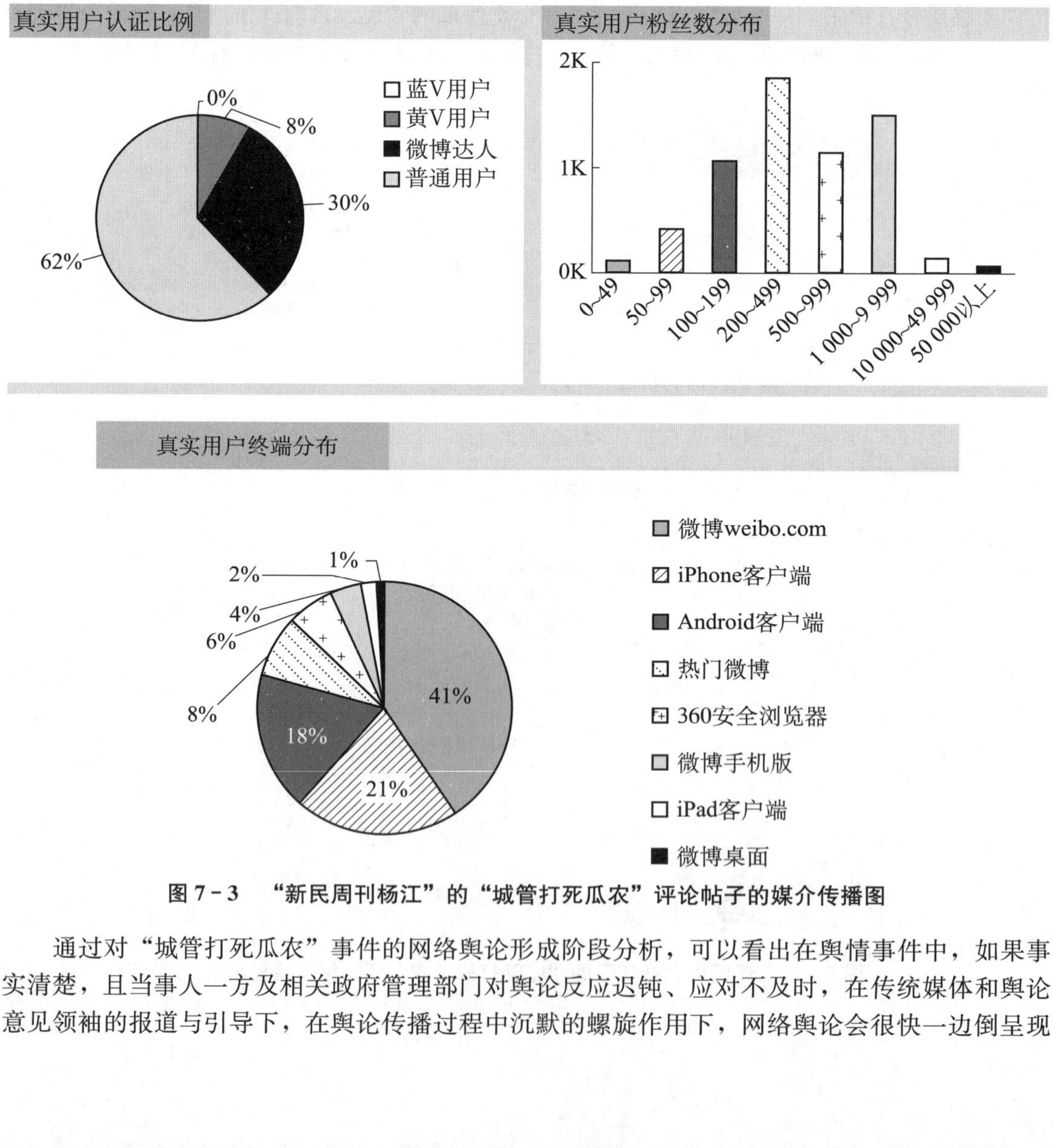

图7-3　“新民周刊杨江”的“城管打死瓜农”评论帖子的媒介传播图

通过对“城管打死瓜农”事件的网络舆论形成阶段分析，可以看出在舆情事件中，如果事实清楚，且当事人一方及相关政府管理部门对舆论反应迟钝、应对不及时，在传统媒体和舆论意见领袖的报道与引导下，在舆论传播过程中沉默的螺旋作用下，网络舆论会很快一边倒呈现

J状发展，形成舆论突变。

三、网络舆论消散阶段

网络舆论的趋缓一般有以下原因，其一是舆论如同浪潮，有起有伏、有涨有落，达到最高峰后必然下跌。其二是在舆论形成后，事件的发展出现了使得舆论趋缓或者更加极化的变化。

在湖南“城管打死瓜农”事件中，在7月18日9时左右舆论出现高峰之后，当地政府积极采取了许多应对措施，使事件朝向主流网络舆论即同情和安慰瓜农一方发展，从而使得舆论得以缓和。如7月18日之后，当地政府举行了新闻通报会，称事发后相关城管人员已经被警方控制。到了19日，临武县公安局发布消息称，涉事的城管人员已经全部以涉嫌故意伤害罪被刑事拘留。20日，临武县召开县委常委会，免除了临武县城管局主要领导的职务，并赔偿死者家属89.7万元。

在“城管打死瓜农”事件中，当该事件受到立案调查，且家属获得优厚抚恤之后，可以说是网络舆论彰显了威力，基本取得了胜利。这在某种程度上增加了舆论意见领袖的成就感，同时让众多网民宣泄了积蓄已久的对某些政府部门和社会的不满，也满足了他们的同情心和话语成就感。因此说，事件的解决结果，与其说是一场舆论的胜利，还不如说是一场庶民的话语狂欢，或者说网民情感的满足和胜利。

“城管打死瓜农”事件网络舆论传播的处理与结果，是舆论用户情感的满足和胜利，此事随后的一个情节与插曲恰好说明了这一点。当舆论用户们正在庆祝舆论胜利的时候，一个账号为“@瓜农邓正加女儿V”的用户在7月19日18：32发表了如下言论。①

> 现在政府已经妥善安抚好了家人，我们整个家族对政府的处理表示满意，今日下午爸爸已经下葬，我们承受了很多的痛苦，逝者已去，入土为安，我们已经不希望受到外界太多的打扰。感谢市县相关部门的妥善安置，感谢所有关心支持我们的人。
>
> 转发（115 571）｜评论（188 786）7月19日18：32来自新浪舆论

该条帖子一发，很快被转发和评论十几万条，立时在网络引起轩然大波，大家纷纷质疑该帖子的真实性。因为此人前后的发言反差巨大，此前曾一直要求相关政府给予说法，但转眼间，却在网络平台中感谢政府。对此，《楚天金报》官方舆论称：“【我们需要一个解释】今天，@瓜农邓正加女儿加V舆论账号上线，14：50和14：53连发2条舆论，转发迅速逼近10万；突然，该账号加V认证神秘消失，网络一片哗然；18：30，以上2条帖子突然全被删除，变成了‘很满意，感谢相关部门’……背后的蹊跷，大家自行想象。”随后，在19日的9时20分，央视网记者曹晓波称其在现场曾采访过邓正加女儿邓艳玲，据该女称账号为@瓜农邓正加女儿的微博，先是加V，后又去V，最后又加V，所有这些行为及账号所发布的内容都是她本人所为。在确证账号真实后，网上舆论再度汹涌。网友一方面质疑瓜农邓正加女儿脑子进水，另一方面则质疑相关部门在背后做了某种上不了台面的勾当。很快，账号为@瓜农邓正加女儿的微博就删除了该条评论帖子。

1972年法国数学家勒内·托姆在《结构稳定性和形态发生学》一书中的突变理论，以拓扑学为工具，以结构稳定性理论为基础，提出了一条新的判别突变、飞跃的原则：在严格控制

---

① 新华舆情．新华社连发三问追问临武瓜农案．（2013-07-20）[2020-03-20]. http：//big5.xinhuanet.com/gate/big5/news.xinhuanet.com/yuqing/2013-07/20/c_125037996.htm.

条件下，如果质变中经历的中间过渡态是稳定的，那么它就是一个渐变过程。比如拆一堵墙，如果从上面开始一块块地把砖头拆下来，整个过程就是结构稳定的渐变过程。如果从底下开始拆墙，拆到一定程度，就会破坏墙的结构稳定性，墙就会哗啦一声，倒塌下来。这种结构不稳定性就是突变、飞跃过程。突变理论在社会现象中的一个应用可以归纳为解释了某种量的突变问题。人们施加控制因素影响社会状态是有一定条件的，只有在控制因素达到临界点之前，状态才是可以控制的。一旦发生根本性的质变，它就表现为控制因素所无法控制的突变过程。重大突发事件中，正是由于事件发生突变，才引起舆论用户情绪的突变，随即也引起网络舆论的突变。

从@瓜农邓正加女儿的上述舆论评论行为可以看出，网络舆论出现突变并非只在舆论开始形成阶段，在舆论形成后，随着事件发展，舆论也会发生突变，甚至会出现完全相反的走向，这在“重庆男司机暴打女司机”事件中显现得最为明显。因此关于突变，不仅见于重大突发事件的爆发阶段，也见于舆论形成阶段，甚至是舆论消散阶段。

四、网络舆论平息阶段

舆情事件中的网络舆论往往一波三折，在沉默的螺旋作用下，网络舆论虽然会很快形成，但其间往往也会发生突变和反复，如果发生突变之后很快遭到修正，那么舆论势头往往会随之缓和并渐至平息。

在“城管打死瓜农”事件中，虽然@瓜农邓正加女儿V的微博遭到质疑，但其后她迅速删除，并延续此前一贯立场，而当地政府部门关于此事的处理更加果断迅即，腔调也更加和蔼。因此，到7月22日，网络舆论虽然不乏尖锐之词，但舆论腔调总体偏软，最主要的是，传统媒体与舆论大V们都认为事件解决已到尾声，也普遍在舆论声浪中退影息声，因此网络舆论已经从激流澎湃转向静水深流。

仔细观察在7月22日的2 006条新浪评论帖子，其间并未见传统媒体、网络媒体和舆论大V等民间意见领袖发声。这2 006条评论帖子主要分为三种：一种是对该事件相关信息的跟踪报道；一种是对当地政府部门对该事件的处理表示不满；还有一种则纯粹是一些与此事无关的边缘信息。而所发的评论帖子由于缺少重量级媒体和意见领袖参与，因此每条评论帖子的转发和评论很少，舆论评论帖子的影响力和能量辐射也相应很少，最终导致舆论进入尾声。相关评论帖子代表选取如下：

@快乐潇洒668：//**@桃之臻臻：**//**@歌手晓峰：**//**@人生有离别：**看看这群黑社会犯罪，还有傻逼谈什么不要煽动仇恨，真是可笑死了//**@残留的碎片：**＃临武小贩之死＃据多位网友爆料，现临武警察全都跑去包围村子了，政府协商赔偿要求家属出面澄清瓜农死于意外，并非城管打死。莲塘乡都已经被包围，信号被屏蔽，除非家属妥协。

@丁来峰：【湖南临武村民被令不准多谈】村民收到指令，不准再多谈瓜农与城管的故事。当有村民和记者说话时，会被人带走。网友建议：当地政府应为每个村民配备口罩，凡村民出门不戴口罩者，一律处以非法言论罪！凡转发评论本条舆论者，一律跨省。

转发（8 370）｜评论（1 274）7月21日 16：33 来自Android客户端

@青春和苍老之间：李传浩：临武城管打死瓜农 公职人员打死人赔89万了事？那问题出来了：第一，公职人员打死他人是不是不要负刑责？第二，这89万的钱从哪里来？是不是政府用纳税人的钱在赔付？临武县政府之前称没有证据显示邓正加是被城管砸死，那死者头上5×2厘米的伤口和颅内淤血怎么回事？以上问题请临武县政府严肃回答!!!

@手机用户2 059 591 147：城管未死 哈尔滨一瓜农被打 前几天湖南城管秤砣打死瓜农，事后呢家属获赔八十多万，涉案领导被撤职，完了么？不知道。19日，哈尔滨也发生了一起城管打人事件，而……http：//t. cn/zQcy9R6

@网易新闻客户端：无论出于何种理由，可能伤及无辜的自曝行为都应该受到谴责。但一个公民对于公正的诉求，若能通过法律的渠道得到满足，暴力就绝不会是唯一的选择。每一次的司法不公、宣传作态、无耻舐痔、恶意封杀都是在人群中撩拨心火，泼洒燃油和火药。当大多数人希望燃尽，选择暴力，除了弃船，则无人能幸免。

@封面客：#微娱乐#【李天一案今日庭前会议 梦鸽独自现身法院】被告证词：1. 未满十八岁，应特殊待遇；2. 轮流性强奸“陪酒女”危害甚小，视为嫖娼即可；3. 城管打死瓜农都可以顾全大局，此案未涉及人命，案件可做无罪辩护；4. 事后曾遭短信敲诈，应视为受害人；5. 清华易叫兽都为我说话；6.《我爸是李刚之李双江》无罪释放。

五、小结

从“城管打死瓜农”事件可以管窥部分舆情事件在舆论爆发和传播中的传播特征，即一般舆情事件的网络舆论传播模式分为四个阶段，舆论爆发期、舆论形成期、舆论消退期和舆论平息期。

在舆论爆发期，舆情事件要想成为舆论热点，前提首先是事件本身必须对社会影响巨大，其次该事件必须有一个舆论爆破点，这个爆破点要么在语言表达上刺激轰动，要么在信息内容上留白以便引起人们的好奇与质疑。同时，舆论爆发的初级阶段，传统媒体和民间意见领袖的参与也极端重要，往往决定某个舆情事件的评论帖子能否在网上存活，以及能否引起舆论轰动。

在舆论形成期，在传统媒体与舆论大V的介入下，网络舆论往往会形成沉默的螺旋。如果事件当事人一方陷入沉默，就会加剧沉默的螺旋的形成，从而迅速形成巨大的舆论声浪。网络舆论形成，会对社会形成巨大影响，会促进舆情事件进一步发展或者被迅速处理解决。

在舆论的消散和平息期，有时会出现与此前所形成舆论的不同突变，但大多数情况下，随着事件的发展和平息，舆论会渐趋平息。在舆论的消散和平息期，媒体与意见领袖活动减少，相关微博发言多为普通网民所为，评论帖子的能量减弱，影响力降低，舆论渐渐平息。

总之，社会事件的网络舆论传播模式和特征就如同潮水和波浪，有起有伏，其舆论传播同事件性质与大小、事件的发展、媒体及意见领袖的参与息息相关，也同一般用户的心理和情绪密不可分。网络舆论的传播是一个复杂且有规律可循的社会现象和过程。

你怎么看

从受众人数上看，微博受众在逐渐减少，而微信受众超过微博，并在不断增长。这一现象是否说明微博已经衰退，并为新崛起的微信所取代？

第3节　网络舆论的传播规律

网络传播的巨大威力已经有目共睹。其挖掘事实的监督功能、聚拢人气的集合功能、煽动情绪的动员功能等等，这些远远超越传统媒体的功能在诸多网络舆论事件中皆有明显表现。然而现有对网络舆论的研究，或多从个案出发，或停留于感觉层面，缺乏系统、全面的案例剖析，在广度与深度上都不足以揭示网络舆论发展的本质与规律。本书力求对重大网络舆论案例进行系统分析，案例选择标准有二：（1）谷歌与百度两大搜索引擎上出现相关报道超过1万条；（2）在大范围内引起社会广泛关注。最终选定我国1998年年初至2010年年底重大网络舆论事件210起，对这些案例的关键要素，如时间、地点、群体、类型、传播途径与影响效果等进行逐一分析，以全面、系统、翔实的数据揭示我国网络舆论事件形成与发展的基本特征，力图对我国网络舆论管理，特别是网络舆论的引导方式提供有效参考。①

一、重大网络舆论事件的时空特征

（一）重大网络舆论事件的时间分布

我国最早的网络舆论事件，虽有学者认为是1998年的“印尼排华”事件，但事实上，早在1998年1月发生的“克林顿拉链门”事件中，中国网络舆论已经十分活跃。因此，我们选取网络舆论事件以此为先，时间跨度从1998年年初到2010年年底。对我国重大网络舆论事件发生的时间和数量进行统计，结果如图7-4所示。

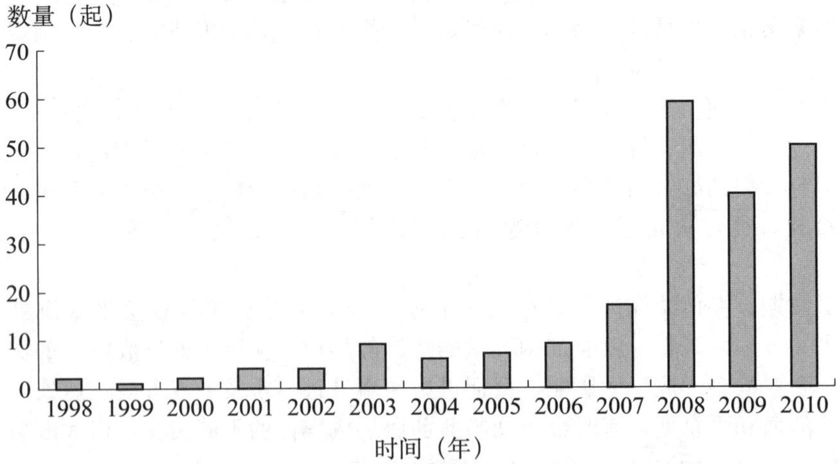

图7-4　重大网络舆论事件的时间和数量

由图7-4可见，中国重大网络舆论事件，在时间上呈波浪状不断上扬的发展态势，2009年有所回落。其间，2003年、2007年特别是2008年，上升态势明显。这正印证了通常所说的：2003年是网络舆论年，2007年是网络民意年，2008年是网络舆论监督年。这些具有标志性的年份，在网络舆论事件的数量上皆有明显表现，在210起重大网络舆论事件中，发生在

① 重大网络舆论事件分析中，有些网络舆论事件发生在国外，如莎朗·斯通辱华事件、王千源事件等，故在进行方位、地域、阶层等分析时，案例总数不完全等于210起，为免读者误解，特此说明。

2003年的有9起，2007年有17起，2008年有58起，2009年有40起，2010年有50起。

网络舆论事件逐渐增多的原因，最为主要的有三：其一，网络技术本身的发展。2003年之前，互联网还处在Web 1.0阶段，Web 1.0是以网站提供信息为主，因此，以民意为主导的网络舆论事件在中国尚不常见。2003年以后，互联网进入以博客、RSS、P2P、SNS、即时通信（IM）等为主导的Web 2.0阶段，用户成为网络信息的主要提供者，互动、共享的网络传播理念及其相关技术的使用，为网络舆论的兴盛准备了技术条件。其二，网民数量的急剧增长。网络使用在中国各个领域快速普及。据中国互联网络信息中心发布的报告，在1997年10月，我国网络用户为62万，到2015年6月，网民规模已达6.68亿，互联网普及率达到48.8%。[①] 巨大的网络使用群体形成了强大的网络舆论主体。其三，中国社会民主化建设的加强。自2003年胡锦涛任中共中央总书记以来，中国进入“胡温新政”的新时期，政府致力推行信息公开与社会民主，特别重视网络言论，网络媒体的舆论监督作用得以充分展现。

网络舆论事件从形成、发展、高峰峭立到有所回落，也显示出政府网络舆论管理水平的提升。

（二）重大网络舆论事件的空间分布

我们根据现实中的地域概念将网络空间进行划分，为了方便统计，我们选取方位角度、大小角度。从方位角度，我们通常依方位不同将地域分为东部、中部、西部三个部分。从大小角度，我们通常以人口数量、经济属性、消费水平等将地域分为大城市、中小城市以及农村偏远地区。

对我国重大网络舆论事件发生的地域进行统计，结果如下：源自东部地区的重大网络舆论事件占54%、中部地区占22%、西部地区占24%，具体如表7-1所示。

表7-1　重大网络舆论事件的空间分布

地域	案例数	所占比例
东部地区	99	54%
中部地区	40	22%
西部地区	43	24%

源自大城市的重大网络舆论事件占56%、中小城市占30%、农村偏远地区约占14%，具体如表7-2所示。

表7-2　重大网络舆论事件的空间分布

地域	案例数	所占比例
大城市	96	56%
中小城市	51	30%
农村偏远地区	23	14%

两组数据非常合乎逻辑地契合一致。由此可见，重大网络舆论事件更为频发的地域以东部地区与大城市为最，而且，城市越发达，受网络舆论关注的程度越高。以方位而言，频发顺序是东部、中部、西部；以发达程度而言，频发顺序是大城市、中小城市、农村偏远地区。在东部及大城市中，北京、广州、上海、深圳最为突出，其中北京占所属区域的30%，广州占8%，上海占6%，深圳占5%。显而易见的原因不外是，北京为全国政治文化中心，上海为经济贸易中心，广州、深圳为东部沿海最为发达的地区。在中部地区，网络舆论事件分布以湖北、河南、

① 中国互联网络信息中心（CNNIC）．第36次中国互联网络发展状况统计报告．2015：1.

湖南、山西四省偏多，其中，湖北占 30%，河南占 24%，湖南占 19%，山西占 19%，并主要集中在武汉、湘潭两个城市，武汉占 10%，湘潭占 8%。山西发生的网络舆论事件中，多数为矿难事件，占到其总数的 75%。西部各地，以四川、重庆、陕西偏多，四川、重庆各占 22%，陕西占 19%，而且多集中在成都、重庆与西安三个城市，这也正好是西部较为发达的三个城市。

由于网络传播超越空间，一些网络舆论事件的跨区域特征十分明显。这其中一部分事件是因为本身就是全国性事件，如“非典”事件、“房地产高房价”事件、“金融危机”事件等；一部分事件是因为备受关注而扩散到其他区域，如“印尼排华”事件、“铜须门”事件、“贾君鹏”事件等。这种跨地域性的网络舆论事件占到整个 210 起网络舆论事件的 3%。

在对重大网络舆论事件的空间分析过程中，我们同时能发现事件发生地域的迁移：初期阶段（1998—1999 年），网络舆论事件多源起于国外，如“克林顿拉链门”事件、“印尼排华”事件、“中国驻南联盟大使馆被炸”事件；2000 年前后，网络舆论事件重心转移到国内中西部地区，如胡长清案、广西南丹矿难、繁峙矿难；2003 年以后，东部发达地区成为关注的焦点，如孙志刚案、“珠海买春”事件、上海社保案等。

二、重大网络舆论事件所涉群体与类型

（一）重大网络舆论事件所涉群体

重大网络舆论事件所涉群体，参照《当代中国社会阶层研究报告》，“以职业分类为基础，以组织资源、经济资源、文化资源占有状况，作为划分社会阶层的标准”，最终划分出中国当代社会十大阶层，即国家与社会管理者阶层、经理人员阶层、私营企业主阶层、专业技术人员阶层、办事人员阶层、个体工商户阶层、商业服务业员工阶层、产业工人阶层、农业劳动者阶层、城乡无业失业半失业阶层。① 我们对十大阶层在重大网络舆论事件中出现的频率进行统计，结果如图 7-5 所示（一些案例所涉群体按此标准无法归类）。

由图 7-5 可见，重大网络舆论事件所涉阶层，以国家与社会管理者阶层比例最高，相关案例共 67 起，约占整体的 36%。其次是专业技术人员阶层，案例共 28 起，占到整体的 15%。位列其三的是私营企业主阶层，案例为 22 起，占整体的 12%。其次是办事人员阶层，案例 18 起，占整体的 9%。农业劳动者阶层，案例 16 起，占整体的 7%。商业服务业员工阶层与产业工人阶层各为 10 起、5 起，各占整体的 5%、3%。位列最后的是经理人员阶层、个体工商户阶层、城乡无业失业半失业阶层，各 3 起，均仅占整体的 2%。

国家与社会管理者阶层，是党政事业和社会团体机关单位中行使实际行政管理职权的领导干部，是整个社会阶层结构中的主导性阶层，他们在整个社会阶层结构中所占比例仅为 2%，但却拥有并控制着整个社会最重要的组织资源，对社会发展具有决定性的影响作用。② 因此，他们构成网络舆论事件的焦点，网民极度关注他们的道德品质、管理能力、工作作风等。如 2007 年的“华南虎”事件，不断作假的村民周正龙受到舆论指责，但更为强烈的网络舆论矛头直指的是陕西省林业厅，网民关注的是政府诚信。2009 年“绿坝”事件，网民质疑的是工信部的工作方式，工信部没有充分论证就仓促安装过滤软件，以至于抵制之声四起。2009 年，郑州市规划局副局长逯军质疑记者“替党说话还是替老百姓说话”，引起网络热议，人们关注

① 中国社会科学院社会学研究所．当代中国社会阶层研究报告（简略版本）.（2009-09-13）[2020-03-20]. http://www.360doc.com/content/09/0913/13/238233_5916845.shtml.

② 同①.

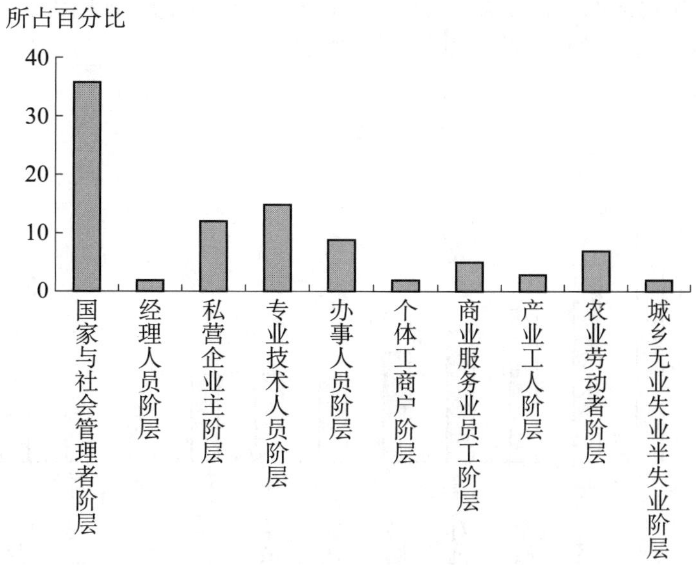

图7-5 重大网络舆论事件所涉社会阶层

的是领导干部的素质。

位列其二的专业技术人员阶层，他们是在各类机构中从事专业性工作、科技工作的专业人员，是我国社会中层的主要群体，在社会阶层结构中所占比例约为15%，他们拥有社会文化（技术）资源。有研究显示，拥有文化资源的重要性在中国特定社会结构中越来越凸显，甚至超过对经济资源的拥有。① 网络舆论对该类阶层的关注正好契合这一结论，如2008年阎崇年事件，著名学者阎崇年在无锡签名售书，网友认为其观点有汉奸之嫌，掌掴之，引起网上对其学术观点的大讨论。2008年奥运会中美女排赛，执教美国队的原中国女排队员郎平成为网络舆论评论的焦点。其他如2001年赵薇"军旗装"事件、2007年黄健翔"解说门"事件、2009年方静"间谍门"事件等皆如此。

位列其三的私营企业主阶层，他们拥有一定的私人资本或固定资产，占有一定的经济资源，但在我国现有社会结构之下，经济资源的支配更多取决于政府政策导向，远不及组织资源，甚至也不及文化资源重要，因而其社会地位难以与其经济地位相匹配。这一阶层在社会阶层结构中的比例为12%②，也较容易成为网络舆论关注的对象。如2008年张茵"提案"事件，当时女首富张茵的提案在网上引起轩然大波，网友指责张茵是在替富人说话、无视穷人利益。2008年万科董事长王石在汶川地震中的捐款言论，引来网上一片指责。2009年黄光裕事件，网络舆论焦点直指官商勾结、非法敛财。

总之，网络舆论对社会阶层的关注度，明显呈现出如下特点：对社会资源占有越多，关注度越高；对社会资源拥有越少，关注度越低。

（二）重大网络舆论事件所涉类型

网络舆论事件的类型针对的是网络舆论事件的议题与性质。网络舆论事件所涉内容很广，

---

① 中国社会科学院社会学研究所．当代中国社会阶层研究报告（简略版本）．（2009-09-13）[2020-03-20]．http：//www.360doc.com/content/09/0913/13/238233_5916845.shtml.

② 同①.

我们对 210 起网络舆论案例进行分类，凡同类案例有 5 个以上的，即归为一类，结果共归纳出 12 个类别，对其频次进行统计，结果如图 7－6 所示。

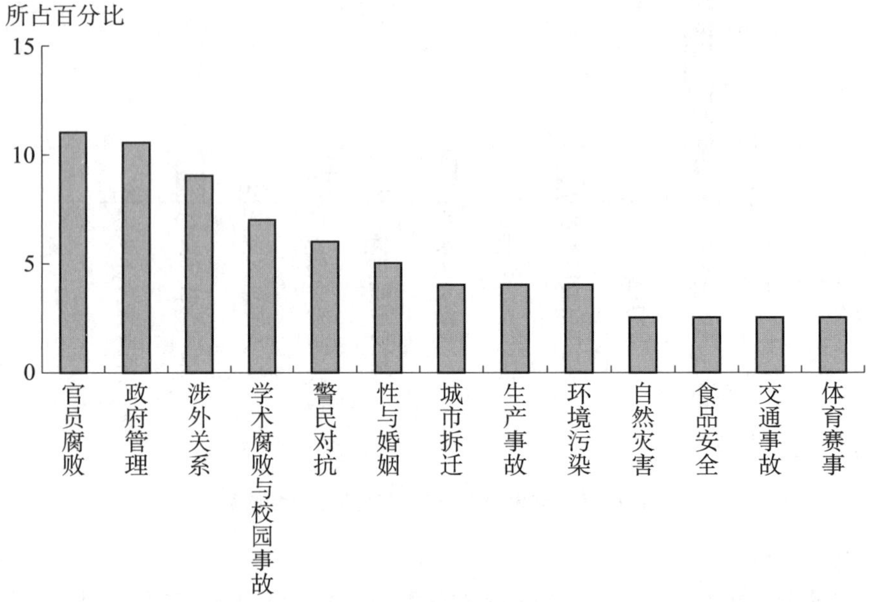

图 7－6　网络舆论关注的事件类型

网络舆论事件关注的类型较为广泛，但主要集中在政治与民生方面。政治方面，官员腐败与政府管理密切相关，共 47 起，占整个案例的 22%，显示出网民对政治生活的关注。网民一方面积极关注政府的管理绩效，一方面积极监督管理中的腐败问题。前者如 2008 年胡锦涛“强国论坛”对话网民，网民对科技部网站留言的热议，网民对中国政府大部制改革的关注。后者如 2007 年上海社保案、2009 年“躲猫猫”事件、湖北邓玉娇事件等，极大发挥了网络舆论的监督作用。2009 年《中国青年报》社会调查中心委托腾讯对目前网民的举报方式的调查显示，网络曝光占 35.8%，居目前举报形式之首，其他依次为传统媒体曝光（31.3%）、向纪委举报（17.2%）、向检察院举报（11.4%）、向上级政府机关举报（3.3%）、向公安部门举报（0.5%）。① 网民对政府与官员的关注，同时显示了国家政治民主的进步。2008 年 5 月 1 日，《中华人民共和国政府信息公开条例》正式施行，鼓励政府与官员信息公开。2009 年，从中央部委到地方政府，普遍建立网络快速应急机制，及时回应网民。②

警民对抗问题，因案例较多，多达 13 起，占到总数的 6%，所以单列一类，事实上这类案例反映的也是网民对政府行政执法的监督。随着社会民主法治的加强，人们对公平正义的要求越来越高。政法机关的执法行为，特别是执法中的不公不廉问题成为网络舆论监督的焦点。如 2008 年上海袭警案、哈尔滨警察打人致死事件，2009 年浙江南浔两协警“临时性强奸”事件、杭州“70 码”事件等，都引起网络舆论的轩然大波，这类网络舆论对政府倡导的阳光执法起到了很好的助推作用。

---

① 祝华新，单学刚，胡江春．2009 年中国互联网舆情分析报告．（2009－12－22）［2020－03－20］. http：//yq. people. com. cn/htmlArt/Art392. htm.

② 同①.

民生问题，是网络舆论关注的又一大热点。民生问题是与普通百姓生活密切相关的问题，如教育、医疗、城市拆迁、环境污染、食品安全等，这类案例共39起，占到总体数量的19%。这些内容最易触发网民的敏感神经，引起网民共鸣，从而快速形成网络舆论热潮，并引发人们对体制缺陷的探讨。如2005年“苏丹红”事件、2005年“松花江水污染”事件、2007年重庆“最牛钉子户”事件、2007年“太湖蓝藻污染”事件、2007年“厦门PX项目”事件、2008年“三鹿奶粉”事件、2009年“罗彩霞被冒名顶替上大学”事件、2009年“南京婴儿徐宝宝医院死亡”事件等皆如此。

涉外关系问题，案例17起，占到整体的8.1%。随着中国经济的崛起，国际交往越来越频繁，由此引发的网络舆论事件渐趋增多。这类案例主要表现为爱国热情与民族情结的纠集，如1999年“中国驻南联盟大使馆被炸”事件、2001年赵薇“军旗装”事件、2003年日本人“珠海买春”事件、2005年民间“反日入常”事件、2008年“抵制家乐福”事件、2008年“莎朗·斯通辱华”事件等。这种情绪引导得当便是一种强大的爱国力量，如2008年西藏“3·14”事件、2008年“奥运火炬巴黎遭袭”事件，网民对国外媒体歪曲与不实的报道进行了有力的反驳与谴责，为国家赢得了尊严。

性与婚姻问题也是网络舆论关注的焦点，这类案例共9起，占到整体的4.3%。现实社会的道德滑坡使网民特别关注体现人类基本道德的性与婚姻问题。这类问题总是与名人隐私、高官情妇、插足小三、家庭责任等联系在一起。如2006年“铜须门”事件的主角“铜须”，因被网友爆料与有夫之妇发生婚外情，遭网络人肉搜索。2009年“艾滋女”事件，一名自称“艾滋女”的博主在博客上公布了279名与自己发生性关系的男性手机号码，导致公安部门介入。其他诸如“一夫二妻”区委书记事件、“姜岩死亡博客”事件、“艳照门”事件等皆如此。

三、重大网络舆论事件的信源与传播路径

目前，大众传播的媒体主要有三：传统媒体（包括广播、电视、报纸、杂志等）、网络媒体和手机媒体。我们对210起案例的信源与传播途径进行考察，以探寻网络舆论事件在各媒体间形成、扩散与传播的基本规律。

（一）重大网络舆论事件的信源

考察网络舆论事件的信息来源，我们通过多种渠道进行追溯：追溯谷歌、百度、搜狗、有道等搜索引擎；追溯门户网站以及社区论坛自带的检索系统；也通过电子期刊库进行文献追溯。通过对210个网络舆论案例信息源的考察，我们发现：43%的网络舆论事件由传统媒体率先报道，34%源自网络媒体，3%源自手机媒体，20%多种媒体同时报道，难以分辨先后。具体如表7-3所示。

表7-3 重大网络舆论事件的信源

媒体源头	传统媒体	网络媒体	手机媒体	多种媒体
最先报道数	91	71	7	41
所占比例	43%	34%	3%	20%

结果显示，重大网络舆论事件的信息源，可查证的大多来自传统媒体，这与我们通常所感觉的网络媒体已经成为最为重要的信息源有所出入，但却与我们对门户网站信息源的分析十分吻合，在门户网站提供的海量信息中，除体育与娱乐信息原创率居高外，其他新闻信息多转自传统媒体或新闻网站（新闻网站的信息多源自其母媒体）。究其原因：其一，与我国媒体管理

政策密切相关。根据我国互联网管理的相关规定，只有传统媒体创办的网站，经过申请、审批才有新闻首发权，其他网站皆不具备采访与首发新闻的权利，只能转载传统媒体或新闻网站的内容。然而，低成本的转载与复制能够快速形成新闻聚合的强势，使网络媒体找到另外的出路。其二，传统媒体的组织结构与品牌优势，使它们在信息获取上仍具优势。它们具有分布合理的信息网络、训练有素的专业采编队伍，而且在不断地通过各种途径提升自身的竞争力。反观网络媒体，绝大多数尚不具备这样的组织构架，信息渠道分散，信息内容良莠不齐，在系统开发、甄别信源上仍需努力。

然而，对性质敏感、发生地偏远的事件，网络媒体的挖掘功能却有独到之处。如“非典”事件初期，在管理部门未作指示前，传统媒体难以报道，但相关信息在网络论坛上四处传播。2008年温州“出国考察门”事件，一张遗失的公务员出国考察账单，在事情没有核实之前，传统媒体难以报道，但网络论坛中可以张贴相关的信息。在微博和微信时代，很多信息在报道之前就会在这些平台上流传，诸如此类的事件举不胜举。

网络信息发布平台众多，最为主要的集中在网络论坛、QQ群、贴吧、博客、邮件列表上。我们对源自网络的重大网络舆论事件进行考察，结果发现：源自网络论坛的居首，其次是博客，之后是贴吧、邮件列表、QQ。具体如表7-4所示。

表7-4　重大网络舆论事件的信息发布平台

网络源头	案例数	百分比
论坛	34	16%
博客	16	7.6%
贴吧	2	0.9%
邮件列表	2	0.9%
QQ	1	0.5%

由于其无以计数的信息源头，其四通八达的信息渠道，网络媒体发掘信源的能力将会越来越强势，特别是随着移动互联网和智能手机的普及，网络媒体的优势会更加明显。

（二）重大网络舆论事件的传播途径

对210起重大网络舆论事件的媒体传播途径进行考察，我们发现其传播途径基本如下：一是从手机媒体到网络媒体或传统媒体，占3%；二是从网络媒体到传统媒体或手机媒体，占29%；三是从网络媒体到网络媒体，占5%；四是从传统媒体到网络媒体或手机媒体，占43%；五是多种媒体同时关注，占20%。事实上，网络舆论事件的形成，大多是多种媒体互相传播的结果。

对网络舆论事件的传播途径进行整体考察，发现其扩散过程基本呈现出葫芦状模型。最初，某媒体发掘信源；然后，各媒体分头传播；之后，多媒体共鸣；最后，舆论事件形成，并向社会各方扩散影响（见图7-7）。

网络舆论形成的途径较为多元。在事件发展中，网络媒体的推波助澜作用尤为突出。网络媒体彻底消解了传统媒体的话语霸权，广大网民都可以发出自己的声音，探讨问题、形成观点、引导舆论。在网络舆论事件中，意见领袖的作用值得关注，因为起关键作用的观点往往来自非常有限的几个活跃分子。

值得一提的是，5%的重大网络舆论事件，在网络上沸沸扬扬，持续升温，传统媒体却处之漠然，如赵薇“军旗装”事件、“一个馒头引发的血案”事件、“铜须门”事件、“贾君鹏”事件等。这典型地反映出不同媒体之间价值取向的差异，这种差异会随着媒体的多元发展更趋明显。

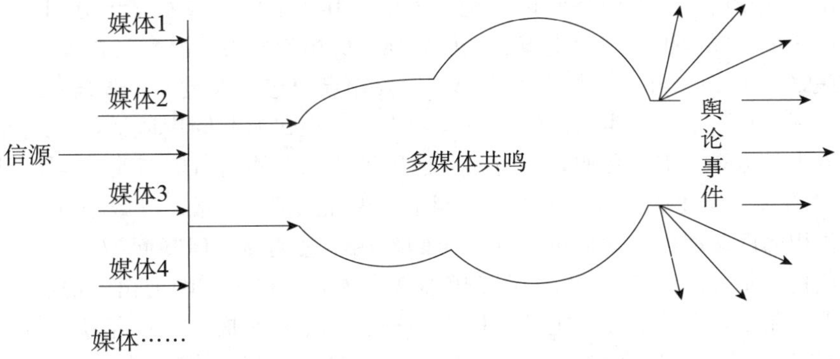

图7-7 网络舆论事件的传播途径

四、网络舆论事件的影响与效果

网络舆论不同于司法审判，它主要是通过“舆论场”形成强大的舆论压力对事件各方施加影响，从而左右事件进程。本部分探讨网络舆论事件的影响与效果，主要从两个方面展开：一是探讨网络舆论对事件解决的多向作用；二是比较网络舆论事件中各媒体的影响力。

(一) 网络舆论对事件解决的多向作用

网络舆论对事件解决的多向作用，是指网络舆论在促进原始事件解决过程中的正面或负面影响。传播学先驱勒温在研究群体社会行为时建立了一个力场分析图，图中，他将促进事物变革的力量分为作用力与反作用力。当作用力大于反作用力时，事物将会发生变革；当作用力小于反作用力时，事物将会走向变革的反面；当作用力与反作用力相持不下时，事物将会处于均衡状态。受此启发，我们将事件进程中网络舆论作用划分为三种：正向、负向与中性。网络舆论对促进事件的发展具有明显正面效果的称为正向；网络舆论在促进事件解决上产生负面消极作用的称为负向；网络舆论多方观点势均力敌，对促进事件的解决效果不甚明显的称为中性。

通过对 210 个重大网络舆论事件解析，利用各种检索工具，追踪事件发展过程以及最终解决结果，发现网络舆论在推进事件发展中作用多向。其中，起正向作用的案例为 141 起，比例为 67%；起中性作用的案例为 50 起，比例为 24%；起负向作用的案例有 19 起，比例为 9%（见图 7-8）。

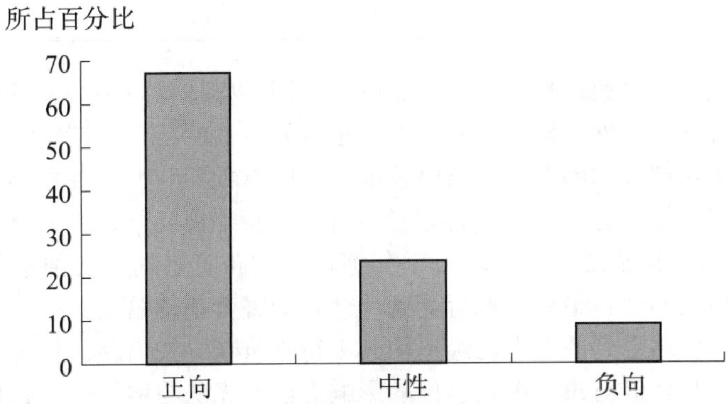

图7-8 网络舆论对事件发展的影响

数据显示，起正向作用的网络舆论占绝大多数，其正面的积极意义十分明显。如 2003 年孙志刚事件，从传统媒体扩展到网络媒体，形成强大的舆论压力，温家宝总理亲自召开国务院常务会议，最终废止 1982 年 5 月国务院发布的《城市流浪乞讨人员收容遣送办法》。再如 2008 年山西襄汾溃坝事故，事故发生后网络舆论反响强烈，很快掀起问责风暴，涉及各级官员 100 多名，山西省省长孟学农引咎辞职，副省长张建民被免职。其他如 2007 年“厦门 PX 项目”事件、2009 年“番禺垃圾焚烧”事件等，都因网络舆论强烈抵制，最终导致地方政府修改决策。

起中性作用的网络舆论，对促进事件解决的作用不甚明显，但却起到了广开言路的作用，虽然这些言论良莠不齐。如 2008 年农民工胡小燕当选人大代表，网上舆论纷纷，有的嘲笑现行人大代表选举制度，有的积极肯定社会民主的进步，莫衷一是。2009 年“全国最年轻市长”事件，“全国最年轻市长”周森峰被媒体报道后，引起网民强烈兴趣，有的赞扬中国干部年轻化制度，有的对其背景、学历、提拔方式进行质疑，舆论纷争不断。又如 2008 年杨师群教授“反革命”风波，有的批评学生的告密行为，有的质疑杨教授的授课行为，各方观点相持不下。在诸如此类的网络舆论事件中，虽然没有传统媒体的强势引导，然而在网民的多元观点呈现中，人们开阔了思路，政府了解了民意。

起负面作用的网络舆论所占比例较小。网络舆论的情绪化、鼓动性、不负责任等特点，也容易引发网络暴力、网络侵权等问题。如 2006 年“铜须门”事件、2007 年“姜岩死亡博客”事件，当事人在网上受到强烈抨击，生活隐私遭到网民的人肉搜索，生活安宁受到极大干扰。也有网民不辨是非，如 2008 年上海袭警案中，杨佳为泄私愤，刺杀 6 名警察，却有网民对其行为大加赞赏，称其为“沪上刀客”。对于这类案例，如果不重视并及时引导，就会造成负面的消极影响。

（二）网络舆论事件中各媒体影响力比较

比较网络舆论事件中各媒体的影响力，我们将事件进程与主要媒体报道联系在一起，对不同媒体报道对事件发展的影响作用进行考察。结果发现，网络媒体主导事件发展的案例有 105 起，占 50%，传统媒体起主导作用的 15 起，占 7%，多种媒体共同作用的 90 起，占 43%，手机媒体的主导作用尚不明显，如表 7－5 所示。

表 7－5　网络舆论事件中媒体影响力

媒体	网络媒体	传统媒体	手机媒体	多种媒体
案例数	105	15	—	90
所占比例	50%	7%	—	43%

数据显示，不同媒体对舆论事件进程的影响力，网络媒体首屈一指。虽然网络媒体在信源挖掘上尚不及传统媒体，但网络媒体最具人气、最具开放性的特点使其影响力远在传统媒体之上。许多传统媒体无法解决的问题，网络媒体因网民的自觉参与、挖掘真相、伸张正义，最终形成势不可当的网络舆论气势，以至于管理者不得不重新审视问题。如 2009 年杭州的“70 码”事件、2009 年云南的“躲猫猫”事件、2009 年河南的“跨省追捕”王帅案等，皆因执法者没有秉公执法，网民穷追不舍，最后施暴者受到严惩，受害者获得赔偿。

网络时代，传统媒体受到的冲击已经迫使其不得不重新寻找出路。传统媒体虽然目前在信源获取上仍有政策保护，但对重大舆论事件的影响力已经无法与网络媒体相比。然而，在我国特定的媒体框架下，传统媒体的功能仍然不容忽视。如 2004 年湖南的“嘉禾拆迁”事件、2004 年深圳的“妞妞”事件、2006 年富士康事件等，皆因传统媒体，特别是中央级媒体的介入，最后才得以解决。到目前为止，传统媒体的权威性仍然难以超越。

手机媒体因其独特的便捷性、移动性，开始在诸多网络舆论事件中发挥作用，如2007年“厦门PX项目”事件，在网络媒体上传播受阻后，手机媒体仍在推动事件发展。2008年汶川地震，当传统媒体与网络媒体陷入瘫痪时，手机媒体仍在向外界传递信息。随着时间的推移，手机媒体巨大的潜力将会越来越凸显。

在全信息时代，多种媒体共同关注重大事件，共同影响事件发展，将成为媒介发展的必然趋势。媒介融合现象已经成为学界、业界关注的热点。媒体实践早已起步，如美国“9·11”事件、“中美撞机”事件、中国奥运会开幕式、金融危机等，理论研究正紧跟其后。

【本章小结】

本章描述了网络舆论的主要形态，包括网络舆论黑客行为、网络舆论签名与调查行为、网络舆论谣言行为、网络舆论暴力行为、网络舆论推手行为；分析了网络舆论的传播模式，包括网络舆论传播的爆发阶段、形成阶段、消散阶段与平息阶段；并从时空特征、所涉群体与类型、信源与传播路径、影响与效果等方面考察了网络舆论的传播规律。

【思考题】

1. 网络舆论传播的主要形态有哪些?
2. 试分析传统网络论坛、微博、微信中的舆论传播有什么异同?
3. 以某具体案例分析网络舆论谣言行为、网络舆论暴力行为或网络舆论推手行为是如何扩散的。
4. 试分析某重大突发事件或群体性事件网络舆论的传播规律。

第8章 网民及其活跃群体

互联网对当代社会产生的重大影响之一，就是为人类提供了一个全新的社会活动场域。在这个不同于现实社会的虚拟网络空间里，一个全新的人类社群得以产生，这就是伴随着信息网络技术的不断普及而日益庞大的网民群体。有研究者称，人类社会已经变成由平民和网民共同构成的身份双元性社会。①

第1节 网民的基本状况

从20世纪60年代开始至今，从最初的军事用途到后来扩展到学术工作者的应用，再到现在允许普通人参与使用，互联网越来越成为一种大众化和平民化的传播媒介。而生存于其中的网民群体也从以前少数社会精英扩大到现在的大众使用者。

一、网民的界定

何谓网民？对此研究者尚未得出统一的结论。争议主要体现在两个方面：一个争议是网民资格的确定是否需要对上网时间加以限定。如中国互联网络信息中心（CNNIC）将网民定义为过去半年内使用过互联网的6周岁及以上公民。② 而沙莲香却认为，从社会共同体的意义上讲，只要被所参与的社区正常接受并通过正常渠道取得有效合法的账户名及电子邮件地址，即可成为网民。网民身份的消失只有在因账户长期不使用而被消除时才会发生。③ 另一个争议是网民是否需要具备对互联网的强烈关怀意识。“网民”（Netizen）一词由网络（Net）和公民（Citizen）组合而成，最早由美国哥伦比亚大学研究生米切尔·霍本（Michael Hauben）所创造。霍本使用“网民”这一概念最初用来特指Usenet的建设者和积极参与者。按霍本的划分方法，这一概念有两种层次：一种泛指任何网络使用者，不管这个使用者的使用意图；另一种用来指称那些对互联网具有强烈关怀意识，愿意以集体努力的方式建构一个对大家都有好处的网络社会的网络使用者。④ 正是源于霍本对网民概念的层次划分，现今研究者对“网民”一词的意义分歧也常体现在网民是否应该具备一定的积极性方面。一些研究者认为，只有那些愿意将自己的时间和精力贡献于网络的积极参与者才能称为网民。而另一些研究者则认为，网民应该泛指互联网的所有用户。

> **你怎么看**
>
> 编者认为网民与网络受众是两个概念。你怎么看？

现阶段，网民已由最初少数的社会精英分子扩大到大众使用者。正是出于对网络活动主体现状的考虑，本教材所研究之“网民”是指那些为满足个人需求而将其计算机连接上互联网进

---

① 沙莲香，等．中国社会心理分析．沈阳：辽宁教育出版社，2004：273.

② 中国互联网络信息中心（CNNIC）．第36次中国互联网络发展状况统计报告．2015：5.

③ 同①.

④ Hauben M，Hauben R，Truscot T，Netizens：On the History and Impact of Usenet and the Internet. IEEE Computer Society Press，1997.

行网络活动的普通网络使用者。他们既不同于那些利用网络发布信息的政府机构、团体、企业以及各类大众传播媒介，也与单纯的网络受众存在区别。在现今的许多研究和报告中，人们习惯将“网民（或网友）”与“网络受众”等同视之，事实上，这两者之间存在区别。“网络受众”的概念源自传统媒介研究中的“受众”一词，特指网络传播活动中的受传者。而网民作为网络传播的主动参与者，是网络社会不可或缺的信息生产者和创造者，在网络传播的过程中，扮演着传播者和接收者的双重角色。网民只有在进行特定类型的网络活动（如信息查询行为）时才能被称为“网络受众”。

二、中国网民的基本构成状况

尽管国际社会互联网的发展始于 20 世纪 60 年代，但在我国，互联网向社会全面开放却始于 20 世纪 90 年代中期。1995 年 1 月，邮电部电信总局分别在北京、上海设立的通过美国 Sprint 公司接入美国的 64K 专线开通，并且通过电话网、DDN 专线以及 X. 25 网等方式开始向社会提供 Internet 接入服务。在国际社会竞相发展信息高速公路的关键时刻，我国政府也开始大力推动互联网的发展。正是得益于良好的互联网发展环境以及社会各界对互联网需求的增长，中国网民的队伍日益壮大。从中国互联网络信息中心（CNNIC）历次发布的中国互联网络发展状况统计报告可以看到，1997 年 10 月，我国的网络用户仅有 62 万[①]，而截至 2008 年 6 月，中国网民数量达到 2. 53 亿，网民规模跃居世界第一位。[②] 截至 2019 年 6 月，网民规模达 8. 54 亿。[③] 图 8 - 1 显示了 2016 年至 2019 年中国网民规模与互联网普及率的变化趋势。尽管目前中国网民的规模持续增长，但与互联网发达国家相比，我国互联网普及率还处于较低的水平。

随着网民规模的不断扩展，构成网络社会的网民群体一直处于不断变动的状态，并在网络

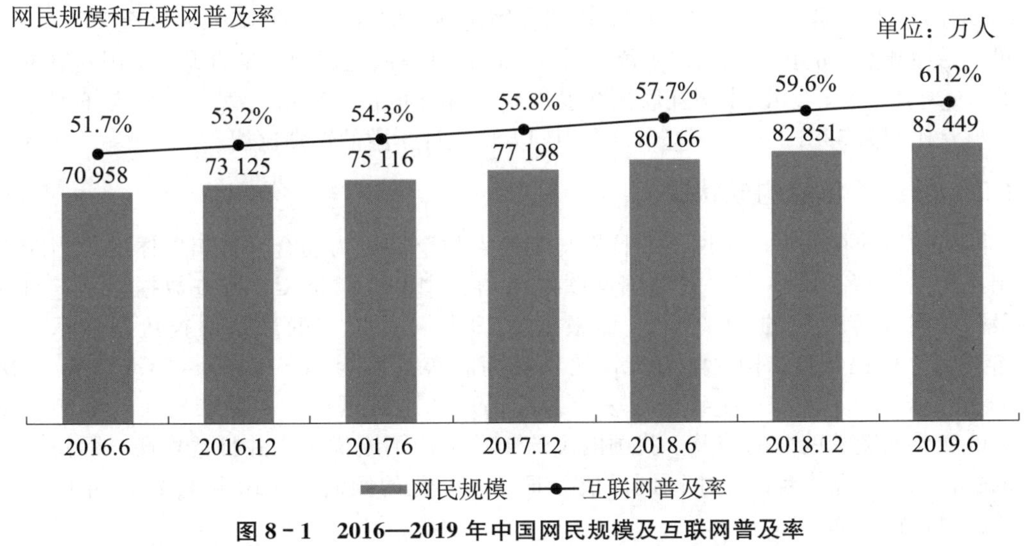

图 8 - 1　2016—2019 年中国网民规模及互联网普及率

资料来源：中国互联网络信息中心（CNNIC）. 第 44 次中国互联网络发展状况统计报告 . 2019：15.

---

① 中国互联网络信息中心（CNNIC）. 第 1 次中国互联网络发展状况统计报告 . 1997：1.

② 中国互联网络信息中心（CNNIC）. 第 22 次中国互联网络发展状况统计报告 . 2008：5.

③ 中国互联网络信息中心（CNNIC）. 第 44 次中国互联网络发展状况统计报告 . 2019：15.

发展的不同阶段呈现出不同的构成特点。中国互联网络信息中心（CNNIC）是我国进行互联网各项调查和数据采集的权威机构，从1997年开始，每隔半年对我国网民规模、结构特征、网络应用和互联网安全环境等进行连续的调查研究。根据CNNIC每一阶段发布的报告，我们可以较清楚地观察到网民的构成特点及其近年来的发展变化趋势。

【知识窗】

中国互联网络信息中心（China Internet Network Information Center，CNNIC）是经国家主管部门批准，于1997年6月3日组建的管理和服务机构，行使国家互联网络信息中心的职责。

CNNIC于1997年11月发布《第1次中国互联网络发展状况统计报告》，并形成半年一次的报告发布机制。至今已发布相关报告44次，系统描绘了中国互联网络的宏观发展状况。

（一）网民的性别构成状况

互联网在中国的深入发展以及人们对互联网认识的逐步理性，推动着中国网民性别结构方面的重大变化。从图8-2中可以看出，中国网民中男性网民比例一直高于女性网民，女性互联网普及程度相对较低，尤其是在互联网发展的初期，网络几乎成为男性的天下。究其原因，可能与中国女性整体的受教育水平、社会角色、社会地位以及性别特征有关。与男性相比，女性可能怀有一种技术恐惧心理，在年纪较大的女性中更是如此。① 然而，图8-2中男女网民比例的变化走势也显示出，中国女性网民的比重正逐年上升，女性网民的比例从1997年10月的12.30%增加至2015年年底的46.40%，而男性网民则相应从最初的87.70%减至53.60%。中国网民中男性与女性的比例已趋向平衡，女性网民逐渐撑起互联网的半边天。中国互联网络信息中心（CNNIC）《第44次中国互联网络发展状况统计报告》显示，截至2019年6月，中国网民的男女比例为52.4∶47.6，基本符合中国人口统计学中的性别比例。

（二）网民的年龄构成状况

在网络发展的初期，由于网络的特性与年轻人的个性更为吻合，青年群体成为当时中国网络用户的主力军。1999年1月中国互联网络信息中心（CNNIC）调查数据显示，21～25年龄段网民占整体网民的41.3%。② 而根据2019年8月发布的最新调查数据显示，截至2019年6月，网民年龄结构更加多元，比例最高的年龄段为20～29岁（24.6%），其次为30～39岁（23.7%），第三为40～49岁（17.3%）。③ 中国网民的年龄结构在二十年中发生了很大的变化。随着网络的普及，我国网民的年龄结构不断优化，并日益均衡。网民年龄结构上的变化从一个角度反映了中国网民成分日益多元化的倾向。2018年与2019年中国网民年龄结构对比情况如8-3所示。

---

① 彭兰．网络传播概论．北京：中国人民大学出版社，2009：286.

② 中国互联网络信息中心（CNNIC）．第3次中国互联网络发展状况统计报告．1999：2.

③ 中国互联网络信息中心（CNNIC）．第44次中国互联网络发展状况统计报告．2019：18.

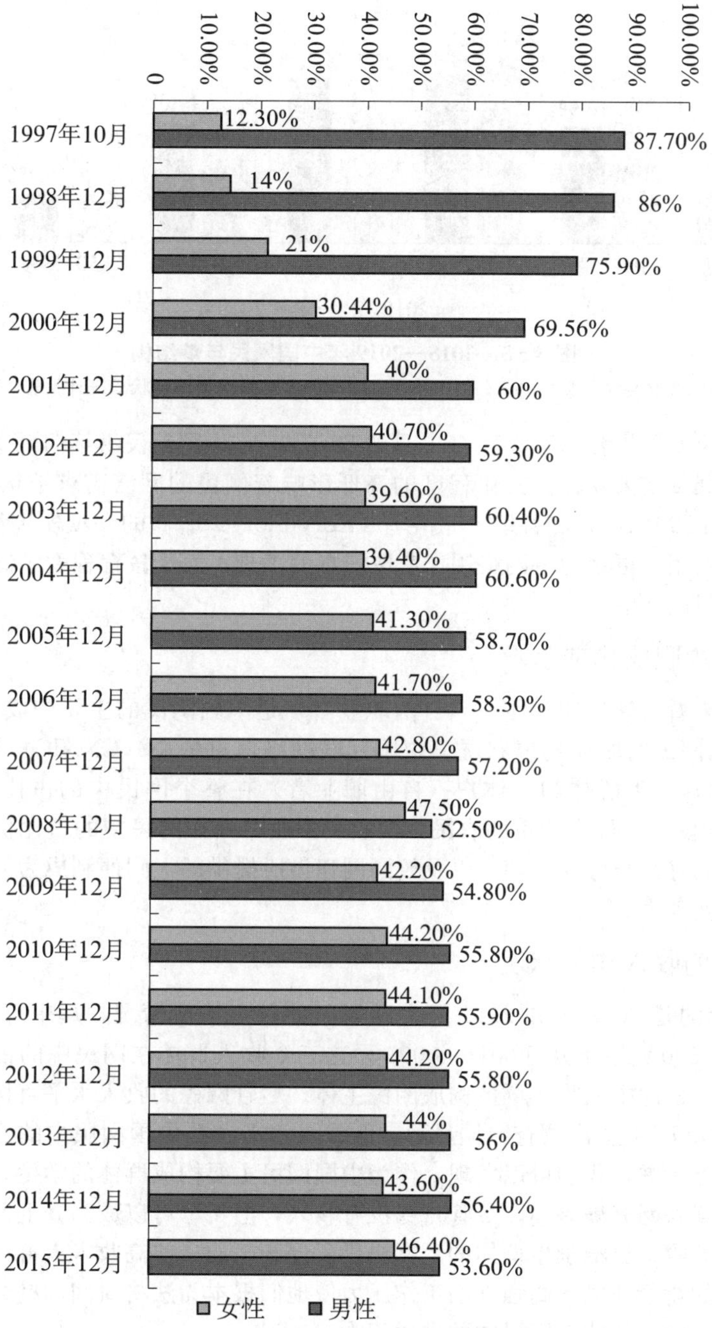

图 8－2　1997—2015 年中国网民性别结构图

(三) 网民的学历构成状况

互联网在我国发展之初，作为一种新兴的传播媒介，使用者的受教育程度普遍较高，而近年来，随着互联网在我国的逐步普及，中国网民的学历结构呈现出低端化走势。图 8－4 显示了 1997 年至 2015 年我国网民的学历结构变化。从历次统计数据可以看出，网民的学历结构发生着巨大的改变。与互联网发展之初相比，上网不再是高学历者的专利，大专以下的网民占比

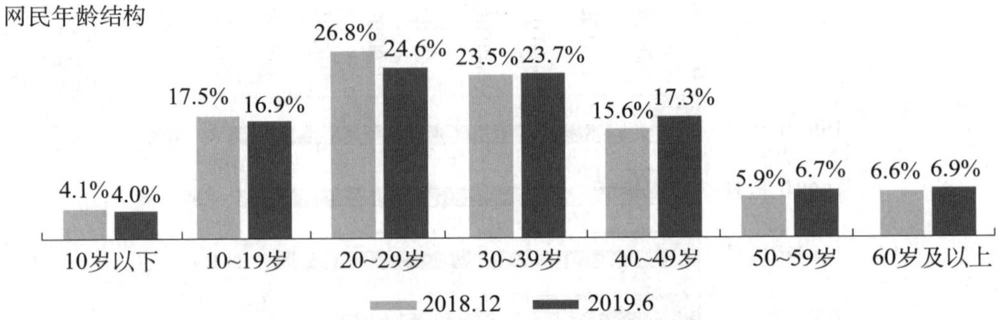

图 8-3　2018—2019 年中国网民年龄结构

资料来源：中国互联网络信息中心（CNNIC）. 第 44 次中国互联网络发展状况统计报告 . 2019：19.

从 1997 年 10 月的 11%①增长至 2019 年 6 月的 79.9%②。中国网民继续向低学历人群扩散，互联网在中国的发展日趋大众化。文化程度的高低影响着网民的网络需求结构，马尔科姆·R. 帕克斯（Malcolm R. Parks）和科里·弗洛里（Kory Flory）所做的一项实证调查指出，“受教育程度较高的网络用户更多地将网络用作获取信息的工具，而受教育程度较低的网络用户则仅将网络用作娱乐目的”③。

（四）网民的职业构成状况

从职业结构来看，学生和个体户（自由职业者）是中国网民的主要构成群体。图 8-5 显示了 2019 年中国网民的职业构成状况，中国互联网络信息中心（CNNIC）的调查数据显示，截至 2019 年 6 月，学生群体和个体户（自由职业者）在整个网民中的占比分别为 26.0%和 20.0%④，而占中国人口最大比重的农民、产业服务业工人在网民中的占比仍比较低。时间上的闲暇、年轻人的好奇与好动心理，以及校园网建设所提供的上网便利成为促进相关群体积极参与互联网的重要动力。

（五）网民的收入构成状况

图 8-6 显示的是 2018 年和 2019 年中国网民的收入构成情况，从中可以看出，2019 年 3 001～5 000元、500 元以下及 5 001～8 000 元这三个收入群体在网民中的占比很大，构成了中国网民的主体，也即中低收入群体构成网民主体。尽管网民的收入水平直接影响他们在网络上的投入，但 CNNIC 的历次调查数据显示，低收入水平者在中国网民中的比例并不低。结合网民职业分布特点考虑，我们可以发现，作为中国网民主要构成群体的学生，追求个性和时尚的心理使他们对互联网充满兴趣，尽管自身没有收入，但父母可以成为其上网的经济支持，而学校网络资源的低收费也给学生群体的上网提供了便利。而一些高收入人群虽然具有上网的经济基础，但激烈的竞争环境和高强度的工作压力使他们根本无法将时间和精力花费在网络休闲上，因此这一部分收入群体在网民中的占比不大。

---

① 中国互联网络信息中心（CNNIC）. 第 3 次中国互联网络发展状况统计报告 . 1999：2.

② 中国互联网络信息中心（CNNIC）. 第 44 次中国互联网络发展状况统计报告 . 2019：19.

③ Bonfadelli H. The Internet and Knowledge Gaps. European Journal of Communication，2002（17）.

④ 同②.

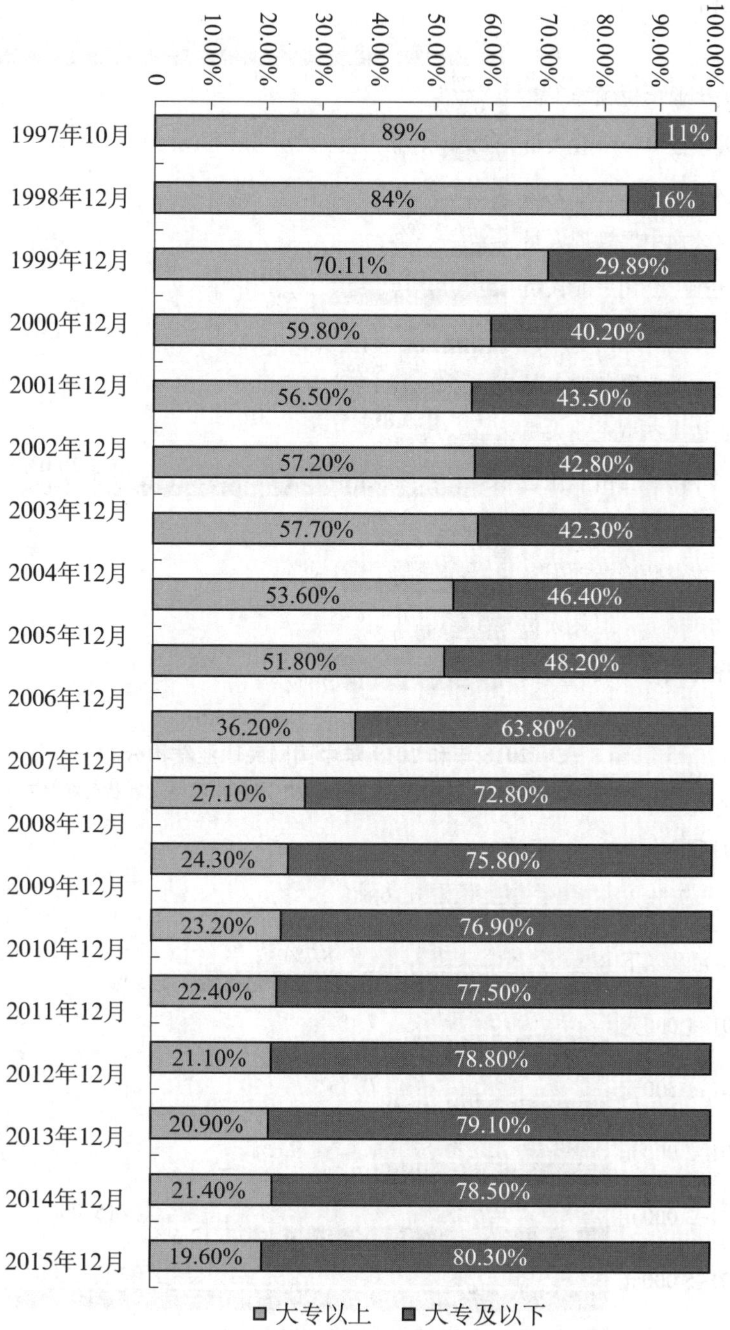

图 8-4　1997—2015 年中国网民学历结构分布

(六) 网民的城乡构成状况

根据美国传播学家蒂奇诺等提出的知沟理论，社会经济地位高者通常能比社会经济地位低者以更快的速度获取信息，大众传播媒介的普及将扩大社会阶层之间的知沟，而以自由、互惠、开放为原则而建构的网络媒体，较传统媒体更快地加速了这种分化。首先，就外部环境来

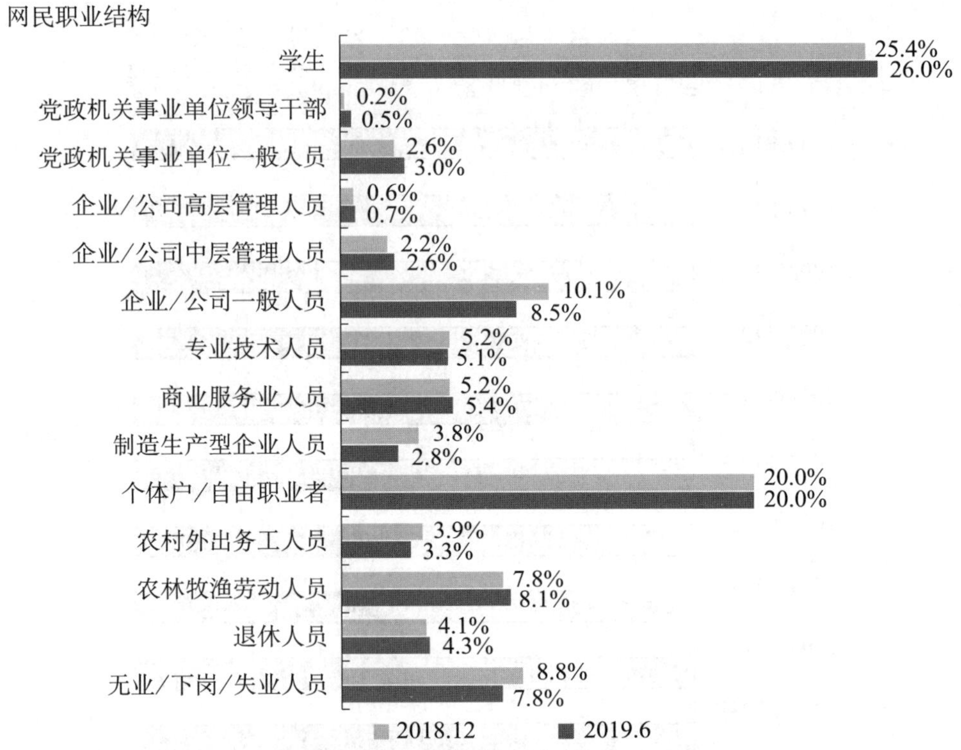

图 8-5　2018 年和 2019 年中国网民职业结构分布

资料来源：中国互联网络信息中心（CNNIC）. 第 44 次中国互联网络发展状况统计报告 . 2019：20.

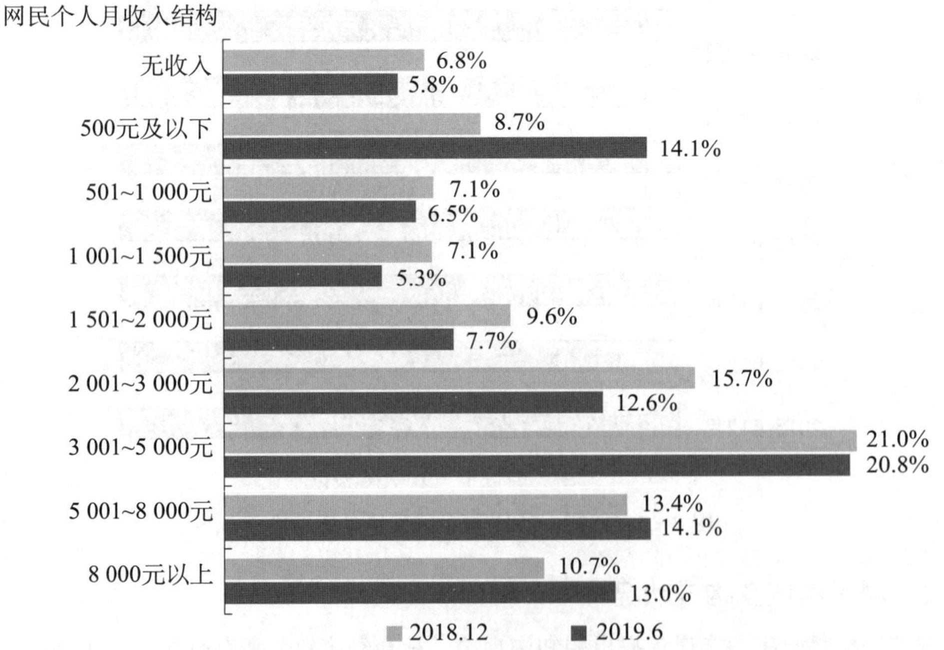

图 8-6　2018 年和 2019 年中国网民月收入结构

资料来源：中国互联网络信息中心（CNNIC）. 第 44 次中国互联网络发展状况统计报告 . 2019：21.

说，我国部分农村地区网络使用的基础条件还很匮乏，虽然“家电下乡”等刺激消费的政策给农村地区居民提供了购买电脑的便利途径，但对大部分农民而言，电脑还是较奢侈的用品。此外，与城镇居民相比，我国农村地区居民的网络使用意识相对较落后。正是受制于上述因素，我国的互联网普及率在城乡之间存在较大差异，农村地区网民的增长一直较为缓慢，增幅小于城镇地区。最新调查报告显示，截至2019年6月，我国网民中农村网民规模为2.25亿，占整体网民的26.3%，而城镇网民规模为6.30亿，占整体网民的73.7%①，网民的城乡差异非常明显。

三、网民的类别划分

物以类聚、人以群分。互联网凭借其自由、开放、平等的特性吸引着不同年龄、职业和地位的网民参与其中。对网民进行群体细分将有助于我们更加准确地了解各类网民的需求与行为特征，同时也能够为互联网治理、网站管理、网络营销等工作提供更为精准的人群定位。要进行科学的分类，需要选取有典型意义的分类标准，依据不同的分类标准，网民可以被划分为不同的类别。

（一）根据网民的网络活跃程度划分

网民作为一个无限丰富的个性化群体存在，其网络行为常常受到参与动机、自身性格等因素的影响。尽管互联网为网民提供了一个空前自由、开放的参与平台，但已有研究证明，网民的参与具有不平等性，网民在网络空间的活跃程度存在较大的差异。以网络论坛的参与为例，网络论坛不仅存在一群积极讨论的参与者，也存在大量以观众姿态生存的沉默者，论坛使用者仅围观不发言的行为被视为一种网络空间的边缘参与。根据网民的网络活跃程度，可将网民划分为沉默型网民、一般参与型网民与活跃型网民三类。

沉默型网民：沉默型网民在使用互联网的过程中行为比较自我，几乎从不贡献内容，也不参与任何的网络互动，但此类网民寻求信息的主动性并不低，往往将互联网作为获取信息的渠道，在某种程度上扮演着传统读者与观众的角色。尽管这类网民的网络行为不易被其他网民察觉，但他们的边缘参与却是网络公共空间必不可少的组成部分。

一般参与型网民：此类网民属于网络社会中的大多数，他们在互联网中的活跃程度处于沉默型网民与活跃型网民之间，既不会完全沉默，也没有过于积极。他们依照自己的兴趣和需求开展网络活动。

活跃型网民：此类网民在互联网中的表现非常活跃，他们借助互联网提供的各类平台，直接参与信息的生产和传播过程，根据自己的需要进行信息的粘贴、编辑和链接，或者通过博客、微博、网络论坛等网络平台发表自己的看法和观点，他们是网络世界的内容生产者。此类网民积极活跃的行为背后受到不同动机的驱动，活跃者或是为了博得声望，或是为了打发时间。然而，不能否认的是，活跃型网民的积极行为使他们具备了意见领袖的某些潜质，凭借频繁的参与和互动行为，此类网民更容易被其他网民熟悉和认可。

（二）根据网民的网络应用行为划分

随着互联网的发展，各类网络应用应运而生，极大地丰富了网民的网络生活，网民可以自由地根据各自的喜好选择不同的网络应用。根据网民的网络应用行为对网民进行分群是一种行

---

① 中国互联网络信息中心（CNNIC）.第44次中国互联网络发展状况统计报告.2019：16.

之有效的方法。中国互联网络信息中心在 2009 年 1 月发布的《第 23 次中国互联网络发展状况统计报告》中，将“搜索引擎”“电子邮件”“即时通信”“拥有博客”“访问论坛/BBS”“交友网站”“网络游戏”“网络购物”“网上卖东西”“网络炒股”以及“网上旅行预订”这 11 种网络应用作为分群变量，结合网民的网络应用数量以及在互联网上的时间花费，将网民划分为了网络依赖群、网络商务群、网络社交群、基础应用群、自我展示群、非主流网游群以及网络浅尝者七大群体。①

其中，网络依赖群使用的网络应用最多，每周上网时间最长，是互联网最忠实的群体；网络商务群热衷于商务交易类网络应用，在电子商务、在线炒股、旅行预订等应用上的特征明显强于搜索引擎、即时通信、电子邮件等基础应用；网络社交群参与互联网更多的是为了满足社交的需求，其网上行为主要集中在即时通信、博客、论坛/BBS、微博、微信以及社交网站等具有社交特征的应用上；基础应用群的网民则热衷于搜索引擎、电子邮件、即时通信等互联网基础应用，而在其他应用上的使用率明显偏低；自我展示群的网民热衷于能够展示自我的网络应用，常常利用博客、微博、微信等平台进行自我呈现，彰显个性色彩，而对其他性质的网络应用缺乏兴趣，使用率明显低于总体；非主流网游群的网络行为较为单一，在年龄上更偏向于两端，上网时间绝大部分花费在网络游戏上面；网络浅尝者则属于网民总体中上网时间最少、使用的网络应用数量最少且网龄最短的群体。

（三）根据网民的生活形态划分

尽管互联网提供的虚拟环境使网民在参与的过程中可以隐匿自己的真实身份，以匿名的符号来代替自己，但每一个虚拟角色的背后都必然隐藏着现实社会的实在个体，其网络行为表现免不了受现实生活中个体的价值观、生活观以及心理状态的影响。因此，以网民的生活形态作为分类标准，对网民群体进行划分是有必要的，它将有助于我们考察不同生活形态的网民在网络行为方面的差异以及这种差异背后的深层原因。

艾瑞咨询曾在获取网民连续样本生活形态的基础上，运用先进的对动态样本优化的聚类方法，获得了持续稳定的七类网民群落。②

活跃的少数派：此类网民年龄偏低，收入偏两极化；关注旅游和时尚，爱去旅游类网站和在线视频类网站。

追求风格的引领者：此类网民是社会中坚，高学历，高收入；关注广告，重视品牌，追求成就，喜欢写博客抒发个人观点，容易成为身边人的意见领袖，爱去的网站为社区博客和汽车类网站。

渴望认可的奋斗者：此类网民男性居多，出入职场，忙于找工作；渴望被尊重，追求成就，广告接触不多；在互联网中感兴趣的内容为音乐、软件下载以及招聘信息。

生活安逸的居家者：这类网民年龄偏大，中等收入；认同广告，重视家庭生活，放低成就，看轻金钱，爱去的网站为汽车类和房产类网站。

享受现在的平凡者：此类网民多为在校学生；享受现在，看轻品牌，购物方面常常征求别人的意见，看重金钱；爱去的网站为社区交友类和体育类网站。

不追流行的保守者：此类网民多为中年的女性；生活保守，信息接触少，不追流行，不求地位；感兴趣的互联网应用有网络游戏和电子邮件。

---

① 中国互联网络信息中心（CNNIC）. 第 23 次中国互联网络发展状况统计报告 . 2009：39－40.

② 艾瑞咨询 . 2010 年中国网民生活群落划分 . [2020－03－20]. http：//news. iresearch. cn/Zt/114047. shtml.

较少社交的低调者：此类网民多为中等年龄的低学历者；往往屏蔽广告，较少社交；在参与互联网的过程中，仅对娱乐内容感兴趣。

值得注意的是，以上根据生活形态对网民所进行的划分只是反映了七种相对倾向和普遍的网民群体心理特征，虽然可以根据这种划分方法，将不同的网民贴上标签，但每类网民的生活形态并不存在绝对的差异性，只是相对来说更倾向于其中的某类特征。七类网民在生活观、价值观以及心理状态方面的差异直接影响了他们在互联网中的行为偏好。

（四）根据网民的社交类型划分

人际交往是多数网民的重要网络活动，依据网民的社交类型来划分网民的类别是有价值的。西方研究者在研究人的社交类型时，指出人的社交类型可以由“控制指标”和“情绪指标”两个方面来加以衡量。其中，“控制指标”衡量的是一个人的主动性，根据相应指标的高低可以分为“主动行为”和“被动行为”两个极端；而“情绪指标”衡量的是人际交往中的情绪成分，根据相应指标的高低可以分为“外向的行为”与“内向的行为”两个极端。根据网民在网络人际交往活动中的社交类型，用这两个指标的四个维度，网民可以被划分为四种类型：主动而外向的开创者、被动而外向的促进者、主动而内向的控制者以及被动而内向的分析者。这四类不同的网民，在网络中的需求不尽相同。其中，控制者追求成就、成功与结果，开创者追求被认同、被注意和赞扬，促进者热衷关系与友谊，分析者追求信息、完美与精确。①

第2节　网民的特征

与现实社会中的行为主体相比，在互联网这个由数字信号传输和数据信息流动所构筑起来的虚拟空间里，网民在行为、需求、语言上具有许多不一样的特征。

一、网民的行为特征

在网民总数持续增长的同时，网民的使用行为在不断发生改变。与互联网发展初期网民主要依靠台式电脑上网的情况不同，今天，台式电脑、笔记本电脑、智能手机、平板电脑等成为网民上网的主要设备，网民的上网渠道呈现出多样化的趋势。而伴随着上网渠道的日益便利，移动互联网接入流量消费成为主流。2019年，我国网民使用手机上网的比例达到99.1%。此外，随着互联网服务种类和质量的提高，我国网民的网络使用深度正在逐年增加。2019年，网民的人均每周上网时长增长至27.9小时。② 这一切的改变都在说明一个事实：网络越来越成为人们生活世界的一部分。

（一）网民的网络行为类型

网民的网络行为是指人们在互联网所营造的电子虚拟空间里展开的各种行为活动。随着电脑和互联网络的逐渐普及与广泛应用，互联网为人们形塑了一个有别于“网下”现实社会却又与之密切关联的行为活动空间，全新的生活界域和活动场景导致了各种全新社会行为的产生。具体说来，依据不同的分类标准，网民的网络行为可以被划分为不同的类型。

网民成分的多元直接带来了网民行为的多样。网民开展网络行为的具体目的纷繁复杂，依

---

① 彭兰．网络传播概论．2版．北京：中国人民大学出版社，2009：308－309.

② 中国互联网络信息中心（CNNIC)．第44次中国互联网络发展状况统计报告．2019：10.

据网民网络行为的不同目的，可将网民主要网络行为区分为信息型网络行为、社交型网络行为、娱乐型网络行为、逃避型网络行为、交易型网络行为、求助型网络行为以及自我实现型网络行为。

1. 信息型网络行为

信息型网络行为主要是指网民围绕信息的搜索、获取和保存等环节展开的一系列网络行为，其具体形式包括利用搜索引擎检索相关信息、通过浏览网络新闻把握社会环境变化等。人类社会发展到今天这个阶段，越来越多的人认识到信息对于生存和生活的重要，网络科技的飞速发展，为人们快速、海量、智能地获取信息提供了便捷的手段，因此，信息获取行为成为网民上网的基本行为活动之一。CNNIC 最新的调查数据显示，截至 2019 年 6 月，我国搜索引擎用户规模达 6.95 亿，使用率为 81.3%。① 在海量、碎片化信息急剧增长的今天，越来越多的人习惯借助搜索引擎来实现对信息的获取。

2. 社交型网络行为

社交型网络行为是指网民为了建立和维持与其他人的联系以及获得友谊，在网络空间里以化名或实名的方式与其他网络行为主体进行的信息交流和情感沟通的网络行为，如利用 QQ、微信等即时通信软件与网友开展的聊天行为、通过网络电子邮件程序进行的通邮行为以及利用社交网站开展的交友行为等。互联网的结构使找到有相似境遇的其他人以及与他们相遇变得比现实生活中容易，网民利用各种平台互动交流，实现信息化社交，交流彼此的看法，获得现实社会难以实现的情感交流。截至 2019 年 6 月，我国即时通信用户规模达到 8.25 亿。②

3. 娱乐型网络行为

娱乐型网络行为指网民为了打发时间、放松心情和获得愉悦而进入网络空间，在互联网上展开的以娱乐休闲为目的的网络行为。其主要的表现方式包括收听网络音乐、参与网络游戏、阅读网络文学以及观看和发布网络视频等。娱乐型网络行为历来是中国网民在互联网上的主要行为类型。

4. 逃避型网络行为

逃避型网络行为是指网民将互联网作为逃避现实的场所而开展的一系列网络行为。现代社会中，人们的生活节奏加快，需要面对来自工作、学习、家庭等各个方面的压力，常常会遇到这样或那样的挫折或困难。面对竞争压力和社会责任，一些人选择了逃避。而互联网为人们提供的丰富的网络应用以及匿名的参与方式，使人们能够以一种比较隐匿的方式暂时躲避现实生活的困扰，获得短暂的解脱。网民可以通过接触轻松愉悦的信息或者与陌生人调侃转换自己的心情，缓解现实压力，甚至通过谩骂、侮辱等方式来宣泄被压抑的情感。

5. 交易型网络行为

交易型网络行为指的是网民在互联网上开展的网络购物、网络团购以及网络炒股等一系列交易性质的网络行为。随着互联网发展的逐步完善以及政府和市场的大力推进，我国网民对网上支付、网上购物和网上银行等商务交易类互联网应用的重视程度进一步提升。截至 2019 年 6 月，网络购物用户规模达到 6.39 亿，使用率提升至 74.8%③；网上支付用户规模达到 6.33 亿，使用率为 74.1%。④

---

① 中国互联网络信息中心（CNNIC）. 第 44 次中国互联网络发展状况统计报告 . 2019：27.

② 同①25.

③ 同①30.

④ 同①37.

6. 求助型网络行为

求助型网络行为是指网民利用互联网平台的开放性以及传播的广泛性，在网络空间寻求帮助的网络行为，如网民在某些网络论坛中发表求助信息以解决难题的行为。

7. 自我实现型网络行为

自我实现型网络行为是指网民为了实现自我价值，得到他人的承认和尊重而开展的一系列与之有关的网络行为，如网民利用网络论坛、博客等平台对时政、民生等问题书写评论的行为，借助互联网所提供的低门槛发表文学作品的行为等。

此外，根据网民的网络行为是否合乎既有社会规范，可以把网民的网络行为划分为“合规的”与“失范的”两大类型。网络给人们创造了一种全新的生存方式，身处其中的人们可以给自己戴上各种各样的面具，网络空间的隐匿性为人类个性的张扬与创造力的发挥提供了舞台，但也助长了人性中丑陋的一面。网络失范行为是指网络行为主体在虚拟网络空间中进行的一切违背社会规范和准则的行为活动。目前，网络失范行为主要包括暴力语言攻击、网络刑事犯罪、网络诽谤等几种。

（二）网民的网络行为特征

网民的网络行为发生在互联网这一特殊的电子活动场域，在这个由数字信号传输和数据信息流动所构筑起来的虚拟空间里，行为主体的社会属性和生理属性被过滤，现实社会的规则与结构对个人行为的制约被消解。与现实社会行为相比，人们的网络行为具有了许多不一样的特征。

1. 虚拟性

与人类具有实体性和可感知性的现实社会行为不同，网民的网络行为并不依附于特定物理实体或时空位置，而只存在于以数字化形式存在的信息或比特的关系结构之中。无论是浏览网络新闻、收看网络视频等自我性网络行为，还是参与网络讨论、开展网络聊天等互动性网络行为，网民在互联网上的行为都表现为物理形态的数字化电子信号的流动，都不具有外在的可触摸和可察觉的时空位置与形态。网民网络行为具有一种形态上的虚拟性。除非借助一定的技术手段，否则，我们根本无法像观察现实社会中人们的行为活动那样来目睹其他人在网络空间的网络行为过程。甚至在技术水平允许的情况下，人们可以轻而易举地将自己在电子网络空间中的活动痕迹消除。然而，形态的虚拟性并不会抹杀网络行为的社会实存性，在社会意义上，网络行为既然已经发生，就必定变成一种“存在”。

2. 自主性

互联网为网民营造了一个自由、开放的社会活动场域，身处其中的网民在行为活动方面表现出较强的自主性，可以根据自己的意愿来决定行为过程。社会制约和监控力的相对减弱必然带来网民自主性的加强，网民行为的执行者和调控者甚至监督者都是他自己。具体说来，网民网络行为的自主性主要体现在以下三个方面。

首先，在信息获取方面，网民不再像传统受众一样被动地接收信息，而是拥有了主动选择信息的权利。借助互联网提供的便捷的信息搜索服务，网民可以自主地获取所需信息，满足个体特定的信息需要。如网民利用百度、谷歌等专业搜索引擎来主动寻求特定信息，或利用 RSS 阅读器进行信息的定制与组合，实现信息消费的个性化。

其次，在网络活动的形式、时间以及空间的选择上，网民拥有极大的自主权。只要能够连接上互联网，网民可以依据自己的兴趣，在任何时间、任何地点加入某类网络应用，并可根据自己的意愿自由地参与或退出。

最后，互联网的开放性和参与性允许网民成为信息的主动传播者。借助互联网提供的各类传播平台，网民可以自主地发布、加工和控制信息，掌握话语权。网民既可以借助网络论坛、聊天室、微博等平台积极主动地参与话题的讨论，对社会事务发表意见和看法；也可以将自己认为有价值的信息内容通过博客、微博、微信、视频分享网站以及各类 App 等渠道发布与传播。

然而，值得注意的是，网民行为的自主性仍然会受到许多条件的限制。首先，普通网民尽管拥有了自主发布和传播信息的平台，但在信息来源、渠道以及资金方面仍然无法与专业新闻组织相提并论，网民在信息掌控方面相比以往仅仅是程度上的改善而非性质上的转变。其次，尽管网络技术的进步允许网民以个性化的方式自由选择信息，但信息的内容、范围以及形式仍然遍布着他人限定的痕迹。

3. 技术依赖性

网民在电子网络空间中的行为与人们在现实社会中的日常行为相比，具有较强的技术依赖性。这一特点主要表现在两个方面：其一，一定的电脑、智能手机、移动终端设备和网络技术水平是人们上网的前提条件。人们要进入电子网络空间并展开其行为活动，必须要了解电脑、手机和网络方面的相关基础知识，掌握一定的操作技能。其二，网民的上网设备和网络技术水平制约着网民的网络行为表现。对于那些网络技术水平高者来说，技术的高超可以为他们赢得更为广阔的活动空间，其在互联网上的网络行为将更加自如和深广。利用高超的技术水平，这类网民可以实现普通网民难以达成的行为目标，如突破一些技术性的安全防范做出某些网络行为。技术可能成为限制网民自主性的重要因素，尽管互联网日益普及和发展，上网会变得越来越简单，但技术水平高者与技术水平低者的行为差距将一直存在。

4. 去抑制性

"抑制"在心理学研究中是指个体行为受到自我意识的约束，对社会情境维持一定的焦虑水平以及在乎他人评价等现象。在现实社会，对社会规范和内心准则的遵从是保证社会稳定和谐的必要条件，人们的行动总是被打上特定的社会烙印，个体因为各种社会规范或内心准则的制约而常常表现出行为的自我克制。而这一切在网络社会却发生了很大的改变。"在互联网中，没有人知道你是一只狗"，这条网络上著名的游戏规则反映了网络交往的虚拟性和隐匿性。埃瑟·戴森（Esther Dyson）曾经说过："匿名是一种非常有用的机制，人们可以在把后果降至最轻微的程度的同时，肆无忌惮地发表自己的看法，对各种主张或幻想假意摸索和尝试，并避开社会的非议。"[①] 互联网提供的匿名环境使人们摆脱了现实身份、地位和种族等的限制，人们无须担心现实生活中那种对身体的惩戒性权力的出现，消除了身体受到伤害的顾虑后，人们变得无拘无束、畅所欲言，充分展示自我，大胆发表非主流的观点和意见，甚至做一些平时不敢或不愿做的事情。现实社会所有的规范和约束在匿名的网络环境下都缺乏实质性的意义。环境特征的改变使得网民对他人评价和自我呈现的担心明显减弱，在网络虚拟环境中，网民尤其是青少年网民的网络行为表现出一种去抑制性的特点。

具体说来，网民网络行为的去抑制性典型表现在两个方面：第一种是攻击与谩骂。互联网环境使网民在与其他人的互动中更容易情绪化，产生攻击性行为。在网络交流中，网民常常因为意见相左，而不惜偏离最初的讨论主题，用各种言语攻击对方。甚至那些在现实生活中循规蹈矩的老实人，进入网络后也可能变得粗暴和富于攻击性。第二种是过度自我暴露，与现实社

① 戴森. 2.0版数字化时代的生活设计. 海口：海南出版社，1998：290.

会的表现相比，网民在网络中的表达显得更直接和较少禁忌，更容易表露个人内心的情感，也更容易表露自己的人格特征甚至弱点。

5. 解构性

“解构”本是哲学上的概念。哲学上，解构主义是对某种理论体系的一种拆解。而现在，解构主义更多地代表了一种精神，那就是打破现有的单元化秩序，其精神实质是反传统、反理性、反中心的。① 现实生活中，人们按照体制安排的秩序扮演着各自的角色，任何出格的行为都将受到社会的惩罚和孤立。网络传播时代的到来却给了网民表达的权利与自由，互联网的开放性使人们拥有了一个全新的空间来发表言论，宣泄情感。互联网的低门槛与快速传播使许多拥有一技之长的“草根”可以凭借自己反传统、非主流的言行迅速蹿红。在工作节奏不断加快、生活压力不断加大的都市，通过反常性较大的解构行为，网民能够缓解现实生活中的压力，获得一种精神享受，暂时摆脱现实世界的束缚和压迫，实现精神上的极度狂欢。凭借网络媒体的匿名性和无疆界性，针对中国社会转型时期的各种议题，网民以一种解构主义的形式表达自己的看法，对传统主流声音造成剧烈的冲击，分流传统社会精英们的话语权。因此，解构性越来越成为网民行为的一大特色。网民行为的解构性特征主要表现在对既有体系、观念、事物的挑战、否定甚至破坏上。如网络恶搞行为本质上就是一场解构主义运动，而诸如“躲猫猫”“欺实马”等反讽性质的网络流行语的创造也是网民在对某些政府部门解释和处理公共事件的方法心存不满时采取的一种解构性行为。

6. 猎奇性

猎奇几乎是人类天性的一部分，正是这种对未知世界永不满足的好奇天性，促使人类不断开拓创新，创造出新的大众传播媒介。与传统大众媒介相比，网络媒介依托信息技术的高速发展，全方位地革新了人类对于信息的感知方式和占有方式，迅捷高效地满足了人们对于未知事物的需求，为人类猎奇心理的满足提供了方便快捷的途径。网民网络行为的猎奇性主要表现在两个方面：首先，出于猎奇的天性，网民对信息的追求常常体现出求快的特征，希望在最短的时间内了解到最新的新闻事件。正是为了满足网民求快的猎奇心理，很多时候网络信息传播者盲目追求时效而将未加验证的消息散布出去，导致网络信息的真实性备受质疑。其次，网民行为的猎奇性还体现在对事物本来面目的深层次探求方面，即对“真”的追问。如著名的“华南虎”事件中，网民对事实真相的追求从某种程度上就体现出猎奇性。2007 年 10 月，陕西省林业厅宣布陕西发现华南虎，并公布了村民周正龙拍摄到的一张野生华南虎的照片。随后，照片真实性受到部分网友的质疑，由此网民们在网络上展开了激烈的论战。一派支持周正龙，认为确实有野生华南虎出现；另一派则认为华南虎照片实为翻拍年画所得。两派网民从各方面积极地引据论证。最终，这张照片被认定有假，周正龙以诈骗罪被判处两年六个月有期徒刑。在这件轰动一时的网络事件中，对未知事物的好奇心理以及由此产生的求“真”需求是推动网民持续参与的深层原因。

此外，互联网具有身份隐匿的特性，使现实社会中的文化道德与法律约束在网络世界中显得十分无力，网民网络行为的猎奇性容易呈现出反主流、反禁忌的极端色彩，如部分网民的窥私癖以及浏览色情信息的行为。窥私癖是一种狂热于偷窥、偷听或追问别人隐私，以寻求心理满足和感官刺激的行为。网络技术提供给网民的虚拟身份，使现实生活中无法实现或被压抑的窥私癖变得肆无忌惮、无所节制，网上甚至存在许多专门为满足窥私欲望而开设的网站。相对

① 彭兰．现阶段中国网民典型特征研究．上海师范大学学报，2008（6）．

于现实生活中的躲躲藏藏，网民的窥私行为在网上更加公开化甚至合理化，并体现出较强的主动性。

7. 从众性

社会心理学认为，现实生活中，存在的或想象到的群体压力会促使个人产生符合社会或者群体要求的态度与行为，甚至在根本信念上改变原来的观点，产生从众行为。网络社会作为一个由人们的沟通和互访而形成的结构系统，所具备的全新的互动和沟通方式并未改变人际互动的实质，从众心理仍然在某种情境下影响网民的态度与行为，只不过相对于现实世界有所减弱。如在一些网络热议事件中，许多网民在从众心理的支配下，不经过独立思考与判断，在事情还没有水落石出时，就开始盲目跟帖，出现舆论“一边倒”的极端现象。这种人云亦云的从众表现容易给当事人造成极大的身心伤害。如网络有名的“史上最毒后妈”事件，当国内各大网络论坛流传“史上最恶毒后妈把女儿打得狂吐鲜血”的帖子时，愤怒的网民在不明真相的情况下，纷纷指责“这样的后妈简直禽兽不如”，对其口诛笔伐，甚至发出网络通缉。然而，事情的真相却是：后妈并没有虐待小女孩的行为，“史上最恶毒后妈”事件被证实为谎言和炒作。尽管事实最终水落石出，但在事件发生的过程中，网民盲目进行的道德审判和恶搞谩骂，给当事者心理造成的创伤是无法磨灭的，这种不辨真伪的行为就是网民网络行为从众性的体现。

二、网民的需求特征

社会心理学家认为，需求是机体内部的一种不平衡状态，它支配和主导人的行为活动，决定人的行为方式。因此，网民的需求是他们网络活动的主要动因。起源于 20 世纪 40 年代的使用与满足研究也证明，人们的媒介接触行为是基于特定的需求动机来使用媒介，从而使这些需求得到满足的过程。① 网民的需求不仅推动着他们进入网络，而且始终主导和支配着他们在网上的行为表现。由于年龄、受教育程度、职业等方面的差异，网民上网的需求因人而异。作为网络社会构成基础的网民，是带着各种特定目的与诉求的网络使用者。目前来看，中国网民中常见的需求有以下几种。

（一）环境认知需求

中国正处于高速增长的社会转型期，一系列的社会变革给公众带来了日益深刻的影响，为了了解与自身利益直接或间接相关的各种信息，更全面地把握生存环境的变化，环境认知的需求成为中国网民的显著需求之一。随着微博等新兴网络应用的快速发展，网民获取新闻资讯的渠道更加多样。截至 2019 年 6 月，网络新闻使用率为 80.3%，用户规模达 6.86 亿。② 互联网已经发展成为网民获取新闻资讯的主要媒介之一，成为人们了解外界信息、把握环境变化的一种重要手段。借助网络传播渠道的多元与融合，网民不仅随时关注与传播各类与自己切身利益有关的新闻信息，而且在一些重大突发事件发生时，越来越重视个人知情权的实现。如 2008 年 5 月的四川地震报道，中国媒体及时透明的报道就与网民知情权需求的推动分不开。网民对知情权的追求一定程度上推动了网络新闻业务的发展，促进了政府信息的公开以及政府工作的改进。然而，网民在行使知情权的过程中也容易发生侵犯个体隐私权、为流言的传播推波助澜的情况。

---

① 郭庆光．传播学教程．2 版．北京：中国人民大学出版社，2011：165.

② 中国互联网络信息中心（CNNIC）．第 44 次中国互联网络发展状况统计报告．2019：28.

（二）社会交往需要

根据马斯洛的需求层次理论，人有社交需求，它又称为爱与归属的需求，指个人对爱、情感和归属的需求。个人在生活中会渴望得到家庭、朋友、同事的关怀与理解，希望与他们保持友谊和忠诚的伙伴关系，希望有所归属，有困难时能互相帮助。然而，在社会日益物质化、人与人之间距离越来越疏远的现代社会，人们的生活空间越来越私密化，交往受时空的影响很大，巨大的工作压力使人们感到疲倦，甚至无暇顾及身边的朋友，孤独感愈发强烈。人们都希望在工作之余有比较轻松的交往方式，满足各自的社交需求。互联网正好为人们提供了这样一个场所。网络的跨时空性以及匿名性等特点，使其很容易满足人们的社交需求，网络空间的互动交流能够弥补现实生活中互动的减少和不足给人们带来的心理不适。网民既可以通过QQ、微信等即时通信软件和人人网、微博等社交网站与现实中的朋友交流，巩固已有的朋友圈；也可以通过网上聊天室、网络主题论坛与不认识的人无所顾忌地畅所欲言，宣泄自己的烦恼，结交一群志趣相投的朋友，通过网上的讨论行为，找到一种“英雄所见略同”的心理认同感。

（三）彰显个性需求

在这个追求个性的社会，人们的表现欲日益凸显。尤其对于充满激情的青年群体，现实社会的规制无法满足他们标新立异、注重自我的需求，互联网恰好为他们提供了一个展示个性的舞台。互联网所提供的这一舞台，交流场景是虚拟的，交流主体是缺席的。在这个特殊的社会场景内，人们拥有了极大的自主权，在匿名性与身体不在场的保护下，借助互联网提供的各类传播平台，可以在某种程度上摆脱现实社会的束缚，更加开放地进行自我印象的管理，充分彰显自己的锋芒与个性。印象管理，又称为印象整饰，这一概念最初由社会学家戈夫曼提出，是指人们试图管理和控制他人对自己形成印象的过程。在网络虚拟空间里，网民充分利用网络中的一切手段塑造自我形象，期望在他人那里建立个性化的良好印象，网民的网络行为时时彰显着个性表达的印记，如千奇百怪的个性签名档、五花八门的个人主页。为了彰显个性，网民有时甚至故意采取一些叛逆的、与传统不符的行为方式来凸显自己，如创造并使用一些打破传统语言规范的新语言。无论是言语的幽默调侃，还是行为的非主流、叛逆，都折射出网民彰显个性追求差异的心理。

（四）社会参与需求

每个人都盼望获得平等与尊重，拥有足够的表达权和交流权。尤其是在社会转型时期的当代中国，现实空间的某些限制以及社会高速发展中所积累的各种矛盾，使中国网民具有强烈的平等参与和自由表达的需求。在传统媒体时代，人们大多数情况下只能充当信息的接收者和旁观者，参与度不高。而互联网去中心化的扁平式组织结构使一切身份、金钱、权力等背景都被隐去，在技术上给公众提供了最大限度平等参与的机会，每一个网民都拥有表明自己所思所想和喜怒哀乐的话语权，都可以成为网络内容的贡献者。互联网已经成为中国社会各阶层利益表达、情感宣泄、思想碰撞的重要渠道。在参与心理的推动下，许多现实生活中的普通人在互联网上展现一技之长，成为风云人物。如一些网络歌手和网络作家借助网络平台的低成本和扩散性发表作品，参与网络内容的贡献；而那些碍于现实社会压力而无法自由表达言论的时评家，借助网络空间的相对匿名性，在网络空间就中国社会发展中的种种问题踊跃发声建言，满足自己的参与心理。

（五）自我实现需求

马斯洛的需求层次理论将需求分成生理需求、安全需求、社交需求、尊重需求以及自我实现需求五类，依次由较低层次到较高层次排列，而自我实现需求是人类所独有的，是人生追求的最高境界。马斯洛认为，自我实现需求是人类最高层次的需求，是人们希望实现个人理想和抱负，最大限度地发挥个人潜力并获得成就的需求。这种需求一般表现在两个方面，一是胜任感方面，二是成就感方面。网络世界所创造的独特的网络沟通环境，正好能够满足网民的自我实现的心理需求。互联网所具有的开放性和丰富性为网民提供了一个呈现自我、实现自我价值、得到他人承认和尊重的平台。例如：通过担任网络论坛版主，网民可以感受到自身具有的可待挖掘的潜在能力；通过发表网络小说、撰写网络时评，网民可以品尝到被认同的成就感。

（六）逃避现实需求

心理学研究表明，人们在受到挫折后会产生不同的反应方式：逃避、补偿或攻击。现代社会人们的生活节奏加快，常常会面对各种挫折和压力。在困难面前，一些人选择了逃避。而网络虚拟空间的隐匿性，为人们的逃避提供了安全屏障。人们能够在不暴露自己身份的情况下与他人自由交流，随意变换身份，暂时躲避现实生活的困扰，获得短暂的解脱。许多研究已经发现，逃避现实是人们上网或参与虚拟社区的比较重要的驱动因素。网民可以在网络中表现出现实生活中不能展示的一些侧面，将自己真实、重要和隐私的信息向他人表露，获得心灵上的慰藉；通过接触轻松愉悦的信息或者与陌生人调侃，放松身心和舒缓情绪；通过玩网络游戏，遨游于虚拟魔幻世界，忘却现实生活的烦恼；甚至可以通过与陌生人相互谩骂的方式来宣泄被压抑的情感，寻求一时的快感，转移生活的压力。

（七）实用工具需求

随着网络技术的不断发展，互联网在人们的工作与学习中扮演了越来越重要的角色，如利用互联网分享平台获取专业知识，利用互联网的即时通信软件进行对外联络，借助互联网的开放平台进行电子商务等。实用工具需求逐渐成为人们使用互联网的主要需求之一，人们对网络的接触已经脱离好奇心的驱使，逐步转向满足个人实用性需求的阶段。

三、网民的语言特征

网民在互联网中的主要交流方式是通过键盘与屏幕中介进行文字交流，隐藏在机器背后的交流主体，以敲击键盘的方式进行互动。网民的网络交流虽然多以文本形式呈现，但所使用的却不是正规的书面语言。网络交流方式的单调并没有导致网络语言的贫乏，相反，网民用无穷的想象力和创造力不断丰富着网络语言的内容。“当人们局限于单一的文本交流的聊天环境中时，人类的智慧得到了彻底的发挥，它们发展出丰富多样的网络符号、短语、缩写——一整套的网络语言，将他们的思想与感情多样性地呈现在网络交流中。”① 具体说来，网民所使用的网络语言有以下几种表现形式。

一是文字符号的新用。如“囧”，本义为“光明”，从 2008 年开始却因其字形被网民赋予了“郁闷、悲伤、无奈”之意，成为网络聊天、论坛和博客中使用最频繁的文字之一。另外，如“可爱”表示可怜没人爱，“大虾”表示大侠，“酱紫”表示“这样子啊”，“表”表示不要，“恐龙”代表丑女等。

二是用汉语拼音字母或外文字母组成的语言。如“BT”表示“变态”，“PMP”表示“拍

① 钟瑛．网络传播伦理．北京：清华大学出版社，2006：53.

马屁”，“GG”表示“哥哥”，“JJ”表示“姐姐”，“BF”表示“男朋友”等。

三是利用数字谐音来表达意义。如“886”表示“拜拜了”，“7456”表示“气死我了”，“7758”指“亲亲我吧”，“687”表示“了不起”等。

四是使用标点符号和键盘符号组成的语言。如“==”表示“等等”，“O”表示“哦”，“^_^”表示高兴的心情，“︶︿︶”表示“鄙视你”等。

通过网络语言的表现形式，我们可以看出，网民的网络语言具有如下几个特点。

（一）简洁性

简洁性是网民使用网络语言的主要特点。网络交流与人们面对面交流不同，它一般采用书面文字交流，信息的传递只能通过键盘键入文字和阅读文字来实现。互联网中信息传输的快速性与海量性使人们对信息的获取缺乏耐心，网民对信息传输速度往往有一定的要求，而电脑中汉字的输入方式又比较烦琐，信息的传递速度比较缓慢。为了提高网上交流的速度，同时更加准确地表达自己的情感和态度，网民在发挥想象力的基础上，突破原有书写符号的局限，改变现有语言中某些约定俗成的形音义，尽量用简单的符号传达丰富的思想感情。用简洁的“形”来传达丰富的“义”，既节省了信息传递的时间，提高了网络语言传播的效率，又能满足网民彰显个性的需要。如“3Q”（Thank you，表示谢谢）、“B4”（Before，表示之前）、“9494”（表示“就是就是”）等都是网络语言简洁性的体现。此外，从句式的选用上也可以看出网络语言的简洁性，网民为了提高交流速度，很少运用长句、复杂句，而多用短句。

（二）不规范性

文本交谈是网民进行网络交流的主要途径，由于交流场景的虚拟、交流主体的缺场，网民在网络交流的过程中往往只重视表达的效果以及交流的速度，而忽视语言的表达形式。网络语言的开放性为网民提供了无限的创造自由，只要不妨碍交流，各种材料信手拈来，为我所用，任意组合，表现出很大的随意性与不规范性。根据CNNIC历次的调查数据，目前我国网民的主体主要集中在30岁以下的年轻人，这一年龄段的网民崇尚新鲜，乐于创造，喜欢标新立异，偏好用新奇而有趣的语言显示自身的与众不同和个性色彩。因此，在网络语言的表达过程中，网民常常将英语、汉字、图形符号、数字符号等大量混杂使用，不受传统语法的限制，利用网络自身的条件发展出一套丰富的网络语言表达体系。由于过分强调表达效果、交流速度以及个性色彩，网民在追求语言表达方式多样化和个性化的同时，经常出现具有严重语法错误的情况，如句子成分残缺不全，或句子顺序颠倒错乱等。而大量标点符号、键盘符号等组合而成的各类网络表意符号，从拼图的生硬到表意的笼统，根本不具备文字的基本功能。不仅如此，当语法错误、通假借代、图形表意等现象在网络语言的使用中普遍之后，由于大家都将错就错，最后便逐渐成为习惯，甚至以错为时尚。如“下载”称为“当”或“荡”，是“download”（下载）英语发音的前一半；而“粉可耐”等于“很可爱”，“男盆友”等于“男朋友”，“你素谁”等于“你是谁”。这些网络用语的流行最初仅仅是因为一些上网族为了打字方便，用谐音或者很嗲的音调代替传统的词语以达到快速打字兼可被理解的效果。网络语言在极大地便利了网络交流的同时，也对传统语言的规范性带来极大的冲击。

（三）生动性

现实世界的人际交流中，最直观生动的是面部表情的辅助表意，而在网络交流中，缺乏了面对面的物理环境，交流主体彼此看不到对方，很难做到像现实生活中那样有丰富的表情和动作辅助交流。然而，网络的特殊交流环境并没有影响网民交流的热情，凭借网络的自由开放性，网民发挥丰富的想象力，利用键盘上的符号，创造出许多极为生动形象的语言符号和图形符号来传情达意，表达自己的喜怒哀乐。其风格往往生动风趣，不拘一格，给人类的交往活动带来全新的体验。如利用标点符号和键盘符号的组合来传达各种面部表情，将网络图形符号的直观性、生动性直接渗透到网络语言的使用中，增加了网络语言的趣味性。除了形象有趣的图形符号，网络语言的生动性还表现在一些形象的网络词语上。如用“楼上楼下”来形象描述帖子中的上下回帖者，用“菜鸟”来表示上网的新手，用“网虫”来形容沉溺网络的发烧友等。

（四）创新性

创新性是网络语言的又一大特点。互联网是一个推崇个性、追求自由的世界，它为网民提供了充分发挥想象力和创造力的自由空间。而网民的主要群体是30岁以下思维活跃的年轻人，他们敢于张扬个性，敢于创新。他们一方面对新事物、新观念、新思维方式比较敏感易于接受，另一方面他们又处于生理和心理逐渐成熟而充满矛盾的时期，常常故意采取与传统社会不同的行为方式，来表明自己的成熟与独立。他们拥有强烈的好奇心和浓厚的认知兴趣，喜欢表现自己与众不同的方面。而网络语言的创造性恰好满足了大多数年轻网民求新求异和突破陈规的心理特征，将他们追求时尚、逃避规范、反对传统的心理最大限度地放大。因此，网络语言中的奇思异想可谓多如牛毛、不胜枚举，网民们在网络语言的创造上大有“语不惊人死不休”的劲头。如用数字“5201314”表示“我爱你一生一世”，“被无数蚊子咬了”叫“新蚊连啵”等。

第3节　网民中的活跃分子

“活跃”一词指行动活泼而积极。网民中的活跃分子特指在互联网虚拟网络空间中行为积极活跃的网民。由于互联网赋予了网民依据自己喜好自主选择网络行为的权利，网民在互联网这一社会活动场域中的具体行为存在多样性，不同的网民具有不同的行为偏好。在各类具体的网络行为中，存在着不同的活跃分子。本教材将重点分析几类基本网络行为中的活跃分子。

一、网络游戏行为中的活跃分子

CNNIC《第44次中国互联网络发展状况统计报告》的数据显示，截至2019年6月，中国网络游戏用户规模达到4.94亿，占整个上网用户的57.8%。[①] 网络游戏凭借其不同于传统游戏的互动性、逼真性、探索性、开放性以及无限性等特点受到越来越多网民的欢迎，网络游戏行为已经成为中国网民非常普遍的一项网络行为。在网络游戏所创造的“亦真亦幻”的虚拟空间里，人们能够从事探险、交往、竞争、互动等社会行为，极大地满足了他们多方面的心理需求。而对于相当数量的青少年在校学生网民来说，玩网络游戏已经成为他们网络生活最重要的内容之一。CNNIC《2013年中国网民游戏行为调查研究报告》的调查数据显示，中国四类游戏用户中，20～29岁年龄段用户群体均占比最多，其中手机游戏用户中，20～29岁人群占到整体网络游戏用户的48.2%；学历结构方面，高中/中专/技校学历群体在四类游戏用户中均占比最多，其中这类群体手机游戏用户占整个网络游戏用户的28.4%。[②] 而艾瑞咨询《2010—

① 中国互联网络信息中心（CNNIC）．第44次中国互联网络发展状况统计报告．2019：42．

② 中国互联网络信息中心（CNNIC）．2013年中国网民游戏行为调查研究报告．2013：15-16．

2011年中国网络游戏行业发展报告》也指出，18岁以下青少年是网游用户的最大主体。[①] 可见，青少年网民是目前中国网民中开展网络游戏行为的活跃群体。

（一）青少年网民在网络游戏中的行为表现

在今天，网络游戏已经成为青少年参与程度很高的一项基本网络行为。对于许多青少年来说，网络游戏已经远不只是一种能够提供愉悦的娱乐工具，而且成为他们日常生活的重要内容。[②]

从青少年网民参与网络游戏的动机来看，其网络游戏行为类型主要包括娱乐休闲型、社交型、自我肯定型以及逃避型四种。

娱乐休闲型网络游戏行为是指参与者将网络游戏作为一种调节或愉悦身心的手段，为了娱乐放松而玩网络游戏。青少年群体往往喜欢新鲜刺激的事物，而网络游戏跌宕起伏的情节、唯美的游戏画面、悦耳动听的音乐等正好能够满足青少年群体的个性需求。

社交型网络游戏行为是指参与者出于交朋友的目的而玩网络游戏。网络游戏的魅力之一就在于，游戏玩家在参与游戏的过程中能够与他人开展实时互动，分享游戏乐趣，交流游戏经验，同时玩家之间还可以就个人生活和现实问题展开讨论。以此为目的的网络玩家在游戏过程中更热衷于经营自己的人际关系，当在游戏中遇到困难或不解时，可以向其他玩家咨询。对于许多青少年而言，能够在网络游戏过程中与同辈群体进行社会互动，比游戏本身更具吸引力。

自我肯定型网络游戏行为是指网络游戏玩家将网络游戏世界当作展现自我的平台，为了提升自我价值、实现自我成就感而参与网络游戏的行为。每个人都有自我实现的需要，都渴望成功。网络游戏所具有的特性，使游戏玩家只要愿意付出时间和精力，认真经营好自己的游戏角色，就有可能体验到游戏世界中成功的滋味。如通过打怪、攻城、升级获得成就感和来自其他玩家的赞美与肯定可以增强自己的自信心。再如通过扮演不同的角色来体验现实社会中无法实现的满足感。

逃避型网络游戏行为是指青少年将网络游戏作为一种暂时逃避学习压力、放松心情的方式而参与网络游戏的行为。在网络游戏世界里，青少年可以完全不用顾忌社会规范的约束，肆无忌惮地在游戏世界中做一些现实生活中不允许的事情，如打架、杀人等，通过玩网络游戏来逃避现实生活的烦恼。青少年由于缺乏社会经验，在面对现实的困惑和挫折时，往往没有足够的能力积极应对，所以很容易将网络游戏作为暂时逃避现实的方式。

（二）青少年网民在网络游戏中的心理需求

作为网络游戏行为中的活跃分子，青少年网民在网络游戏行为方面的表现折射出该年龄段个体所特有的心理需求。在今天，玩网络游戏已经成为许多青少年宣泄情绪、缓解压力、娱乐身心、实现自我的一种重要方式和途径。人是需求的动物，其行为动机受需求引导，青少年在网络游戏中的行为表现，本质上是为了满足其内在的心理需求。

具体说来，青少年网民在网络游戏中的心理需求主要包括以下几种。

1. 娱乐需求

娱乐是人们的天性。青少年由于年龄的特殊性，处在好动、贪玩的人生阶段，娱乐需求是这一群体的基本需求。网络游戏作为一种新型的娱乐方式，以其新奇性、互动性、参与性、不

---

① 艾瑞咨询．2010年中国网络游戏年度数据发布．(2011－01－17)［2020－03－20］. http：//news. iresearch. cn/viewpoints/131574. shtml.

② 黄少华．网络空间的社会行为：青少年网络行为研究．北京：人民出版社，2008：227.

确定性等吸引着大批的青少年参与，它能够很好地满足青少年群体的娱乐需求。

2. 情感宣泄需求

弗洛伊德认为，人都具有需要发泄的原始冲动和本能。然而，现实社会的道德规范却限制了这种本能。与成年人相比，青少年群体在面对现实生活中的烦恼与压力时，由于社会经验的不足以及发泄渠道的缺乏，情感宣泄的需求更难满足。而网络游戏却为他们提供了很好的发泄平台，通过玩网络游戏，青少年网民能够释放心中的不良情绪，缓解现实生活和学习中的压力。网络的匿名性以及允许多种角色扮演的特性为青少年群体的情感宣泄提供了便利。

3. 归属需求

归属需求反映了人希望避免孤立、寂寞和疏离的感觉，希望获得他人的接纳。成长中的青少年虽然常常表现出叛逆和反传统的个性，实际上却是一个急需关爱和心思敏感的群体，他们更渴望获得支持和理解，更乐于加入他们认同的同辈群体。然而，当今社会，疲于应付工作和生活的父母越来越少关心孩子们心灵上的寂寞与空虚，忽视了青少年群体强烈的归属需求。通过在虚拟游戏社群与玩家们结盟，共同打击对手，在团队中互帮互助，为同一目标而奋战，青少年群体能够获得爱和归属的心理需求满足。

4. 尊重需求

尊重需求指的是人有自尊和他尊的需求。逐步完成社会化过程的青少年有着强烈的尊重需求，他们渴望获得家人、朋友以及老师的认可和赞美。然而，在现实社会，由于年龄、身份等特征的影响，这一群体往往处于被保护而不被尊重的地位。网络游戏空间恰恰为青少年提供了一个获得自尊和受人尊重的活动场域。对于在学习和交际等方面处于劣势的青少年来说，能在网络游戏中得到他人的尊重是一种有力的心理补偿。通过网络游戏中的角色扮演，青少年可以弥补现实中的某些无奈和缺憾，帮助他们实现“现实中所不能的”，满足自尊的需求；通过在网络游戏中不断克服技术上的困难，可以展示其过人的智慧，成为虚拟游戏世界里人人羡慕的“英雄”，获得其他玩家的支持、称赞与肯定，满足他尊的需求。

二、网络购物行为中的活跃分子

网络购物行为指的是网民通过互联网购买商品或享受服务的行为。与传统购物方式相比，网络购物能够突破时空的限制，为消费者提供更丰富的商品信息，并能提供个性化和定制化的商品和服务。随着计算机及网络技术的发展，网络购物作为一种新兴的购物方式，逐渐发展成为网民的基本网络行为。

（一）网络购物活跃分子的构成

2019 年，我国网络购物用户规模达 6.39 亿，其中手机网络购物用户规模达到 6.22 亿。[①] 2018 年，我国网上零售交易额达到 9.01 万亿元，同比增长 23.9%，继续保持稳健增长势头。[②]

从网购用户的年龄特征来看，无论一般网购用户还是深度网购用户均集中分布于 20～29 岁年龄段，其中一般网购用户占比 50.0%，深度网购用户占比 51.9%；30～39 岁网购用户更容易成为深度网购用户，占深度网购用户的 29%。不同年龄的消费者对新事物的接受能力有

① 中国互联网络信息中心（CNNIC）. 第 44 次中国互联网络发展状况统计报告 . 2019：30.

② 中国互联网协会 . 中国互联网发展报告 2019. 2019：19.

所差异，年轻的消费者喜欢追求新奇和时尚的事物，乐于接受新鲜的观念和行为，因此理所当然地成为网络购物这一新兴购物模式的主要参与者。不过，从网购频率和金额看，30岁以上的网民由于职业较为稳定，经济更加宽裕，其半年购买的频率和金额都高于低龄群体，是网络购物用户中重要的组成部分。

从网购用户的学历结构来看，网购用户整体学历偏高，大专及以上学历用户成为网购用户的主体，在一般网购网民中占比达到61.5%。[①] 由于网络购物需要网民掌握一定的计算机及网络相关知识和技能，学历偏高者在开展网络购物行为时往往不会受到技术水平的限制。此外，受教育程度以及技术水平高也能够降低网民对计算机和网络风险的担忧。因此，高学历者往往更容易接受网络购物这一行为。

从网购用户的职业分布来看，目前我国一般网购用户以企业公司人员为主，这一群体占比达34.4%，学生和个体户群体是一般网购市场并列第二大用户群体，占比均达19.8%[②]，其中主要是大专院校的学生。学生群体尽管没有收入来源，但对互联网的接受程度较高，喜欢尝试新鲜事物，所以能够成为网购用户的重要群体之一。而对于企业公司人员，随着生活和工作节奏的加快，他们闲暇时间比较少，非常注重购物的便利性，加之比较自信，风险承受能力较强，因此愿意接受网络购物的方式。

从网购用户的收入分布来看，目前，我国网购用户中，收入在1 000～3 000元之间的人群较多，并且其占比在逐步增大。1 000～3 000元收入群体由于收入偏低，往往对商品价格非常敏感，网络购物的价格优势成为吸引这一收入群体开展网络购物行为的重要因素。

（二）网络购物活跃分子的类型

网络购物活跃分子是指在互联网上积极开展网络购物行为的网民。依据活跃网民参与网络购物的不同原因，可将网络购物活跃分子细分为以下四种主要类型。

1. 追求便利型网购活跃分子

此类网络购物活跃用户参与网络购物看中的是网购的便利。正如淘宝商城的广告词所描述的那样，“没人上街，不代表没人逛街”，网络购物的优势之一就是消费者足不出户，也可以享受逛街的乐趣。只要打开购物网站，以图片、文字、视频等组成的商品信息尽收眼底，挑选、购买、议价、付款等，都可以通过网上实现。网络购物不仅可以节省往返店铺的时间，而且可以节省在店铺选购商品的时间。

2. 精挑细选型网购活跃分子

此类网络购物活跃用户参与网络购物主要是因为网络购物为他们提供了货比三家的机会。购物网站为消费者提供了有关商品和服务的详尽信息，消费者只要打开不同网络零售商的销售网页，就可以方便地挑选、对比各家商品。此外，网购者还可以通过其他网购者的用户评论了解他人的直接经验，避免选购的失误，对商品进行更全面的了解和比较。

3. 追求时尚型网购活跃分子

此类网络购物活跃用户是一群以追求时尚为购物导向的消费者，他们热衷于把握时尚，追赶潮流，而购物网站热门流行的实时推荐以及全球范围的销售渠道分布为此类网民追求时尚的行为提供了很好的平台。互联网的开放性不仅为消费者提供了便捷的信息获取途径，而且扩展了交易的地域，可以覆盖传统销售渠道难以到达的范围。在互联网上，人们可以购买到以传统

---

① 中国互联网络信息中心（CNNIC）. 2014年中国网络购物市场研究报告. 2015：29.

② 同①.

方式买不到的商品，满足消费者个性化的需求。

4. 追求价格型网购活跃分子

此类网络购物活跃用户积极开展网络购物行为是受到网络购物价格优势的吸引，他们选购产品多从经济角度考虑，对商品的价格非常敏感。由于网上销售商品流通环节的减少，加之网上团购和拍卖方式的出现，往往能够拿到较便宜的价格。这种低价策略吸引了许多喜欢买便宜商品的人参与网络购物。

（三）影响网民网络购物行为活跃程度的因素

1. 网络经验水平

网络购物作为一种新兴的购物方式，需要参与者具备一定的相关网络知识与技能，如检索信息、网络购买以及网上支付等。网络经验水平的高低直接影响着网民开展网络购物行为的积极性。网络经验水平越高的人处理网络购物过程越得心应手，也越容易获得较高的自我效能感。自我效能感是由美国著名心理学家班杜拉于 1977 年在其社会学习理论中提出的一个核心概念，它是指个体在执行某一行为操作之前，对自己能够在什么水平上完成该行为活动所具有的信念、判断或主体自我把握与感受。自我效能感高的网民倾向于积极地应对环境，更容易接受和使用新技术，且更少焦虑，因此，对网络购物这一新兴购物方式的接受和使用程度更高。

2. 网络购物安全性

鲍尔（R. A. Bauer）最早提出消费者风险认知的概念，他认为消费者行为是一种风险承担行为，消费者在购买当时不能确定其后果如何，故承担了某些风险。消费者所感知的风险程度和对风险的承受能力将会影响购买决策。[①] 同样，感知风险理论也适合于网民的网络购物行为，网民对网络购物风险的认知程度影响着其开展网络购物的态度与行为。中国互联网络信息中心《2014 年中国网络购物市场研究报告》分析，网民不使用网络购物的重要原因之一就是对网络购物的安全担忧，有 21.9%的网民认为网络购物不安全。[②] 信息隐私和交易安全是影响网民开展网络购物行为的两个关键因素。网民越重视个人的信息隐私，对交易过程的安全性要求越高，就越难成为网络购物的活跃群体。

3. 网民对网络购物的“有用性感知”和“易用性感知”

“有用性感知”和“易用性感知”是戴维斯（F. Davis）提出的技术接受模型（Technology Acceptance Model）中的两个概念。技术接受模型主要被用来帮助理解和解释人们的计算机使用行为。该模型认为，用户使用信息系统的行为意向受到其态度、有用性感知、易用性感知的共同影响。其中，有用性感知是指个体相信使用一个特定系统能提高其工作绩效的程度，可以直接影响行为意向；易用性感知则是指个体相信使用特定系统能够省力的程度，它通过有用性感知来影响行为意向；而态度是指个体对特定行为喜欢或反感的程度，受到有用性感知和易用性感知的影响。[③] 根据技术接受模型，网民对网络购物的易用认知将会正面影响其对网络购物的有用认知，网民对网络购物的易用认知和有用认知直接影响其对网络购物所持有的态度，从

---

① Bauer R A. Consumer Behavior as Risk Taking: Dynamic Marketing for a Changing World. Proceedings of the 43rd Conference of the American Marketing Association, 1964.

② 中国互联网络信息中心（CNNIC）. 2014 年中国网络购物市场研究报告 . 2015：25.

③ Davis F. Perceived Usefulness, Perceived Ease of Use and User Acceptance of Information Technology. MIS Quarterly, 1989 (9).

而影响网络购物的实际使用行为。其中，易用认知是指网民对网络购物是否为其生活和工作带来方便，是否简单易学、操作简单的认知程度；有用认知是指网民对网络购物是否能够为其生活和工作带来比传统购物模式更多帮助的认知程度。只有当网民认为网络购物能够为其生活和工作带来比传统购物模式更多帮助，同时认为网络购物操作简单、具有便捷性时，他们才会对网络购物这种新的购物模式产生积极的态度，进而实施网络购物行为。

三、知识分享行为中的活跃分子

知识是个由来已久、不断被更新的概念，学者们对知识的定义层出不穷、莫衷一是。作为一种有价值的智慧结晶，知识可以以信息、经验、操作流程、抽象的观念及具体的技术等方式呈现。[①] 知识既包括研究人员和科学家等提供的系统的、能够通过逻辑证实的科学知识，也包括普通民众提供的经验、技巧和认识等方面的个人经验知识。互联网技术的不断发展为普通民众的知识分享行为提供了舞台，网民可以对信息做主动控制，自由地开展知识分享活动。具体来说，网民的知识分享行为是指网民借助互联网提供的各类传播平台自愿相互传递和分享知识的行为。如在知识问答分享平台上，网民就其他人提出的问题给出答案，或在网络论坛中参与者主动发帖介绍自己的相关经验和技能知识，或在维基百科等网络百科全书中创建词条等。

网民的知识分享行为属于一种大众生产的新型知识生产行为，不同的网民在知识分享行为中表现出不同的特点。一项针对百度百科参与者行为的研究发现，参与者登录百度百科的主要活动包括查资料、学知识和编写词条，尽管有大量的网民参与使用百度百科，但积极贡献者却不占多数，大多数参与者属于从未编写过词条的普通用户。对于有些积极贡献知识的核心参与者而言，即使在工作和学习忙碌时也愿意额外花费时间来编写词条。[②] 而有关知识共享型虚拟社区成员的研究也发现，由于各自所拥有的知识背景和经验不同，社区成员在虚拟社区的知识形成过程中所扮演的角色存在差别。其中，领袖类成员属于积极的知识贡献者，在整个社区的知识形成及共享中贡献最大，其发文频率、数量以及发文的知识含量都很高。[③] 可见，尽管网民的知识分享行为通常不会获得直接的金钱或物质回报，但在互联网上却仍然生存着这样一群热衷于参与各种知识分享活动的网民。他们对个人拥有的知识进行编撰、整理，用语言文字、图示等符号，借助互联网提供的自由开放平台表达和传递给其他人。

知识分享行为是一种与个人意愿息息相关的社会行为，是一种将知识变得让他人能够获得的自愿行为。对于网民来说，是否开展知识分享行为受到许多因素的影响，总体说来包括个人因素和环境因素两个方面。下面将结合典型的知识分享平台——虚拟社区中的具体情况予以说明。

(一) 影响网民参与知识分享行为的环境因素

影响网民参与知识分享行为的环境因素包括物理环境因素和社会环境因素两个方面。其中，物理环境因素的影响指的是互联网所提供的客观环境对网民行为的影响。以虚拟社区来说，虚拟社区的类型、社区内部的规则设置等都会影响网民参与知识分享行为的积极程度。影

① Nonaka I. Dynamic Theory of Organizational Knowledge Creation. Organization Science，1994 (1).

② 常静．百度百科及开源社区参与者的动机与行为关系的实证研究．广州：华南理工大学，2009.

③ 毛波，尤雯雯．虚拟社区成员分类模型．清华大学学报，2006 (S1).

响网民参与知识分享行为的主要社会环境包括社会资本、他人的影响以及以前结果的影响等。[①] 以虚拟社区来说，社会环境因素中，对参与者知识分享行为积极程度产生最大影响的是参与者的社区认同感。社会认同理论指出，个人会依据情感、年龄、性别、文化和其他因素将自己和他人分成不同的群体。通过社会分类，个人会对自己的群体产生认同，并产生内群体偏好和外群体偏见。社会认同是指个体认识到他属于特定的社会群体，同时也认识到作为群体成员带给他的情感和价值意义。[②] 研究表明，对群体认同度高者会更致力于对该群体的贡献。当个人对某一群体的认同感提高时，会做出有利于该群体的行为，也更愿意彼此交流与互动。[③] 社区成员对虚拟社区的认同感越高，就越愿意贡献自身的知识给社区网友。

（二）影响网民参与知识分享行为的个人因素

人的行为很大程度上由其动机决定，动机是影响网民行为活动的个人因素中的重要组成部分。网民在互联网上的知识分享行为属于一种利他行为，人们的利他行为很多时候是受到内部和外部回报驱动的，或者是为了躲避惩罚和痛苦，纯粹的利他主义并不多见。根据社会交换理论，人们进行知识分享行为是为了之后获得回报，这种回报可能是提高自身的形象，可能是获得称赞或友谊，又或是提升自我价值感等。具体说来，驱动网民积极参与知识分享行为的动机主要包括以下几类。

1. 乐趣动机

乐趣动机是指纯粹因为行为本身带给行为主体乐趣而开展行为的动机。按照自我决定论，人类自我决定的潜能会引导人们从事有乐趣的、有益于自身发展的行为。[④] 在没有任何物质利益作为报酬的情况下，行为本身所带来的乐趣是网民积极参与知识分享的动机之一。因乐趣动机而开展知识分享行为的网民将知识分享看成是一项有趣或有挑战性的活动，他们通过分享知识来感受乐趣。拉克哈尼（K. Lakhani）和沃尔夫（B. Wolf）以开源社区中参与开源软件项目的 684 名软件开发者为对象，调查了他们投入开源软件项目的动机。研究发现，基于乐趣的内在动机是开源社区参与者最强大和最普遍的行为动机。[⑤]

2. 互惠利他动机

生物学家罗伯特·特利弗斯（Robert Trivers）认为，一个有机体帮助其他个体，是因为其期待得到回报性的帮助。基于互惠利他动机而参与知识分享行为的网民在各自贡献知识的同时，也希望从其他贡献者那里获得自己所需的知识，希望成为日后的获得者，希望与其他人是积极的互惠利他的关系。[⑥] 针对百度百科参与者的访谈中，参与者报告了“在百度百科可以互相帮助”以及“把自己知道的（知识）写到百度百科能够方便别人”等体现互惠利他动机的参

---

① 赵玲．虚拟社区中的知识共享行为研究．武汉：华中科技大学，2007.

② Tajfel H. Differentiation Between Social Groups：Studies in the Social Psychology of Intergroup Relations. London：Academic Press，1978.

③ 刘丽群，宋咏梅．虚拟社区中知识交流的行为动机及影响因素研究．新闻与传播研究，2007（1）.

④ Ryan R M，Deci E L. Self-Determination Theory and the Facilitation of Intrinsic Motivation，Social Development，and Well-Being. American Psychologist，2000（1）.

⑤ Lakhani K，Wolf B. Why Hackers Do What They Do：Understanding Motivation and Effort in Free/Open Source Software Project//Feller J，Fitzgerald B，Hissam S，et al. Perspectives on Free and Open Source Software. MIT Press，2005.

⑥ Benkler Y. The Wealth of Networks：How Social Production Transforms Markets and Freedom. London：Yale University Press，2006.

与原因。[①]

3. 求知动机

马斯洛认为，人生来就有一些积极的冲动，如求知欲，又称知的需要，人们总是试图分析并理解世界，否则无法有效地同世界相互作用，进而去满足安全感等基本需要。[②] 网民在贡献知识的同时，也在不断吸取和丰富自身的知识。因此，许多网民的知识分享行为是受到求知动机驱动的。

4. 获得声誉动机

根据社会交换理论，个人在从事社会交换行为时，会期望有相对的回报，其中就包括地位和尊敬。声誉是个人在团队中获得和维持地位的重要资产，声誉的建立是很强烈的激励因子，激励个人参与社会交换活动。当人们认为其行为能够提高他们的地位，加强他人对自己的认可时，他们就会受此动机的驱动而做出某种行为。被此种动机驱动而参与知识分享的网民，往往希望通过为社区贡献大量知识的方式，来获得其他参与者的尊重、信任和赏识，这种被认同的愿望促使人们在毫无物质报酬的情况下付出大量的劳动进行知识生产。

动机是行为的直接驱动力，但未必能够直接促发行动。网民积极参与知识分享的行为，除了受到动机因素的驱动之外，还受到网民人格特征以及性别、年龄、学历、工作经历等人口统计特征的影响。如人格研究者发现，那些具有较高积极情绪、共情能力和高自我效能感的人更关心他人，也更容易表现出帮助行为。那些自我监控能力强的人，如果认为助人能得到社会赞许的话，就会迎合他人期望而更加乐于助人；而内向的、自我监控能力弱的人则不太会受他人评价影响。[③]

四、网络书写行为中的活跃分子

网络书写行为是指网民在互联网上借助博客、网络论坛、微博、微信等传播平台，以日记、随笔、散文或小说等多种形式开展的书写行为。网民的网络书写行为中，最典型的就是博客、微博及微信的书写行为。

(一) 网络书写行为活跃分子的构成

不管是博客，还是后起之秀微博、微信，从广义上来讲，都是一种个人主页的形式，网民借助专有的平台和工具创作个人主页，其最显著的特征就是依照逆时间顺序排列所书写内容的布局方式。

它们都是红极一时的互联网应用，凭借便捷的参与方式深受网民喜爱，日益成为网民自我表达、个人出版、记录心情、知识管理以及排遣无聊的重要渠道，成为个人信息历时积累和传播的互联网个人出版方式。从网民的使用行为来看，网民使用这些平台的行为主要有书写、阅读以及互动交流三种类型。根据行为主体的不同，可将网络书写内容的使用者分为作者和读者两类，网络书写行为主要针对这些平台的个人作者而言。

这些平台的参与方式非常简单，网民通过简单的注册便可拥有一个自由书写的个人出版空间，不管是博客时代，还是微博、微信时代，都存在着一群积极更新、持续写作的作者，他们为了各自不同的目的而积极开展网络书写行为，借助这些平台的多样化手段来表现自我，塑造

① 常静．百度百科及开源社区参与者的动机与行为关系的实证研究．广州：华南理工大学，2009.

② Maslow A. Motivation and Personality. New York，NY：Harper&Row，1954.

③ 迈尔斯．社会心理学：第8版．北京：人民邮电出版社，2006：372.

一个个独一无二的网络形象。但大多数网民的书写行为却表现出“三分钟热度”的短暂性特征，很难延续。

网络书写的活跃分子目前主要集中在青少年群体。活跃分子的性别与年龄特征直接影响了其网络书写的行为。尽管书写的作者在个人主页上既可以从事纯粹公共性传播，也可以开展公共性和私人性兼有的传播，但目前我国的绝大多数网络书写仍侧重记录个人的生活体验和情感经历，纯粹公共性信息的传播也主要体现为出于个人兴趣爱好或工作目的的知识积累和信息搜集。这一内容特点与目前网络书写活跃分子的构成有着很大的关系。不过，随着移动互联网的普及，更多不同年龄的网民加入微博或微信平台，将带来活跃分子成分的日益多元化。

（二）网络书写行为活跃分子的主要需求

对于那些活跃的网络书写作者来说，以下几大需求的满足是他们积极开展网络书写行为的主要驱动力。

1. 自我表现需求

社会学家库利认为，自我表现是人类的本能性情感之一。[①] 然而在现实社会中，人在与他人的交往中，由于惧怕交往的冲突，常常不得不将自己独特的一面隐藏。[②] 而博客、微博、微信等的平台特性能够很好地满足个人自我表现的欲望。首先，这些平台的匿名参与为网民提供了一个相对宽松和安全的传播环境，书写作者能够在匿名的保护下，自由书写个人的情感与思想；其次，书写作者能够通过自由选择主页风格、内容分类、图形设计等元素来建构独特的自我形象。相对于互联网中的其他平台，这些平台主页赋予了网民更多的私有性。作者在管理个人博客、微博、微信等的过程中，能够以文字、图片、视频等符号进行有意识的印象管理，来展示一个依照作者的主观愿望和对别人评价的预期所组织的自我，满足个人的自我表现需求。有此需求的作者希望借助这一平台展示自我，而持续的书写行为是塑造稳定形象的必要手段，因此此类书写作者愿意花费时间和精力持续地进行写作。

2. 生活记录需求

博客、微博、微信等的最初使用与日记有着相近之处，直至今天，记录个人历史或社会历史仍然成为不少用户的主要诉求点。[③] 在活跃的作者中，有部分专注于个人生活记录的使用者，他们将博客、微博、微信等平台作为私人日记本使用，以日志的形式记录个人的生活点滴，披露一些个人的私密性经历和感悟，展现个人内心深处柔软和真实的部分，留下生活印记，以供日后回味。而通过写作，很多珍贵的片段被记录下来，整合成为一幅完整的个人图景。不过，以网络书写形式呈现的个人日记，与过去完全私人化的日记有所不同，互联网的公开性将个人的私密记录暴露于公众视野之下，使其行为拥有了不同程度的表演性。

3. 自由表达需求

人都有自由表达的诉求，需要随时与他人或自我进行沟通和交流。尤其在竞争日益激烈的当今社会，面对社会转型期的不公平现象以及个人生活中的竞争压力，人们迫切需要一个自由表达的场所。传统媒体时代，个人的信息传播活动受到许多限制，而博客、微博、微信等作为

---

① 库利．人类本性与社会秩序．北京：华夏出版社，1999：20.

② 刘津．博客传播．北京：清华大学出版社，2008：173.

③ 彭兰．传播者、受众、渠道：博客传播的深层机制研究．(2007－12－10)［2020－03－20］. http://www.blogchina.com/20071210437675.html.

一种个人化的传播平台，赋予了个人充分的自主性，为人们提供了一个自由表达思想和观点的舞台，撰写者可以在此记录自己能够表达的任何主题。在一些社会事件发生时，匿名性使撰写者可以无所顾忌地发表个性评论和观点。此外，这些平台的存在也使人们能够在一种相对安全的心理下记录自己的情感和隐私，释放生活中的消极情绪。个体通过网络书写行为的倾诉不仅是面向他人寻求认同与回应，更是与自己的对话。正如约瑟夫·沃尔瑟所描绘的那样："人们更倾向于对一台电脑倾诉而非现实生活中的交流，尽管电脑是一个没有生命、冷若冰霜的媒体工具，但它可以成为'超人性的东西'。坐在电脑前，你感到安全，与人距离遥远，相对来说又没有人知道你是谁，并且你可以感觉与互联网另一端的人心心相印，远比对隔壁住户感觉上要好得多。"①

4. 知识管理与分享需求

一部分积极的书写作者将博客、微博、微信等这些平台当成个人化的知识管理平台，利用这些平台不断记录、保存和分享有价值的知识和信息。利用它们进行知识的管理和分享不仅能够给传播者带来自我学习的快乐，提高人们的工作或学习效率，而且能为阅读者提供获取知识和讨论问题的平台。这些平台的知识交流行为吸引着志趣相投者持续频繁的互动，这种互动成为书写作者不断更新、持续写作的动力。

5. 被关注需求

靠网络书写来出名是部分博客，乃至微博、微信作者积极书写的重要原因。被关注是人类普遍存在的一种心理，人们渴望被关注，以增加自己的存在感。传统媒体时代，个人缺乏可以宣传自我的媒介，而互联网具有让普通人一夜成名的神奇魔力。这些平台作为网络时代的个人出版空间，成为那些渴望被关注的人们成名的可行途径。与那些热衷于自我记录的作者不同，因出名需求而积极书写的使用者具有很强的功利性。他们或是希望通过作品来展示个人的才华与能力，赢得他人的尊重，如一些积极的作者利用博客、微博等进行文学创作，或是希望借助在平台上暴露隐私等反传统的行为来博得人气，借此改变自己的命运。

五、网络活跃分子中的高影响力者——网络意见领袖

网络意见领袖来源于网络中的活跃分子，但网络活跃分子却不一定能够成为网络意见领袖。网络意见领袖不仅应该是群体中积极的信息交换者，而且应该有能力成为群体中的焦点人物和提供意见导向，他们的思想和观点要能够扩散到较大的范围，影响较多的人，并获得较高的支持和认同，这样的活跃分子才能成为网络意见领袖。

"意见领袖"（Opinion Leader）的概念最早由美国传播学者拉扎斯菲尔德等人在《人民的选择》（1944）一书中提出。1940年，在"皮下注射论"盛行的当时，拉扎斯菲尔德、贝雷尔森等人在美国总统大选期间，对影响选民政治观点和行为的因素以及大众媒介的政治宣传运动在改变选民决策上扮演的角色等问题进行了历时半年的调查，以期证明大众媒介对个人政治意向的强大影响力。然而，调查结果却发现，媒介并不直接影响个人的投票决定，媒介信息通常从大众媒介流向意见领袖，再从他们流向人群中不太活跃的那一部分人。其中的意见领袖是指那些活跃在人际传播网络中，经常为他人提供信息、观点或建议并对他们施加个人影响的人物。② 他们审查和筛选信息，并仅仅传递那些有助于他人共享其观点的信息。1943年，拉扎斯

① 华莱士．互联网心理学．北京：中国轻工业出版社，2001：89.
② 郭庆光．传播学教程．北京：中国人民大学出版社，1999：189.

菲尔德开始对意见领袖展开后续研究，他派出一个研究团队去伊利诺伊州的迪凯特城，采用“滚雪球式”的采样方法，通过访谈超过700名家庭主妇，鉴别出那些在日用品购买、电影观看、时尚和公共事务领域被其他人认作意见领袖的人并对他们加以研究。1955年，在共同作者伊莱休·卡茨的协助下，迪凯特城的研究成果《人际影响》一书得以出版。卡茨和拉扎斯菲尔德指出，意见领袖存在于社会各个层面，他们影响力的流动更趋向于水平而不是垂直，意见领袖影响那些和他们相似的人，他们与意见追随者经常拥有同样的社会身份地位，但在个人特征方面却表现出社交范围广以及媒介接触频率高的特点。①

网络时代，互联网的出现和发展为社会各阶层提供了一个信息交流和观点碰撞的场所，越来越多的网民借助论坛、博客、微博、微信等平台就政治、经济、社会和生活各个领域的问题展开讨论。在网络讨论的过程中，存在这样一批活跃人群，他们在各自的兴趣领域积极地传播消息和表达观点，凭借发言的质量和频率成为网络舆论的引导者，对其他网民施加个人影响。受传统意见领袖概念的启发，研究者们将这类网民命名为“网络意见领袖”。与传统意见领袖所处的环境不同，互联网为人们提供了一个相对平等和自由的言论空间，媒介接近权也得到了前所未有的释放，信息的获取变得更加容易，而虚拟身份的交往又使信任和威望的获取变得较现实环境更难。这一系列的改变使网络意见领袖具有了与传统意见领袖不同的特征。

你怎么看

编者认为网络意见领袖与网络活跃分子是两个概念。你怎么看？

（一）网络意见领袖的识别

尽管研究者们基本认可网络意见领袖的内涵，但究竟哪些人才是互联网上的意见领袖却众说纷纭。对于网络意见领袖的识别问题，学者们采取了不同的测量方法。目前针对网络意见领袖的测量方法主要有两个重要的研究取向：利用传统意见领袖的测量方法以及采用数据挖掘的测量方法。其中，传统意见领袖的测量方法主要有社会计量法（Sociometric Techniques）、关键人物访谈法（Interviews with Key Informants）、观察法（Observation）、自我报告法（Self-Designating Techniques）。② 而数据挖掘方法则是利用网民在互联网中所留下的大量行为数据，抽取潜在的、有价值的模型或规则来筛选出网络意见领袖。如日本学者松村直弘等运用数据挖掘技术提出“影响力扩散模型”（IDM），从文本内容和交往网络两个方面来测量网络角色类型，筛选出网络意见领袖。③ 正是由于学者们在网络意见领袖的筛选方法上莫衷一是，研究所指的意见领袖不具同一性，导致了针对网络意见领袖的构成以及特征的研究没有达成完全的共识。

概而言之，学者们认为，网络意见领袖主要产生于以下几类群体。

1. 现实社会名人

虽然互联网上的人际互动具有一定的虚拟性，但虚拟场景、虚拟身份的背后仍然是一个个鲜活的现实主体。一些著名学者、社会名流以及大众明星等现实名人本身就拥有许多“粉丝”，他们通过在网络上实名发言，将现实的社会影响力扩散到网络世界，产生较大的个人

① 巴兰，戴维斯．大众传播理论：基础、争鸣与未来．北京：清华大学出版社，2004：135.

② Rogers E M. Diffusion of Innovations. New York：Free Press，2003.

③ Naohiro Matsumura，Yukio Ohsawa，Mitsuru Ishizuka. Influence Diffusion Model in Text-Based Communication. The Eleventh International World Wide Web Conference，2002.

影响力。现实社会的名人以实名的方式在互联网上发表的文章和传播的观点常常备受关注，吸引着人们的眼球。这些现实社会中的名人所拥有的现实影响力使他们有成为网络意见领袖的潜力。

2. 知识分子

知识分子大多受过良好教育，有些甚至是某领域的专家，他们观点敏锐、反应迅速，对各自擅长的领域有比较深刻的认识与独到的见解，能够进行独立的思考与审视。借助互联网所给予的自由发表平台，现实生活中默默无闻的普通知识分子能够将自己的观点展示出来，在某一群体或事件中充当网络意见领袖的角色。

3. 草根活跃写手

网络草根活跃写手在现实生活中只是芸芸众生中的一员，他们分布于社会的各个阶层，从事着不同的职业，然而在互联网这一虚拟空间中却都表现得非常积极。他们在各自感兴趣的领域，靠辛勤的笔耕以及自己独特的思想和见地赢得较高的声望。他们往往通过幽默、犀利和富有感染力的语言来展示自己的个人魅力，拥有较强的洞察力，能够对某类问题或事件进行深层次分析，靠笔耕不辍成为网络风云人物。

4. 网络论坛版主

网络论坛的版主作为网络论坛参与者与论坛经营者之间的中介角色，在设置议题和控制信息方面具有一定的权力和影响。版主通过删帖、封号等手段负责版规的执行，维护论坛的正常讨论，同时也可以通过发表文章来引导论坛意见的走向。因此版主具有成为网络意见领袖的天然优势。尽管网络论坛的版主常常是因为其在论坛中的不俗表现而被其他人推举产生的，但保持领袖地位仍需要持续笔耕。代表体制权力的版主职位有时甚至会成为被成员认可的绊脚石。

(二) 网络意见领袖的类型

根据不同的分类标准，网络意见领袖可被划分为不同的类型。

1. 依据行为目的的差异划分

(1) 普通网络意见领袖。

此类网络意见领袖既没有官方背景，也不受商业利益的驱使，属于自然形成的一类。他们在互联网上传播信息和观点的行为或是源于兴趣，或是表达民意，其积极的传播行为源自自我需求的满足，而非外在报偿的诱惑，因此这类意见领袖来源最为广泛。

(2) 网络推手。

网络推手指在互联网上通过事件策划和舆论引导手法让他人知晓和关注某些特定信息，从而达到宣传人物、品牌或产品的目的的那些人。他们往往熟知网民心理，懂得网络推广策略并能熟练应用。其传播行为是为了商业利益或一己私利。网络推手多来源于网络公关策划团体。成功推出“天仙妹妹”的杨军（浪兄），炒红“流氓燕”“小仙女”等人的陈墨等，都是著名的网络推手。

(3) 网络评论员。

网络评论员有着官方的背景，在互联网上的行为活动带有很强的目的性，他们受雇于各地宣传部门，以各种身份出现在网络上，肩负着表达政府主张、引导网络舆论同政府意见一致的重任，其主要来源为主流媒体工作者、网站编辑、各类论坛版主以及那些社会上被政府聘用的人员。由于肩负着引导舆论的重任，网络评论员在许多社会热点问题上能够凭借其出色的写作功底以及敏锐的洞察力及时发帖表明观点，正确引导社会舆论。但官方身份也给他们个人影响力的发挥设置了障碍，为了更好地引导舆论，其网络行为往往是匿名的。一旦网络评论员的真实身份被察觉，其言论和观点就很容易被网民曲解。普通网民对网络评论员多持抵触情绪，网络评论员往往被许多网民蔑称为“五毛党”。

2. 依据个人影响力的辐射范围划分

（1）事件型网络意见领袖。

网络虚拟空间不同于现实社会环境，人们在各类网络平台中游走，进出自由，没有任何现实的羁绊，其间的人际互动及其形成的人际关系处于一种较松散的状态。与传统社会意见领袖相比，网络意见领袖与被影响者之间的虚拟交往可能缺乏一种持续性，而社交互动是意见领袖发挥个人影响力的先决条件。此外，互联网上的议题层出不穷，涉及广泛，网民的兴趣点时常此起彼伏，想要持续地处于意见的领导者地位非常不易。因此，网络环境下可能存在一类昙花一现的事件型意见领袖。这类意见领袖往往只在某一特定社会事件中发挥出其个人影响力，能够通过信息传播和观点表达来左右其他网民的看法，引导舆论。事件过后，这类网民的意见领袖地位随之消失。事件型网络意见领袖并不必然是网络空间的活跃分子，他们之所以成为意见领袖可能仅仅是因为对某一特殊事件或问题有所感悟和体会，或者掌握着第一手的信息来源。但热衷于发帖、发微博等网络参与行为的活跃分子成为事件型意见领袖的机会可能更多。

（2）群体型网络意见领袖。

尽管网络世界的人际交往具有一定的虚拟性，人与人之间的联系不似现实社会那般紧密，但在一些虚拟社区中，仍然存在着成员所认可的群体型网络意见领袖，如基于兴趣所建立的网络论坛或群微博中的意见领袖。这类意见领袖往往专注于某一兴趣领域，对某类话题的熟悉程度以及有效解决某方面问题的能力使他们成为参与群体中的意见领袖。群体型意见领袖的价值取向总是和该群体的主流规范相一致，同时是该群体中有威望的成员，他们不是群体的正式权威者，而是群体成员主观认定和尊崇的领导者。

值得注意的是，意见领袖和追随者的区分是具体的，取决于具体的环境，也是动态的，一个人随着时间推移可以扮演不同的角色。传统舆论领袖在某种程度上是依靠其社会身份和地位塑造领袖形象的，而在社会线索隐匿的网络社会，意见领袖主要依靠其言语来塑造身份，其影响力的大小可能会随着时间发生改变，网络论坛、微博中的意见领袖就常常表现出一种更替性的特征。

3. 根据表达方式划分

（1）思考型网络意见领袖。

理性地观察现象、分析问题是网络意见领袖群体常用的话语策略，他们在公共事件中之所以具有较强的话语影响力，除了其现实社会威望之外，还在于他们能够对突发的事件进行快速、深入的解析，用观点影响人，并带动一般成员共同思考。

（2）吁请型网络意见领袖。

当事件还在酝酿期，有些意见活跃分子会发布一些“吁请关注”的帖子或微博，内容一般指向容易激起社会普遍反感情绪的事件、现象，如贪污、腐败、官民矛盾、公权侵犯私权等，意见领袖的吁请会加速舆论的聚集，为舆情的爆发做铺垫。

（3）情感型网络意见领袖。

情感型网络意见领袖在发表内容时带有更多的个性色彩，表达比较个人化，或愤怒，或感激，有的显得情真意切，也有的显得情绪化。

此外，与传统社会意见领袖一样，网络意见领袖大多集中在某一特定领域，综合型意见领袖并不多见。因此，根据所擅长的兴趣领域，网络意见领袖也可以被划分为时政类意见领袖、娱乐类意见领袖等多种类型。

（三）网络意见领袖特征

植根于互联网络虚拟平台的意见领袖，既具有传统社会意见领袖的本质特征即选择性地传播有利于自己观点的信息，通过提供建议和观点影响他人，又因为其不同于现实社会的特殊生存环境而具有一些不同的特点。

1. 网络意见领袖与受影响者处于同一群体并拥有共同的兴趣爱好

与传统社会意见领袖一样，网络意见领袖与受影响者处于同一群体并拥有共同的兴趣爱好。不同的是，他们所属的同一群体是存在于网络社会的虚拟群体，这些群体是基于共同兴趣而建立的。共同兴趣是网络意见领袖与其追随者之间产生联系的基础，也是网络意见领袖发挥个人影响力的前提。而同属一个群体的身份使网络意见领袖的意见和观点更具说服力，能够获得群体成员的信赖和尊重。

2. 网络意见领袖与受影响者之间的关系缺乏稳定性

传统意见领袖与受影响者之间的关系是建立在现实互动基础上的，双方互相知晓身份，有着较长期和深入的交往，彼此建立的关系是较为长久而稳定的。而网络意见领袖与受影响者之间关系的建立则是依靠双方持续对某一共同兴趣的关注以及受影响者对自己所推崇的意见领袖及其言论的关注。受影响者对网络意见领袖的尊重和认可完全源自网络意见领袖在互联网平台上的真知灼见，他们对其现实社会的身份和背景却所知甚少，缺乏对网络意见领袖全方位的认识和印象。而与此同时，网络意见领袖对其支持者的具体情况也不似现实社会那般清楚。交往环境的虚拟性使网络意见领袖与受影响者之间的关系具有某些虚拟的成分，加之虚拟群体的成员与现实社会群体相比往往具有更大的流动性，因此，与传统社会相比，受影响者对网络意见领袖的认可程度和忠诚度会受到许多因素的影响，网络意见领袖与受影响者之间的关系缺乏稳定性。现阶段的网络意见领袖不一定是以前和将来的网络意见领袖，网络意见领袖从历时性角度来看具有更替性。

3. 网络意见领袖的行为表现非常活跃

积极的网络参与行为是网民成为网络意见领袖的前提条件，通过积极的参与行为，网民才能扩大个人的社交范围，提高自己的曝光度。网络意见领袖都是积极的信息传播者，只是不同类型的网络意见领袖的活跃范围有所区别。事件型网络意见领袖只在某个特定事件中行为活跃，而群体型网络意见领袖则是在所属群体一段时间内的活跃分子。只有一个人对某一领域具有足够的兴趣并积极参与该领域的活动，别人才会更多地向他征求意见或者更愿意采纳他的意见。以网络论坛这一虚拟平台来说，成员的发帖数量和论坛级别等信息在某种意义上反映了其参与行为的积极程度。持续发帖的行为不但能够提高写作者在论坛中的曝光度，而且通过回帖者的反馈，写作者能够不断改进写作技巧，了解该论坛的群体规范和准则。此外，发帖数量会累积成该成员的积分，积分越多意味着成员的上网时间越长，参与度越高，代表着成员网络经验的丰富，这种资历因素在某种程度上会提高参与者在群体中的信任度。而在微博中，微博意见领袖往往发帖数量较大，只有这样博主才能吸引粉丝的关注和评论，并积极与粉丝互动，提高自身的影响力。

4. 网络意见领袖的媒介接触度与意见领袖类型有关

有关意见领袖的研究已经证明：意见领袖存在于生活的不同领域，如公共事务、消费产品、服装、音乐等，不同领域意见领袖的特点存在一定的区别。[①] 同样，网络环境所催生的网络意见领袖也仅在各自擅长的领域发挥着影响力，不同领域的网络意见领袖在行为特征上存在差异。传统媒体时代，普通人对媒介的接近率不高，那些充当意见领袖者往往具有较高的媒介接触度，比常人更通晓信息。而今天，网络意见领袖的媒介接触度水平却表现出根据其擅长领域而变化的特点。那些在时政类、社会类话题中充当网络意见领袖的网民往往表现出较为关注媒体，媒介接触量相对于其他网民较大。只不过与传统社会意见领袖相比，他们的媒介接触行为已经发生了较大的变化，他们的内容来源不再局限于传统大众媒体，国内外新闻网站、名人博客或微博等都成为网络意见领袖获取信息的渠道，网络意见领袖的媒介接触行为更加主动和多样。服装、音乐等时尚类兴趣领域中的网络意见领袖也具有较高的媒介接触水平。而在一些专业性兴趣领域，网络意见领袖的媒介接触水平并不必然比同群体其他参与者高，他们主要依靠自己的专业知识来获得其他人的认同和尊重，发挥个人影响力，而不取决于是否有更多的媒介接触行为。

5. 网络意见领袖都具有出色的个性化表达能力

线索消除论认为计算机中介交流消除了诸如面部表情、目光接触、肢体语言、语音语调等许多面对面交流中的必要因素。社会环境线索缺乏假设认为计算机中介交流缺乏无声语言等社会环境线索，而这些是确定交流者个人特征及社会地位的重要因素。网络虚拟空间中的人际交流是一种基于文本的计算机中介交流。在交流的过程中，人们无法根据年龄、性别、受教育程度、收入、职业等社会线索来确定社会身份，网络意见领袖在网络中的个人形象主要依靠文本等符号来塑造，人们会加倍关注语言信息中所透露的个性特征。面对成千上万的言论表达，个性化的文字表达成为网络意见领袖脱颖而出的必备条件。

6. 网络意见领袖都具有某种专长

对一个话题的熟悉程度，以及能否有效地解决这方面的问题，决定着一个人能否具有个人影响力和能否被看成是有效的意见领袖。[②] 互联网的平权性尽管为每位参与者提供了平等传播信息和发表意见的权利，但只有那些在某一方面拥有知识和专长，并在此基础上具备独到的话题分析能力，能够提供真知灼见的人才可能成为网络意见领袖。这里的专长或是在某一专业领域拥有丰富的知识和经验，或是在某一特殊事件中具备独特和深刻的分析能力。今天，互联网的出现使人们能够轻易地获取想要的信息，在网络群体中能够引导别人的网络意见领袖，大多不是比其他人更多地接近信源，而是能够给予其他人更多的思想和观点，帮助人们在凌乱的信息中抓住重点，在复杂的事件中挖掘本质。

2010 年，被普遍认为是微博元年。微博为中国网民提供了参与公共事件的新平台，并迅速占据了“意见市场”的主流地位。2018 年 12 月，新浪微博的月活跃用户数量达到 4.62 亿。[③] 微博成为舆论风暴中心和事实上中国最主流的媒体之一。微博意见领袖除了以上特征外，还有一些不同的特征。

一是地域集中性。微博意见领袖集中于经济较为发达的地区，如北京、广东和上海，这些城市高度发达的媒介组织和媒介市场为微博意见领袖的生成提供了良好的现实环境。中西部的微博意见领袖数量较少。微博作为一个全国性的平台，舆论的控制力集中在少数城市的用户

---

① Katz E，Lazarsfeld P F. Personal Influence. New York：Free Press，1955.

② 洛厄里，德弗勒．大众传播效果研究的里程碑：第 3 版．北京：中国人民大学出版社，2009：126.

③ 新浪技术（中国）有限公司，新浪微博数据中心．2018 微博用户发展报告．(2019-03-22)[2020-03-20]. http：//www. 199it. com/archives/847890. html? weixin _ user _ id=82o6ETQjsFfRjAfpWvopTkzjIwUVas.

手中。

【知识窗】 自媒体意见领袖的发展背景

当代中国正处在社会转型期，社会各阶层和群体利益交错，呈现出社会结构性、制度性的矛盾与冲突。同时，媒体技术迅速发展，新媒体特别是互联网的兴起为公众提供了表达利益诉求的平台。基于此，近年来网络事件呈现出频发的态势。

虚拟社会与现实社会的勾连越来越紧密，每一件重大的网络事件都在现实世界中深深地烙下印记，虚拟互联网正通过公共事件深刻影响和改变着现实中人们的社会与政治生活方式。同时，互联网自身也处于不断变化升级的过程中，自网络社会步入 Web 2.0 阶段后，强调用户间交互作用的自媒体正在强势崛起。

二是社会精英化。微博意见领袖群体带有明显的精英色彩。在微博中，职业为媒体从业者、企业高管、导演、律师、学者和作家的用户，成为微博意见领袖的可能性比其他职业更大。[①] 虽然现实中的社会地位已不是成为网络意见领袖的必备条件，但依然可以对网络意见领袖获取支持起到保障作用。微博意见领袖大部分为社会精英，具有较高的文化程度和良好的经济基础，这与一般网络意见领袖的特点存在明显差异。有研究指出，网络意见领袖具有身份平民性的特点[②]，但在微博平台中，网络意见领袖的身份更具有精英性的特点，并且这些精英大部分为实名用户。他们拥有相对丰富的社会资源，有着更为广阔的信息来源渠道，语言技巧娴熟，通过提供有价值的信息能够吸引其他用户的关注，在资源的交换过程中更容易获取其他用户的赞同、尊敬和喜欢等。

三是言论精品化。微博意见领袖注重高品质的言论。言论质量在微博环境中对网络意见领袖而言极为重要，匿名的一般网友可以不借助社会地位，仅凭高质量的观点成为微博意见领袖。同样，如果社会精英或名人无法在微博中发布高质量的内容，其现实的社会资源也较难直接转化为微博中的意见领袖影响力。

微博意见领袖言论的高品质表现在以下几个方面：深度性，对事件进行深入的点评分析是微博意见领袖获得支持的主要途径；稀缺性，如前文所述，不少微博意见领袖是某事件的知情者，他们的言论对于其他网友了解事件非常重要，并且在某些情况下具有不可替代的稀缺性；新闻创造性，很多微博意见领袖在微博中不是简单地发布和获取事件信息，而是“制造”事件，他们经常是某公共事件或新闻的制造者或推动者，是事件新闻信息的信源，如用户“邓飞”在“微博打拐”事件中的地位；互动性，强调吸引其他网友参与评论的吸附力，如吁请网友对某事件关注，并且微博意见领袖会再次评论并转发其中某些有代表性的网友意见，形成互动。

你怎么看

编者认为微博意见领袖群体中更多的为社会精英，这与传统观点认为网络会带来分权的观点不一致。你怎么看？

---

① 芦何秋．微博意见领袖研究．武汉：武汉大学，2012：68.

② 余红．网络舆论领袖地位稳定性探悉：以人民网强国社区《中日论坛》为例．新闻与传播研究，2008（6）.

【本章小结】

本章首先在对网民概念进行界定的基础上，介绍了当前中国网民的基本构成状况，并依据不同标准对网民群体进行了类别区分；其次，从行为、需求以及语言三个维度归纳了网民群体的总体特征；最后，对几类主要网络行为中的网民活跃群体的构成以及影响网民活跃行为的因素进行了梳理，并介绍了其中的高影响力者——网络意见领袖的来源、类型与特征。

【思考题】

1. 什么是网民？网民的类别有哪些？
2. 网民群体具有哪些基本的行为特征？
3. 网民所使用的网络语言主要有哪几种表现形式？网民的网络语言具有哪些特点？
4. 你认为，网民积极参与知识分享行为主要基于哪些需求动机？
5. 与传统意见领袖相比，网络意见领袖具有哪些不一样的特征？

第 9 章　网络文化与传播特征

自 20 世纪 90 年代起，互联网及各种应用终端的飞速发展，给社会带来深层次变革，影响着政治、经济、文化等多个领域。当人类的精神文化活动由现实空间拓展到网络空间，便催生了网络文化。网络文化已成为网络传播的重要课题和内容。由网络文化的提出到网络文化生态的治理，就体现了人们认识的逐步深化。

第 1 节　网络文化生态的概念、传播特点、构成

当今社会，互联网在人们的生活中扮演着越来越重要的角色，网络文化是伴随互联网形成的一种特殊文化形式，其与传统文化有共通之处，也同时具有独特的个性。

一、网络文化的概念

网络文化在国外早先被称为"Cyberculture"，后又有 Networked Culture、New Media Culture、Digital Culture、Internet Culture、Virtual Culture 等不同的说法，探讨较多的是 Cyberculture。Cyberculture 的定义不一，不同的学者有不同的看法。本书列出几种关于 Cyberculture 的界定。

英国斯塔福德郡大学教授戴维·贝尔（David Bell）认为，将网络空间（Cyberspace）和网络文化二分的方法是错误的，网络空间总是网络文化，我们不能将网络空间和文化环境分割开来。[①]"Cyberspace"由加籍美裔科幻作家吉布森（William Gibson）在其小说《神经漫游者》（*Neuromancer*）首次使用，用以指联网计算机创造的虚拟空间。他后来解释说："网络空间意味着把日常生活排斥在外的一种极端的延伸情况。有了这样一个我所描述的网络空间，你可以从理论上完全把自己包围在媒体中，可以不必再去关心实际上周围在发生着什么。"[②] 在吉布森之后，Cyberspace 一词被广泛应用于教育学、医学、经济学、政治学等领域。

印度海德拉巴大学教授普拉莫德·纳亚尔（Pramod K. Nayar）认为，网络文化是各种媒体形式和技术融合的空间，包括视频游戏、网络和电子邮件、个人主页、在线聊天室、个人即时交流技术、移动娱乐和信息技术、生物信息学和生物技术。[③]

不仅国外学者对于网络文化的界定不一，国内学者对于网络文化的界定也存在不同的说法。

张相轮认为，狭义的网络文化是指在电脑互联网络上进行的文化活动。广义的网络文化则是指借助计算机网络所形成的经济、政治和社会文化现象。[④]

匡文波认为，网络文化是指以计算机技术和通信技术融合为物质基础，以发送和接收信息

---

① Bell D. An Introduction to Cybercultures. London：Routledge，2001.

② 熊澄宇．新媒介与创新思维．北京：清华大学出版社，2001：300.

③ Nayar P K. An Introduction to New Media and Cybercultures. Wiley-Blackwell，2011.

④ 张相轮．网络文化及其哲学问题．自然辩证法研究，1999（9）.

为核心的一种崭新文化。① 这是一种相比现实社会文化具有不同特点的文化。

赵惜群、翟中杰认为，网络文化通常有广义和狭义之分。广义的网络文化是人类以计算机技术和通信技术相融合为物质基础，以互联网为载体，以信息传递和交流为基本手段所进行的物质层面和精神层面的活动及其成果，是一种具有世界性特质的文化，主要包括人们在网络中所创造的物质文化、精神文化以及网络习俗、网络风尚等。狭义的网络文化仅指人们在网络世界中所开展的精神活动及其成果。②

结合已有的关于网络文化的不同观点，本书认为网络文化是指依托于互联网和数字技术产生和发展的一种文化形态，包括文化观念、文化方式、文化产品、文化活动等内容。

二、网络文化生态的概念

人类学家朱利安·斯图尔德（Julian Steward）在 1955 年提出了“文化生态学”的概念，将生态学的方法引入文化领域。生态是一个生物学术语，指生物体与其环境的相互作用，包括其他生物体。文化生态学试图解释文化与环境之间的作用与关系，是第一个为文化之间相似性和差异性提供因果解释的理论方法。“把文化作为一种生态，我们可以对文化如何运作有新的理解，而这些理解反过来又有助于政策的制定和实施。文化生态学的方法，可以用来阐明文化生产的新形式、共同创造、社区参与等，可以帮助我们认识到自己在文化中的地位。”③

1994 年，加拿大麦吉尔大学奥利维埃·戴因斯（Ollivier Dyens）教授说：“正在兴起的计算机文化（Computer Culture）也带来了计算机文化生态学。我们正在见证一门科学的诞生，这门科学研究有机体与环境之间相互作用，环境必须也将会包括计算机。”④ 1995 年，网络活动家约翰·佩里·巴洛沃（John Perry Barlowo）提出把网络看作一个生态系统。此后，将网络文化和生态学相结合的方法渐渐引起学术界的关注。

关于网络文化生态，目前没有公认的定义。下面列举几种网络文化生态的不同说法。

犹他大学的博士阿尔弗雷德·西哥特（Alfred Seegert）认为，网络文化生态可能最好被理解为“生态批评加网络文化”，也就是说，这一方法研究的是以文学、电影和新媒体为代表的文本所呈现的网络文化关系的生态。⑤

国内学者沈望舒在 2007 年首次提出网络文化生态这一术语，但是他没有对网络文化生态进行界定。杨瑞萍、魏昊认为，网络文化生态就是以互联网络为载体和媒介，以文化滋养和信息传播为核心，不断满足社会主体价值诉求和精神诉求的一种圆融状态。换言之，这是与人的现实生活相对应的一种健康存在状态。⑥

在综合以上观点的基础上，本书认为，网络文化生态是指网络文化与环境之间是相互关联的整体，不仅包括网络文化系统内部各文化形式之间的交互，而且包括网络文化与现实社会环

---

① 匡文波．论网络文化．图书馆，1999（2）．

② 赵惜群，翟中杰．双刃之利剑：网络文化价值初探．首都师范大学学报，2011（2）．

③ 23rd ENCATC Annual Conference “The Ecology of Culture” 21 - 23 October 2015 in Lecce，Italy：A Hot Theme and Culturally Rich Location Attracts to Lecce. [2020 - 03 - 20]. http：//www2. uregina. ca/spar/images/docs/ENCATC _ News _ 2015 _ N4. pdf.

④ Dyens O. The Emotion of Cyberspace：Art and Cyber-Ecology. Leonardo，1994（4）.

⑤ Seegert A. Cybercultural Ecologies：Interfacing Nature，Virtuality，and Narrative. The University of Utah，2010.

⑥ 杨瑞萍，魏昊．论网络文化生态价值及其建设．人文杂志，2013（4）．

境之间的互动与协调。

三、网络文化生态的传播特点

由于互联网具有虚拟性、开放性、交互性、超时空性等特点，形成的网络文化生态有以下主要的传播特点。

1. 人本性

人本性是网络文化生态的价值目标。生态文化实际上是一种价值观的转变，从人与自然二元对立的价值观过渡到人与自然和谐相处的价值观。马克思、恩格斯认为人的全面发展不仅是未来理想社会的价值目标，也是人发展的最高理想境界。互联网作为文化建设的一个新兴平台，应该不断地提供满足人的全面健康发展需要的文化产品，同时遏制不良信息的生产和传播。

2. 开放性

开放性是网络文化生态的基本前提。互联网作为庞大的组织系统，可以容纳巨量的信息资源。相比于现实世界，网络空间更具有包容性，互联网的出版门槛降低，网络用户可以共享网络资源，可以在互联网相关法律法规许可的范围内自由地发表言论。正如尼葛洛庞帝（Nicholas Negroponte）在《数字化生存》中所说："个人不再被淹没在普遍性中，或作为人口统计学中的一个子集，网络空间的发展所寻求的是给普通人以表达自己需要和希望的声音。"① 另外，不同民族、不同国家之间也可以跨时空进行网络文化的交流与传播。

3. 动态性

动态性是网络文化生态的根本特点。网络文化生态系统内部构成部分之间、内部系统与外围环境之间不断进行能量和信息的交互与传播，正是这种互动传播和影响使得网络文化生态不是封闭的、不变的系统，而是处在不断地适应环境、生成、变化和演进中，是动态功能系统，这种内外部相互影响和良性互动的过程也为网络文化生态平衡提供了前提和条件。

4. 平衡性

平衡性是网络文化生态的核心。网络文化生态需要建立一种良性互动、和谐发展的平衡状态。网络文化生态既有静态的平衡，又有动态的平衡。静态的平衡主要体现为网络主流文化与亚文化、传统文化与现当代文化、大众文化与精英文化、网络地域文化与民族文化之间的文化传播、互动交流、和谐共存。动态的平衡主要体现为网络文化生态的发展要受到多种因素的影响和制约，既有内部网络文化生态构成要素的影响如多元文化形态的不断互动、网络文化生态主体的互动等，又有外部网络文化生态的影响因素如现实世界的政治、经济、文化环境等。

四、网络文化生态的构成

网络文化生态的构成主要包括以下方面。

1. 网络基础设施

网络基础设施包括计算机及各种智能终端、宽带、云存储、内容分发网络等。它们是网络文化生态建设和发展的基石。这些基础设施组建的互联网，不仅为人们的生活提供了便利，而

① 尼葛洛庞帝．数字化生存．海口：海南出版社，1997：191.

且创造了巨大的经济价值和文化价值。

2. 网络文化资源

互联网的开放性和共享性等特点，造就了互联网信息的丰富性与多元化，这些海量信息之间的互动、竞争与融合，影响着网络文化生态的平衡与失衡。

3. 网络文化主体

网络文化主体不仅包括文化资源的消费者而且包括文化资源的提供者和管理者，他们是网络文化生态系统中具有能动性和主导性的关键因素，决定着网络文化生态系统建设的方向。

4. 社会环境

这里的社会环境是指与网络文化发展密切相关的科学技术、经济发展、社会文化、政治等综合环境。社会环境为网络文化生态的演进提供保障，网络文化生态反过来促进社会环境的进一步变革。

第 2 节　网络文化及其传播特点

网络文化生态系统包含多样态的网络文化，本节从网络主流文化、网络亚文化等类型来分析网络文化生态系统中的文化资源及其传播特征。

一、网络主流文化及其传播特征

网络主流文化是在多元网络文化生态中具有主导地位、发挥引领和示范作用的文化，它承载着社会的主流价值观，反映着一个社会中文化的性质和面貌，决定着一个社会的文化进程。

党的十九大报告为网络主流文化建设指明了方向，“必须坚持马克思主义，牢固树立共产主义远大理想和中国特色社会主义共同理想，培育和践行社会主义核心价值观，不断增强意识形态领域主导权和话语权，推动中华优秀传统文化创造性转化、创新性发展，继承革命文化，发展社会主义先进文化，不忘本来、吸收外来、面向未来，更好构筑中国精神、中国价值、中国力量，为人民提供精神指引”①。

近年来，我国大力推进网络文化建设，网络主流文化建设方面取得了一些成就。以新型主流媒体在传播主流价值观、主流意识形态上所做的工作来看，它们充分利用专题设计、深度报道、漫画、海报、主题影片等方式，通过微博、微信、网站、客户端等全方位、多维度传播主流文化。

新型主流媒体的说法，来自 2014 年 8 月 18 日中央全面深化改革领导小组第四次会议审议通过的《关于推动传统媒体和新兴媒体融合发展的指导意见》。习近平强调，要着力打造一批形态多样、手段先进、具有竞争力的新型主流媒体，建成几家拥有强大实力和传播力、公信力、影响力的新型媒体集团。

新型主流媒体着重的是全方位的传播能力和传播主流价值、主流意识形态。新型主流媒体是媒介聚合体，一个传媒集团旗下拥有报纸、网站、移动客户端、微博、微信等多种媒介产品，通过整合多种媒介产品，提高信息生产能力、传播能力和服务能力。

---

① 习近平．习近平在中国共产党第十九次全国代表大会上的报告．(2017-10-28)[2020-03-20]. http://cpc.people.com.cn/n1/2017/1028/c64094-29613660.html.

以《人民日报》为例来看。人民日报社数字传播公司推广建设电子阅报栏，该数字化终端集成了浏览新闻、开展思想政治学习、提供图书期刊借阅等功能，已成为重要的融合传播平台；人民日报社“中央厨房”，打通“报、网、端、微、屏”各种资源、实现全媒体传播；人民日报社新媒体中心建有微博、微信公众号、客户端、网站、手机报、网络电视等各类新媒体，积极创新各种互动式、服务式、体验式新闻信息服务，实现新闻传播的全方位覆盖、全天候延伸、多领域拓展，推动党的声音直接进入各类用户终端，努力占领新的舆论场。

从主流文化创新传播内容和渠道来看，在2019年的“两会”报道中，《人民日报》联合人民网推出“AR看两会”，通过人民视频客户端，使用AR相机扫描《人民日报》报纸上相关图片，即可在手机上看到现场实况、注释信息、数据可视化等更具深度更为全面的内容。人民日报社新媒体中心通过“5G＋VR全景”技术，采用5G客户终端设备和VR全景相机，将大会现场的超高清视频信息，几乎“同时”传递给网络用户；推出互动视频H5产品《点击！你将随机和一位陌生人视频通话》，将宏观的“两会”议题深入到凡人小事中，让用户感受积极向上的中国人的真实生活场景，感受“两会”“汇聚你的梦想，关注你的关注”。《人民日报》微视频《我们都是追梦人》推出后，各大门户网站纷纷推送转载，2019年3月3日至3月5日全网播放量已超2.5亿次；随后推出的《每一帧都是屏保！中国24小时》，分为上下集“锦绣河山”“天道酬勤”，以小时划分，密集呈现祖国壮美河山，记录各行各业尽职工作的勤奋中国人民。截至3月7日，两集视频播放量累计超1.8亿次，点赞超50万。①

二、网络亚文化及其传播特征

网络亚文化，是指与主流文化相区别，并经网络媒介在特定群体内传播、扩散的文化形态。网络亚文化是一种兼容并包的文化。一般认为，网络亚文化既包括传统的亚文化数字化后通过互联网进行传播，还包括在互联网环境中生存和发展起来的原生态的网络亚文化。本书所指网络亚文化是指原生态的网络亚文化，网络亚文化主要包括网游文化、网文文化、粉丝文化、二次元文化、弹幕文化、网络直播文化等。

（一）网游文化

网游文化是网络游戏所负载的文化。网络游戏一般是指以互联网为传输媒介，以游戏运营商服务器和用户智能终端为处理平台，以游戏客户端软件为信息交互窗口的旨在实现娱乐、休闲、交流和取得虚拟成就的具有可持续性的个体性多人在线游戏。网游文化包含了娱乐文化、商业文化、科技文化和社区文化、传统文化等。网游因其娱乐性、互动性、自由性、虚拟性、想象性等特点，吸引了大批网络用户。据统计，截至2019年6月，中国网络游戏用户规模已达4.94亿，网民使用率达到57.8%。② 我国的网络游戏经过20多年的发展，已成长为数字文化产业的重要组成部分，丰富了网民的精神文化生活，也推动了我国经济的增长。

网游用户在使用网游过程中，深度参与网游中相关文化元素的消费，并在网游用户之间的互动过程中，确立了网游世界的游戏规则、价值观念和道德体系，形成了具有共同价值取向和爱好的在线社区文化。

为了更好地规范和管理网游的发展，针对网游不良影响的共治格局已经初步形成。例如，

---

① 黄楚新，郑智文．2019两会新媒体报道观察．(2019-03-18)[2020-03-20]. http://media.people.com.cn/n1/2019/0318/c14677-30981481.html.

② 中国互联网络信息中心(CNNIC)．第44次中国互联网络发展状况统计报告．2019：42.

2010年3月17日文化部部务会议审议通过了自2010年8月1日起施行的《网络游戏管理暂行办法》，2017年11月24日文化部部务会议审议通过了《文化部关于废止和修改部分部门规章的决定》，中共中央宣传部、中央网信办、工业和信息化部、教育部、公安部、文化部、国家工商总局、国家新闻出版广电总局联合印发了《关于严格规范网络游戏市场管理的意见》部署对网络游戏违法违规行为和不良内容进行集中整治。大型游戏厂商创新使用多种技术手段，防止网游对未成年人思想的不良侵害，各类防止游戏沉迷软件的开发和使用等也进一步限制了网游的负面影响。

（二）网文文化

网文文化是指网络文学负载的文化。网络文学是依托互联网为载体，进行创作、传播和接受的文学，而那些已经存在的文学作品经过电子扫描技术或者人工输入等方式进入互联网的文学作品并不能称作网络文学。自1994年中国加入国际互联网之后，文学获得了生长的另类空间（网络空间）。在短短20多年时间，互联网的开放性、交互性、即时传播性等特性聚集了众多网络用户，形成了网络文学蔚为大观的局面。网络文学开创了大IP（Intellectual Property，翻译为知识产权）时代，网络小说IP改编网络剧、电影、电视剧、网游等，中国网络文学市场规模已达90亿元人民币。

网络文学种类繁多，有网络小说、网络诗歌、网络散文等，其中影响较大的是网络小说。网络小说有玄幻奇幻类、武侠仙侠类、都市生活类、军事类、科幻类、网游类、历史类等不同类型。优秀网络小说多采用通俗故事的写法，倡导积极向上的人生观和价值观，普遍传达着同情弱者、善恶分明、惩恶扬善、伸张正义的文化精神，弘扬社会正能量，符合社会主流价值观，不仅能够给读者带来娱乐，同时还能给他们以人生激励和启迪。

例如，2018年“中国好书”首次将网络文学纳入评选范围，聚焦新时代网络文学中与人民同心、与时代同行的优质内容，评选出桐华《散落星河的记忆4：璀璨》、郭羽《网络英雄传2：引力场》、吉祥夜《写给鼹鼠先生的情书》等三部获奖作品。获奖的网络文学作品，在引领读者大众的网络文学阅读趣味、传播社会正能量方面，发挥了积极的作用。网络文学的创作与传播，日益向主流文化、主流意识形态靠拢。

当然也有一些网络文学作品在其创作和传播过程中存在着同质化、缺乏创意、抄袭、侵犯版权等问题，但是随着读者阅读能力的提升，作者水平的提高，网络文学将会不断地提升质量，网文文化将进一步发挥更大的服务社会、服务用户的功能。

（三）粉丝文化

“粉丝”是英语单词fans的音译，是指某一事物或者某一人物的热心支持者和追随者。从广义上看，“粉丝”是指对特定话题、特定事物或人物有较大兴趣的人；从狭义上看，“粉丝”不仅仅是对特定话题或事物、人物有浓厚的兴趣，而且对其有较为深入的了解。

在中国，粉丝主要分为娱乐明星粉丝、网红粉丝、网络文学粉丝、二次元粉丝、其他行业名人粉丝等几大类型，其中，娱乐明星粉丝占比最大，随着网红经济的不断发展，网红粉丝当前的占比也较高。①

粉丝文化是依附于大众文化而滋生的文化形式。约翰·费斯克（John Fiske）提出“粉都”

---

① 艾瑞咨询. 2016年中国粉丝追星及生活方式白皮书.（2016-04-22）[2020-03-20]. http://report.iresearch.cn/report/201604/2576.shtml.

(fandom) 一词来描述工业社会中大众文化的普遍特征。《韦氏大词典》中，fandom 有两个含义：一个是指所有粉丝，另一个是指作为粉丝的状态和态度。费斯克认为，粉丝文化是工业化社会中大众文化的一种强化形式，粉丝则是"过渡的读者"。他把粉丝文化看作特殊类型的大众文化，粉丝们从文化工业产品创造出与自身社会情境相关的意义与快感，粉丝们经常将这些符号生产转化为可在粉丝社群中传播，并以此来帮助界定该粉丝社群的某种文本生产形式。粉丝们创造了一种拥有自己的生产及流通体系的粉丝文化。①

粉丝文化理论的另一位代表人物亨利·詹金斯（Henry Jenkins）认为，粉都不对读者和作者进行区分，粉丝不仅消费预先生产的故事，还生产自己的粉丝杂志故事和小说，艺术图画、歌曲、录像、表演等。粉都成了一个参与性文化，这种文化将媒介消费的经验转化为新文本，乃至新文化和新社群的生产。②

随着互联网的发展和传播技术的进步，粉丝文化的传播呈现出以下新的特征：

其一，粉丝由单纯的受众、消费者转变为文化的参与者、生产者，粉丝文化呈现出更强的互动传播性和生产性。譬如，流行的网络文学作品的写作、热播网剧的制作都离不开读者、观众的参与式生产。创作者和读者、观众通过线上线下的方式组成社群，在社群内成员之间、创作者和其他成员之间就人物的设置、情节的发展、场景的构想等进行讨论，多方主体不断互动，共同打造出网文或者网剧等作品。

其二，粉丝文化在越来越多的商业环节中得以应用，粉丝文化呈现出更强的吸粉能力和经济价值。粉丝文化不仅仅是文化现象，更是经济现象。粉丝文化被广泛用在文化娱乐、推广和销售商品、提供服务等多个领域。商家通常借助于一定的平台，如论坛、官方微博、微信公众号、网站等，通过发布某个话题或者发起一项活动，聚集起相关的爱好者，形成粉丝群体，并为他们提供个性化和多样化的产品、服务或体验，最终实现盈利。

其三，粉丝群体强大影响力的背后，我们需要警惕"Anti 粉"传播不良信息的破坏力和控制力。"Anti 粉"，有时也被称为"黑粉""反粉丝"。"Anti 粉"，从名称上来看，这一群体是常态粉丝的反面，他们不喜欢、反对甚至极端厌恶某些明星偶像、某个事物，经常对某些明星偶像、艺人、文本对象等进行负面宣传、攻击、谩骂，以至于恐吓、伤害等。对于他们所传播的负面信息带来的负面影响应当予以抵制。

（四）二次元文化

二次元来自日语的"にじげん"，原来是指二维空间、平面，日本早期的动画、漫画、游戏作品中的角色都是以二维平面图像构成的，所以被动漫爱好者称为"二次元世界"，简称"二次元"。二次元在使用的过程中所指对象范围不断扩大，后又用以指轻小说、动画电影、虚拟偶像、Cosplay（Costume Play 的简写）、动漫游戏衍生出的同人创作，以及由以上题材改编的真人扮演的幻想性影视剧及其相关衍生物，也指代"幻想""架空""虚构"等想象的独立空间。

有学者指出，"二次元文化"是一个内涵比较复杂的概念。笼统地讲，我们可以将其视作"二次元"概念在艺术创作、思维方式、审美倾向、生活模式、行为规范、价值观念、知识体系等文化层面上的各类表征的总和。就实质而言，二次元文化是一种独特的当代青年亚文化，

① 陶东风．粉丝文化读本．北京：北京大学出版社，2009：4.

② 同①.

有着鲜明的符号化、风格化、边缘化等小众亚文化特征。①

二次元文化在20世纪80年代末传入中国，最初仅是在极少数的动漫粉丝、游戏玩家之间进行传播。随着互联网的兴起，二次元文化得到更广泛的传播，其影响力不断扩大。据艾瑞咨询发布的调查数据，2018年中国二次元用户预计达到2.76亿人，2019年有望增至3.28亿人。② 和主流文化相比，二次元文化中部分内容包含着“逃避现实”“抵抗社会”等负面信息，但更多的内容则是出于对青少年彰显自我个性、摆脱平庸现实的心理需求，因此娱乐性是二次元文化的本质属性。从总体上来看，二次元文化越来越有向主流文化靠拢的趋势。

当前中国的二次元文化也推出了一些好作品，将主流价值观和二次元文化结合起来。比如国产动漫《那年那兔那些事》原本是连载漫画，后来改编为同名动漫。它讲述的是中国近代以来的重要历史事件，吸引了一大批年轻人，点燃了他们的爱国热情。《少年锦衣卫》以明朝的锦衣卫为背景，讲述少年热血成长的故事，在历史的基础上融合新元素、新设计，符合各年龄层受众需求，是一部既符合主流价值观又将艺术性和观赏性完美结合的作品。如何用青少年喜爱的方式推出更多健康正面的二次元文化产品，是文化工作者的新任务。

（五）弹幕文化

弹幕，是军事术语，指的是炮兵战术（Barrage），在英语里对应的词组是“Bullet Hell”（子弹地狱）或“Bullet Curtain”（弹幕）。弹幕在国内通常被认为本意是军事用语中密集的炮火射击，过于密集以至于像一张幕布一样。后来，日本视频网站（Niconico动画）引入在动画播放时增加观看者即时评论的功能，大量评论从屏幕上穿过时就像是射击游戏中的弹幕一样，被称为弹幕视频。

中国最早的弹幕视频网站是Ac Fun（简称A站），成立于2007年。随后2009年，又有哔哩哔哩视频网站（Bilibili，简称B站）成立并引进这一功能。目前国内爱奇艺、优酷、腾讯视频等主流视频网站均有弹幕功能。

就主流视频网站的弹幕来看，主要可以分为以下类型：

（1）即时评论类弹幕。这是当前弹幕中占据多数的一类，主要是针对视频本身（如对话、演员演技、场景搭建、剧情等）发表自己的看法或者使用多种符号表达内心情感，目的是与其他正在观看视频的用户进行讨论，以达到共鸣。

（2）专业知识解读类弹幕。这类弹幕多是对视频中出现的科学或专业知识进行解释，扫除一些用户的知识盲点。

（3）翻译类弹幕。这类弹幕多是对当前视频中的外语内容进行翻译，方便没有外语能力的人看懂视频。

（4）广告类弹幕。这类弹幕主要是服务于品牌方，品牌方化身为观众，根据产品功能或特点，结合剧情，发布包含品牌信息的弹幕，与其他用户进行互动，借此传播品牌信息。

主流视频网站出现的各种类型的弹幕，形成了深受青少年喜爱的弹幕文化。弹幕文化的形成和普及与二次元文化密切相关。中国早期引入弹幕视频的A站和B站的弹幕，多是喜爱动漫文化的群体发布的。由于弹幕实时互动性的特点，观看视频的用户可以在联网的情况下，随时随地分享自己的看法，便捷地与不同的观影者跨时空互动。如今的弹幕文化已经不再是动漫

---

① 刘小源．二次元文化与网络文学．东岳论丛，2017（9）．

② 许晓青，高少华．二次元文化需要持续的正向价值观引导．(2018-10-10)［2020-03-20］. www.banyuetan.org/wh/detail/20181010/1000200033136031539137433729665748_1.html.

爱好者的专属，而是呈现出用户群体不断扩大、影响力渐增的发展趋势。如今的弹幕，从二次元文化延伸到电影电视剧、网综网剧、视频直播的文化空间。

（六）网络直播文化

网络直播是指可以同一时间通过不同的平台进行现场直播，网络用户可以实时观看现场真实情境的一种传输方式。网络直播平台也是一种社交媒体。网络直播可以是产品展示、在线培训、相关会议、网上调查、对话采访、现场表演、游戏直播、新闻直播等内容。现场直播结束后，用户还可以随时点播、回看，有效延长直播的时间和空间，发挥直播内容的更大价值。

2016年是中国网络直播元年。有学者指出中国网络直播历史大概可划分为以下四个时期：9158、YY、六间房等基于PC端的秀场直播代表着我国互联网直播的1.0时期，从YY剥离的虎牙直播、斗鱼、龙珠等游戏类直播则代表着互联网直播的2.0时期，映客、花椒、易直播、陌陌等移动直播、泛娱乐直播则代表着互联网直播的3.0时期，微鲸科技、花椒直播等VR直播则代表着互联网直播的4.0时期。①

网络直播相较于传统媒体，具有互动性强、不受时空限制、能发送弹幕讨论等功能和特点，加上VR和AR等技术的应用，网络直播正在成为互联网的下一个“超级风口”。网络直播由于内容的丰富性形成了独具特色的网络直播文化。网络直播文化的主要类型如下：

（1）资讯类直播，主要内容是直播新闻事件，为用户提供了直击现场的便捷和真实场景展示。直播平台主要有腾讯新闻、网易新闻、今日头条等，其主要特点是专业性强，现场真实感十足，传播范围广，满足用户多样化的信息需求。例如，腾讯新闻与澎湃新闻联合组织的春运直播，启动2辆直播车、6路直播信号，完成了120个小时的互联网首次全程公路大直播，为用户全方位展示了春运情况。2016年“金熊猫”国际纪录片节，腾讯新闻多档直播节目斩获大奖。其中，《脑战》直播李世石五番棋对战AlphaGo，荣获最佳直播类节目；《黑镜实验》是人类“断网”生存挑战实录，《撒哟娜拉，车站酱》历经一月追踪北海道小站关停进展，这两部作品入围活动和社会公益优秀节目。

（2）多样化垂直类直播，主要内容是各类细分市场。直播平台有电商领域的淘宝直播，教育领域的云朵课堂、沪江网校，财经领域的9度财经、炎黄财经、第一财经等，知识领域的造就等。这些直播平台更加细分化，在市场竞争中寻找自身定位，提供细分领域的内容，服务于特定用户群体的需求。

网络直播场景的丰富性，有利于文化的传承和发展。传统文化、通俗文化、当代文化、高雅文化等都可以在直播平台绽放优秀文化的魅力。例如：2017年光明网运用网络直播传播非物质文化遗产，推出30多场大型系列直播；2017年陌陌直播推出“国粹艺术来袭”节目，表演家在直播间进行直播表演；2018年光明网举办“青春遇见戏”系列直播活动，对京剧、山东梆子、川剧、沪剧、淮剧、豫剧等十几个地方剧种进行了网络直播。② 相当多的用户通过直播了解到传统文化精粹。

由于网络直播的虚拟性、门槛低等特点，网络直播也可能会出现行为失范、违背社会道德等现象，为此需要对网络直播加强规范和管理。一方面需要政府的引导和管理，一方面直播主体也需要不断提高自身素质。在规范网络直播行为方面，有关部门相继出台了管理规定，如

---

① 全中看传媒．我国直播业发展综述．(2017-04-10) [2020-03-20]. https://www.sohu.com/a/133140396_481352.

② 李晋荣．网络直播：让传统文化在“互联网+”时代活起来．(2019-03-20) [2020-03-20]. http://theory.people.com.cn/n1/2019/0320/c40531-30984754.html.

2007年12月国家广电总局发布《互联网视听节目服务管理规定》，2010年3月国家广电总局发布《互联网视听节目服务业务分类目录（试行）》，2016年6月国家网信办发布《移动互联网应用程序信息服务管理规定》，2016年9月国家新闻出版广电总局下发《关于加强网络视听节目直播服务管理有关问题的通知》。此外，还应该引入社会监督机制，有效拓宽举报渠道，实现多主体共治。

第3节 网络文化生态的协同治理

网络文化生态有人本性、动态性、开放性、平衡性等特点。健康、和谐的网络文化生态是网络文化治理的目标。目前，网络文化生态面临着一些问题，需要结合网络文化生态的特点和构成对网络文化生态进行协同治理。

一、网络文化生态面临的问题

在现阶段，我国网络文化生态有和谐的一面，同时也存在着一些问题。

（一）网络信息技术有待提升

据中国互联网络信息中心（CNNIC）的《第44次中国互联网络发展状况统计报告》，截至2019年6月我国网民规模达8.54亿，普及率达61.2%。我国手机网民规模达8.47亿，网民通过手机接入互联网的比例高达99.1%。[①] 贫困地区网络基础设施“最后一公里”逐步打通。从网络覆盖率、网民人数来看，我国可谓是网络大国，然而我们目前还不能自称是网络强国，我们应该向网络强国推进。

习近平在全国网络安全和信息化工作会议上强调，推进网络强国建设，实施网络强国战略，需要有配套完善的网络技术支持。互联网发展到今天，一些核心的技术基本上掌握在西方国家特别是美国手中。我们要成为网络强国，必须在核心技术上有突破，拥有自己的核心技术，不断研发拥有自主知识产权的互联网技术产品。据统计，我国芯片、高端元器件、通用协议和标准等80%左右依赖进口，防火墙、加密机等室内信息安全产品65%来自进口。另外，我国目前已成为西方国家网络攻击的受害者。根据国家互联网应急中心全年抽样监测的数据，2018年发起网站后门攻击的IP有5万多个，IP归属地为境外的2.7万个攻击IP分别属于133个不同的国家和地区，攻击IP中美国IP占比最高。

除此之外，近年来虽然我国不断完善互联网基础设施建设，但随着网民和网站数量激增，网络带宽、IP地址等资源相对匮乏，网络堵塞现象时有发生，IDC服务设备质量参差不齐。

（二）网络文化监管体制不健全

由于互联网的开放性，网络信息多元混杂。网络空间不是法外之地，同样需要有效的监管，营造生态良好的网络环境。

美国为首的西方国家以“网络自由”为借口，通过推特、广告、电影、电视、广播、报刊、艺术表演、名人演讲等各种途径，对我国网民进行意识形态渗透、控制和干预，推广宣传其价值观念、生活方式、政治制度、新式宗教等，鼓吹所谓的“普世价值”、新自由主义等非马克思主义思想。对于危害国家安全和意识形态统一的类似言行，一定要进行有效监管，坚决

① 中国互联网络信息中心（CNNIC）. 第44次中国互联网络发展状况统计报告. 2019：15.

制止和打击。

另外，网络空间还存在其他不良信息，例如利用互联网进行诈骗活动，制造散布网络谣言，传播色情信息，侵犯他人隐私，泄露个人信息，进行人身攻击等违法犯罪行为。这些有害行为及信息，破坏了网络空间的和谐，毒害、伤害网络用户的心理健康，必须依法治理以减少其危害和不良影响。

(三) 网民主体媒介素养水平和能力有待提高

1992 年，美国媒体素养研究中心提出了“媒介素养”的定义。媒介素养是指在人们面对不同媒体中各种信息时所表现出的信息的选择能力、质疑能力、理解能力、评估能力、批判能力、创造和生产能力。2006 年，詹金斯等人提出新媒介素养，并认为新媒介素养技能包括扮演角色、行动、模仿、挪用、多任务、分布认知、概括智慧、判断、媒介导航、网络技能、协商。在詹金斯看来，新媒介素养应该被视为一项社会技能，是一种互动方式，而不应该被简单地看作用来进行个人表达的技巧。以上定义虽然不同，但是媒介素养都包含着正确地接触和使用媒介资源信息、批判性地分享传播信息、制造有价值的信息的能力。

据中国互联网络信息中心（CNNIC）的统计报告，我国网民以中青年群体为主，受教育水平以中等教育水平的群体为主。总体来看，我国网民主体的整体素质不高，在网络表达上往往感性高于理性，对虚假或有害信息缺乏辨识和批判能力，较易受到情绪感染和情绪刺激的影响。近年来，网络暴力、网络谣言、虚假新闻等频发于网络空间。当一个热点事件出现时，不少网友总是凭空想象、不假思索地盲目跟风，发表不当言论，造成对社会和他人的伤害。要想从根本上改进这一状况，必须加强网民主体的媒介素养教育，提升网民主体的媒介素养水平和能力。

二、网络文化生态的协同治理

网络空间的文化建设，不仅要发挥党和政府的主导作用，同时还应该发挥政府、行业、网民、国际社会“共治”的作用，实现政府、企业、社会组织、网民、国际社会之间的多方联动，推动网络文化生态的和谐、健康发展。

(一) 政府层面

党的十七届六中全会强调，社会主义核心价值体系是“兴国之魂”，建设社会主义核心价值体系是推动文化大发展大繁荣的根本任务。中共中央办公厅印发的《关于培育和践行社会主义核心价值观的意见》指出，社会主义核心价值观是社会主义核心价值体系的内核，体现社会主义核心价值体系的根本性质和基本特征，反映社会主义核心价值体系的丰富内涵和实践要求，是社会主义核心价值体系的高度凝练和集中表达。从当今国际国内大局来看，各种价值观念、社会思潮、生活方式等纷繁复杂，我国网络文化建设必须以社会主义核心价值观为引导，形成文化凝聚力，推动国家和社会的发展。

在网络文化生态协同治理中，党和政府部门要发挥领导（或主导）作用，采取宏观立法立规与微观专项行动相结合。由政府牵头的治理行动构建了我国网络空间秩序的基本框架，申明了我国网络事业发展的基本原则与底线，特别是在一些重大事件上国家治理依然是维持我国网络空间稳定有序的主要力量。①

---

① 熊光清．中国网络社会多中心协同治理模式探索．哈尔滨工业大学学报（社会科学版），2017（6）．

在法律法规方面，我国先后出台了《互联网信息服务管理办法》（2000 年）、《互联网出版管理暂行规定》（2002 年）、《互联网文化管理暂行规定》（2003 年）、《互联网安全保护技术措施规定》（2005 年）、《互联网信息搜索服务管理规定》（2016 年）等一系列规范互联网的管理规定。2016 年 11 月 7 日《中华人民共和国网络安全法》由全国人民代表大会常务委员会发布，自 2017 年 6 月 1 日起施行。该项法律是我国第一部全面规范网络空间安全管理的基础性法律，是我国网络空间法治建设的重要里程碑，是依法治网、化解网络风险的法律重器，是让互联网在法治轨道上健康运行的重要保障。

在专项行动治理网络文化生态方面，党和国家利用行政手段进行专项治理，在短期内取得了显著效果。例如，根据 2015 年国务院办公厅《关于加强互联网领域侵权假冒行为治理的意见》和 2016 年打击侵犯知识产权和制售假冒伪劣商品工作的部署，国家版权局、国家互联网信息办公室、工业和信息化部、公安部等四部门于 2016 年 7 月至 11 月联合开展第十二次打击网络侵权盗版专项治理“剑网行动”（简称“剑网 2016”专项行动）。通过 5 个月的专项治理，网络文学、影视、音乐等领域大规模侵权盗版现象基本得到遏制，版权秩序进一步规范，网络版权环境进一步净化。

针对网络空间各种有害信息屡禁不止的问题，国家网信办于 2019 年 1 月正式启动网络生态治理专项行动，将持续开展 6 个月。对各类网站、移动客户端、论坛贴吧、即时通信工具、直播平台等重点环节中的淫秽色情、低俗庸俗、暴力血腥、恐怖惊悚、赌博诈骗、网络谣言、封建迷信、谩骂恶搞、威胁恐吓、标题党、仇恨煽动、传播不良生活方式和不良流行文化等 12 类负面有害信息进行整治，集中解决网络生态重点环节中的突出问题，促进网络生态空间更加清朗。①

（二）网民主体层面

网络文化良好生态的营造，需要党和政府发挥主导作用，也需要广大网民的积极参与。网民是网络文化生态构成的主体，是用网治网、维护网络安全，营造清朗网络空间的重要力量，是建设网络强国的基石。我们必须广泛动员网民，引导网民共建、共治、共享，参与网络文化生态治理。

网民要以“中国好网民”的标准来要求自己，争做“中国好网民”。一方面要在网络空间中恪守网络法律法规，一方面要养成理性发言的习惯。每个人从正身立己开始，以社会主义核心价值观为指导，将社会主义核心价值观融入日常生活的方方面面，成为评判是非曲直的价值标准，努力提高自己的道德水平、法律观念、媒介素养能力和水平，争做有高度的安全意识、有文明的网络素养、有守法的行为习惯、有必备的防护技能的新一代“四有”好网民。

网民主体要提升发挥创新意识，创作出体现社会主义核心价值观，品味高雅、格调高尚，弘扬中国精神，具有中国风骨、地方特色、民族精神的优秀网络文化作品。网民主体既是网络文化建设的参与者，又是和谐网络文化生态的创造者和传播者。

（三）网络行业层面

不仅网民要加强自律，网络行业更应该加强自律。一方面加强网络行业自律组织的建设，规范和引导网络行业的健康发展；一方面发挥互联网企业的积极作用，互联网企业主动承担社会责任，自觉传播社会主流意识形态和社会主义先进文化。

---

① 中国互联网络信息中心（CNNIC）. 第 44 次中国互联网络发展状况统计报告. 2019.

维护互联网的健康有序发展，关涉到每一家互联网企业的发展。网络行业协会通过自律公约等方式，在推动网络空间有序治理中发挥着积极的作用。网络行业协会是对网络行业事务进行沟通自治的社会组织。当前中国已经出现了一些相关行业性社会组织，如中国互联网协会、中国计算机行业协会、中国计算机用户协会、中国网络视听节目服务协会、中国互联网上网服务行业协会等。这些行业协会积极开展行业自律、倡导建设网络网民，在营造网络文化良好生态中发挥了一定的作用。但是，鉴于网络行业组织体系性的不足以及自身发展能力的局限，其作用有待进一步发挥，组织建设也有待进一步加强和改进。

互联网行业协会已经推出一系列自律公约，越来越多的互联网企业和服务平台签署了自律公约。例如：2002 年 3 月 26 日由中国互联网协会发起并经信息产业部批准的《中国互联网行业自律公约》签约仪式召开，中国 130 家互联网从业单位在北京签署自律公约。2012 年 11 月 1 日中国互联网协会在北京举行《互联网搜索引擎服务自律公约》签约仪式，百度、即刻搜索、奇虎 360 等 12 家搜索引擎服务企业签署公约，规范互联网搜索引擎市场，保护用户合法权益。2017 年 6 月 12 日美团点评、京东、360、新浪、搜狐、快手等互联网企业联合发布《反商业诋毁自律公约》，相互承诺在公平环境下正当竞争，不通过造谣"互黑"。2018 年 12 月 20 日，在第五届中国互联网新型版权问题研讨会上，腾讯、百度、爱奇艺、搜狐、新浪、快手等公司共同发起中国网络版权产业联盟，并发布《中国网络短视频版权自律公约》。2019 年 1 月 8 日中国互联网协会发布了《网络数据和用户个人信息收集、使用自律公约》，首批 23 家电信和互联网企业进行了签署，就个人信息收集、使用行为进行了承诺。

就互联网企业来说，互联网企业要坚持诚信守法经营，创办文明网站，这也是网站自身健康发展的根本保证。各类互联网企业应该正确处理社会效益和经济效益的关系，把社会效益放在首位。党和政府要加强对互联网企业的管理和引导，互联网企业也要加强自律，自觉履行社会责任，净化网络空间。互联网企业在网络文化内容建设方面，应该发挥舆论引导作用，强化网络平台的规范管理和运营，坚持社会主义核心价值观、传播社会正能量、传承中华传统文化、创新当代文化等，主动维护网络文化生态风清气正。

除了以上多方主体的联动协同治理网络文化生态之外，我们还要加强国际合作。网络空间是全球人类命运共同体。早在 2015 年，国家主席习近平在第二届世界互联网大会上明确提出全球互联网空间治理的"四项原则""五点主张"，倡议各国应该加强沟通、扩大共识、深化合作，携手共同构建网络空间命运共同体。

文化是一个民族和国家的精神与灵魂，文化兴则国运兴，文化强则民族强。网络文化生态是社会主义文化建设的重要组成部分。网络文化生态良好，则符合人民的利益；网络文化生态失衡，则不符合人民的利益。我们要通过营造良好的网络文化生态，积极培育健康向上的网络文化，用社会主义核心价值观和优秀文化来塑造人、感染人、美化人，让人在良好网络文化生态的环境中不断提升素质、提升人格，进一步坚定文化自信，从而不断促进社会的健康发展。

【本章小结】

由网络文化到网络文化生态的提出，反映了人们对网络空间文化的认识和理解的逐步深化。本章首先介绍了网络文化和网络文化生态的概念、网络文化生态的传播特点、网络文化生态的构成。其次从网络主流文化、原生态的网络亚文化包括网游文化、网文文化、粉丝文化、二次元文化、弹幕文化、网络直播文化等类型，分析网络文化生态系统中的文化资源。最后根据网络文化生态存在的一些问题，提出网络空间的文化建设应该发挥政府、行业、网民、国际社会“共治”的作用，通过多方主体联动，以推动网络文化生态的和谐、健康发展。

【思考题】

1. 网络文化、网络文化生态的概念是什么，以及两者有何不同?
2. 如何理解网络文化生态的构成?
3. 什么是网络主流文化，如何发挥网络主流文化的主导作用?
4. 什么是网络亚文化，如何评价网络亚文化?
5. 网络文化生态治理的途径有哪些?

第 10 章　网络传播研究理论与方法

以互联网为中介的传播作为一个新型的传播领域，具有独特的传播特征和传播规律。网络传播对传统传播理论和研究方法提出了挑战，传统传播理论和研究方法需要在新的媒介环境下得到进一步的考察和检验，以不断提升适用性。不仅如此，随着新媒介技术带来网络传播景观的日新月异，网络传播领域还将出现新的理论和研究方法。

第 1 节　网络对传统传播理论的冲击

互联网出现后，我们需要重新考察传统传播理论中变与不变的状况。有些传播理论在网络传播环境中不同程度地出现结构性缺失，需要得到适度的调适。

一、网络对传统把关理论的冲击

（一）传统把关理论的概念与主要观点

传统把关理论的历史源头，来自社会心理学家勒温（Kurt Lewin）在《心理生态学》（1943）一书中提出的“渠道理论”（Channel Theory）。他在此研究中提出了把关人、门卡、把关过程等概念。怀特（D. M. White）将其开创的把关人理论首先直接引入新闻学，被《新闻学季刊》（*Journalism Quarterly*）称为把关理论领域的第一项研究。由此“把关人”成为新闻传播学领域的重要议题。拉索萨（Lasorsa）从以往传统文献中总结指出了把关理论与社会控制、议程设置、语义学、框架、信息扩散等诸多理论之间的勾连。

传统把关理论研究的集大成者——美国传播学者休梅克（Pamela J. Shoemaker）的著作《把关》（2009），在全面考察以往众多把关人研究成果的基础上，比较全面地建构了传统把关理论的基本框架，展现了传统把关理论研究的历史脉络和发展逻辑，集中体现了传统把关理论的两大研究成果。① 一是把关过程。传统文献中的把关过程即选择过程。休梅克将“把关”定义为“一个选择过程，通过这个过程，将某天世界上获得的上百万信息削减、转变成上百个信息传达到某个人”。二是把关分析层次。休梅克把自勒温以来不断发展的把关人理论和模式分为五大类：（1）个人层次，指个人负责把关选择的程度，由个人解释、决策、个性、背景、价值观、角色等概念构成；（2）媒介工作常规层次，指“媒介人员用于工作的这些模式化的、按部就班的、周而复始的实践形式”；（3）组织层次，包括不同组织、不同群体决策模式下的内部因素；（4）媒介外社会团体层次，主要集中于影响把关过程的各类组织及其代表的外在特征（包括市场力量、政治联盟）；（5）社会系统层次，探究意识形态和文化对把关的影响。

（二）网络时代把关理论的缺陷

把关理论作为描述信息控制的一种范式，依照控制论基本模式，其基本结构应由把关人、把关内容、把关对象、把关关系、把关机制（手段）、把关反馈（效果）等要素组成。其中把

---

① Shoemaker P J，Vos T P. Gatekeeping Theory. New York：Routledge，2009.

关内容和把关效果一直是传统把关理论的研究对象。至于把关人则是把关理论研究的滥觞，成为把关理论的研究重点。在网络语境中，勒温所说的“信息的传播网络中布满了把关人”仍然存在，把关人的主要影响因素仍然具有适用性。但与传统把关人相比，网络语境中的把关人在具体主体上更为多元，从权威和功能两个维度来看，包括政府层次、产业规制者层次、网络服务商（如接入提供商、搜索提供商、门户提供商、内容提供商、虚拟社区提供商等）、媒介工作者（从消极封堵到积极引导，从封闭式到开放式管理）、个人层次（如阻止孩子接近不合适的在线内容的父母、使计算机不受病毒和蠕虫感染的用户、维护博客边界的博主①等）。

我国也有学者结合当下传播环境，将把关的选择过程划分为三个阶段即信息获取（输入阶段）、选择标准（生产阶段）和发布可能性（输出阶段），以此为依据将把关人角色分为新闻工作者、个人自媒体、商业宣传人员和算法等四类（见表10-1），并将这种划分作为识别把关人之间语义差异的框架。

表10-1　把关人角色

	新闻工作者	个人自媒体	商业宣传人员	算法
输入信息获取	高于现有媒体机构的高附属性	由低到高取决于附属机构和社会地位	低或高取决于所属组织	低或高取决于所属组织
生产选择标准	新闻编辑室日常规范（组织和伦理）	个人倾向和兴趣	商业利益、组织利益、专业规范（如公关公司）	基于组织利益的可编程标准
输出发布可能性	现有新闻空间、社会空间	社会空间、写作空间、专有空间	社会空间、写作空间、专有空间	专有空间、社会空间或其他空间的集成

资料来源：阮立，华勒斯，沈国芳．现代把关人理论的模式化：个体、算法和平台在数字新闻传播领域的崛起．当代传播，2018（2）．

在传统把关理论文献中，我们没有发现“把关对象”“把关关系”等关键要素或者说术语，“把关机制”也仅局限于对信息的“选择过程”。美国学者卡芮·芭兹莱-纳昂（Karine Barzilai-Nahon）在研究1995—2007年新闻传播学领域的把关文献后发现：一是文献的主要分析单元并没有超越个体层次，把关人被看作一个集体、机构或公司的一部分。面对新技术和信息实践的变革，大多数研究仍然在运用传统的把关框架，忽视这些把关对象的角色，包括把关对象在这个把关过程中的权力和影响。二是大多数文献把“把关”看作一个静态的现象。把关角色的进化一直被描述为线性的，把关人的权力随着时间不断增强。② 休梅克尽管注意到在21世纪“假如把关理论要发展，还需要有新的或修正的方法”，但未能对当前把关理论的结构性缺失作出调适。由于互联网带来的新传播语境，我们有必要重新考察把关理论的学术话语。

（三）网络时代把关理论的调适

互联网提出了新的范式挑战。一方面，互联网与传统媒体相比有更加开放的空间，允许更加多样化的用户行为模式。另一方面，信息控制关系和机制是频繁而复杂的。因此学者和实践者应意识到，网络语境下传统把关理论出现了范式模糊和危机，需要“范式的某种候补者”来加以重建。

---

① 维护博客边界的博主主要指为防止他人在自己博客上留下不友好或不受欢迎的信息而经常性地进行维护的人。

② Barzilai-Nahon K. Gatekeeping: A Critical Review. Annual Review of Information Science and Technology, 2009 (1).

1. 把关对象：从沉默到挑战

“把关对象”这个术语在传统把关理论中一直被忽视。过去的文献几乎很少分析把关对象，也极少聚焦或关注把关对象的角色。把关对象被认为是臣服于把关过程的实体，缺乏可选择性。在网络语境中，作为过程的信息控制在很多情况下是利益相关方权力争夺的反映。互联网络的出现增加了个人的自主权。不过，这种日益增长的自主权潜能由于用户自身的自我规制以及把关人对传播平台的强力控制，在很多情况下不能转变成更多的自由和权力，而需要视把关人提供的规则和技术而定。基于在特定的时间、空间里，依照把关对象在把关权力上的逐步上升，我们可从媒介接触、媒介选择、媒介生产、媒介占有四个层次，将把关对象分为沉默型、潜在型、冲动型、挑战型四个角色类型。

（1）沉默型把关对象。

这种类型属于传统型。传统文献中，把关人和把关对象具有明确的边界：把关人是创造和生产信息的唯一利益相关人；不认为把关对象能够生产和创造信息，把关对象只是媒介信息的被动接触者。在社会责任论下，精英（记者、编辑、政策专家、公共官员等）被认为是社会和政治意义的仲裁者、公共议程的设置者、公共舆论的塑造者。因此，把关对象若不依靠把关人的控制和授权则几乎很少能创造信息。控制社区议题和核心价值主要是由把关人来实施和计划的，而把关对象主要是执行者。在这种封闭式系统里，传统主流媒介充当巨大的把关人，而公众经常沦为消极的消费者，他们自己对事件的注意和解释受到有限的信息环境的限制。

在网络环境中，麦考姆斯（McCombs）认为很少有证据支撑这种假设，即主流媒介的议程设置能力受到大大削弱。因为也有证据表明存在新闻信息寡头垄断的事实，少量的网站掌握了大部分的网络用户。每天主要的新闻议题很大程度上仍然是同质的。和传统媒体的受众一样，网络语境中的把关对象也存在通过媒介接触、消极被动地接收信息的状况，如浏览网站新闻、观看网络视频或被强迫看网络广告，而把关人只管采集、编辑、生产和发布这些信息内容，起着“推”的作用。这类把关对象没有知识或技能在网络语境中施加权力，对新媒介带来的机会和挑战缺乏意识，也缺乏网络技术上的使用技能，由此也就信任把关人能代表他们的需要和利益。

（2）潜在型把关对象。

传统把关理论认为，把关对象逃逸把关过程的能力是很小的。唯一的可选择性就是通过转移到同一社区内的另一把关人而从一个具体的把关人那里逃逸，如一个读者从一家报纸转移到另一家报纸，但是整个新闻界的把关过程还在继续。网络环境中的新技术使得现在能比以往接近更多的内容，开始侵蚀把关对象与把关人之间长期以来明确的边界。如RSS新闻、彩铃下载、影视点播等信息定制以及搜索引擎，为把关对象提供了“抽拉”信息的自主选择权。又如运用在线代理服务器（Proxy Servers）可以逃避网关和网络审查，这使得把关人难以轻易将这类把关对象锁定在他们的控制边界内。这种侵蚀，一个结果就是把关功能开始崩塌，为公民提供了挑战精英对政治议题控制的机会。这类把关对象在媒介和信息方面由于拥有更多的选择权，从而有机会向把关人传达自己的偏好和需求。这是一种潜在的威胁，但还没有构成实际的威胁。

尽管把关对象现有可选择性的范围在网络上已扩大，但由于把关人使用多种把关机制，把关对象在网络上绕过信息控制并不总是可能的。应当看到，把关对象选择一个替代对象还要依照与把关人相类似的文化、政治和社会语境而定。因此，选择一个替代对象相当于用一个相似特征的把关人替代另一个把关人。这种自主选择权仍然在把关人的信息源范围内，就像孙悟空跳不出如来佛的手掌心一样。

（3）冲动型把关对象。

传统文献中强调作为把关人的社会精英在信息生产上的能力。但互联网使得把关对象也能生产信息。网络平台提供商提供了各种生产、发布信息内容的渠道，如微博、微信、博客、播客、邮件、即时通信（IM）、SNS、个人主页等。这些所谓“自媒体”的出现，预示着在信息生产的层次上，把关对象与把关人的界限将进一步模糊，也出现了媒介占有的私人化趋向。大量出现的、随时可用的生产和设计内容的工具，以及信息生产的低成本和信息延伸的容易性，给予把关对象更强大的信息生产能力，于是把关对象有了进一步成为把关人的冲动。此外，网络环境由于大量的接入点和生产平台，为非主流的个人和群体增加了影响公共讨论的机会，进一步削弱了主流媒介充当把关人的能力。

但网络本身并不完全是开放和民主的。首先，一些政治、经济、社会的因素会阻碍生产的内容到达用户。信息生产仅仅是信息发布的前提条件。由于网络提供商拥有生产发布平台的产权，把关对象信息生产的权力是被赋予的，并依赖于把关人的设计和政策。一旦信息内容跨越了平台运营商的控制边界，将面临被屏蔽、追踪、阻挡、删除、封 ID、封 IP 等技术控制，这种媒介占有的权力随时可能被剥夺。其次，与控制了大多数注意力的把关人所传播的信息相比，把关对象独立创造、生产的信息只能得到有限的曝光。把关人拥有大量的把关资源如置顶、加精、排序等导引方法，相比把关对象更可能创造对社会影响更大的内容。

（4）挑战型把关对象。

随着各种开源软件的兴起，独立的信息发布编辑平台大量涌现，如去中介化的维基（维基百科、维基新闻、维基解密）网站、独立公民新闻网站（如 www.ohmynews.com、www.Slashdot.org、www.drudgereport.com）。维基解密在 2010 年因先后公布有关伊拉克战争和阿富汗战争的秘密文件，引爆震惊世界的泄密事件。OhmyNews 经常出现足以影响韩国舆论的重量级评论，如曾对“美军装甲车碾死韩国女中学生”事件进行了公正及时的报道，并在韩国大选中发挥了作用。Indymedia Center（IMC）是一些活跃分子组织由于担心主流新闻媒介不能充分报道抗议 1999 年西雅图世贸组织（WTO）的活动而建立的。这样完全消除了具有传统把关人的新闻机构的影响，依赖于作为把关人和原创内容发布者的用户。这里新闻生产过程是完全透明的。即使是缺乏充分调查的文章，仍然被看作富有洞察力的、可使人增长见识的有用出发点。①

尽管独立网站脱离了平台运营商的把关，挑战了把关人控制的霸权，但这种地位也是不稳定的，最终会受到基础设施提供者、政府、产业规制者、相关组织等外部环境的把关。与政治强权对抗的，则面临整改、罚款、警告、追捕、法律限定等境况，如美国政府向网上付款公司施压，让它们封锁维基解密。有社会影响力的，则可能面临被资本收编，如新闻集团收购了当时最成功的社交网站 MySpace，雅虎并购了当时流量最大的图片分享网站 Flickr，谷歌收购了极富创新意识的视频分享网站 YouTube。因此，拥有独立的信息平台未必能使把关对象成为把关人。

2. 把关关系：从训示到协商

包德维捷克（J. L. Bordewijk）与万卡姆（B. van Kaam）描绘了四种传播模式，并讨论了四种模式彼此之间的关联性，这些模式是训示、登录、交谈、协商。② 包德维捷克与万卡姆的四种模式为我们理解把关关系提供了启示。在网络环境中，随着把关人与把关对象在媒介权力

① Bruns D A. Reconfiguring Journalism：Syndication，Gatewatching，and Multiperspectival News in Australian Online Journalism//Virtual Nation：The Internet in Australia. Sydney：University of New South Wales Press Ltd.，2004.

② McQuail D. McQuail's Mass Communication Theory. 6th ed. Sage Publications Ltd.，2010.

上的消长，把关人与把关对象也存在这种复杂而动态的关系。我们用支配关系、契约关系、互动关系和协作/对抗关系来大致对应包德维捷克与万卡姆的四种模式。

（1）支配关系。

传统文献中，把关人和把关对象之间的关系主要是单向线性的，这强化了把关人对把关对象的支配权。由于假定了把关人和把关对象之间的传受关系或者说从上到下的关系，把关对象被认为不拥有任何重要的权力。从传者到受者的信息流动具有“信源—信宿”的方向。在很多情况下，信源被认为来自把关人，而信宿被认为是把关人生产的信息所要到达的对象。怀特将施拉姆的“信源—信息—受者”方法引入大众传播研究，这种范式非常适合把关的渠道理论，也由此奠定了传统文献对把关的单向关系的思维定式。

罗纳德·博特（Ronald Burt）结构洞理论有助于我们理解这种支配性的把关关系。① 他指出，结构洞是指两个关系人彼此之间没有直接联系，或者说，一个人拥有的关系对另一个人而言具有排他性，则他们之间就存在结构洞。打造和占有结构洞，能使自己的利益最大化。结构洞包围的位置将控制唯一信息的接入，当那种信息是获取利益的一种手段时，信息源成了把关人。把关人垄断信息和维持结构洞，以为自己获取最大化的利益。正式阶层制的稀疏关联创造了有利于把关人的结构洞。在网络环境下，各种网络利益主体也总是尽可能在基础设施、应用软件、信息内容等方面打造自己的结构洞，以对网络用户产生一定的支配权。

（2）契约关系。

格林斯坦（S. Greenstein）认为，网络环境中的契约关系包括两种相关实践。② 一是卖主控制和管理着用户接近产权性内容，用户为接近产权性内容而注册成为会员，在相关服务协议下支付费用。近些年著名的实践者包括鲁伯特·默多克（Rupert Murdoch）。他的新闻集团不允许来自报刊文章的不受限制的在线观看。他多次公开发表言论威胁要阻挡搜索引擎引用他网站上的新闻信息，假如这种阻挡能带来更多收入的话。二是卖主用产权性代码控制和管理着用户、广告商的经历。这种方法的著名实践者是比尔·盖茨（Bill Gates）以及史蒂夫·乔布斯（Steve Jobs），他们对 iPhone、iPod、iPad、Mango 应用开发商的契约规则频繁改动，已引起了人们对限制性实践的关注。

因此，就决定内容和信息交流的产生而言，卖主普遍比周围的用户具有更多的控制力。把关人通过一些非直接的方式如提供个性化定制、购买优惠活动来提高把关对象的转移成本和回报效应。因而尽管把关对象有多种选择，但转移成本比能承受的成本更高。不过，适合把关对象需要的选项存在的可能性，也增强了把关对象讨价还价的地位。一旦把关对象和把关人之间缺乏互惠的契约关系，这类把关对象将难以处于把关人的管理羽翼下。把关对象会从一个把关人转移到另一个把关人那里，直到发现适合把关对象需要的网络、内容或技术。

（3）互动关系。

威廉姆斯（Williams）等认为，互动是指参与者在传播过程中，能够控制其相互的话语及其角色转换。詹森（Jensen）认为，互动是对一种媒介能在多大程度上允许用户影响传播中介的内容及形式的潜在能力的测量标准。③ 由此可见，互动实质上就是社会个体和群体与传统把关人在信息权力上的博弈、选择与交换。在传统媒介时代，传播者与受众之间始终是点对多的单向信息流动，缺乏实质意义上的互动性。自媒体技术的不断涌现，使得信息互动权日趋平

---

① Burt R. Structural Holes：The Social Structure of Competition. Boston：Harvard University Press，1995.

② Greenstein S. Gatekeeping Economics. Micro，2012（5）.

③ Kiousis S. Interactivity：A Concept Explication. New Media & Society，2002（4）.

等。正是在这种趋势下，当代网络围观的景象才不断呈现。互动水平使受众参与到信息、资料收集的建构中，甚至直接去核查事实真伪，驱使主流媒介逐渐提升新闻透明度。如2004年哥伦比亚广播公司（CBS）新闻主持人丹·拉瑟（Dan Rather）在《60分钟》报道了总统乔治·布什（George Bush）当年在得克萨斯州空军国民警卫队服务时受到优待。节目播出后，一些博主对报道中用到的一个备忘录的真实性提出质疑，结果博主们是对的：备忘录是伪造的。最终，丹·拉瑟在2005年3月从CBS晚间新闻主持人的位置上走下来。

但同时我们应看到，互动的实现程度也依赖于某个中心或中介物的赋权。费尔德曼（Tony Feldman）认为，“信息系统中的互动性使用户能接近信息，以及对使用这一系统的结果有一定程度的控制。……实际上，这通常意味着，系统以一种或另一种方式提供给用户做选择。系统采取的决策影响用户跟随信息的路径。……在数字信息系统里，计算机程序创造的可能路径网络控制着用户接近信息。……在用户的掌握下，尽管这种交互性对接近和结果施加了一定的控制，但这种控制受到计算机软件所提供的交互性的严格限制。……软件决定了有多少十字路口，这些十字路口安装在哪里，提供多少路径选择。所有可能的路径因此都由软件设计来确定。用户仅仅基于他想从系统中获得和传播什么的目的来做出可能的选择”①。

（4）协作/对抗关系。

独立的信息发布编辑平台正在成为大规模的、可靠的、创新的信息来源。我们所观察到的是，主流媒介与自主性网站将可能建立协作联系。事实上，自主性网站能增强传统媒介出口的权力。如Digg能帮助福克斯（FOX）新闻网站或纽约时报网站的文章在搜索引擎排名上攀升，因为Digg的人口统计学特征显示其用户几乎完全基于可成长性和男性（关键的广告目标）。同样，Facebook也与像《纽约时报》和《华盛顿邮报》之类的主流媒介达成交易：允许用户方便地在他们的个人主页上链接这些媒体网站和转载来自这些媒体网站的文章和图片。由此，信息生产应“定义为一个共同的而不是排他的努力”。这种“共同的努力”主要表现在多维新闻学（Multiperspectival News）或者开放新闻学等概念的兴起上。著名新闻学者甘斯（Herbert J. Gans）认为，“多维新闻包括反映所有可能观点的事实和意见。在实践上，它意味着在新闻中为没有表达的观点、没有报道的事实和极少报道的人群留下了一个空间”②。另一新闻学者布伦斯（Bruns）提出，开放新闻与开源运动的发展和协作式媒体的涌现紧密相关。与传统封闭的收集模式相比，开放协作的收集模式能产生更透明的新闻。这些概念接近海基拉（H. Heikkilä）和库内柳斯（R. Kunelius）所说的“商议新闻学”（Deliberative Journalism），强调从不同的方面建构议题。他们认为，“在本质上，主流新闻学提供作为产品的新闻，即收集基于调查研究的易于消费的报道；而公民新闻提供作为过程的新闻，即持续而未必完成地报道需要用户参与的话题和事件，旨在实现所谓的‘商议新闻学’”③。因此，自主性网站在一定程度上有助于弥补主流媒介的“新闻洞”。

但是，两者的日益协作并不意味着权力持有者正在完全接受自主性网站的内容，而是存在一种能产生新的媒介现实的相互矛盾的过程，这种新媒介现实的轮廓和效果将最终通过一系列政治和商业权力斗争来决定，因为通信网络的所有者为了其商业伙伴和优先的客户已经将自身

---

① Feldman T. An Introduction to Digital Media. Routledge，1997.

② Gans H J. Deciding What's News：A Study of CBS Evening News，NBC Nightly News，Newsweek，and Time. New York：Vintage，2003.

③ Heikkilä H，Kunelius R. Access，Dialogue，Deliberation：Experimenting with Three Concepts of Journalism Criticism. The International Media and Democracy Project：Theoretical Foundations. [2020-03-20]. http：//www.imdp.org/artman/publish/article_27.shtml.

置于控制接入和流量的位置。曼纽尔·卡斯特（Manuel Castells）认为，权力持有者正在重新确立其在传播领域控制权的意图。一旦其承认制度在主导权威方面逐渐削弱的能力，权力持有者将通过各种规制机制，直接或间接进入并控制自主性网站，传播空间中的新一轮权力制造正在发生。①

当然除了以上四种关系模式，还有一种整合类型：这四种模式彼此之间相互补充，互相比邻而接。其实信息交流模式之间的边界差别，并不像表面那么明显。由于技术和社会的原因，会产生重叠和聚合的现象。同样的技术可呈现上述四种模式的任何一种把关关系。

3. 把关机制：从单一到多元

把关机制指用于执行把关过程的工具、技术或方法。在传播学文献中，传统把关理论把“把关”界定为“媒介工作中做出选择的过程，尤其决定是否让一个特定的新闻故事通过新闻媒介的门卡进入新闻渠道”。由此，把关机制主要是一种编辑选择机制，众多文献研究中的把关人也主要以编辑角色作为考察对象，如怀特以美国一家非都市报的电讯稿编辑人员为研究对象，分析了把关人的新闻选择过程。麦克内利（J. McNelly）试图通过描述在国际新闻事件与最终接受者之间存在的各种中介传播者来反映新闻选择的流动过程。巴斯（Bass）将把关过程分为新闻采集（记者、地方编辑）和新闻加工（编辑、审稿员）两个阶段。盖尔顿（Galtung）和鲁奇（Ruge）将新闻流动或把关行为看作一个连续选择过滤的过程，而该过程是根据若干影响理解新闻事件的新闻价值或标准展开的。迪米克（Dimmick）认为编辑决策者需要一个模式减少他们的不确定性以决定什么是新闻。克莱曼（Steven E. Clayman）和雷森纳（Ann Reisner）发现为了维持同事之间的关系，会议室中报纸编辑对稿件的评价整体地呈现了适度偏向的评价。

值得关注的是，多诺霍等人跳出传统文献的窠臼，认为“把关”不仅仅是选择的过程，还包括所有的信息控制形式，诸如塑造、展示、时间选择、隐瞒和重复等。不过这些信息控制形式（把关机制）仅局限于传统媒体领域，而网络语境中的信息控制形式则更为丰富。卡芮·芭兹莱-纳昂总结了网络语境中多元化的把关机制，具体包括以下几种。②

（1）编辑机制。

类似于传统的选择机制，如议程设置、技术控制、内容控制、信息内容设计工具等。传统文献已深入考察了这种编辑们使用的常规机制。在网络语境中，这种编辑机制包括网页版式设计技术、聚合新闻服务（RSS）工具、内容发布管理系统（CMS）等。

（2）导向机制。

如搜索引擎、导航、内容分类目录和超链接等，旨在分配和吸引把关对象的注意力，将之传送到指定的渠道中来。注意力的稀缺性使得内容创造者依赖在线把关人将其文化产品导向内容消费者，让用户依赖这些服务找到获取网络内容的路径。

（3）审查机制。

包括过滤、阻挡、区域划分、删除信息等手段，旨在抑制或删除任何被认为令人反感的或不受欢迎的信息，即设想“不受欢迎”的信息不会进入或逃出或流传于把关人的网络中。

（4）安全机制。

如密码、Cookies、数字签名等身份认证，旨在设法管理好把关人网络中信息流动的保密

---

① Castells M. Communication，Power and Counter-Power in the Network Society. International Journal of Communication，2007（1）.

② Barzilai-Nahon K. Gatekeeping in Networks：A Meta-Theoretical Framework for Exploring Information Control. Pre-Print Version will be presented in the JAIS Sponsored Theory Development Workshop，2005.

性、可获得性和完整性。密码确认一个人是否得到使用系统或接近信息的授权。Cookies 可以将登录信息（用户 ID、密码、浏览过的网页、停留的时间等）保持到用户下次与服务器的会话。数字签名指当用户进入网站时，服务器在开启密码短语或生物统计设备后自动核实证书和授权信息。

（5）增值机制。

包括个人化、语境化、定制化、信息整合工具等，通过提供增值产品和服务来增加把关人网络对把关对象的吸引力，从而实现信息控制。增值机制也可作为一种锁定机制来吸引潜在的把关对象进入网络或阻止把关对象退出网络。

（6）成本效应机制。

如加入成本、使用成本、退出成本。加入成本指把关对象控制和维持的基础设施成本、把关对象连接到基础设施的成本。使用成本包括需要获取技能以在把关人网络中进行操作的成本。退出成本主要关注当把关对象试图离开把关人网络时需付出的成本。

（7）基础设施机制。

如网络接入、带宽/流量、技术通道、网络配置等。这种机制利用网络基础设施的构成要件和特点来控制信息和把关对象的行为。其中，全球 13 台根域名服务器可以指挥 Web 浏览器和电子邮件等程序控制互联网通信。由于根服务器中有 10 台设置在美国，美国政府对其管理拥有很大发言权。

（8）用户互动机制。

如直接的或添加的导航工具、下载软件等。应用软件充当把关对象和网络的中介。这些机制主要存在于界面层。通常情况下，把关对象即使意识到它们的存在，也会主动地同意运行它们（如安装浏览器时设定默认的主页，获取内容时要求安装把关人开发的下载软件）。

（9）规制机制。

如在全球、国家、组织或个人层面上的各种规则、约定、协议、合同或备忘录等，旨在控制和指导传播行为，确保信息安全、隐私保护、版权保护、言论自由等，主要包括合作规制和自我规制等形式。

> **你怎么看**
>
> 编者认为，在网络语境中，信息传播网络中“把关人”仍然存在，把关人的主要影响因素仍然具有适用性。你怎么看？
>
> 在自媒体时代，随着把关对象在把关权力上的逐步上升，你认为把关人的角色受到哪些方面的挑战？未来哪一种把关关系将成为主流？

二、网络对传统议程设置的冲击

（一）传统议程设置的概念与主要观点

议程设置是大众传播媒介影响社会的重要方式，其思想来源于李普曼的《公众舆论》。李普曼没有提过“议程设置”的概念，但是在该书第一章“外部世界与我们头脑中的景象”中，他认为，我们所生活的现实环境实际上是拟态环境，而这种拟态环境是由媒介设置而形成的，这是议程设置理论的思想发端。1963 年，美国政治学家 B. 科恩指出，新闻界“在告诉人们‘怎样想’这方面大都不怎么成功，但是在告诉人们‘想什么’那方面却异常有效”。

传播学领域的“议程设置”作为一种理论假说，最早见于美国传播学家 M. E. 麦库姆斯和唐纳德·肖于 1972 年在《舆论季刊》上发表的论文《大众传播的议程设置功能》。他们认为，在媒介议程和公众议程之间存在着一种因果联系，即经过一段时间，新闻媒介的优先议题将成为公众的优先议题。新闻议程的优先选择是很明显的：报纸标题多大和语言是否刺激，消息的篇幅长短如何，登载的版面是否重要和醒目；电视报道在新闻播出中的位置、长度和是否形式多样、生动活泼；等等。这些线索帮助受众将经过挑选的每日新闻中的一小部分议题列为关注重点。

议程设置理论的发展主要经历了五个阶段。①

（1）即麦库姆斯和肖的早期研究，通常又叫教堂山研究，发现了媒介议程和公众议程之间存在着较强的相关性。

（2）提出了新的问题，即影响媒介议程设置强度变化的因素是什么？什么情况下媒介效果较强，什么情况下效果较弱？为回答这一问题，麦库姆斯和肖将“导向需要”的概念引入了议程设置理论，即需求小产生弱效果，需求大产生强效果。

（3）被称为属性议程设置的阶段。麦库姆斯和肖在对1976年美国总统选举的研究中实现了关于属性议程设置效果的第一项研究，媒介不仅引导我们将注意力投向各种各样的“对象”（比如说公共议题或政治人物），而且关心这些对象的“属性”。很多时候这两种效果被分别称为议程设置的第一层和第二层。在第一层，媒介影响议题及其他一些对象的显著性；在第二层，媒介影响这些对象的属性的显著性。

（4）学者们开始考察促使媒介议程形成的因素。在这一研究阶段，塞尔玛·甘耐姆也有所贡献。他引入了关于“引人注目的论点”的概念，用来说明新闻中一个主题的某些属性对于这个主题的显著性的贡献甚至比关于这个主题的所有新闻报道都大，其重点在于强调受众以及哪些属性能与受众产生特别的共鸣。

（5）主要考察如下问题：媒介议程设置对于对象及其属性的显著性的影响，即会不会对人们的态度、观念和行为产生影响。这也就是将受众纳入议程设置研究范畴，对此问题，肖认为应将其归结为议程设置的第三层，而麦库姆斯本人倾向于将基本的议程设置效果和属性议程设置效果视为第一层和第二层，而将受众的反应视为结果，而不是一个层次。

传统议程设置理论在四十多年的研究中形成了以下四种主要观点。

（1）大众媒介往往不能决定人们对某一事件或意见的具体看法，但是可以通过提供信息和安排相关的议题来有效地左右人们关注某些事件或意见，以及它们的先后顺序，新闻媒介提供给公众的是它们的议程。

（2）大众传媒对事物和意见的强调程度与受众的重视程度成正比。该理论强调，受众会因媒介提供议题而改变对事物重要性的认识，对媒介认为重要的事件首先采取行动。

（3）媒介议程与公众议程对问题重要性的认识不是简单的吻合，这与其接触传媒的多少有关，常接触大众传媒的人的个人议程和大众媒介的议程具有更高的一致性。

（4）不仅关注媒介强调哪些议题，而且关注这些议题是如何表达的。对受众的影响因素除了媒介所强调的议题外，还包括其他因素，这些影响包括对态度和行为的两种影响。

（二）网络时代传统议程设置理论的缺陷

传统议程设置理论经过多年的发展，被放置在新媒体环境下时需要得到重新检验。麦库姆斯本人也指出，“在媒介系统持续变化的情况下，新闻媒介的议程设置的基本效果无论是与几十年前基本相同，还是会最终消失，检验议程设置效果都将至少是未来一段时间里重要的研究议程”。至少，网络环境下传统议程设置理论的主要缺陷表现在以下方面。

---

① 魏玲芳．网络时代的“议程设置”．新闻世界，2009（2）．

1. 议程设置的流向是单向的、自上而下的

这种信息流向是由少数传播者流向多数受众的，而后者往往只是被动的接受者，没有参与设置“议事日程”的权力。专业媒介组织对信息的流向和流量具有强大的控制力。在网络传播出现之前，这种现象普遍存在，被称为传统“单向议程设置”。

2. 议程设置的主体主要是传统媒体

因为其掌握独有的媒介资源，因而在传播过程中占据主导地位，只管按自己的需要推送信息。信息的发布与传播集中在少数专业媒介组织手中。专业媒介组织完全有能力对议题进行有意识的选择和排序，议题的发展线路比较清晰，议题的层级、结构比较单一。受众则相对被动，缺乏同时接触多个媒介的有效渠道，其自主性的发挥不过是从常接触的媒介所提供的信息中去选择。

3. 议程设置的关系主要是传-受支配型

传统媒体环境下，专业媒介组织在传播关系中占主导地位，受众一直处于受支配的被动地位。网络媒体环境下，当受众被“解放”后，议程设置理论更加难以回答到底是媒介议程影响公众议程还是公众议程影响媒介议程这样的问题。

（三）网络时代议程设置理论的调适

1. 议程设置的流向呈现多向性

网络为受众提供了自由选择议题的平台，网络传播中并不存在一个固定的传播者，向大众传播信息已经不是专业传播机构的特权，以往传统媒介中的传者单向操纵形态面临崩塌。在新媒体环境下，议程设置的流向不仅仅是从传统媒体流向网民或网络媒体，在很多情况下，网民或网络媒体的信息或意见也会流向传统媒体，甚至出现网络媒体和传统媒体在信息或意见上的双向对流。网民议程设置具有双向的、互动的、参与的、自下而上的等特征。

2. 议程设置的主体呈现多元化

在新媒体环境下，议程设置的主体不仅仅是专业传统媒体组织，还包括政府、网民特别是网络意见领袖、新闻网站、商业门户网站等主体，这些利益主体本身也在网络环境中角力，使议程朝向有利于自己的一方。网民又包含各种利益取向的群体，这些群体在舆论形成过程中也会进行议程博弈，甚至出现“群体极化”现象。网络传播者泛化及把关人缺乏，使得议题在传播过程中可能朝任何一个方向发展，路径不确定并经常进行转换，这导致原有的议题可以衍生出多个与之相关乃至无关的议题。网民议程设置的自发性、分散性、随意性、私人性、个性化等特征，为 Web 2.0 时代的议程设置增添了丰富的议题内容和广阔的想象空间。

受众通过开放的网络话语权编织着一个属于个人的价值体系，他们不再机械地套用大众媒体的那一套传统体系，因而也就能加速、消解或重构传统媒体为公众所设置的议程。公众在议程设置主体上的权力分享是一种势不可当的趋势，而美国将公民参与新闻传播的现象先后称为“公民新闻”“商议新闻”。

你怎么看

编者认为，在新媒体环境下，议程设置的主体不只是传统的专业媒体组织，主体多元化导致议程设置的流向呈现多向性。你怎么看？以某重大突发事件的网络传播为例，你认为传统媒体、网民尤其是网络意见领袖、境外媒体在议程设置上存在差异吗？

3. 议程设置的关系呈现多样化

传统议程设置理论认为，媒介议程支配着公众议程，公众议程的走向取决于媒介议程的设定。在网络传播环境下，议程设置的关系不仅仅是支配型的，还具有互动合作型甚至对立冲突型。当传统媒体的议程设置和网民的议程设置在路径走向和利益取向上趋于一致时，两者出现互动合作的关系，甚至在一定程度上影响传统媒体的议程设置，由此出现媒介间的议程互动。同时，大众媒介基于社会舆论导向、自身地位等利益的考虑，会将一些议题排斥在议程设置范围之外。当传统媒体的议程设置和网民的议程设置在路径走向和利益取向上不一致甚至分道扬镳时，两者会出现对立冲突的关系，网民将采取多种抵抗的策略来否决传统媒体的议程设置。

三、网络对传统传播模式的冲击

（一）传统传播模式的概念与功能

传播学中有关传播模式的阐释一向将传播模式视作深刻揭示传播本质特征的工具。模式是一种人为的象征性的设想，是一种思维的辅助工具。模式是对某一事项或实体进行的一种直观的、简洁的描述。一个模式总是试图表明任何结构或过程的主要组成部分以及这些部分之间的相互关系。

就研究传播过程来说，可以采用模式简化、去粗存精等方法，高度概括出在纷繁复杂的传播过程现象中的要素、结构。建构传播过程模式是传播学研究史上对传播过程的结构和性质进行阐释的一种方法。

传播模式，是传播学研究中的热点，也是难点。50多年来，人们对它一直处于“剪不断、理还乱”的困惑之中。传播学者研究传播现象、过程往往是在传播模式的基础上展开的。若想设法找到一个直观简化的方式来描述和解释传播的复杂过程，模式就是人们所认为的最佳方式。当大多数西方传播学者把全部精力投向传播效果研究而忽视传播结构与模式建构的研究时，麦奎尔（Denis McQuail）和温德尔（Sven Windahl）却抓住传播结构与模式不放。因此，在某种程度上可以说，麦奎尔和温德尔是传播模式研究的集大成者。①

多伊奇（K. Deutch）曾指出在社会科学中使用模式的主要功能：首先，模式具有组织功能，能将各系统排序并连接起来，使我们获得对研究对象的一个整体形象或普遍图景。其次，模式具有解释功能，它能用简洁的方式来提供如果改用其他方法则可能相当复杂或含糊的信息。最后，模式具有预测功能，至少能够为估算各种不同结局发生的概率提供基本依据，因而可以据此建立研究假设。②

（二）传统传播模式的演变脉络

对于新崛起的网络媒体而言，其信息传播的开放互动性、非线性等特征决定了原有的模式在网络传播中的局限和不足。传统传播模式在变迁过程中主要呈现四个特征。

1. 模式向度上从单向线性转向双向互动

线性传播模式，强调传播者的“把关人”角色，从某些方面反映了大众传播媒介尤其是电

---

① 各种具体的传播模式参见丹尼斯·麦奎尔和斯文·温德尔《大众传播模式论（第2版）》（上海：上海译文出版社，2008）。

② Deutch K. The Nerves of Government. New York：Free Press，1966.

视媒介所含有的单向传播的特点，但它将复杂的人类传播简单化，忽略了受众反馈活动的存在和社会因素的复杂性，导致了若干研究上的偏见。双向传播模式这种双向的关系是建立在反馈机制上的，传播模式研究开始突破单向线性模式的局限，逐步转向注重信息反馈，注重传播效果，注重受众地位。

拉斯韦尔模式、香农-韦弗模式、卡茨-拉扎斯菲尔德两级传播模式、传统议程设置模式、传统把关模式都显示了典型的直线单向的传播过程。科姆斯托克（Comstock）的"电视对个体行为之影响的心理学模式"，具有明显的单向线性走向，该模式代表了一个按照先后顺序的流水线过程，即随后的电视体验将受到先前收视行为及其结果的制约或修正。涵化条件模式尽管与"直接刺激—反应—效果"的过程不同，认为在信息和受众之间存在某种互动，但在很大程度上也过分强调电视收视行为对观众在社会现实中的构建作用。霍尔的编码-译码模式是模式向度的一个重要转向，他所提出的三种解读立场重新确认了受众在电视消费中的重要参与角色。之后，费斯克提出的"文本"多义性包容了不同观众的收视取向，电视节目选择模式考虑到了节目类型偏好和具体节目偏好等因素，电视节目欣赏模式充分认识到节目内容的满意获得受到观众方面期待满意的限制，这些观点都强调了电视传播活动是一个双向过程。

2. 模式类型上从传递模式转向接受模式

麦奎尔提出了传播的四种模式（见表 10－2）。他认为，传输模式只适用于制度性、信息性或宣传性目的的媒介活动。接受模式提醒我们，表达震撼的力量部分只是幻想，因为受众才是最终的裁判。公众注意模式反映了媒介为了收视率或收入而吸引受众（高收视/阅读率和广覆盖率）的中心目标。表达或仪式模式适合捕捉艺术、戏剧、娱乐及许多创造性运用传播符号的元素。显然，拉斯韦尔模式、香农-韦弗模式、卡茨-拉扎斯菲尔德两级传播模式、传统议程设置模式、传统把关模式、"电视对个体行为之影响的心理学模式"和涵化条件模式等传播模式多强调传输者取向在意义上的传送，认为接受者的取向是一个使用与满足的认知过程。自霍尔的编码-译码模式后出现的传播模式如使用和满足模式，受众到达、选择和欣赏模式，在传输者取向上开始强调"偏好性译码"，接受者取向上强调"差异性译码/意义建构"。

表 10－2　　传播的四种模式

	传输者取向	接受者取向
传输模式	意义的传送	认知过程（使用与满足）
接受模式	偏好性译码	差异性译码/意义建构
公众注意模式	竞争性的展现	赋予注意力/旁观者
表达或仪式模式	表现展示	圆满/意义分享

资料来源：麦奎尔．麦奎尔大众传播理论．北京：清华大学出版社，2006.

3. 模式范式上从效果/功能转向文化/批判

拉斯韦尔模式、香农-韦弗模式、卡茨-拉扎斯菲尔德两级传播模式、传统议程设置模式、传统把关模式、"电视对个体行为之影响的心理学模式"等属于典型的效果/功能范式。这种范式以自由-多元的社会理论为基础，假定了一种良好社会的正常运作，它是民主的（选举制、普选权、代议制）、自由的（世俗的、自由市场的、个人主义的、具有言论自由的）、多元的（多党执政的），以及有秩序的（和平的、统一的、公正的与法治的）。媒介常常认为或被认为在支持和表达这种基础社会观中扮演着重要的角色。该范式多半关心大众媒介效果的测量，无论这种效果是属于有意的（如政治与公共竞选活动）还是无意的（如犯罪和暴力内容）；同时也关心能够对解释效果的过程方面有帮助的研究，如媒介信息的内容，或者个体行为的动机、态度及受众的不同特征等。功能研究是20世纪40—60年代西方传播学研究的主流。以美国经验学派为代表，侧重电视节目对阅听者的行为及心理的影响。功能性和线性因果模式的踪迹到处可寻。

文化/批判范式是由不同时期对效果/功能范式持反对意见的呼声交织而成的，例如：揭示社会中不被承认的自由多元意识形态；批判线性效果模式及其普遍的机械论特质，媒介成为关系密切的“权力精英”进行控制的有力工具；揭露主流范式对于媒介效果和受众动机的研究解释过于乐观；指出科学技术潜在的抹杀人性的作用；批评实证方法学的极端量化和个人行为主义；指责主流范式对文化与人类经验领域的传播研究的忽视。

文化/批判范式的主要特征：持社会批判的观点，反对价值中立；拒绝传播的传送模式，对于媒介技术与信息采取一种非决定论的观点；采用诠释的视角；运用质化方法；倾向使用文化或政治-经济理论；广泛关注社会中的不平等和对立的根源。从这些特征看，在作为文化指标研究范式的组成部分——涵化条件模式之后，特别是以霍尔的编码-译码模式为关键节点，传播模式的文化/批判范式进入滥觞时期。

4. 分析重心上从受众体验转向受众接受

受众体验分析指通过单向线性的传播，受众被动地进行接触体验，总体上以使用与满足模式为出发点。如“电视对个体行为之影响的心理学模式”研究的是观众在被动接触体验下的精神状态、学习过程和行为，通过电视“激发力”来实现“演示行为”之后果，是使用与满足理论的典型运用。

受众接受分析指对媒体信息含义的解读和建构是由接受者进行的。这种解读和建构的存在，远比使用与满足模式所承认的更为重要和自主。涵化条件模式在分析重心上具有承前启后的作用，认为“涵化”过程中的“构建”阶段，是对是否采纳“电视版”社会世界影响最大的变量。霍尔的编码-译码模式在质疑传者中心地位、重新确立受众中心的分析重心上是一个分水岭，之后的电视传播模式基本延续了受众接受的分析重心。

（三）网络时代传播模式的路径转向

新媒体时代特别是当今Web 2.0时代，由于新技术带来的信息传播革命，传播模式研究出现了重要的路径转向。

1. 模式向度上转向网状模式

尽管传播模式自霍尔的编码-译码模式以后进入双向模式，但该模式免不了具有一种理想化、简单化的倾向，实现程度仍相当有限，总体上还是一种线性模式。它对人类传播特别是大众传播构成要素的众多性和复杂性反映不够，不能用来分析和解释人类的全部传播现象，对人类传播的新媒介新技术未给予足够重视，甚至“往往有低估新的传播技术的效果的倾向”。

Web 2.0时代是以网状传播模式为主的时代。以往大众传播所建立的都是一种线性的传播方式，而网络传播则是在数字空间中展开的发散式的网状传播（见图10-1）。超文本功能使用户从线性传播的束缚中解放出来，摆脱线性束缚。“如果把大众传播的传统媒介比作一只信息沙漏，那么，新的传播技术结构就将是一种散布型的信息交流结构，可以把这种传媒结构比作新闻与信息交流的一个矩阵、一张经纬交错的渔网或四通八达的蛛网。”① 以电脑为主体的新传播系统技术，“将成为大众媒介未来模式的基石”②。罗杰斯看到一场“传播研究的革命”已

---

① 利维，木雨．新闻与传播：走向网络空间的时代．新闻与传播研究，1997（1）．

② 邵培仁．传播模式论．杭州大学学报，1996（2）．

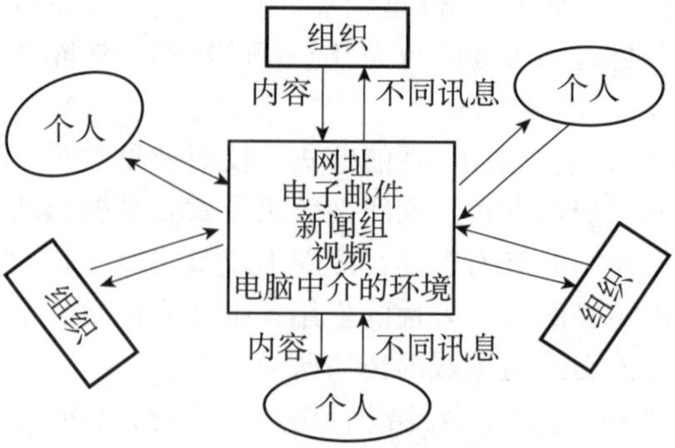

图 10-1　互联网大众传播模式

资料来源：多米尼克．大众传播动力学：数字时代的媒介：第7版．北京：中国人民大学出版社，2009.

经到来，认为必须打破以往传播模式所引导的传播效果研究的框框，“代之以由传播辐合模式所引导的更广阔的研究，来调查宏观的论题”①。

多维网络是一种典型的复杂的网状传播模式。多维网络（Multidimensional Networks）是当前新媒体研究的一大热点。近年来 Web 2.0、语义网（Semantic Web）和网络基础设施（Cyberinfrastructure）的发展使人们意识到我们所面对的网络并非单一层面的，而是有着多种维度的。在这一多维网络中，节点既可以是人，也可以是其他非人类主体（Nonhuman Agent），如文件、数据、概念、关键词和分析工具。这些节点之间的链接包括多种形式，如人们接入、转载、创造或推荐同一个文件，不同的文件使用同一个数据得出结果，用来研究同一个数据的不同分析工具。因此，这种多维网络至少是以人为主体的社交网络和以信息为主体的知识网络的融合。

目前网络传播研究中比较主流的几个理论，如社会网络理论（Social Network Theory）、网络社会理论（Network Society Theory）和行动者网络理论（Actor-Network Theory）等，都代表了当前学术界对多维网络的不懈探索。这些理论研究对于我们理解新媒体环境下建构多维网络传播模式具有十分重要的意义。

2. 模式类型上转向表达模式

新媒体时代传播模式进入了表达模式。Web 2.0 最大的特征是互动、参与、开放，传者和受者的边界模糊，即时通信、博客、播客、维基、微博、微信等社交媒介给传者和受者在展示、分享信息和表达思想方面提供了无限的想象力。

以混搭这种表达形式为例。在音乐界，将两段或多段音乐合并成一首“新”曲就是混搭。在时尚界，将不同风格的服装搭配在一起就是混搭。从概念上讲，作为传播形态的混搭是指对已经存在的事物进行模仿、借用、搭配、混合，进而创造出全新的作品。混搭不是简单的蒙太奇剪接，而是将各种传播行为与其特定的时空背景相剥离，然后转换成数字化的离散数据，再通过这些数据的不断积累形成各种创新的组合。② 混搭将那些构成“传播”本质的信息从其原始背景中抽离出来，并汇集在一起，然后根据需要对这些无序信息进行新的设定和提取。传统

① 邵培仁．传播模式论．杭州大学学报，1996（2）.

② Jackson M H. The Mash-Up：A New Archetype for Communication. Journal of Computer-Mediated Communication，2009（14）.

意义上连续完整的传播被切割成无数毫无关联的微小碎片，不论是语句还是照片，声音还是图像。原本立体的传播就这样被碎片化、平面化，人们积累的各种传播经验在一个数据的环境中唾手可得。

自从 YouTube 推出后，一般民众使用个人电脑观看网络影片，已成为收看传统广播电视之外的影音收看新趋势。YouTube 在 2008 年 3 月推出了开放式的应用程序接口（API），让使用者能够在任何网站中充分利用 YouTube 的影片资源，将影音平台的概念扩展到所有的网站中，使影音成为一项混搭服务。

由加拿大电影局（NFB）和 EyeSteelFilm 公司一起投资制作的《Remix 宣言》（*Rip: A Remix Manifesto*），是一部观念创新、思路清楚又颇富娱乐性的纪录片。2008 年时，先是在全球规模最大的阿姆斯特丹纪录片影展（IDFA）上获得最佳观众票选奖，继而开始全球影展和电视台的放映之旅，获奖无数。《Remix 宣言》由数百位网友集体混制创作，他们将各自作品提供给开源网站 Cinema。这个计划原名为“地下室磁带”（Basement Tapes），希望能够完成全球第一部“开放原始码”的纪录片。影片内容全都是从网络上下载的影像和音乐，游走在法律边缘，但却“合法”地使用这些素材，利用动画和各种方式，近乎羞辱地讽刺这些跨国大公司，把观众逗得哈哈大笑，乐不可支；更难得的是，在议题上，同时也佐以证据和论辩，站在公平的立场，领着观众重新去思考和检视这些被称为贴上“智能财产权”的音乐、图像、影像、艺术。

3. 模式范式上转向功能/批判模式

效果/功能范式与文化/批判范式似乎一直“积怨已深”“水火不容”，但目前研究显示出了将两种范式逐渐融合起来的努力趋势。特别是在新媒体环境下，传播者与受众之间的角色边界日益模糊，受众在新技术推动下被赋予更多的传播权力。新媒体传播环境将见证效果影响和意识形态的博弈和融合。

石长顺、周莉提出的涵化多元认知模式显示了功能/批判模式的积极取向。“涵化多元认知模式与霍尔的‘编码-译玛’模式有暗合之处，涵化理论由此将美国实证研究和欧洲文化研究结合起来，在新媒体语境下实现了内涵上的突破。其一，观众主动性带来涵化效果分化，涵化向度由单向度整合变为双向度批判，其二，技术创新和媒体变革带来涵化关系深化，涵化基础在政治经济权力之上增加了技术权力控制。这两个方面的突破将批判性融入涵化理论，使其从单纯的媒介效果理论发展为综合视角的社会理论。”①

4. 分析重心上转向受众传播分析

受众传播分析指受众对讯息不仅被动体验或主动解读，而且对信息积极传播、创造。新媒体时代是用户创造内容（UGC）的时代。众多网民在互联网上发布帖文，上传自己拍摄的图片、视频，或下载转发观看别人的图片、视频，这种传播景观在传统媒体时代难以想象，传统的传播模式均遭遇质疑合法性的危机，因此了解网民的传播行为是重要的议题，如“多传播”（Multicommunicating）这种网络传播行为。人们同时使用多种媒体技术进行多种传播活动的过程就是所谓的“多传播”。多传播彰显了一种由用户控制的技术和行为切换。② 例如，我们经常看到某个网民在某一时间段内，用手机或笔记本电脑发短信、写邮件，通过即时通信聊天，更新博客或微博、微信，读新闻，听音乐，看视频，玩游戏，等等。对传播学者来说，各种技术、活动和用户之间的复杂互动成为我们理解新媒体传播的关键问题。

---

① 石长顺，周莉．新媒体语境下涵化理论的模式转变．国际新闻界，2008（6）．

② 韦路．新媒体研究何去何从？．中国新媒体传播学年会论文．北京：清华大学，2009．

人们的传播活动越来越多模式化（Multimodal）。一方面，人们在网上同时使用多种应用，同时进行多种活动。例如，用 Facebook 显示自己的群体身份和社会联系，用 YouTube 分享视频，用 Flickr 发布照片，用博客或微博、微信随时更新生活状态等。另一方面，人们的网上活动也与网下密切相关，虚拟现实的理想情景已经在我们身边出现。人们通过各种新媒体技术所做的一切都与网络之外的传播活动紧密交织在一起。我们与身边朋友之间的人际交流，既可面对面沟通，也可通过电话和网络上的各种形式，包括电子邮件、即时通信、社交网络、个人消息、博客评论、论坛讨论、网络游戏，以及视频、音频、照片等分享各种信息。研究发现，人们之间的关系越亲密，他们用来进行交流和联系的传播模式就越多。①

> **你怎么看**
>
> 编者认为，由于新技术带来的信息传播革命，传播模式研究出现了重要的路径转向，研究新媒体传播导致的社会关系比研究新媒体更重要。你怎么看？贴吧、论坛、微博、微信等新媒体在传播模式上存在差异吗？

总之，新媒体传播究竟会导致什么样的社会关系，比新媒体本身更加重要。虽然已有研究发现，新媒体使人们之间的关系变成一种“混合模式”（Mixed-Mode），人与人的互动会同时使用多种媒介或应用，但人们在多种模式中如何进行选择和切换，还需要更多的理论解释。传播过程的多传播化和互动关系的多模式化导致我们对任何一个技术特性的考察都不足以完整地呈现新媒体传播过程和关系的全貌。

第 2 节　网络传播研究前沿理论

以计算机为中介的传播不仅在很多方面引发了传统传播理论的合法性危机，同时也引发了一些新的热点话题。有些话题由于还处于探索和讨论阶段，在理论和实践上其实都没有形成一个比较成熟的系统。我们这里介绍近些年国内外热议的四个理论问题，它们在很大程度上也许还处于一种概念成型阶段。

一、网络中立

（一）网络中立的概念内涵

“网络中立”这个词首先由美国宽带用户和创新者联盟（CBUI）在 2002 年 11 月对美国联邦通信委员会（FCC）的第一次评论中使用。该组织认为，美国联邦通信委员会应采取措施，防止网络所有者歧视不附属于网络运营商的网站、应用、服务或设备。而该组织包括几个大的在线内容提供商、消费者团体和设备制造商，如 Yahoo、eBay、Amazon、Microsoft、Apple、Disney、美国信息技术协会（ITAA）、美国消费者电子协会（CEA）、全美制造商协会、媒介接入工程（MAP）等。

倡导者最初提出的网络中立这个相对复杂和模糊的概念，并不为很多人所理解。2006 年 9 月战略沟通顾问公司葛罗夫公园集团（Glover Park Group）和公共舆论战略公司（Public Opinion Strategies）进行了一次舆论调查，发现只有 7%的调查者说，他们听说或看过有关网络中立的

① Haythornthwaite C. Social Networks and Internet Connectivity Effects. Information, Communication & Society, 2005 (8).

事情。不管怎样，民意测验专家解释这个概念时，许多人持支持态度。①

尽管网络中立议题存在模糊性、复杂性和争议性，但综合诸多表述，美国学界对网络中立概念内涵的普遍认识是，网络中立是网络服务提供商应平等对待所有合法的内容/应用/设备的网络接入，而不应歧视不附属于自己或合作方的内容/应用/设备的基本原则。因而，规制的对象主要针对网络服务提供商的各种歧视性行为。

(二) 网络中立的概念外延

诸如浏览一个网页这样相对简单的服务要依赖于不同网络层次上的服务提供商，也要通过大量的门卡（如网关、防火墙、过滤软件、路由器或内容管理系统等）。其中网络服务提供商（ISP）是信息流动的第一个把关人，网络接入提供商（IAP）或内容提供商（ICP）是第二个把关人。

网络中立概念在外延上主要关注作为把关人的ISP产生歧视性行为的可能性。这些歧视性行为的把关机制主要包括三个方面的“流量塑造”（Traffic Shaping）。

1. 阻挡（Blocking）

即拒绝接入网络上不受欢迎的内容/应用，使消费者不能接入网络上的某些内容/应用。这里所谓的“不受欢迎”，大致包括几类情况。

（1）非附属于自己的，对自己传统业务构成挑战的内容/应用。这通常包括DSL服务提供商为了自己的传统电话业务对VOIP服务的阻挡，有线电视调制解调器（Cable Modem）服务提供商为了自己的传统电视业务对IPTV的阻挡。

（2）非战略联盟的内容/应用。美国头号无线运营商，也是AT&T的一部分的辛格乐（Cingular）阻挡其客户使用任何与其竞争的在线支付服务以在eBay上进行购买的意图。在与另一个在线支付服务Direct Bill签订合同后，Cingular阻挡了PayPal（全球在线收付款解决方案领导者）。

（3）有损于自己名誉的网络内容。如2007年8月，AT&T针对它认为的对其母公司或下属公司名誉造成伤害的任何活动，单方面修改了它的客户服务条款协议，以给予其终止客户的DSL服务的权利。AT&T新的客户合同没有具体说明被认为“有伤害的”行为类型，因此给予公司不受限制的自由裁量权。

（4）对政治敏感性内容的阻挡。干预直接反对公司设想的财政或政治利益的言语。由工会活跃分子、在公司捣乱的抗议分子开办的网站，ISP不认同的政治内容，使有权的政治家不高兴的政治内容等所有这些内容都可能受到阻挡或降级。

2. 降级（Degrading）

网络中立语境中的降级，指网络提供商有意通过限制数据流的带宽或速率，拖延特定的网络内容/应用提供商的数据流的情况。降级使一些时间敏感性应用如网络视频、网络电话、在线游戏等流媒体出现拖延（Delaying）、抖动（Jittering）、掉包（Packet Dropping）等情况，使得应用的表现或性能不稳定，影响服务质量和在线体验。降级行为一般发生在使用高峰期间。这些瓶颈中的拥堵会降低其订户的基本互联网接入率。

具有市场支配地位的网络运营商为了平衡它们在网络内容市场上的权力，也希望通过降级网络内容提供商的数据传输能力来歧视非附属的网络内容提供商。如它们能创造不喜欢的用户

---

① Fisher K. Poll：Americans Don’t Want Net Neutrality（Or Maybe They Don’t Know What It Is）.（2006-09-18）[2020-03-20]. http：//arstechnica. com/news. ars/post/20060918-7772. html.

的黑名单，对这些用户接入某些应用、服务或数据进行降级。

3. 优化（Prioritising）

优化也称为分层排序（Tiering）或服务质量（Quality of Service），即宽带提供商根据不同的服务质量层次向应用/内容提供商收取费用，以向其提供接入网络时更高的数据流速率，以及为它们自己附属的应用/内容提供比竞争对手更高的服务质量保证。

（三）网络中立争论的主要观点

网络中立在美国引发了强烈的争论。这场争论的实质在于美国不同利益阶层对网络接入控制与开放的权力博弈。从这个角度看，两大对立的阵营也可称为“接入控制主义者”与“接入开放主义者”两个阵营。这两个阵营从自身利益出发，在网络中立规制的众多问题上产生了理念分歧。在两个对立鲜明的阵营外，还存在不少第三条道路（中间派）的观点。这些观点既不主张完全禁止“积极”“正当”的规制介入，也不完全排斥政府的规制监管，而是支持有限度的、不完全开放接入的网络中立。

1. 网络产权原则

（1）控制主义者主张私有产权。此阵营把网络中立问题看作产权问题，坚持主张网络接入商具有被承认和尊重的财产权，网络中立的强制执行会蔑视这些财产权，抵制市场中契约的自由。同时还认为网络中立的要求构成了“充公的”和非法的产权“转移”，将赋予网络内容提供商永久的便利，使其跨越私人拥有的宽带提供商将内容传播给自己的用户。

（2）开放主义者主张公共产权。此阵营普遍认为，互联网已经成为美国公共基础设施的一部分，是能带来许多积极外部性的公共设施，它依赖于公共产权来运作。网络的价值应该为使用它的人获得而不是为部署或拥有它的人获得。如果不把网络当作公共基础设施，而把产权分配给互联网接入商，将会在公共知识领域创造“篱笆”，无效率地剥夺了用户和内容生产商的公共资源。

2. 无伤害原则

（1）控制主义者认为缺乏伤害的具体证据。此阵营认为，网络接入商对网络使用的限制会在各方面对用户产生严重的经济伤害是不可能的，缺乏明确的伤害证据。相反，一些控制主义者对 FCC 强力推进网络中立规制的必要性和角色持怀疑态度，认为在缺乏市场失灵或其他明显的消费者伤害的证据下，预见一种没有实现的假想危险而进行规制介入本身是有问题的、危险的，反而会伤害消费者。

（2）开放主义者认为有潜在的伤害动机。开放主义者一直担心，在“最后一公里”，接入市场中的垄断和未来不断降低内容质量的可能性创造了内容独占的动机，这有损于消费者福利。他们认为，互联网的成功基于一直得到美国电信规制保护的开放和非歧视原则。没有受到非歧视规则限制的接入提供商将能决定谁是搜索引擎、内容、应用、服务方面的主要提供商，这对依赖互联网的消费者和各种产业来说会造成严重的危害。

3. 网络设计

（1）控制主义者主张“智能网络”。控制主义者对代表着民主思想的“端对端”原则的维护持怀疑态度，认为传统互联网结构在新的环境下已经发生变化，维持“哑巴网络”已经没有多大意义。越来越多的前辈网络工程师包括 TCP/IP 合作者罗伯特·卡恩（Robert Kahn）、对互联网作出重大贡献的戴维·法伯（David Farber）、端对端的合作者戴维·克拉克（David Clark）也走出来反对网络中立。

（2）开放主义者主张“哑巴网络”。互联网最初是设计成“哑巴网络”的。它的中心功能——通过TCP/IP协议执行——就是通过“管道”沿着一系列“节点”传输数据包，直到数据包到达目的地。互联网先驱温特·瑟夫（Vint Cerf）认为互联网显著的成功可追溯到一些简单的网络原则——端到端设计、多层结构和开放标准，这些一同使消费者能选择和控制他们的在线活动。

4. 创新来源

两大阵营都尊崇创新，都认为创新是经济增长的基本动力。但双方在关于大部分创新发生的起点上有分歧。这种分歧实际上是关于“渠道为王”还是“内容为王”的争论。

（1）控制主义者认为创新在网络“核心”发生。网络接入商提供优质服务将刺激网络各方的创新，因为低价值的内容网站也能获得优质服务，从而更好地与高价值的网站进行竞争。

（2）开放主义者认为创新在网络边缘（终端用户）发生，尽管存在着来自网络接入商在应用层次上的创新，但由于歧视而被阻挡的独立用户产生的创新，远比网络接入商创造的要大得多，日益增加的应用层次上的创新比网络层次上的创新更为重要。

5. 投资动力

（1）控制主义者认为规制会抑制投资动力。网络基础设施投资昂贵，政府难以对大部分基础设施提供资金，而私人部门只有在给予合理的投资回报的前景下才有动力建立和创新网络。这个阵营相信网络本身的力量而不相信网络上思想的力量，认为从长远来看，网络接入商尽管在短期内不会但在长期内会是下一代互联网的推动者。

（2）开放主义者认为没有证据表明投资不足。在现状下，缺乏令人信服的证据证明宽带应用投资的不足。开放主义者认为诸如搜索引擎、电子商务、社交网站、VOIP和P2P服务等网络中介得益于现存的网络中立，网络运营商、网络中介、内容提供商之间是相互促进的关系。如果规制不介入的话，将会抑制内容/应用提供商的投资动力。

6. 言论自由

双方都崇尚美国宪法第一修正案保护下的言论自由，但双方在关于言论自由保护的起点上有分歧。

（1）控制主义者认为应保护网络提供商的言论自由。网络运营商会花时间监控和审查个人传播是不能设想的，网络会侵蚀在线自由言论是特别误导人的。网络所有者既没有技术也没有人力基于表达的观点有效地过滤在线内容，寻求利润的商家也没有任何真正的动机去这么做。

（2）开放主义者主张保护消费者的言论自由。网络中立倡导者通常涉及一个核心价值——互联网应是促进自由表达的民主媒介，倾向于从宪法第一修正案和强烈的言论自由权来获取灵感，认为网络中立是互联网能驱动经济创新、民主参与和在线言论自由的原因。出版自由、表达自由、保护公平竞争通常构成了大多数支持者的观点。

二、数字鸿沟

（一）数字鸿沟的概念内涵

“数字鸿沟”（Digital Divide，有时也称之为Digital Division或Digital Gap）一词，最先由美国国家电信工业管理局（NTIA）于1999年在名为《在网络中落伍：定义数字鸿沟》的报告中提出。随后，“数字鸿沟”正式出现在美国的官方文件——1999年7月份美国官方发布的名为《填平数字鸿沟》的报告——里面。2000年7月，世界经济论坛组织（WEF）向八国集团首脑会议提交专题报告《从全球数字鸿沟到全球数字机遇》。当年召开的亚太经合组织会议上，数字鸿沟成为世界瞩目的焦点问题。

什么是数字鸿沟？国际上比较典型的定义有几种。

（1）莫里塞特：数字鸿沟是指人们在信息与通信技术（ICT）享用机会上的差距。

（2）美国国家电信工业管理局（NTIA）（1999）：数字鸿沟指的是在那些拥有信息时代工具的人以及那些未曾拥有者之间存在的差距。

（3）联合国经社理事会：数字鸿沟是指由于信息和通信技术的全球发展和应用，造成或拉大国与国之间以及国家内部群体之间的差距。

（4）经合组织（OECD）《理解数字鸿沟》报告（2001）：数字鸿沟是指个人、家庭、企业、不同社会经济发展水平的地区，在享用信息技术的机会以及利用互联网从事各项活动的水平之间的差距。

（5）联合国“信息社会世界高峰会议”（2003）：“数字鸿沟”和“知识鸿沟”这两个词的准确含义是指世界上享有信息技术的群体和被信息技术排斥在外的群体之间的差距，以及这些群体内部彼此之间不转让信息的情况。

综合上述种种观点，在一般意义上，数字鸿沟的概念内涵是指在全球数字化进程中，不同国家、地区、行业、企业、家庭、群体、个人之间由于对信息、网络技术应用程度的不同以及创新能力的差别造成的“信息落差”“知识分隔”和“贫富分化”，是“信息富有者和信息贫困者之间的鸿沟”。

（二）数字鸿沟的概念外延

在外延上，数字鸿沟是一个由技术层面、经济层面、知识层面和社会层面共同构成的综合性的差距。从技术层面上看，数字鸿沟是“技术鸿沟”，反映了不同主体在接入新兴信息技术方面存在的差距；从经济层面上看，数字鸿沟是“经济鸿沟”，反映了国际国内经济不平等和贫富差距在信息时代的延续；从知识层面上看，数字鸿沟是“知识鸿沟”，反映了不同群体使用新兴信息技术获取和利用信息资源方面的差距；从社会层面上看，数字鸿沟是“社会鸿沟”，反映了信息社会的阶层分化和社会分化现象。①

1. 数字鸿沟是“技术鸿沟”

在技术层面上，数字鸿沟反映了不同主体在接入新兴信息技术方面存在的差距。既然是数字鸿沟，就应体现“数字”的技术特性，即移动电话、计算机、互联网、宽带等现代信息通信技术，这些技术作为21世纪强有力的社会经济发展动力，理应有助于促进全球经济普遍增长、缩小知识差距、减少社会分化。然而，事实并未像人们所期待的那样。

在新兴信息技术普及的过程中，不同主体在接入移动电话、计算机、互联网、宽带等方面存在着巨大差距，从而出现“技术鸿沟”，这主要体现在两个方面：一是数字鸿沟反映不同国家、地区之间的“技术鸿沟”。目前，发展中国家的通信技术接入水平远远低于发达国家，发达国家与发展中国家之间的数字鸿沟明显存在。国际电信联盟2019年3月发布的报告《衡量信息社会》显示，截至2018年年底，世界上网人口超过总数的一半。在发达国家，80%的人使用互联网，达到饱和水平；在发展中国家，45%的人使用互联网。在世界47个最不发达国家中，互联网使用率仍然相对较低，80%的人尚未使用互联网。二是数字鸿沟反映一国内部不同群体之间的“技术鸿沟”。我国群体之间的“技术鸿沟”就十分明显，据中国互联网络信息中心（CNNIC）发布的《第44次中国互联网络发展状况统计报告》，截至2019年6月，我国

① 薛伟贤，刘骏．数字鸿沟的本质解析．情报理论与实践，2010（12）.

网民规模达8.54亿，互联网普及率为61.2%。我国农村网民规模达2.25亿。尽管农村地区网民规模、互联网普及率不断增长，但是城乡互联网普及率差异仍有扩大趋势。造成差距的原因，部分在于城镇化进程在一定程度上掩盖了农村互联网普及推进工作的成果，根本则是地区经济发展不平衡，妥善解决城乡数字鸿沟的方法仍然需要进一步探索创新。

2. 数字鸿沟是“经济鸿沟”

《世界电信发展报告2002》就曾指出数字鸿沟是“经济鸿沟”。报告认为，在发展中国家电信基本设施的缺少制约了经济的发展，数字鸿沟一词是近年来才出现的，主要指不同社会经济实体中信息通信基础设施（ICTS）分配的不平等性。在一个国家内或是不同的国家之间，数字鸿沟通常是普遍存在的各人群之间不同收入、不同健康情况、不同受教育程度的反映。克耶姆（Peter A. Kwaku Kyem）和勒梅尔（Peter Kweku LeMaire）在研究非洲国家移动电话普及情况与经济发展水平的关系时指出数字鸿沟本质上是一个经济发展问题，需要将数字鸿沟转化成数字机会。①

在经济层面上，数字鸿沟反映了国际国内经济不平等和贫富差距在信息时代的延续，它是信息时代经济发展进程中出现的“经济鸿沟”。第一，反映不同国家、地区之间的经济不平等。从全球范围来看，数字上的贫富差距是经济上的贫富差距的反映。网络硬件和软件资源建设投资的多少，与该地区的经济发展水平高低密切相关。第二，反映一国内部不同群体之间的贫富差距。就个人而言，要使用互联网等信息技术，必须有足够的经济能力购买计算机等接入设备和支付接入费用，这样就会在富人与穷人之间形成新的信息技术接入差距，进而造成信息分配不均，导致数字财富差距。

3. 数字鸿沟是“知识鸿沟”

数字鸿沟实际上就是网络社会的“知识鸿沟”现象。数字鸿沟其实是互联网络时代“知识鸿沟”的新形式，跨越数字鸿沟的重点在于扫除功能性文盲。

在知识层面上，数字鸿沟反映了不同群体使用新兴信息技术获取和利用信息资源方面的差距。从现代信息通信技术本身的特点看，其使用不仅需要软硬件的接入，还需要具备一定的受教育水平和信息素养。具备良好受教育水平和信息素养的人往往都有较高的信息技术使用技能，他们可以更好地利用手中的计算机、手机等硬件，通过搜索引擎、操作系统等软件，获取并利用所需的信息。而处于数字鸿沟另一端的人群必将成为信息社会的边缘化人群，这样就会使得信息资源配置不均匀。

4. 数字鸿沟是“社会鸿沟”

在社会层面上，数字鸿沟反映了信息社会的阶层分化和社会分化现象，它是信息社会不平等导致的“社会鸿沟”。在信息社会，信息已经成为一种有价的商品，因此，信息的获取、传输、交流都是有偿的，而正是因为信息的商品化、有偿化的不断实现，才使得贫困群体无力支付获取和交流信息的费用，从而蒙受了信息损失。相比之下，那些具备良好经济条件和知识技能的群体往往可以更好地获取和交流信息，这样一来就出现了新形式的阶层分化——信息分化。不同群体之间在信息占有上存在巨大差距，造成信息时代的社会不平等，进而导致新形式的社会分化现象。②

---

① Kyem P A K, LeMaire P K. Transforming Recent Gains in the Digital Divide into Digital Opportunities: Africa and the Boom in Mobile Phone Subscription. The Electronic Journal on Information Systems in Developing Countries, 2006 (5).

② 薛伟贤，刘骏. 数字鸿沟的本质解析. 情报理论与实践，2010 (12).

（三）数字鸿沟的填补措施

无论在发达国家还是发展中国家，数字鸿沟都是一个普遍存在的情况，尽管在数字鸿沟差距上的显著性不同。世界组织和各国政府为填补数字鸿沟作出了不懈的努力。根据世界各国普遍做法和我国具体的国情，我国在填补数字鸿沟、推进数字包容（Digital Inclusion）上可采取如下措施。

1. 加强信息技术研发力度，以信息化带动工业化

在现阶段，可采取引进吸收与自主创新相结合的路子，在引进消化吸收的基础上，实施自主创新战略，在关键领域掌握核心技术和拥有一批自主知识产权，促进我国信息产业的迅速发展，缩小与世界先进水平的差距。同时，以信息产业的发展带动传统产业的发展，以信息技术的发展促进工业技术的提高，使先进技术迅速转化为生产力，在促进国民经济迅猛发展的同时，推动社会的信息化进程。

2. 加大信息基础设施建设，缩小区域、城乡之间的差异

信息化的普及和发展离不开电信等信息基础设施。综观国内东西部和城乡信息化发展的不平衡状况，关键在于信息基础设施上的差距，主要表现在中西部和农村互联网等电信设施接入的不便利和缺少上。因此，加大中西部信息基础设施投入，缩小东西部和城乡的电信基础差距，是缩小和根本填平东西部和城乡数字鸿沟的必由之路。

3. 加大对数字教育的投入，提高全民数字素养

应在全社会的信息化知识和技能的普及教育上增加投入，面向社会公众大力进行信息化普及培训，为弱势群体阶层提供免费教育和培训的机会，提高全民的媒介素养和信息素养，使其掌握信息技术使用的基本技能，从而为缩小以至于跨越数字鸿沟提供智力支持。

4. 通过政策引导鼓励企业积极参与，发挥企业在缩小数字鸿沟中的作用

为了应对经济全球化的挑战，提高中国企业的整体竞争力，一个十分重要的选择是加快推进企业信息化。企业信息化的一个重要方面，就是通过建立企业内部的信息系统，解决企业在研发、制造、供应和客户关系管理各层面间的信息屏障和信息不对称问题，提高企业人、财、物等各项资源的有效配置。在这个基础上，进一步循序渐进地推进企业电子商务。政府应该加快推进“企业信息化工程”和“企业上网工程”，积极引导企业关心、支持并从事缩小数字鸿沟的活动。对于投入社区信息化、教育信息化建设的企业，在项目审批、税收等方面给予一定的优惠。

5. 加快建立普遍服务基金，完善电信普遍服务政策

在我国，电信行业是垄断行业，拥有先进的技术和设备，可以为数字鸿沟的消除作出一定贡献。普遍服务为电信服务的普及发挥了重要的促进作用，可以缩小不同地区信息基础设施的差距，缩小不同年龄、性别、收入的人群在信息获取和利用方面的公共服务水平的差距。因此，需要加快建立普遍服务基金，完善电信普遍服务政策，让所有的电信运营商分摊普遍服务的责任，并对承担普遍服务的运营商的亏损进行合理补贴，这被认为是一条切实可行的路径。

三、媒介融合

（一）媒介融合的概念内涵

媒介融合的概念可追溯到尼古拉斯·尼葛洛庞帝。他认为，“所有的传播技术正在遭受联

合变形之苦，只有当它们作为单个事物对待时，它们才能得到适当的理解”。他用三个圆圈来描述计算、印刷和广播之间的技术边界，认为三个圆圈的交叉处将会是成长最快、创新最多的领域。

美国麻省理工学院的伊契尔·索勒·普尔（Ithiel De Sola Pool）教授指出了“各种媒介呈现多功能一体化的发展趋势”。1983年他在其著作《自由的科技》（*The Technologies of Freedom*）中提出“传播形态融合”（The Convergence of Modes），认为“数码电子科技的发展是导致历来泾渭分明的传播形态聚合的原因”，其本意是指各种媒介呈现出多功能一体化的趋势。

鲍德温等人也提到，以前电信、有线电视、广播和计算机各自为政，现在汇流到一起，产生了宽带通信系统。这个通信系统的发展有赖于信息源、设备和软件的设计者和制造商、网络的建造者和经营者以及用户。

随后，学术界对媒介融合的定义不断涌现。美国新闻学会媒介研究中心主任安德鲁·纳齐森（Andrew Nachison）将“媒介融合”定义为“印刷的、音频的、视频的、互动性数字媒介组织之间的战略的、操作的、文化的联盟”。

2002年，在美国南卡罗来纳州召开的会议上，西方学者就开始了有关于此概念的争论。两年后，南卡罗来纳大学大众传播学院主任查尔斯·比尔巴尔（Charles Bierbauer）回忆那场争论时认为，“大家观点的不同反映了这样一个事实：在不同的国家、不同的媒介组织、不同的媒介文化环境下，媒介融合有着不同的表现”。

（二）媒介融合的概念外延

媒介融合是个系统的工程，是包括了从浅层到深层、从简单到复杂、从微观到宏观等多层次的连续统一体。媒介融合概念在外延上主要包括如下几个层次。

1. 信息源的融合

信息源的融合指基于数字化技术的应用，任何媒介类型的任何内容及表现形态均可转换为“0”“1”的符码来进行存储和传输，这意味着作为信息源的符码是相对一致的。这为媒介边界的模糊甚至消解提供了可能，为不同媒体的信息内容在同一网络平台上的传输与分发奠定了技术基础。

2. 接收终端的融合

接收终端的融合指在数字化、网络化技术的推动下，媒介消费者所使用的信息接收终端设备即信宿，呈现出多种功能融于一体的特征，并“以一种开放的终端平台将信息和服务传递给使用者”。具体的终端类型，如IPTV、个人电脑、智能手机等。

3. 传输渠道的融合

传输渠道的融合指的是基于网络化技术的普遍运用，以往不同的传输信道由单一性、差异化走向具有互联兼容、开放接入的网络传输平台，对媒介内容进行集成和分销。从目前来看，信息传输渠道主要有广播电视网、互联网、电信网三种。三网融合指的就是广播电视网、互联网、电信网三个传输网络的融合。

4. 战略性融合

战略性融合即所有权不同的媒介之间进行的互动、合作。2000年北京开办了一个传统媒体协作网站“千龙网”。千龙网包括北京最有实力的几大传媒，首次以产业的形式实现了电视、报纸、广播和网络的融合。上海九家单位联合成立的“东方网”和广东以报业集团与广播电视、出版单位联合打造的“南方网”，都属于战略性融合的样本。

5. 所有权融合

所有权融合即一个大型的传媒集团拥有多种类型的媒介，以实现各类型媒介间的互动、合作。如2006年，解放日报报业集团已规划完成“4-i”新媒体发展战略，包括：i-news（彩信手机报）、i-mook（网络数码杂志）、i-paper（电子报）、i-street（分布上海主要街道的公共新闻视屏）。

6. 新闻从业人员技能融合

媒介融合要求新闻从业者掌握为不同媒介做报道所必须掌握的、与以往为单一媒介和特定媒体供稿时有所不同的操作技能，能撰稿、能摄影、能摄像、能编辑（根据不同媒介的要求能胜任编辑工作），通文字、通音频、通视频、通网络，成为全能型新闻从业者。如美国媒介综合集团（Media General Inc.）有位名叫杰姬·巴伦（Jackie Barron）的电视台女记者，曾用四周时间在安东尼奥采访一个重要的联邦案件。她每天的工作日程如下：早晨六点给网站写一篇专栏文章，介绍案件的情况，然后到法院去采访当天的最新进展情况，上午十点通过电话给电视台发去最新报道；下午两点半到三点编制一个晚间电视节目传回去，然后再回到法院采访下午的进展情况，通常到晚上七点才结束采访；最后，还要给第二天出版的报纸写一篇新闻稿。①

7. 政府规制融合

政府规制融合包括以下三方面内容。② 首先是规制法律融合。融合媒介的大量涌现，必然需要有新的融合性法律法规与之相匹配，以使其行为有章可循，有法可依。其次是规制机构融合。面向媒介融合的规制需要融合的规制机构。英国将原来的电信规制局（OFTEL）、独立电视委员会（ITC）、广播管制局（RA）、广播标准委员会（BSC）和无线通信管制局（RCA）等五家规制机构合并成一家新的规制机构——通信办公室（OFCOM）。最后是规制行为融合。有了面向融合的规制法律和规制机构，面向融合的规制行为就顺理成章了，这将改变过去多头规制的混乱和冲突，大大加快媒介融合的发展。

（三）融合型传播人才的培养

媒介融合趋势下，要在“以生为本、知行并举”的实践教学理念指导下，创建课程实验教学体系、校内实训创新体系、校外实习扩展体系的“三位一体”实践教学体系，强化对学生实践创新的支持，实现学生自主学习与教师导向作用相结合、学校教学与实践基地教学相结合、专业知识学习与实际从业技能学习相结合、理论升华与理论应用相结合，融知识传授、能力培养、素质提高为一体，促进融合型实践创新人才的培养。

1. 课程实验教学体系

课程实验教学体系指根据课程内容和对学生的学习要求进行的实验，一般安排在课堂教学期间，与课程同步进行，由任课教师组织，在校内实验中心或多媒体教室、计算机房进行。实验教学体系主要包括基本演示型、研究创新型、综合设计型。基本演示型实验是最常见的基础性实验教学，紧密结合理论教学，有助于学生对原理、理论的感性掌握，其特点是全体学生共同参与。研究创新型实验教学多采取人为设置障碍、改变实验情景、调整实验路径等方式，鼓励、引导学生在实验中提出不同的实验方案和解题途径，并能从中优选最佳方案和途径，其特点是必须分组进行。综合设计型实验通过让学生搞方案设计、课题攻关等形式，设置跨学科、

---

① 蔡雯．“专家型”记者和“融合型”编辑：浅谈美国新闻人才培养模式的变化．今传媒，2005（10）．

② 刘颖悟，汪丽．媒介融合的概念界定与内涵解析．传媒，2012（1）．

跨专业甚至跨领域的综合性、系统性实验，其特点是强调不同特长学生之间的共同协作。

三种实验类型之间存在逐步递升、循序渐进的内在联系。如报刊类的实验教学体系，可在进行了版面设置、画版、图像处理、非线性编辑等基本演示型实验后，按不同报刊的编辑方针、受众定位，要求学生综合利用所学的专业知识和技能，设计不同的版面风格并研究其效果。在学生具有一定的创新设计基础上，要求分团队策划、采编、设计、制作和推广具有一定市场需求的报刊（或电子杂志），并进行最后的成果评价。

2. 校内实训创新体系

校内实训创新体系指创建相关机制为学生参与创新型实践活动提供校内智力和物力的支持。一方面要挖掘专业内部资源，强化实践教学资源开发。例如：建立指导学生实践的导师制，为本科生、研究生的毕业设计、课外科研、竞赛类立项和自主开展研究创新型项目提供支撑；利用校内实践基地横向课题的研究任务和开发任务开展实践创新研究；通过与相关大型培训机构合作，以联合培养的方式提升学生实践教学质量，并为社会提供培训或参与制作报刊作品、摄影作品、影视作品、多媒体作品等服务；组织学生参加各类有关的竞赛，例如参加中国编辑学会主办的全国“未来编辑杯”竞赛活动、“中华杯”电子出版物制作大赛等活动；鼓励学生自主创新和创业，开设工作室、创办专业社团、创办刊物、设立和经营网站等活动。

另一方面要依托学校已有资源，强化实践教学资源利用。如充分利用校内的校报、学报、团委报、广播站、电视台、网站、出版社、图书馆、书店等资源平台，取得学校宣传部门、团委等的支持。

3. 校外实习扩展体系

校外实习扩展体系指让学生把所学的知识技能运用到实际工作中去，并在创新实践中得到有效的检验，完成编辑出版专业的学习任务。一方面要立足自我资源，向社会外拓实践平台。例如：面向学生及社会提供各类培训、咨询和认证服务，共享本专业的设备资源和信息资源；发挥专业资源优势与校外单位共建实验室，通过联合共建实验室的方式，适当引入先进设备和安排学生实习；积极为学生创造各类学术交流机会，鼓励学生参与年度学术研讨会；与相关部门联合开展社会调研实践或服务活动。

另一方面依靠社会资源，延伸实习平台。融合型新闻传播教育应该与信息传播产业互相支持，紧密配合，利用新闻出版单位的人才资源和市场资源等优势，建立立体化多层次的校外实践基地。如华南师范大学电视编辑专业与广东电视台合作开设实验班，保证学生在校外实践基地有一年以上的实习时间。

四、复杂网络

（一）复杂网络的概念

关于复杂网络的概念，我国科学家钱学森有一个较严格的定义：具有自组织、自相似、吸引子、小世界、无标度中部分或全部性质的网络。复杂网络的复杂性主要表现在以下几个方面。

结构复杂：表现在节点数目巨大，网络结构呈现多种不同特征。

网络进化：表现在节点或连接的产生与消失。例如互联网作为复杂网络之一，网页或链接随时可能出现或断开，导致网络结构不断发生变化。

连接多样性：节点之间的连接权重存在差异，且有可能存在方向性。

动力学复杂性：节点集可能属于非线性动力学系统，例如节点状态随着时间发生复杂变化。

节点多样性：复杂网络中的节点可以代表任何事物，例如人际关系构成的复杂网络节点代表单独个体，万维网组成的复杂网络节点可以表示不同网页。

（二）复杂网络的特征

1. 小世界

小世界以简单的措辞描述了大多数网络尽管规模很大但是任意两个节（顶）点间却有一条相当短的路径的事实。以日常语言看，它反映的是相互关系的数目可以很小但却能够连接世界的事实。例如，在社会网络中，人与人相互认识的关系很少，但是却可以找到很远的、无关系的其他人。正如麦克卢汉所说，地球变得越来越小，变成一个地球村，即变成一个小世界。

2. 集群

集群是与集聚程度（Clustering Coefficient）相关的概念。例如，社会网络中总是存在熟人圈或朋友圈，其中每个成员都认识其他成员。集聚程度的意义是网络集团化的程度，这是一种网络的内聚倾向。连通集团概念反映的是一个大网络中各集聚的小网络分布和相互联系的状况。例如，它可以反映这个朋友圈与另一个朋友圈的相互关系。

3. 幂律的度分布

度指的是网络中顶（节）点（相当于一个个体）与顶点关系（用网络中的边表达）的数量。网络的度分布即为网络中节点的度的概率分布或频率分布。度的相关性指顶点之间关系的联系紧密性。介数是一个重要的全局几何量。顶点 u 的介数含义为，网络中所有的最短路径经过 u 的数量。它反映了顶点 u（即网络中有关联的个体）的影响力。无标度网络（Scale-Freenetwork）的特征主要集中反映了集聚的集中性。

（三）复杂网络模型的主要代表

1. 小世界网络模型

大多数的真实网络具有小世界性（较小的最短路径）和聚集性（相对较大的聚类系数）。沃茨（Watts）和斯特罗加茨（Strogatz）在 1998 年提出了一个兼具小世界性和高聚集性的网络模型（WS 模型），这是复杂网络研究中的重大突破。WS 模型提出后，很多学者在此基础上作了进一步改进，其中应用最多的是纽曼（Newman）和沃茨（Watts）提出的所谓 NW 小世界模型。小世界网络模型反映了实际网络所具有的一些特性，如朋友关系网，大部分人的朋友和自己住在同一个地方，地理位置不是很远，或在同一单位工作的同事或在同一所学校学习的同学。与此同时，也有一些住得较远的朋友，甚至是远在异国他乡的朋友，这种情形好比 WS 小世界模型中通过重新连线或在 NW 小世界模型中通过加入连线产生的远程连接。

2. BA 无标度网络模型

随着网络规模的不断增大，网络呈现出一些小世界模型不能解释的现象，随着顶点和边以一定的方式加入网络，网络便以某种方式开始生长。实证结果表明，对于大多数大规模真实网络，用幂律分布来描述其度分布更加精确。相对于指数分布，幂律分布的图形没有峰值，大多数节点仅有少量连接而少数节点拥有大量连接，不存在随机网络中的特征标度。巴拉巴西（Barabási）等称这种度分布具有幂律特征的网络为无标度网络。

3. 局域世界演化模型

研究者在研究具体网络的过程中发现优先连接机制并不是全局性的。例如，在世界贸易网中，每个节点代表一个国家，两个国家之间有贸易关系，则相应两个节点之间存在连接边。研究表明，许多国家致力于加强与各自区域经济合作组织内部的国家之间的经济合作和贸易往来。在世界贸易网中，优先连接机制是存在于某些区域经济体中的。这说明在诸多实际的复杂网络中存在着局域世界。

4. 权重演化网络模型

上述研究均将网络看作无权网，然而现实网络大多为有权网，即网络节点之间的连接强度是有区别的。为描述边的异质性，一些学者对加权的演化网络理论进行了深入探讨。他们提出了一个初步的加权网络理论模型，它是在无权网络的基础上，按照节点度之间的关系给边赋上权值而形成的加权网络。

(四) 主要实践应用

近年来，随着复杂网络传播研究的兴起，人们已经开始将理论运用于实际情况，关注真实网络上传播行为的实证研究。

1. 复杂网络与社会网络的关系

社会网络分析强调人际关系、关系内涵以及社会网络结构对社会现象的解释。通过网络结构的测度，社会网络理论得出许多重要的结论。如罗杰斯的二级传播理论，用非正式关系解释了传染病流行和信息流通问题；格兰诺维特的弱连带优势（The Strength of Weak Ties）理论，研究了劳动力市场上找工作过程中不同联系的作用问题；伯特提出的结构洞（Structural Holes）理论，讨论了组织内部权力的运作和升迁问题；克拉克哈特（Krackhardt）的强连带优势理论，分析了情感网络中的非正式关系对多重行为的影响。社会网络理论主要是在社会学过去研究的微观个体行为和宏观群体行为之间构建一座桥梁，其研究重点是一个社会网络中的个人如何利用关系，在动态的互动过程中通过影响个体行为，改变相互关系，从而影响整体结构。

2. 病毒在复杂网络中的传播

许多实际网络包括互联网、社会关系网等都是无标度网络，病毒之所以会在这些网络中传播，是因为集散节点会连接到很多其他节点上，所以任何一个遭受病毒入侵的节点，都将连带感染至少一个集散节点，而一旦有集散节点被感染，它就会把病毒传播给众多的其他节点，当中也包括其他的集散节点，这就导致了病毒在整个网络里的传播。因此研究复杂网络的传播机理必须考虑网络的拓扑结构及其统计特征（如幂律分布）。对于节点规模巨大的互联网，病毒正是通过连通度很高的集散节点（这样的节点往往是重要的服务器）迅速扩散到互联网各处的，而且除非所有的主机同时使用杀毒软件，否则病毒将会迅速蔓延。但是在大多数情况下，对于连通度小的节点而言，病毒仅仅会在小范围内传播，而且会较快得到抑制。

3. 谣言在复杂网络中的传播

由于谣言在社会网络中的散布和病毒扩散很相似，戴利（Daley）和肯丹（Kendan）于20世纪60年代借鉴传染病模型提出了谣言传播的数学模型（简称DK模型），它在谣言传播的定量研究中被广泛地运用。此后近50年，许多学者为扩展其应用范围，构建了形形色色的DK改进模型（如MT模型）。根据研究方法的不同，扩展模型又可以分为两种：确定性传播模型和随机性传播模型。为了刻画网络拓扑结构对谣言传播的影响，扎内特（Zanette）首先将复杂网络理论应用于谣言传播研究，在静态和动态小世界网络上建立谣言传播模型，得出了谣言传播临界值的结论。莫雷诺（Moreno）等人又在无标度网络上建立了谣言传播模型，得出不同个体相信谣言的概率有差异，不同拓扑结构的网络传播规律也不相同的结论。伊斯汉姆

（Isham）等人在分析前人研究的基础上，在谣言传播模型中增加了度关联函数，并且通过数值计算分析了网络拓扑对谣言传播的影响。

4. *口碑在复杂网络中的传播*

作为舆论的一种，口碑在复杂网络中的传播过程也曾引起国内外学者的关注。根据格兰诺维特的弱连带优势理论，口碑信息既可以在强关系的人际网络中传播，也可以借助弱关系传播到人际网络之外的整个社会，口碑信息的传播路径构成了一个由强关系节点和弱关系节点构成的网络。实证研究表明，在口碑的网络传播中，来自强关系发送者的口碑信息可能对消费者决策产生更大影响，但弱关系比强关系更能推进口碑信息的流动，弱关系节点起着连接不同个人人际网络的桥梁作用，口碑传播网络的规模更大程度上是由弱关系而不是强关系决定的。不少学者借助社会网络分析法来研究口碑传播网络，不仅帮助我们理解口碑信息是如何在社群（即人际网络）内部传播的，而且揭示了口碑信息是如何从一个社群传播到另一个社群的。

也有学者认为，口碑传播过程十分复杂。在一个特定的社会系统中，口碑信息传播过程可以描述为一种复杂适应系统，即一个包含大量交互作用个体的系统。在许多这样的系统中，虽然个体交互规则比较简单，但由于规模巨大，往往涌现出难以预测的集体行为。借助复杂适应系统建模技术，如基于 Agent 建模的计算机仿真，可以研究微观层面的口碑传播活动是如何决定宏观层面的口碑效应的。复杂适应性是复杂网络的本质特征，这种观点表明口碑传播网络也是一种复杂网络。

第 3 节　网络传播研究方法前沿

随着网络技术的不断革新，网络传播改变了传统的大众传播模式，对传播学研究方法提出了许多新课题。一些传统的传播学研究方法在网络环境下既有一定的延续性，也需要进行一定程度的调适。面向网络环境的传播学研究方法日益凸显其科学性与重要性。以下将介绍四种具有前沿性的网络传播研究方法。

一、社会网络分析法

社会网络分析（Social Network Analysis，SNA）是 20 世纪 70 年代以来社会学、人类学、数学、通信科学等领域逐步发展起来的一个研究分支。近年来，社会网络分析已经被国内外学者广泛应用于其他学科领域。

（一）概念

社会网络分析法是一种社会学研究方法，社会学理论认为社会不是由个人而是由网络构成的，网络中包含节点与节点之间的关系。社会网络分析法通过对于网络中关系的分析探讨网络的结构及属性特征，包括网络中的个体属性及网络整体属性，网络个体属性分析包括点度中心度、接近中心度等，网络整体属性分析包括小世界效应、小团体研究、凝聚子群等。

在国内，目前社会网络分析法逐渐进入网络传播研究领域，比如应用社会网络分析法研究社交网络中的意见领袖、互动交流现象、微博微信互动的结构与机制等问题。

（二）分析要素

在网络传播中，社会网络分析法可供分析的要素有很多，如密度（Density）、中心性（Centrality）、派系（Cliques）、度数（Degree）、角色（Role）等。

1. 节点、关系与社群图

社会网络分析法用“节点”和“关系”来反映社会网络结构，节点（简称点）即社会网络中的行为主体，节点间通过各种关系（如行为上的互动关系等）联系起来。关系指的是行为主体之间现实存在的而非抽象的联系。社会网络分析法用“边”来代表节点之间的关系。边可以有方向，以反映关系的流动方向，而方向可以是单向的也可以是双向的。社会网络分析法建立在如下假设基础之上：在互动的社会个体之间存在着非常重要的关系，关系是社会网络分析理论的基础。在社会网络分析中，我们可以用矩阵代数方法或社群图法描述社会网络。社群图（Sociogram）较受欢迎，可以在图式中直接地体现各点之间的关系取向和关系强度。社群图可以是无向图，也可以是有向图。在网络传播中，BBS群体和微博用户的特征等可以通过社群图直观地表示各位参与者之间的关系来显示。

2. 点的度数

所谓度数，就是与一点直接相连的其他点的个数。一个点的度数就是对其“邻点”多少的测量。在社会网络中，点的度数测量了行动者参与活动点的情况，是测量“中心度”的基础。在有向图中，点的度数分别为点入度和点出度。点入度是指直接指向该点的点的总数；点出度则是该点所直接指向的点的总数。如在网络论坛中，有一些发帖、回帖数量比较多而且精华帖比较多的网友，他们成为网络意见领袖，与网络意见领袖相连的点比较多，可以反映出其在网络之中的活跃程度。

3. 密度

密度反映的是图中实际拥有的线数与最多可能存在的线数之比，它的值在0和100%之间，表示行动者的关系是否紧密，以及整体图的凝聚力总水平。如果整体网是无向的，其中有n个行动者，那么存在的最大的线数值是$n(n-1)/2$。如果该网络中实际拥有的关系数目为m，那么该关系网络的密度等于$m/[n(n-1)/2]=2m/n(n-1)$。如果整体网是有向的，其中有n个行动者，那么包含的关系总数在理论上的最大可能值是$n(n-1)$。如果实际拥有的关系数目为m，那么密度等于$m/n(n-1)$。总体来说，整体网的密度越大，该网络对某种行动者的态度、行动等产生的影响就越大。

4. 中心性

中心性的指数包括点度中心性、中间中心性、接近中心性（整体中心度）等，反映个人或组织在整体或局部社会网络中的中心地位。对中心性的量化测量表现为中心度和中心势。

点度中心度（Point Centrality）是指该点与其他点的有直接关系的数目，主要测量一个点与其他点发生交往的能力。

中间中心度（Betweenness Centrality）这个指标衡量的是某一个点对网络中其他点之间的交往的控制能力。如果一个行动者处于多个交往网络的路径上，那么可以认为此行动者居于重要的地位，因为他处于其他点发生联系的“要塞”上，因而具有控制其他行动者之间交往的能力。

接近中心度（Closeness Centrality）主要关注的是一个点与其他点的接近程度，一个点的接近中心度的值越低，也就表明越接近网络的中心，它的影响力越大。

5. 凝聚子群与派系

凝聚子群（Subgrouping）是满足如下条件的一个行动者子集合，即在此集合的行动者之间具有相对较强的、直接的、紧密的、经常的或者积极的关系。派系（Cliques），也译为小集团、小团体等，派系这种非正式关系可以把人们联结成为具有共同规范、价值、导向和亚文化的凝聚子群。在互联网中的社会网络，正是因为凝聚子群或者派系的存在，所以能以某种共同的意识或者文化来影响个体的态度、意见、行动。

通过上面的介绍，可以看出社会网络分析法的分析要素很多，在研究中可以根据具体的研究对象来选择，进而得出研究结论。

（三）基本的操作步骤

使用 SNA 软件进行社会网络分析时，一般需要按准备数据、数据处理和数据分析三个步骤进行。在这里我们把社会网络分析的一般过程概括为以下八个基本的步骤。

1. 定义研究问题及研究焦点

典型的研究问题如下：网络意见领袖发掘；社交网络的凝聚子群分析、角色分析和中心性分析；着眼于博客社群的研究，关注博客社区的结构，以及博客所建构的个人社会关系；QQ 虚拟学习社群的网络分析；微博用户特征和结构的分析等。

2. 确定分析单元，并确定网络边界和关系维度

典型的分析单元，诸如以人民网“强国论坛”“十大网友”为研究对象来分析网络意见领袖的特征，虚拟学习社区网络教学支撑平台上某门课程中的 44 名社区成员在论坛中的关系数据集合等。

3. 研究工具的选择与开发

目前最流行的社会网络分析软件是 UCINET。UCINET 软件是由加利福尼亚大学欧文（Irvine）分校的一群网络分析者编写的。UCINET 网络分析集成软件包括一维与二维数据分析的 NetDraw，还有正在发展应用的三维展示分析软件 Mage 等，同时集成了 Pajek 用于大型网络分析的 Free 应用软件程序。利用 UCINET 软件可以读取文本文件、KrackPlot、Pajek、Negopy、VNA 等格式的文件。UCINET 包含大量的网络分析程序，涉及探测凝聚子群和区域、中心性分析、个人网络分析和结构洞分析等。UCINET 还提供了从简单统计到拟合 p1 模型在内的多种统计程序。该软件包有很强的矩阵分析功能，如矩阵代数和多元统计分析。它是目前最流行的也是最容易上手、最适合新手使用的社会网络分析软件。

Pajek 是大型复杂网络分析工具，是用于研究目前所存在的各种复杂非线性网络的有力工具。Pajek 在 Windows 环境下运行，用于拥有上千乃至数百万个节点的大型网络的分析和可视化操作。通过 Pajek 可完成以下工作：在一个网络中搜索类；析取属于同一类的节点，并分别地显示出来，或者反映出节点的连接关系（更具体的局域视角）；在类内收缩节点，并显示类之间的关系（全局视角）。除普通网络（有向、无向、混合网络）外，Pajek 还支持多关系网络、2-Mode 网络［二分（二值）图，即网络由两类异质节点构成］，以及暂时性网络（动态图，即网络随着时间演化）。

NetDraw 由美国肯塔基州立大学加顿（Gatton）商学与经济学院管理系史蒂夫·博加蒂（Steve Borgatti）教授开发。NetDraw 软件是非常具有代表性的一款社会网络分析软件。NetDraw 以其形象直观的图形化显示功能、简单易学的操作性、优秀的开放兼容性给我们的社会网络分析注入了新的活力，目前已被广泛地应用于社会网络分析研究。

4. 收集关系数据

关系数据的收集主要有两个渠道：一个是从网络互动支撑平台自带的后台数据库中获得，一个是通过问卷或其他调查方法获得。前者是更为常用也更为便捷的方法。

5. 建立关系矩阵

对上一步骤收集到的数据经过整理后按照规定格式形成关系矩阵，以备数据处理时使用。

这个步骤也是社会网络分析重要的基础性工作。SNA 中共有三种关系矩阵：邻接矩阵（Adjacency Matrix）、发生矩阵（Incidence Matrix）和隶属关系矩阵（Affiliation Matrix）。

6. 数据处理与分析

典型的分析内容有整体社会网络结构（从密度、出度、入度、中心性等方面进行分析）、社会网络的内部子结构分析（即小团体分析）以及派系重叠分析。

7. 解释分析结果

此时要回到最初的研究问题及研究焦点，以翔实的数据来论证上面提出的问题，得出有益的结论。

8. 撰写研究报告

一般来说，我们可以根据以上的基本步骤进行网络传播中的相关研究及撰写研究报告。

二、网络数据挖掘

随着网络的迅速发展，人们面临着数据爆炸的挑战。在这些异质的 Web 信息资源中，包含着具有巨大潜在价值的知识，但人们要在网络空间中找到自己想要的数据犹如大海捞针，网络数据挖掘技术的出现，为人们搜集信息提供了极大的便利。

（一）概念

1. 大数据和小数据

大数据（Big Data），或称巨量资料，指的是所涉及的资料规模巨大到无法通过目前主流软件工具，在合理时间内达到撷取、管理、处理并整理成为帮助企业、机构等达成更积极经营目的的资讯。大数据的特点，可简单总结为高容量、多元化、持续性、高价值等。

大数据并不在“大”，而在于“有用”。价值含量、挖掘成本比数量更为重要。对于很多行业而言，如何利用这些大规模数据是赢得竞争的关键。大数据的价值体现在以下几个方面：（1）对大量消费者提供产品或服务的企业可以利用大数据进行精准营销；（2）做小而美模式的中长尾企业可以利用大数据进行服务转型；（3）在互联网压力之下必须转型的传统企业需要与时俱进充分利用大数据的价值。

小数据（iData），并不是指数据量小，而是指以个人为中心的全方位的数据，以及其配套的收集、处理、分析和对外交互的综合系统。人产生的数据，包括生活习惯、社交、财务、行为等，全部被收集和利用分析，并对外形成一个富有个人色彩的数据系统。小数据的特点在于以个人为对象，重点在于深度，即对个人数据全方位全天候的挖掘利用。

大数据和小数据有本质的区别，虽然小数据以创造数据价值为目的的思维和大数据是相似的，但是两者在具体方式上还是有些区别。

（1）数据处理方式。大数据强调标准化，数据只有标准化，才能大规模被采集，以后的数据处理概率统计才有了可能。可是数据一标准化，就失去了其数据产生时的特性和背景。而小数据的最大特点就是来源和使用者是同一人，只不过存和取的时间和背景不一样。

（2）人的作用。在大数据模式下，数据从人身上产生并被收集后，接下来的数据处理分析就跟数据的主人再也无关了。而在小数据里，所有数据都围绕一个人产生，所以人在系统中发挥中心作用。

（3）其他数据性质的区别。比如，小数据的数据量相对大数据的数据量要小。小数据对数据不需要做出快速反应，相反大数据对数据需要做出快速反应。小数据更加注重非结构化数据之间的关联，重视深度挖掘，而大数据重在包容所有个体的数据，数据覆盖面广。

2. 数据挖掘

数据挖掘（Data Mining，DM）是指从信息源的大量数据中提取人们感兴趣的知识。数据挖掘已经引起了人们的广泛关注，许多研究机构在这个领域开展了各种各样的研究计划，目前已成为国内外数据库和信息决策领域的一个研究热点。其主要目的就是发展有关的方法论、理论和工具，以支持从大量数据中提取有用的和让人感兴趣的知识和模式。

数据挖掘是信息技术领域中最热门的话题之一。数据挖掘，有时也被称作数据库中的知识发现，从技术上来说，就是从大量的、不完全的、有噪声的、模糊的、随机的实际应用数据中，提取隐含在其中的、人们事先不知道的但又是潜在有用的信息和知识的过程。其主要特点是对数据库中的大量数据进行抽取、转换、分析和进行其他模型化处理，从中提取辅助决策的关键性数据。当数据挖掘技术应用于网络环境下的 Web 中时就成为 Web 挖掘（Web Mining）。

3. Web 挖掘

对于 Web 挖掘的叫法现在多种多样，如网络数据挖掘（Web Date Mining）、网络知识发现（Web Knowledge Discovery）等，都是指使用数据挖掘技术自动发现和获取网络上的信息。Web 挖掘就是采用数据挖掘等信息处理技术，从 Web 信息资源以及 Web 使用记录中发掘特定用户感兴趣的、有用的信息或知识的过程，其结果可以为用户决策所使用。

Web 日志挖掘，又称为用户访问挖掘，是 Web 挖掘中很受关注的一个问题。Web 日志挖掘是通过挖掘 Web 日志记录来发现用户访问 Web 页面的模式。Web 服务器通常保存了对 Web 页面的每一次访问的 Web 日志，或叫 Web Log。它包括访问日期、时间、用户 IP 地址、服务器 IP 地址、方法、所请求 URL 资源、服务器响应状态、用户代理、发送字节等内容，它提供了有关 Web 访问的丰富信息。其主要目的是利用 Web 日志文件所记载的信息来发现用户访问模式，以改进信息服务质量和网站性能。

（二）网络数据挖掘的类型

网络数据挖掘主要分为网络内容挖掘、网络结构挖掘和网络用法挖掘三种类型。

1. 网络内容挖掘

网络内容挖掘指从网络上的内容、数据、文档中发现有用信息的过程。从网络资源的形式来看，包括文本、图像、音频、视频等形式的数据。

2. 网络结构挖掘

网络结构挖掘指挖掘 Web 潜在的链接结构模式。这种思想源于引文分析，即通过分析一个网页链接和被链接数量以及对象来建立 Web 自身的链接结构模式。这种模式可以用于网页归类，并且可以由此获得有关不同网页间相似度及关联度的信息。网络结构挖掘有助于用户找到相关主题的权威站点，并且可以找到指向相关主题的站点。

3. 网络用法挖掘

网络用法挖掘主要用来了解用户的网络行为数据所具有的意义。网络内容挖掘、网络结构挖掘的对象是网上的原始数据，而网络用法挖掘面对的是在用户和网络交互的过程中抽取出来的第二手数据，包括网络服务器访问记录、代理服务器日志记录、浏览器日志记录、用户简介、注册信息、用户对话或交易信息等。

（三）在网络舆情中的主要应用

随着网络技术的快速发展以及人们表达自身意见需要的迅速增长，广大网民越来越多地通过网络发表自身的思想、心理、情绪、意见和要求。在网络上，我们可以看到代表各种不同意见的网民对同一新闻或事件发表意见，各种意见在网络空间里彼此较量、修改、扩散，最终形成具有一定影响性和倾向性的网络舆论。

1. 网络数据挖掘能识别热点或敏感话题

运用Web挖掘技术中的聚类分析，可以将海量信息按照其内在的关联性自动划分成不同的类别，从而发现分布于网络各处的与某一个主题相关的所有的新闻、帖子、视频等，也可以根据新闻信息的出处、权威度、评论数量、发布时间和密集程度等参数，识别出给定时间段的热门或敏感话题，能分析某个主题在不同时间段内受关注的程度，同时可以对突发事件进行跨时间、跨空间的综合分析，以获知事件发生的全貌并预测事件发展的趋势等。

2. 网络数据挖掘能识别网民传播特征

在网络舆情的形成和发展过程中，受众是一个关键要素，受众的结构在相当程度上决定了舆情的影响力、传播速度及对社会的影响。网络数据挖掘可进行用户群体识别和用户特征抽取，如能获取受众的上网时间、上网时段、上网区域、上网频度、上网偏好、转发评论等信息，可对每个网民发表的观点、倾向性、心理特征等进行分析与统计，可以获取网民对事件的关注度、回复度、响应度等。

3. 网络数据挖掘能智能评估舆情态势

网络数据挖掘技术能根据舆情分析引擎处理后的结果自动生成报告，提供信息检索功能，根据指定条件对热点话题、倾向性进行查询，并浏览信息的具体内容，及时评估舆情目前的影响效果以及转化为现实的舆论或行为的可能性，以便相关部门及时采取预控措施，维护社会的安全与稳定。

三、网络田野考察

田野考察是人类学者获取研究资料的最基本途径。目前人类学者已经发展了一个新的分支——网络人类学。随着网络技术的发展和人们对于网络社群越来越多的关注，网络田野考察会成为网络传播研究的新方法，并发挥巨大的作用。

（一）网络田野考察的概念

1. 田野考察

所谓田野考察是指经过专门训练的人类学者亲自进入某一地区，通过直接观察、访谈、居住体验等参与方式获取第一手资料的过程。传统意义上的田野考察有以下四个特征：第一，对他者文化的记录。第二，在空间上，“田野”是与“家乡”对应的一个概念，是一个有确定地域边界、有独特文化特征的地区或民族。第三，在时间上，田野工作者通常需要花上一年左右时间在某个文化群体中生活，以获取充分的观察和体验，在此基础上撰述翔实的民族志资料。第四，在方法上，参与式观察是田野考察的重要特征。

2. 网络田野考察

在特定时间内，通过持续的网上参与式观察（观察并参与网络社区的讨论），描述虚拟社区（微博、微信、论坛、网络圈子、博客、QQ群等）中的族群及其文化现象的过程。

（二）在网络传播研究中的应用[①]

网络人类学研究的人实际上就是网络社群关系中的人。对于网络传播学而言，关注的是网络社群的形成原因、维系关系的因素、虚拟关系与现实关系相比的松紧程度、虚拟关系与现实关系的对应程度、网络舆论的形成和传播、网络伦理等诸多问题。毫无疑问，这些问题也都是通过网络社群中的人在虚拟的网络环境中表现出来的。因此，网络人类学与网络传播学其实殊途同归。

可以看出，未来的网络传播学可以借鉴网络人类学的田野调查方法开展网络虚拟社区研究。网络虚拟社区是基于共同爱好，超越等级、民族、种族、性别和语言障碍的网络空间。这种网络空间的发展使得平民的舆论权利得以充分体现，并逐步形成一种民主监督的力量。网络传播学利用网络人类学的田野考察方法对网络舆论进行实证研究，可以对政府的舆论引导和媒体政策的制定发挥实质性的指导作用。

（三）网络田野考察可能存在的困难[②]

1. 确定人口参数，也即研究对象的自然状况

网民在微博、微信、博客等虚拟空间中留下的人口统计学参数如种族、民族、年龄、性别等因素未必是真实准确的。但网络所固有的虚拟特征，在带给调查者以诸多不确定因素的时候，却也赋予自身丰富的象征色彩，这一把双刃剑对擅长于文化研究的人类学来说却是一个取之不尽的宝库。

2. 在线采访的可靠性，通过在线采访观察得到的资料是否真实

有的民族志学者不愿使用在线访谈获取的资料，除非他在现实生活中正好认识这个调查对象。其实在线访谈的好处正在于此，被调查者的匿名性可以使之在完全属于自己的环境中来回答问题，特别是在涉及一些敏感或隐私的话题上，能够非常放松地与调查者交流，提供重要的资料。

3. 文本的误读

在面对面的访谈中，调查者可以从调查对象的言谈、体态、表情甚至说话的声调来综合地感知，可以正确地获取所需要的信息。但在虚拟网络环境下，如果完全依赖于文本传递的信息，可能会产生某种误读。即时语音聊天甚至是视频聊天的出现和逐渐普及，也许可以使这个问题得到一定程度的缓解。图、文、声、影并茂的多媒体传播方式，可为在线访谈创造近乎传统民族志调查中面对面的效果。

（四）网络田野考察应注意的规范[③]

1. 遵守一定的网络礼节

随时提醒自己面对的不是虚拟的空间，而是真实存在的人，应以现实生活中的礼节来对待对方，尊重对方的隐私、原谅对方的错误以及秉持平等友好的态度等。

2. 格外注意自己的职业道德

作为虚拟民族志调查者，需要格外注意职业道德问题。譬如在聊天室中进行访谈时，应该

① 朱洁．网络田野考察：网络传播学研究的新方法．广西师范大学学报，2008（2）．

② 朱凌飞，孙信茹．走进“虚拟田野”：互联网与民族志调查．社会，2004（9）．

③ 同②．

公开自己作为调查者的身份，明确告知对方自己正在为某一项研究进行调查，所获取的资料将被怎样使用等。

3. 一般不要过多询问对方的真实身份

除非已经建立起彼此信赖的良好关系，一般不要过多询问对方的真实身份，以防引起对方的戒备心理。有时调查者还需要考虑应该怎样来保护自己的调查对象。

4. 对网络上公开发表文章的作者表示尊重

使用网络上公开发表的文章是否要征求作者同意？一般都把这些资源看作公共资源。它可能是某位作者的个人创作，可是一旦发表就可以不必征得同意而直接使用，但仍需注明作者和出处，以示对作者劳动的尊重。

四、语义网络分析法

随着大数据和人工智能的快速发展和运用，传统的研究方法不适合碎片化、海量化的网络传播内容。人工智能是一门交叉性综合性技术学科，主要研究和开发用于模拟、延伸和拓展人的智能的理论、方法和技术。[①] 人工智能技术的快速发展和广泛运用，给网络传播的研究提供了新思路和新路径，正如喻国明所说，急需“引入一批如语义网络分析方法、语料库语言学等以计算机为辅助的研究方法”。

语义网络分析最早见于认知心理学的文献，这一领域的学者认为词汇分层级、分类别地储存于人类记忆中，因而我们的大脑中存在结构化的意义系统。[②] 谷羽认为语义网络分析法的基本功能在现有传播学研究中有所涉及，包括高频词识别、词语共现及其权重模式、词语聚类和中心词呈现。这里总结了语义网络分析法的几个具体应用场景。

（一）文本分析

文本挖掘（Text Mining）也称文本分析，即数据挖掘方法在文本数据集上的运用，旨在从大量非结构化的文本集合中挖掘信息、发现知识。它是一个跨学科的交叉研究领域，涉及机器学习、自然语言处理、统计学等多个领域的知识和方法。[③] 文本挖掘技术可以应用于大容量文本的自动组织、导航、检索和总结。以下是几种常见的文本挖掘方法。

1. 文本分类

文本分类（Text Classification），是指按照预先定义好的类别，为文档集中的每个文档确定一个或几个类别。文本分类是一个有监督的（Supervised）机器学习方法，一般分为训练（或学习）和分类两个阶段。[④]

2. 文本聚类

文本聚类（Text Clustering），与文本分类不同，是一种典型的无监督的（Unsupervised）机器学习方法，文本处理自动化程度更高。

3. 关联分析

关联分析（Association Analysis），指的是寻找同一事物中不同变量同时出现的规律性。关

① 丁世飞．人工智能．2版．北京：清华大学出版社，2015：1－10.

② Collins A M，Quillian M R. Experiments on Semantic Memory and Language Comprehension. 1972.

③ 张伦，王成军，许小可．计算传播学导论．北京：北京师范大学出版社，2018：14.

④ Michalski R S，Carbonell J G，Mitchell T M. Machine Learning：An Artificial Intelligence Approach. New York：Springer Science & Business Media，2013.

联分析可以简单分为简单关联、时序关联以及因果关联。

4. 趋势预测

趋势预测（Trend Prediction），是指通过对已有文档的分析，推测出特定数据在将来某个时刻的取值情况。这种分析方法属于一种动态分析，能够为预测未来的发展方向提供帮助。

（二）情感分析

语义网络分析法通过有监督的机器学习，即在研究者给定的分类标准和事先建构的训练集条件下，可以完成对文本的情感分类，且其准确率非常高。另外，语义网络分析法可以与人工编码的情感分析相结合，呈现情感分布的细节和强度。①

情感分析（Sentiment Analysis），又称为"意见挖掘"（Opinion Mining）、"情感挖掘"（Emotion Mining）、"主观分析"（Subjectivity Analysis）等。其旨在基于大规模的文本处理，利用相关算法，对给定文本的情感倾向进行划分。② 情感是人类传播的重要表达方式，可以通过社交媒体的情感测量，预测个体的态度、行为倾向等，而研究个体态度是传播学传播效果的重要领域，因此被广泛运用。

1. 情感分析的基本算法

常见的情感分析的基本算法，包括对词语的情感倾向判定、基于词典匹配的句子情感分析法、基于有监督机器学习的句子情感分析法。

2. 情感分析的基本应用

情感分析应用的范围非常广阔，比较典型的有电商平台用户在线评论的情感分析，微博、论坛文本评论的情感分析，用户对某一事件、话题、产品或服务的情感分析等，涵盖广告、商业、医学、传播、金融等领域。

（三）算法分析

1. 无监督学习

无监督学习（Unsupervised Learning），即输入数据无标记信息，结果不确定，它采用聚类方法，对数据的结构和数值进行归纳，学习结果为划分的类别。典型的无监督学习有聚类、发现和竞争学习等。该算法用于解决关联规则学习（Association Rule Learning）和聚类问题。常用的无监督学习算法包括 K 均值（K-Means）算法、自编码器（Auto-Encoder）、主成分分析（Principal Component Analysis）。

2. 有监督学习

有监督学习（Supervised Learning），是与无监督学习相反的另一种学习算法。有监督学习是一种标签学习技术，即将标记过的训练数据集作为有监督学习算法的输入和已知的输出，当新的输入用于该模型时能够得到所期望的输出。③ 常用的有监督学习算法包括逻辑回归、反向神经网络。典型的方法有 BN、SVM、KNN、CBR。

3. 强化学习

强化学习（Reinforcement Learning），是一种智能体通过与环境进行交互获得的奖赏指导

① 谷羽．语义网络分析方法在传播学中的应用及批判．现代传播，2019（4）．

② 张伦，王成军，许小可．计算传播学导论．北京：北京师范大学出版社，2018：42－44．

③ 居建涛，郑弘迪，罗琴．应用于软件定义网络中的机器学习算法分类，现代计算机，2019（8）．

行为，它以“试错”的方式进行学习，其目标是使智能体获得最大的奖赏。① 强化学习的基本思想是从环境中得到反馈而学习，是一种“试错”的学习方法。

【本章小结】

网络传播具有其自身独特的传播特征和传播规律，对传统传播理论和研究方法提出了重大挑战。本章主要考察了互联网对传统把关理论、传统议程设置理论和传统传播模式的冲击；介绍了网络传播研究中的几个前沿理论，包括网络中立、数字鸿沟、媒介融合、复杂网络；介绍了几个典型的网络传播研究方法，包括社会网络分析法、网络数据挖掘、网络田野考察、语义网络分析法。

【思考题】

1. 网络时代传统把关理论有哪些缺陷？需要做哪些方面的调适？
2. 网络时代传统议程设置理论有哪些缺陷？需要做哪些方面的调适？
3. 传统传播模式在变迁过程中主要呈现出哪些特征？网络时代的传播模式研究出现了哪些重要的路径转向？
4. 网络中立概念的内涵与外延是什么？围绕网络中立争论出现了哪些主要的观点？
5. 数字鸿沟概念的内涵与外延是什么？填补数字鸿沟一般有哪些主要的措施？
6. 媒介融合概念的内涵与外延是什么？在实践教学中如何培养融合型传播人才？
7. 分析某个案例，考察谣言或口碑是如何在互联网空间中传播的。
8. 用社会网络分析软件挖掘出网络空间中某个论坛或微博群中的网络意见领袖。
9. 在某个虚拟社区中进行网络田野考察，分析该虚拟社区的主要特征。
10. 网络环境下，传统的“沉默的螺旋”理论可能产生哪些方面的变革？
11. 选择一个感兴趣的研究选题，尝试用某种网络传播研究方法开展选题的调查设计和实证分析。

---

① 李航．统计学习方法．北京：清华大学出版社，2012：362.

第 11 章　网络管理及其中国特色

网络技术迅猛发展，给人类生活带来前所未有的改变。人类行为，如工作、生活、学习、交流等等，无一不依赖互联网，互联网在无限延伸人类大脑、中枢神经的同时，也正在侵蚀人类的生活。随着互联网的普及，对互联网的管理已经成为一个越来越迫切的问题。我国政府对互联网的管理，经历着一个认识、发展、成熟、创新的过程。

第 1 节　我国互联网管理主要机构及其职能

下面对我国互联网管理主要机构及其职能所作的分析，主要是根据 1994—2019 年我国政府颁布的主要网络管理文件。

一、我国互联网管理主要机构

以 1994—2019 年颁布的管理文件为依据，可发现直接或间接对互联网进行管理或监督的部门多达 20 余个。根据不同的管辖范围和具体内容，我们将其划分为四类：互联网统筹管理部门、互联网规划管理部门、互联网安全管理部门、互联网行业管理部门。现就其主要者列表如下（见表 11 - 1）。

表 11 - 1　　我国互联网主要管理机构一览

部门类别	部门名称	出处
统筹管理部门	中央网络安全和信息化委员会	2014 年 2 月 27 日《中央网络安全和信息化领导小组工作规则》，设立中央网络安全和信息化领导小组；2018 年 3 月中共中央印发的《深化党和国家机构改革方案》称，“中央网络安全和信息化领导小组”改为委员会
	中央网络安全和信息化委员会办公室	2014 年 2 月 27 日《中央网络安全和信息化领导小组工作规则》，设立中央网络安全和信息化领导小组办公室；2018 年 3 月中共中央印发的《深化党和国家机构改革方案》称，中央网络安全和信息化委员会的办事机构为中央网络安全和信息化委员会办公室
	国家互联网信息办公室	2014 年 8 月 26 日《国务院关于授权国家互联网信息办公室负责互联网信息内容管理工作的通知》，中央网络安全和信息化委员会办公室和国家互联网信息办公室，一个机构两块牌子，是中国共产党中央委员会的正部级直属机构和中央网络安全和信息化委员会的办事机构，同时挂名为国务院办事机构，经国务院授权负责中国互联网内容管理执法

续前表

<table>
<tr><th>部门类别</th><th colspan="3">部门名称</th><th>出处</th></tr>
<tr><td rowspan="5">规划管理部门</td><td rowspan="3">中华人民共和国工业和信息化部</td><td rowspan="2">国务院信息产业部</td><td>邮电部</td><td rowspan="3">1997 年 9 月 10 日邮电部《中国公众多媒体通信管理办法》
2000 年 9 月 25 日国务院《互联网信息服务管理办法》
2000 年 9 月 25 日国务院《中华人民共和国电信条例》
2008 年 7 月 11 日国务院办公厅《工业和信息化部主要职责内设机构和人员编制规定》</td></tr>
<tr><td>电子工业部</td></tr>
<tr><td colspan="2">国务院信息化工作办公室</td></tr>
<tr><td colspan="3">中华人民共和国文化部</td><td>2003 年 5 月 10 日文化部《互联网文化管理暂行规定》</td></tr>
<tr><td colspan="3">中国互联网络信息中心</td><td>中国互联网络信息中心《CNNIC 简介》</td></tr>
<tr><td rowspan="2">安全管理部门</td><td colspan="3">中华人民共和国公安部</td><td>1994 年 2 月 18 日国务院《中华人民共和国计算机信息系统安全保护条例》
1997 年 12 月 30 日公安部《计算机信息网络国际联网安全保护管理办法》</td></tr>
<tr><td colspan="3">国家保密局</td><td>1998 年 2 月 26 日国家保密局《计算机信息系统保密管理暂行规定》</td></tr>
<tr><td rowspan="9">行业管理部门</td><td colspan="3">国务院新闻办公室</td><td>2000 年 11 月 6 日国务院新闻办公室、信息产业部《互联网站从事登载新闻业务管理暂行规定》</td></tr>
<tr><td colspan="3">国家新闻出版广电总局</td><td>2002 年 6 月 27 日新闻出版总署、信息产业部《互联网出版管理暂行规定》
2003 年 1 月 7 日国家广播电影电视总局《互联网等信息网络传播视听节目管理办法》</td></tr>
<tr><td colspan="3">中华人民共和国卫生部</td><td>2009 年 5 月 1 日卫生部《互联网医疗保健信息服务管理办法》第二、第九条</td></tr>
<tr><td colspan="3">中华人民共和国财政部</td><td>2010 年 9 月 26 日财政部《互联网销售彩票管理暂行办法》第三、第四条</td></tr>
<tr><td colspan="3">中国银行业监督管理委员会</td><td>2007 年 8 月 6 日中国银行业监督管理委员会《中国银监会办公厅关于严厉打击涉及公共安全的违禁品网上非法交易的通知》</td></tr>
<tr><td colspan="3">国家工商行政管理总局</td><td>2010 年 5 月 31 日国家工商行政管理总局《网络商品交易及有关服务行为管理暂行办法》第四、第五条</td></tr>
<tr><td colspan="3">国家知识产权局</td><td>2005 年 9 月 3 日国家知识产权局《中国互联网网络版权自律公约》</td></tr>
<tr><td colspan="3">国家食品药品监督管理局</td><td>2004 年 7 月 8 日国家食品药品监督管理局《互联网药品信息服务管理办法》
2005 年 9 月 29 日国家食品药品监督管理局《互联网药品交易服务审批暂行规定》第四、第五条</td></tr>
</table>

二、我国互联网管理主要机构的职能

下面根据互联网管理机构四大类别的划分，即互联网统筹管理部门、互联网规划管理部门、互联网安全管理部门、互联网行业管理部门，列举主要互联网管理部门的职能。

（一）统筹管理部门

1. 中央网络安全和信息化委员会

我国网络管理体制由于历史原因，造成“九龙治水”的管理格局。习近平总书记在对中共十八届三中全会《中共中央关于全面深化改革若干重大问题的决定》的说明中明确表示，“面对互联网技术和应用飞速发展，现行管理体制存在明显弊端，多头管理、职能交叉、权责不一、效率不高。同时，随着互联网媒体属性越来越强，网上媒体管理和产业管理远远跟不上形势发展变化”。中央网络安全和信息化建设领导小组的成立正是在此大背景下，充分落实了十八届三中全会精神，以规格高、力度大、立意远来统筹指导中国迈向网络强国的发展战略，在中央层面设立一个更强有力、更有权威性的机构。

2014 年 2 月 27 日，中央网络安全和信息化领导小组成立，中共中央总书记、国家主席、中央军委主席习近平任组长。该领导小组将着眼国家安全和长远发展，统筹协调涉及经济、政治、文化、社会及军事等各个领域的网络安全和信息化重大问题，研究制定网络安全和信息化发展战略、宏观规划和重大政策，推动国家网络安全和信息化法治建设，不断增强安全保障能力。该领导小组的成立不仅体现了中国最高层全面深化改革、加强顶层设计的意志，而且显示出在保障网络安全、维护国家利益、推动信息化发展方面的决心。同时，这是中共落实十八届三中全会精神的又一重大举措，是中国网络安全和信息化国家战略迈出的重要一步，标志着我国从拥有 6 亿网民的网络大国加速向网络强国挺进。由国家互联网信息办公室承担具体职责，负责全国互联网信息内容管理工作，并负责监督管理执法。

2018 年 3 月中共中央印发的《深化党和国家机构改革方案》称，“中央网络安全和信息化领导小组”改为“中央网络安全和信息化委员会”。中央网络安全和信息化委员会，是中共中央决策和议事协调机构，负责领导中华人民共和国网络安全和信息化。中央网络安全和信息化委员会，发挥集中统一领导作用，统筹协调各个领域的网络安全和信息化重大问题，制定实施国家网络安全和信息化发展战略、宏观规划和重大政策。

2. 中央网络安全和信息化委员会办公室

2014 年 2 月 27 日《中央网络安全和信息化领导小组工作规则》，设立中央网络安全和信息化领导小组办公室。2018 年 3 月中共中央印发的《深化党和国家机构改革方案》称，中央网络安全和信息化委员会的办事机构为中央网络安全和信息化委员会办公室。《深化党和国家机构改革方案》同时称，将国家计算机网络与信息安全管理中心由工业和信息化部管理调整为由中共中央网络安全和信息化委员会办公室管理。中央网络安全和信息化委员会办公室和国家互联网信息办公室，一个机构两块牌子，是中国共产党中央委员会的正部级直属机构和中央网络安全和信息化委员会的办事机构，同时挂名为国务院办事机构，经国务院授权负责中国互联网内容管理执法。

3. 国家互联网信息办公室

国家互联网信息办公室成立于 2011 年 5 月，主要职责包括：落实互联网信息传播方针政策和推动互联网信息传播法治建设，指导、协调、督促有关部门加强互联网信息内容管理，依法查处违法违规网站等；负责网络新闻业务及其他相关业务的审批和日常监管，指导有关部门做好网络游戏、网络视听、网络出版等网络文化领域业务布局规划，协调有关部门做好网络文化阵地建设的规划和实施工作；负责重点新闻网站的规划建设，组织、协调网上宣传工作，依法查处违法违规网站，指导有关部门督促电信运营企业、接入服务企业、域名注册管理和服务机构等做好域名注册、互联网地址（IP 地址）分配、网站登记备案、接入等互联网基础管理工作，在职责范围内指导各地互联网有关部门开展工作。

(二) 规划管理部门

互联网规划管理部门主要包括中华人民共和国工业和信息化部、中华人民共和国文化部①、中国互联网络信息中心等。国务院、全国人民代表大会、人民法院和人民检察院等也出台过有关互联网的管理法规。

1. 中华人民共和国工业和信息化部

工业和信息化部的前身可以追溯到国务院信息产业部、国务院信息化工作办公室、邮电部和电子工业部。2008年国务院裁撤国务院信息产业部和国务院信息化工作办公室，组建中华人民共和国工业和信息化部，于2008年6月29日正式挂牌。而国务院信息产业部的前身又包含邮电部和电子工业部。1998年3月，第九届全国人民代表大会第一次会议批准，在邮电部和电子工业部的基础上建立信息产业部，其职能由信息产业部执行。

2008年7月11日国务院办公厅发布的《工业和信息化部主要职责内设机构和人员编制规定》第二章第十条规定："统筹推进国家信息化工作，组织制定相关政策并协调信息化建设中的重大问题，促进电信、广播电视和计算机网络融合，指导协调电子政务发展，推动跨行业、跨部门的互联互通和重要信息资源的开发利用、共享。"同一章的第十一条规定："统筹规划公用通信网、互联网、专用通信网，依法监督管理电信与信息服务市场，会同有关部门制定电信业务资费政策和标准并监督实施，负责通信资源的分配管理及国际协调，推进电信普遍服务，保障重要通信。"其管理重点是组织制定相关政策、计算机网络信息服务、网络运营规范、接入及安全问题，主要职责是统筹、加强并推进我国信息化建设。

2. 中华人民共和国文化部

2002年9月29日由国务院颁布的《互联网上网服务营业场所管理条例》第一章第一条规定："为了加强对互联网上网服务营业场所的管理，规范经营者的经营行为，维护公众和经营者的合法权益，保障互联网上网服务经营活动健康发展，促进社会主义精神文明建设，制定本条例。"2003年5月10日和2011年2月17日文化部均发布了《互联网文化管理暂行规定》。2011年版《互联网文化管理暂行规定》第六条规定："文化部负责制定互联网文化发展与管理的方针、政策和规划，监督管理全国互联网文化活动。"2005年7月12日由文化部和信息产业部共同发布的《关于网络游戏发展和管理的若干意见》第八条规定："文化部将严格审批网络游戏等互联网文化经营单位"。第九条规定："进口网络游戏产品应当报文化部进行内容审查。任何单位和个人不得擅自进口、传播和流通未经文化部批准进口的境外网络游戏产品"。其管理重点主要是互联网文化活动，包括互联网文化单位、网络游戏等网络文化娱乐服务的规范。

3. 中国互联网络信息中心

1997年6月3日，中国互联网络信息中心（China Internet Network Information Center，CNNIC）经国家主管部门批准，行使国家互联网络信息中心的职责。

2000年11月1日由中国互联网络信息中心发布的《中文域名注册管理办法（试行）》第三条规定："中国互联网络信息中心（英文名称为China Internet Network Information Center，以下简称CNNIC）是在信息产业部的授权和领导下，中立的、非营利性的域名注册管理机构，负责运行和管理中文顶级域名系统，研究和开发相关技术和标准，制定中文域名相关管理办

① 2018年，根据《国务院机构改革方案》，文化部与国家旅游局职责整合，组建文化和旅游部，不再保留文化部、国家旅游局。

法，并对中文域名注册服务机构进行服务认证和技术许可。”2002年9月22日发布的《中国互联网络信息中心域名注册服务机构认证办法》第三条规定：“中国互联网络信息中心（以下简称CNNIC）是国家顶级域名CN和中文域名注册管理机构，负责运行和管理域名系统，维护域名数据库，选择域名注册服务机构，并对域名注册服务机构的域名注册服务进行监督管理。”作为中国信息社会重要的基础设施建设者、运行者和管理者，中国互联网络信息中心的管理重点是网络域名服务，负责管理维护中国互联网地址系统，引领中国互联网地址行业发展，权威发布中国互联网统计信息，代表中国参与国际互联网社群。其主要职责包括：(1) 互联网地址资源注册管理；(2) 互联网调查与相关信息服务；(3) 目录数据库服务；(4) 互联网寻址技术研发；(5) 国际交流与政策调研；(6) 承担中国互联网协会政策与资源工作委员会秘书处的工作。

(三) 安全管理部门

互联网安全管理部门主要是指中华人民共和国公安部和国家保密局，其中公安部主要是针对网络信息安全、网络犯罪等，国家保密局主要是针对信息传播所影响的各级信息涉密系统及安全问题等。

1. 中华人民共和国公安部

1994年2月18日国务院发布的《中华人民共和国计算机信息系统安全保护条例》第六条规定：“公安部主管全国计算机信息系统安全保护工作。国家安全部、国家保密局和国务院其他有关部门，在国务院规定的职责范围内做好计算机信息系统安全保护的有关工作。”第十五条规定：“对计算机病毒和危害社会公共安全的其他有害数据的防治研究工作，由公安部归口管理。”1997年12月30日公安部发布的《计算机信息网络国际联网安全保护管理办法》第三条规定：“公安部计算机管理监察机构负责计算机信息网络国际联网的安全保护管理工作。公安机关计算机管理监察机构应当保护计算机信息网络国际联网的公共安全，维护从事国际联网业务的单位和个人的合法权益和公众利益。”2001年4月3日由信息产业部、公安部、文化部、国家工商行政管理局发布的《互联网上网服务营业场所管理办法》第三条规定：“公安部门负责互联网上网服务营业场所安全审核和对违反网络安全管理规定行为的查处。”其主要职责是对网络有害信息、网络犯罪、网络安全等进行管理。

2. 国家保密局

1998年2月26日国家保密局发布的《计算机信息系统保密管理暂行规定》第三条规定：“国家保密局主管全国计算机信息系统的保密工作。各级保密部门和中央、国家机关保密工作机构主管本地区、本部门的计算机信息系统的保密工作。”1999年12月27日发布的《计算机信息系统国际联网保密管理规定》第五条规定：“国家保密工作部门主管全国计算机信息系统国际联网的保密工作。县级以上地方各级保密工作部门，主管本行政区域内计算机信息系统国际联网的保密工作。中央国家机关在其职权范围内，主管或指导本系统计算机信息系统国际联网的保密工作。”2007年12月17日国家保密局印发的《涉及国家秘密的信息系统审批管理规定》第五条规定：“国家保密工作部门主管全国涉密信息系统的审批工作。”其管理重点是防止网络信息泄密，主管各级各部门计算机涉密信息系统的保密工作等。

(四) 行业管理部门

2000年9月25日国务院颁布的《互联网信息服务管理办法》第十八条规定：“新闻、出版、教育、卫生、药品监督管理、工商行政管理和公安、国家安全等有关主管部门，在各自职责范围内依法对互联网信息内容实施监督管理。”互联网行业管理部门主要便是指这些在行业职责范围内对互联网进行监管的部门，主要包括国务院新闻办公室、国家新闻出版广电总局①、卫生部②、财政部、教育部、中国银行业监督管理委员会、国家工商行政管理总局③、国家知识产权局、国家食品药品监督管理局④等多个部门。

1. 国务院新闻办公室

2000 年 11 月 6 日国务院新闻办公室、信息产业部联合发布的《互联网站从事登载新闻业务管理暂行规定》第四条规定："国务院新闻办公室负责全国互联网站从事登载新闻业务的管理工作。省、自治区、直辖市人民政府新闻办公室依照本规定负责本行政区域内互联网站从事登载新闻业务的管理工作。"2005 年 9 月 25 日由国务院新闻办公室和信息产业部联合发布的《互联网新闻信息服务管理规定》第一章第四条规定："国务院新闻办公室主管全国的互联网新闻信息服务监督管理工作。省、自治区、直辖市人民政府新闻办公室负责本行政区域内的互联网新闻信息服务监督管理工作。"其重点是网络新闻的内容监管。

2. 国家新闻出版广电总局

2013 年，为促进新闻出版广播影视业繁荣发展，将新闻出版总署、广电总局的职责整合，组建国家新闻出版广播电影电视总局。其主要职责是，统筹规划新闻出版广播电影电视事业产业发展，监督管理新闻出版广播影视机构和业务以及出版物、广播影视节目的内容和质量，负责著作权管理等。根据 2013 年 7 月 17 日国务院办公厅发布的《国家新闻出版广电总局主要职责内设机构和人员编制规定》，加强了部分与互联网相关的职责，主要包括：组建网络视听节目管理司，承担网络视听节目服务、广播电视视频点播、公共视听载体播放广播影视节目内容和业务的监督管理工作，审查其内容和质量；组建数字出版司，承担数字出版内容和活动的监督管理工作，对网络文学、网络书刊和开办手机书刊、手机文学业务进行监督管理；协调与文化部共同负责的动漫和网络游戏管理工作。

3. 国家知识产权局

2005 年 9 月 3 日国家知识产权局发布的《中国互联网网络版权自律公约》第一条指出："为维护网络著作权，规范互联网从业者行为，促进网络信息资源开发利用，推动互联网信息行业发展，制定本公约。"第七条指出："中国互联网协会网络版权联盟（'联盟'）是本公约的执行机构，负责组织公约的宣传和实施。"其管理重点是网络信息资源的版权、网络信息知识产权等。

4. 中华人民共和国教育部

2001 年 11 月 21 日教育部办公厅发布的《高等学校计算机网络电子公告服务管理规定》第

---

① 2013 年，国家广播电影电视总局和国家新闻出版总署整合后，组建国家新闻出版广播电影电视总局。2018 年，根据《国务院机构改革方案》，在国家新闻出版广电总局广播电视管理职责的基础上组建国家广播电视总局，不再保留国家新闻出版广电总局。

② 2013 年，卫生部的职责与人口计生委的计划生育管理和服务职责整合，组建国家卫生和计划生育委员会。2018 年，根据《国务院机构改革方案》，国家卫生和计划生育委员会、国务院深化医药卫生体制改革领导小组办公室、全国老龄工作委员会办公室的职责，工业和信息化部的牵头《烟草控制框架公约》履约工作职责，国家安全生产监督管理总局的职业安全健康监督管理职责整合，组建国家卫生健康委员会，不再保留国家卫生和计划生育委员会。

③ 2018 年，根据《国务院机构改革方案》，国家工商行政管理总局的职责、国家质量监督检验检疫总局的职责、国家食品药品监督管理总局的职责、国家发展和改革委员会的价格监督检查与反垄断执法职责、商务部的经营者集中反垄断执法以及国务院反垄断委员会办公室等职责整合，组建国家市场监督管理总局，不再保留国家工商行政管理总局。

④ 2013 年，国家食品药品监督管理局经整合更名为国家食品药品监督管理总局。2018 年，根据《国务院机构改革方案》，国家工商行政管理总局的职责、国家质量监督检验检疫总局的职责、国家食品药品监督管理总局的职责、国家发展和改革委员会的价格监督检查与反垄断执法职责、商务部的经营者集中反垄断执法以及国务院反垄断委员会办公室等职责整合，组建国家市场监督管理总局，不再保留国家食品药品监督管理总局。

一条指出："为了加强高等学校计算机网络电子公告服务的管理，规范电子公告信息发布行为，促进高校网络信息服务健康有序发展，根据《互联网信息服务管理办法》、《互联网电子公告服务管理规定》等有关行政法规、规章的规定，制定本规定。"2011年8月16日教育部办公厅发布的《网络高等学历教育招生与统考数据管理暂行办法》第一条指出："为维护网络高等学历教育公平、公正，保障高等教育质量，保护学生合法权益，依据《高等教育法》以及《普通高等学校学生管理规定》的有关要求，特制定本办法。"其管理重点是高校电子公告服务、网络教育等。

5. 中华人民共和国卫生部

2001年1月8日卫生部发布的《互联网医疗卫生信息服务管理办法》第四条规定："利用互联网开展远程医疗会诊服务，属于医疗行为，必须遵守卫生部《关于加强远程医疗会诊管理的通知》等有关规定，只能在具有《医疗机构执业许可证》的医疗机构之间进行。"2009年5月1日卫生部发布的《互联网医疗保健信息服务管理办法》第一章第二条规定："本办法所称互联网医疗保健信息服务是指通过开办医疗卫生机构网站、预防保健知识网站或者在综合网站设立预防保健类频道向上网用户提供医疗保健信息的服务活动。开展远程医疗会诊咨询、视频医学教育等互联网信息服务的，按照卫生部相关规定执行。"第九条规定："省、自治区、直辖市人民政府卫生行政部门、中医药管理部门自受理之日起20日内，对申请提供互联网医疗保健信息服务的材料进行审核，并作出予以同意或不予同意的审核意见。予以同意的，核发《互联网医疗保健信息服务审核同意书》，发布公告，并向卫生部、国家中医药管理局备案；不予同意的，应当书面通知申请人并说明理由。《互联网医疗保健信息服务审核同意书》格式由卫生部统一制定。"其管理重点是互联网医疗保健信息的服务活动、远程医疗和健康传播等。

6. 国家食品药品监督管理局

2000年6月26日国家药品监督管理局发布的《药品电子商务试点监督管理办法》第三条规定："国家药品监督管理局和各级药品监督管理部门会同信息产业管理部门、工商行政管理部门负责对药品电子商务试点工作进行监督管理。"2004年7月8日国家食品药品监督管理局发布的《互联网药品信息服务管理办法》第一条指出："为加强药品监督管理，规范互联网药品信息服务活动，保障互联网药品信息的真实、准确，根据《中华人民共和国药品管理法》、《互联网信息服务管理办法》，制定本办法。"第四条规定："国家食品药品监督管理局对全国提供互联网药品信息服务活动的网站实施监督管理。省、自治区、直辖市（食品）药品监督管理局对本行政区域内提供互联网药品信息服务活动的网站实施监督管理。"2005年9月29日国家食品药品监督管理局发布的《互联网药品交易服务审批暂行规定》第四条规定："从事互联网药品交易服务的企业必须经过审查验收并取得互联网药品交易服务机构资格证书。互联网药品交易服务机构的验收标准由国家食品药品监督管理局统一制定。互联网药品交易服务机构资格证书由国家食品药品监督管理局统一印制，有效期五年。"第五条规定："国家食品药品监督管理局对为药品生产企业、药品经营企业和医疗机构之间的互联网药品交易提供服务的企业进行审批。省、自治区、直辖市（食品）药品监督管理部门对本行政区域内通过自身网站与本企业成员之外的其他企业进行互联网药品交易的药品生产企业、药品批发企业和向个人消费者提供互联网药品交易服务的企业进行审批。"其管理重点是互联网药品信息服务、互联网药品交易服务、互联网健康服务传播等。

7. 国家工商行政管理总局

2002年9月29日国务院发布的《互联网上网服务营业场所管理条例》第四条规定："工商

行政管理部门负责对互联网上网服务营业场所经营单位登记注册和营业执照的管理，并依法查处无照经营活动”。2010 年 5 月 31 日国家工商行政管理总局发布的《网络商品交易及有关服务行为管理暂行办法》第四条规定：“工商行政管理部门鼓励、支持网络商品交易及有关服务行为的发展，实施更加积极的政策，促进网络经济发展。提高网络商品经营者和网络服务经营者的整体素质和市场竞争力，发挥网络经济在促进国民经济和社会发展中的作用。”第五条规定：“工商行政管理部门依照职能为网络商品交易及有关服务行为提供公平、公正、规范、有序的市场环境，提倡和营造诚信的市场氛围，保护消费者和经营者的合法权益。”其管理重点是互联网上网服务营业场所、网络商品交易及经营活动等。

互联网的迅猛发展，致使现有互联网管理不免带有复杂性、滞后性和模糊性，但随着政府网络管理经验的不断丰富，更加理性的、规范的、创新性的管理机制正在形成。

第 2 节　我国政府互联网管理阶段与评价

20 世纪 90 年代中期，我国互联网开始对社会全面开放，其发展之迅猛，令政府管理部门始料不及。政府对互联网的管理，从最初的摸索到逐渐成熟，再到进一步完善，最终成为国际社会互联网有效管理的典范之一。

一、我国互联网管理阶段

回顾我国互联网管理的发展阶段，我们可以大致划分为四个历史时期：初创阶段（1999 年以前）、发展阶段（2000—2003 年）、完善阶段（2004—2009 年）、趋于成熟阶段（2010 年至今），政府的管理思想在管理实践中不断创新，不断提高。

（一）我国互联网管理的初创阶段（1999 年以前）

1. 网络管理环境

20 世纪 90 年代，正是国际社会竞相发展信息高速公路的关键时期。美国的网络霸权地位业已形成。从 1969 年的阿帕网到后来的万维网，至 90 年代中期网络已经进入商用阶段，克林顿政府的“信息高速公路计划”更是加速推动了美国社会的信息化进程。

在我国，20 世纪 90 年代中期到 90 年代末，是互联网早期发展与初步繁荣的阶段。面对新技术，我国政府以开放的姿态引进、扶持、推动互联网的发展。在这种开放的态度之下，我国互联网发展速度迅猛得令人猝不及防：1994 年实现全功能连接互联网，1995 年开始对社会全面开放。1997 年 10 月，上网用户已达 62 万，上网计算机数 29.9 万，站点数 1 500 个。到 1999 年年底加速攀升，上网用户数上升到 890 万，上网计算机数 350 万，站点数 15 153 个。[①] 这种发展速度在媒体发展史上史无前例。

网络以其神秘的潜力吸引着人们的视线。不仅个人上网活跃，而且诸多单位开始意识到网络带来的冲击与机遇，这一期间 46.69%的单位建起自己的网站。[②] 稍具实力的传统媒体纷纷开办网络版，商业网站更是抢占先机。1999 年政府上网工程启动，更直接刺激了电子商务、企业上网的热潮。1999 年 7 月，中华网在纳斯达克上市，将我国网络推向发展的第一个高峰。

2. 网络管理特点

这一时期，政府对互联网的管理是以扶持、建设、推动为主导的。宏观上，政府积极进行

---

① 中国互联网络信息中心（CNNIC）. 第 5 次中国互联网络发展状况统计报告 . 2000：1 - 2.
② 同①8.

规范化建构；微观上，则针对具体问题进行探索性管理。

1993 年国务院牵头由 20 多个部委组建的“国家经济信息化联席会议”，在 1996 年改为“国务院信息化工作领导小组办公室”，专门负责制定与协调信息化发展中的战略、方针、政策、规划、技术标准等。

1997 年 6 月 3 日，受国务院信息化工作领导小组办公室委托，中国科学院在中国科学院计算机网络信息中心组建了我国互联网管理与服务机构——中国互联网络信息中心（CNNIC），负责管理维护中国互联网地址系统，引领中国互联网地址行业发展，权威发布中国互联网统计信息，代表中国参加国际互联网社群。

1998 年 3 月，第九届全国人民代表大会第一次会议批准成立信息产业部，主管全国电子信息产品制造业、通信业和软件业，推进国民经济和社会服务信息化。

1999 年 12 月 23 日，国家信息化领导小组成立，并将国家信息化办公室改名为国家信息化推进工作办公室，负责推进国家的信息化工作。

这一阶段，政府发布的管理文件，针对面临的具体问题，主要有网站备案与域名管理、国际联网安全管理、网吧与网络音视频管理等方面。这些管理文件涉及网络管理的不同方面，多以“通知”“暂行办法”“暂行规定”的形式出现，它们虽然不十分成熟，但初步构建了我国互联网管理的基本框架。

（二）我国互联网管理的发展阶段（2000—2003 年）

1. 网络管理环境

20 世纪 90 年代末，我国互联网发展进入第一次狂热发展的顶峰。各类网站良莠不齐，内容混杂。2000 年到 2003 年，随着席卷全球 IT 界的网络寒潮，商业网站面临严峻的市场冲击，而新闻网站则在政府扶持下迅速强大起来。

就商业网站而言，我国三大门户网站在 2000 年中的净亏损如下，搜狐为 1 924 万美元，网易为 1 725 万美元，新浪为 4 337 万美元。无以计数的互联网企业倒闭，存留下来的网络公司艰难挣扎。

在新闻网站方面，1999 年始，国务院新闻办公室就开始大力维护网络新闻传播秩序，2000 年开始实施重点新闻网站建设工程，人民网、新华网、中国网、国际在线、中国日报网、中青网等被确定为第一批中央重点新闻网站，千龙网、东方网、北方网等第一批地方重点新闻网站迅速崛起，这些官方背景的新闻网站迅速成长，向综合性信息门户网站发展。

这一期间，网民人数持续增长，2000 年的 890 万到 2003 年年底已发展到 7 950 万。互联网的社会影响更加凸显出来，网络事件频频发生，有时候甚至主导社会舆论，2003 年因此被大家称作“网络舆论年”。

2. 网络管理特点

针对 20 世纪 90 年代末超速发展的互联网，特别是丰富庞杂的网络内容，政府这一时期将管理重点放在内容管理上。2000 年 4 月，国务院新闻办公室成立网络新闻宣传管理局。2000 年 10 月，上海成立网络新闻宣传管理处。之后，各省市宣传部门皆有相应的网络内容管理机构。

这一时期出台的网络管理规范，关于网络内容管理方面的，如《全国人民代表大会常务委员会关于维护互联网安全的决定》《互联网信息服务管理办法》《互联网站从事登载新闻业务管理暂行规定》《互联网电子公告服务管理规定》，从一般的网络内容到政府更为关注的网络新闻、电子公告等，都做了明确具体的规定。2000 年由于出台了大量重要的网络管理规范，被称作“网络立法年”。

这一时期的管理规范对前一阶段的管理规范进行了明显的完善如针对网站备案与域名管理、网吧与网络音视频管理方面，同时进一步扩大了管理范围如对互联网出版与互联网文化的管理，显示出政府网络管理水平迅速提升。

（三）我国互联网管理的完善阶段（2004—2009年）

1. 网络管理环境

互联网经历2000年以后的寒流后，在2003年开始复苏。2003年12月，携程网成功登陆纳斯达克，带动了2004年网站新一轮的上市热潮。最为惹眼的，如盛大、百度、腾讯等上市。2005年、2006年，Web 2.0盈利模式不清，被称作一个温和的泡沫，2007年又显示出新的发展态势，“中国互联网在现实中回归理性，市场从孕育趋向成熟，资本从热捧转变为审慎”①。

就内容而言，2004年以后，我国互联网发展进入Web 2.0时代。以Web 2.0为特征的网络使用与Web 1.0具有显著不同，它变传统传播的网站中心为用户中心，变内容中心为人中心，特别注重用户参与与体验。其典型使用如博客、播客、维基百科、标签系统、RSS（聚合新闻服务）、SNS等，其中博客、播客影响最大。2007年，排名前100的网站提供Web 2.0服务的多达64家（独立的Web 2.0网站23家，提供Web 2.0服务的传统网站41家）。② Web 2.0的使用推动了网络更深层次的互动与共享，从而带来一些新的网络管理问题，如网络暴力、人肉搜索、视频恶搞等等。

2. 网络管理特点

这一时期政府的管理逐渐完善。主要针对网站备案与域名管理做进一步规范，就网络文化与网络著作权等方面的管理做进一步完善。

网络内容管理仍然是政府关注的焦点，如针对网络新闻管理，2000年的《互联网站从事登载新闻业务管理暂行规定》中管理对象的限定还不够清晰，在2005年的《互联网新闻信息服务管理规定》中管理对象已十分明确。

视频管理是这一时期新的管理重点。视频网站在2006年迅速发展，从原有的30多家暴增到300多家，2007年又增加到400多家。国家广电总局、文化部、信息产业部对它们的管理那时尚存在重叠与矛盾。2007年12月，国家广电总局与信息产业部联合发布《互联网视听节目服务管理规定》，同时广电总局发布《广电总局关于加强互联网传播影视剧管理的通知》，要求网上提供视频服务的公司必须取得上岗许可证，同时要求公司国有独资或国资控股。新的管理规范之下，互联网视听节目服务抽查情况第1号公告显示，25家网站被责令停止服务，32家被警告处罚。③

这一时期政府的管理理念有所转变，从早期的以控制为主转变到以引导为主。大量的网上舆论成为政府不可缺少的洞察民情的重要窗口，因此政府管理部门纷纷成立网络舆情检测机构，有意识地对网络舆论进行分析、研究，从而极大提高了政府引导网络舆论的能力。

（四）我国互联网管理的趋于成熟阶段（2010年至今）

1. 网络管理环境

2010年以后，微博、微信、移动客户端、抖音短视频、直播、今日头条等新型社交媒介

---

① 2007“中国IT两会”.（2007-10-31）[2020-03-20]. http://itlianghui.ccw.com.cn/2007/award.shtml.

② 数字媒体.中国报业，2008（1）.

③ 广电总局警告土豆网 25家视频网站被关停.城市快报，2008-03-21.

开始盛行，移动互联网成为网络传播发展的新趋势。

新浪微博于2009年9月25日正式上线。截至2017年3月31日，新浪微博月活跃用户已经达到3.4亿，其中包括大量政府机构、官员、企业、个人认证账号，开放的传播机制使新浪微博成为中国的“公共议事厅”。

微信是腾讯公司于2011年1月21日推出的一个为智能终端提供即时通信服务的免费应用程序。其支持跨通信运营商、跨操作系统平台通过网络快速发送免费（需消耗少量网络流量）的语音短信、视频、图片和文字，同时也可以使用通过共享流媒体内容的资料和基于位置的社交插件“摇一摇”“漂流瓶”“朋友圈”“公众平台”“语音记事本”等服务插件。截至2017年6月底，微信与WeChat I的合并月活跃用户达到9.63亿。

移动新闻客户端凭借其丰富的资讯资源、实时的信息推送和方便的社交互动，已然成为满足用户信息需求的移动互联网信息最主要入口，覆盖了社会主流人群，其中25～40岁用户占比为70.3%。根据易观智库发布的2015年新闻客户端发展状况研究报告，目前中国移动新闻客户端市场的第一阵营已经成型，腾讯新闻、搜狐新闻、今日头条、网易新闻和凤凰新闻分列行业活跃用户规模的前五位。“优质内容＋优秀算法”的作用，在增强用户黏性上体现无疑。

抖音短视频简称抖音，是一个旨在帮助大众用户表达自我、记录美好生活的短视频分享平台。抖音于2016年9月于今日头条孵化上线，定位为适合中国年轻人的音乐短视频社区平台，用户可以在抖音平台上选择歌曲，拍摄音乐短视频，从而创造自己的作品，2017年以来抖音用户规模增长迅速。

这一期间，中国逐渐步入移动互联网时代，多样化、个性化、碎片化、场景化的移动互联网产品已经成为社会发展和人民生活不可缺少的工具，物联网、云计算等新的信息技术和移动终端的发展应用日益普及。移动互联网在经济发展、社会进步、科技创新、生活便利等方面发挥着越来越重要的作用，但是也给网络管理提出了新的难题和挑战。

2. 网络管理特点

这一阶段，政府对互联网的管理主要体现为不断加强规范移动互联网发展，不断完善移动互联网管理措施，构建更加成熟的移动互联网管理制度体系。

2010年后，中国逐渐出现的微博、微信和新闻客户端，确实给本已严峻的社会舆情形势带来了难以估量的挑战，但是经过几年的探索，政府逐渐掌握了正确管理新媒体、新应用的方法。国家新闻出版广电总局2013年4月8日下发《关于加强新闻采编人员网络活动管理的通知》，要求加强新闻采编人员使用网络信息、开通个人微博等网络活动的管理，要求新闻单位设立官方微博须向其主管单位备案并指定专人发布信息，要求新闻采编人员自觉抵制有害信息的渗透和传播，不引用、不报道未通过权威渠道核实的网络信息，不传播、不转载网上流言、传言或猜测性信息。该通知中提到三个“进一步”，即“进一步规范新闻采编行为”“进一步加强媒体新闻网站管理”“进一步加强博客和微博管理”。

2013年9月6日，最高人民检察院和最高人民法院联合发布《关于办理利用信息网络实施诽谤等刑事案件适用法律若干问题的解释》，规定“同一诽谤信息实际被点击、浏览次数达到五千次以上，或者被转发次数达到五百次以上的”，应当认定为诽谤行为“情节严重”，从而为诽谤罪设定了非常严格的量化的入罪标准。

2014年8月7日，国家互联网信息办公室发布《即时通信工具公众信息服务发展管理暂行规定》。该规定共十条，对即时通信工具服务提供者、使用者的服务和使用行为进行了规范，对通过以微信为代表的即时通信工具从事公众信息服务活动提出了明确管理要求，简称为“微信十条”。

之后，国家互联网信息办公室于2015年2月4日发布《互联网用户账号名称管理规定》，简称“账号十条”，就互联网用户账号的名称、头像和简介等注册信息进行规范。范围包括博客、微博、即时通信工具、论坛、贴吧、跟帖评论等互联网信息服务中注册或使用的账号，不分机构、个人。“账号十条”明确规定，互联网信息服务提供者应当按照“后台实名、前台自愿”的原则，要求互联网信息服务使用者通过真实身份信息认证后注册账号。

自2015年3月1日施行的《互联网用户账号名称管理规定》，进一步明确“互联网信息服务使用者以虚假信息骗取账号名称注册，或其账号头像、简介等注册信息存在违法和不良信息的，互联网信息服务提供者应当采取通知限期改正、暂停使用、注销登记等措施”。

自2015年3月1日起实施的《互联网危险物品信息发布管理规定》，由公安部、国家网信办、工信部等六部门联合发布。《互联网危险物品信息发布管理规定》提出“加强对互联网危险物品信息的管理，规范危险物品从业单位信息发布行为，依法查处、打击涉及危险物品的违法犯罪活动，净化网络环境”。

自2015年6月1日起实施的《互联网新闻信息服务单位约谈工作规定》，明确提出“国家互联网信息办公室、地方互联网信息办公室通过约谈，及时指出互联网新闻信息服务单位存在的问题，并提出整改要求。互联网新闻信息服务单位应当及时落实整改要求”。

自2016年8月1日起施行的《移动互联网应用程序信息服务管理规定》，进一步明确了移动互联网应用程序提供者和互联网应用商店服务提供者应当履行的信息安全管理责任和义务。

自2016年8月1日起施行的《互联网信息搜索服务管理规定》，明确提出“互联网信息搜索服务提供者不得以链接、摘要、快照、联想词、相关搜索、相关推荐等形式提供含有法律法规禁止的信息内容”。

2016年11月7日第十二届全国人民代表大会常务委员会第二十四次会议通过《中华人民共和国网络安全法》。这部法律的颁布和实施，具有重大法律意义。它能够进一步促进网络安全，保障网络空间主权和国家安全、社会公共利益，明确保护公民、法人和其他组织的合法权益，利用法律手段维护经济社会信息化健康发展。第八条“国家网信部门负责统筹协调网络安全工作和相关监督管理工作。国务院电信主管部门、公安部门和其他有关机关依照本法和有关法律、行政法规的规定，在各自职责范围内负责网络安全保护和监督管理工作。县级以上地方人民政府有关部门的网络安全保护和监督管理职责，按照国家有关规定确定”，进一步明确了互联网管理的统筹机制问题。第十二条“任何个人和组织使用网络应当遵守宪法法律，遵守公共秩序，尊重社会公德，不得危害网络安全，不得利用网络从事危害国家安全、荣誉和利益，煽动颠覆国家政权、推翻社会主义制度，煽动分裂国家、破坏国家统一，宣扬恐怖主义、极端主义，宣扬民族仇恨、民族歧视，传播暴力、淫秽色情信息，编造、传播虚假信息扰乱经济秩序和社会秩序，以及侵害他人名誉、隐私、知识产权和其他合法权益等活动”，进一步明确了违反网络安全法的主要信息传播行为。

自2016年12月1日起施行的《互联网直播服务管理规定》，要求“开展互联网新闻信息服务的互联网直播发布者，应当依法取得互联网新闻信息服务资质并在许可范围内提供服务”。

2017年5月22日发布的《互联网新闻信息服务许可管理实施细则》，进一步明确了《互联网新闻信息服务管理规定》中关于申请互联网新闻信息服务许可的申请材料细节。

2017年10月1日起施行的《互联网论坛社区服务管理规定》，进一步明确了管理的政策方向，要求“互联网论坛社区服务提供者应当按照‘后台实名、前台自愿’的原则，要求用户通过真实身份信息认证后注册账号，并对版块发起者和管理者实施真实身份信息备案、定期核验等”。

2017年10月1日起施行的《互联网跟帖评论服务管理规定》，明确提出要“建立健全日常检查和定期检查相结合的监督管理制度，依法规范各类传播平台的跟帖评论服务行为”。

2017 年 10 月 8 日起施行的《互联网群组信息服务管理规定》，明确提出“互联网群组信息服务提供者应当落实信息内容安全管理主体责任，配备与服务规模相适应的专业人员和技术能力，建立健全用户注册、信息审核、应急处置、安全防护等管理制度”。

2017 年 10 月 8 日起施行的《互联网用户公众账号信息服务管理规定》，明确提出“互联网用户公众账号信息服务提供者应当落实信息内容安全管理主体责任，配备与服务规模相适应的专业人员和技术能力，设立总编辑等信息内容安全负责人岗位，建立健全用户注册、信息审核、应急处置、安全防护等管理制度。互联网用户公众账号信息服务提供者应当制定和公开管理规则和平台公约，与使用者签订服务协议，明确双方权利义务。互联网用户公众账号信息服务提供者应当按照‘后台实名、前台自愿’的原则，对使用者进行基于组织机构代码、身份证件号码、移动电话号码等真实身份信息认证”。

2017 年 12 月 1 日起施行的《互联网新闻信息服务单位内容管理从业人员管理办法》，进一步明确了“从业人员行为规范”和“从业人员监督管理”的内容。

2017 年 12 月 1 日起施行的《互联网新闻信息服务新技术新应用安全评估管理规定》，明确提出要“根据新技术新应用的新闻舆论属性、社会动员能力及由此产生的信息内容安全风险确定评估等级，审查评价其信息安全管理制度和技术保障措施”。

2018 年 3 月 20 日起施行的《微博客信息服务管理规定》，明确“微博客服务提供者应当按照分级分类管理原则，根据微博客服务使用者主体类型、发布内容、关注者数量、信用等级等制定具体管理制度，提供相应服务，并向国家或省、自治区、直辖市互联网信息办公室备案”。该规定对微博客服务提供者提出了很多细致的要求，如：“微博客服务提供者应当对申请前台实名认证账号的微博客服务使用者进行认证信息审核”；“微博客服务提供者应当建立健全辟谣机制，发现微博客服务使用者发布、传播谣言或不实信息，应当主动采取辟谣措施”；“微博客服务提供者发现微博客服务使用者发布、传播法律法规禁止的信息内容，应当依法立即停止传输该信息、采取消除等处置措施，保存有关记录，并向有关主管部门报告”。

2018 年 3 月 16 日，国家新闻出版广电总局下发紧急文件《关于进一步规范网络视听节目传播秩序的通知》，规定禁止用户非法抓取、剪拼改编视听节目，并严格管理包括网民上传的类似重编节目，同时要求加强对各类节目接受冠名、赞助的管理。2018 年 8 月 14 日，国家新闻出版广电总局发布消息称，“不断升级有效管用的管理办法，无死角清除存量问题节目，坚决遏制突出问题节目死灰复燃，严密管控新增变种问题节目”。

2018 年 8 月 31 日第十三届全国人民代表大会常务委员会第五次会议通过的《中华人民共和国电子商务法》，将进一步“保障电子商务各方主体的合法权益，规范电子商务行为，维护市场秩序，促进电子商务持续健康发展”。

2018 年 11 月 15 日，国家互联网信息办公室发布《具有舆论属性或社会动员能力的互联网信息服务安全评估规定》，加强对具有舆论属性或社会动员能力的互联网信息服务和相关新技术新应用的安全管理。

2019 年 1 月 10 日，国家互联网信息办公室发布《区块链信息服务管理规定》，这是专门规范区块链信息服务的管理规定，适应了区块链信息服务安全风险防范的需要。

2019 年 7 月 22 日，国家网信办就《互联网信息服务严重失信主体信用信息管理办法（征求意见稿）》向社会公开征求意见。根据征求意见稿，对纳入失信黑名单的互联网信息服务提供者和使用者将依法依规实施限制从事互联网信息服务、网上行为限制、行业禁入等惩戒措施。

2019 年 7 月 22 日，国家互联网信息办公室、国家发展和改革委员会、工业和信息化部、财政部制定并发布了《云计算服务安全评估办法》，明确提出“云平台包括云计算服务软硬件设施及其相关管理制度等”。

这一阶段，政府对移动互联网的管理经历了一个曲折过程，逐渐开始走向法治管理、精细化管理、成熟管理的阶段，互联网管理领域的诸多问题不断得到厘清，具有针对性的管理制度和管理措施逐渐出台，互联网管理的法规和制度不断完善和规范，互联网管理的行为和措施进一步清晰化和法治化。党的十八大报告明确提出，要“加强网络社会管理，推动网络依法规范有序运行”。党的十九大报告进一步提出，要“加强互联网内容建设，建立网络综合治理体系，营造清朗的网络空间”。可以说，2014年中央网络安全和信息化领导小组成立，吹响了法治中国的号角，尤其是进一步加强了网络空间法治建设，完善了网络信息服务法律法规，完善了网络安全保护法律法规，完善了依法治理网络行为的规范。

二、我国互联网管理效果及其评析

互联网进入中国内地以来，网络媒体一直是政府监管的重点，为了达到有效管理、和谐上网的目的，政府部门制定了一系列的法律和相关制度来规范网络行为，相关各界也采取了一系列措施配合网络管理行动，取得了很大的成果。由于网络产业处于不断发展变化之中，政府及相关各界在取得网络管理的巨大成绩的同时，也存在许多不够完善的地方，需要对各阶段的网络管理效果做客观的分析与评价，从而更好地实现网络管理观念与管理制度的更新，使网络发展更加和谐与有序。

（一）1999年之前政府的网络管理效果

从互联网进入中国内地到1999年之前，各种网络诈骗、网络泄密、网络黑客、病毒与色情等网络破坏行为渐渐增多，因此，网络安全方面的考量一直是政府内容监管的重点。

1. 政府对网络媒体的管理效果

针对网络媒体，政府的管理效果主要体现如下：在逐步摸清网络发展规律的基础上，制定了一系列网络管理法规，从而廓清了网络发展的障碍，为网络进一步发展奠定了良好的法治环境。1994年国务院发布了《中华人民共和国计算机信息系统安全保护条例》，1997年公安部发布了《计算机信息网络国际联网安全保护管理办法》，1998年国务院信息化工作领导小组发布了《中华人民共和国计算机信息网络国际联网管理暂行规定实施办法》。这些法规的颁布确立了我国互联网管理统筹规划、统一标准、分级管理、促进发展的基本原则。

2. 政府对网络内容的管理效果

这一时期，出于网络发展初期保护信息安全的需要，政府加强了对计算机病毒及其他危害网络信息安全的行为的管理。由于政府管理部门此时对网络管理尚处在摸索阶段，网络立法滞后，缺乏具有针对性的细致操作手段，加之网络本身的特点，以网络病毒为主的各种网络犯罪形势并不乐观。

据公安部公共信息安全监察局统计，个人电脑遭到病毒攻击的电脑使用者从2001年的73%增加到2002年的84%，其中数据丢失以及硬盘遭破坏的个人电脑使用者从43%增加到64%。1999年公安机关立案侦查的计算机违法犯罪案件仅为400余起，2000年激增为2 700余起，是上一年的近7倍。①

① 于滨．青少年犯罪高发　高层急谋对策．瞭望新闻周刊，2004（34）．

在网络发展初期，各种网络泄密及网络虚假信息引起了政府网络管理部门的注意。为此，国家保密局1998年发布了《计算机信息系统保密管理暂行规定》，1999年发布《关于加强政府上网信息保密管理的通知》，2000年又发布了《计算机信息网络国际联网保密管理规定》。对于网络虚假信息，政府制定了一系列法规，如《互联网新闻信息服务管理规定》《互联网等信息网络传播视听节目管理办法》等。这些法规与政策为依法打击网络泄密和各种网络虚假信息欺骗提供了法律基础。在政府的综合治理下，到1999年年末，虽然各种危及网络信息安全的犯罪时有发生，但各种网络虚假信息与网络泄密的情况已大为好转。

（二）2000年至2003年之间政府的网络管理效果

和前一阶段相比，这段时期，政府对网络的管理渐趋成熟，网络管理规范也进一步加强。最明显的特征是政府加强了对网络出版、电子公告、网络新闻与网络垃圾的管理且效果明显。

1. 政府对网络媒体的管理效果

这一时期，政府对媒体网站，一方面加强管理，另一方面积极扶持，从而极大促进了网络媒体及其新闻业务的发展。2000年9月25日，国务院出台了《互联网信息服务管理办法》；11月6日，信息产业部出台了《互联网电子公告服务管理规定》；同日，国务院新闻办公室与信息产业部联合出台了《互联网站从事登载新闻业务管理暂行规定》。通过一系列的管理规范与引导，政府对网络新闻网站及网络信息发布方面的管理卓有成效，网络已经成为社会监督最大的一块公地。2002年6月27日，国家新闻出版总署和信息产业部又联合发布了《互联网出版管理暂行规定》，进一步扩大了互联网信息传播的管理范围。

在国家的强化管理与指导下，各媒体网站一方面配合国家的管理政策，制定严格的内部管理制度，另一方面积极构建网络媒体自律联盟，初步形成了网络行业的自律机制。所有这些网络行业组织及其协定，既是政府强化对网络媒体管理与引导的结果，同时也给整个网络媒体行业的良性运行奠定了很好的基础。

2. 政府对网络内容的管理效果

在内容管理方面，政府的重点放在网络新闻和网络垃圾邮件的治理上。

在政府的有效治理下，网络新闻的发展很快，网络正超越传统媒介而成为最重要的新闻来源，网络新闻已经成为网络媒体信息沟通的主要功能。中国互联网络信息中心（CNNIC）2005年的《第15次中国互联网络发展状况统计报告》显示，2004年网民平均每周上网天数4.1天，每周上网时间13.2小时①，网络已经超过电视、报纸、杂志等传统媒介，被认为是获得信息和休闲娱乐的最重要的媒介（仅次于面对面交往）。网络新闻也逐渐成为党和政府宣传方针、政策的主要舆论阵地，发挥了很好的宣传功能，并为政府与网民互动搭建了一个畅通的平台。

网络垃圾治理也是这一时期政府监管的重点，在政府一系列整治垃圾邮件的活动后，并辅以一定的行业自律，垃圾邮件的治理效果显著。中国互联网协会反垃圾邮件中心公布的中国反垃圾邮件状况调查报告显示，2005年中国互联网电子邮件用户每周收到的垃圾邮件由27.8封下降到16.8封，利用电子邮件进行广告与欺骗犯罪的比例大大降低。政府的网络管理初见成效。

（三）2004年至2009年政府的网络管理效果

2004年以后，Web 2.0概念风起云涌，网络进入一个全新的时代。网络由过去Web 1.0

---

① 中国互联网络信息中心（CNNIC）. 第15次中国互联网络发展状况统计报告. 2005：16.

时代信息刊载为主转向提供信息服务为主，强调用户的参与和体验，这就给政府的管理增加了很大的难度。基于这个时期网络发展的新特点，政府管理的重点集中在打击网络色情及加强网络文化建设方面。

1. 政府对网络媒体的管理效果

为了整顿网络环境，政府相关部门加强了对网络色情网站的打击力度。2003年以来，我国政府致力于网络环境的治理，大力打击网络色情。2004年7月16日，全国打击淫秽色情网站专项行动电视电话会议召开，公安部与国家14个相关部门周密配合，开展全国打击淫秽色情网站的专项行动，截至7月27日，关闭近700家非法淫秽色情网站，抓获224名犯罪嫌疑人。2007年4月，公安部、中宣部、信息产业部、国务院新闻办等十部委联合组织开展网上"扫黄"专项行动。面对网络色情的泛滥局面，新浪、搜狐、网易和腾讯等国内门户网站组织开展了网站有害信息自查自纠，关闭了一些经常出问题的栏目，加强了对有害信息的管理。各中央和地方新闻门户网站也积极开展了网络色情治理活动，都取得了很好的效果。

政府对网络媒体进行综合管理的一项重要工程是加强网络文化建设。2004年以后，政府对互联网管理有了进一步的认识，认识到互联网管理是一项巨大的文化建设工程。2006年10月11日，中国共产党第十六届中央委员会第六次全体会议通过了《中共中央关于构建社会主义和谐社会若干重大问题的决定》，要求积极加强网络文化建设。胡锦涛总书记在中共中央政治局于2007年1月23日进行的第三十八次集体学习中也着力强调了网络文化的重要性。同时，各级政府也成立网络舆情监察机构，重视民情和网络舆论的引导。政府的管理理念从着重监管转向监管与引导并重，整个网络朝更加良性和有序化的方向发展。

2. 政府对网络内容的管理效果

2004年以后，政府对网络内容的管理重点体现在对博客和视频内容的规范上。

这个时期，政府对博客内容的管理主要是参考《互联网电子公告服务管理规定》，比照对电子公告服务的管理进行。这种对博客的管理方式相对比较宽松，有利于博客出现初期的快速发展。根据艾瑞咨询推出的网民连续用户行为研究系统 iUserTracker 的数据，2007年9月，博客以26.34次的人均月度访问次数已经排在了第二位。

集个人网页、社区、BBS、网络交友之长的博客仍处于不断发展变动之中，因而现行的管理规章制度显得相对落后，从而也出现了很多博客纠纷、侵权等问题。博客引发的诸多问题已引起有关网络管理部门的高度注意，专门针对网络博客管理的相关法规措施也正在酝酿整理之中。有些网站特别是新闻门户网站，已经充分认识到对博客管理的艰难性与重要性，纷纷采取专门措施加强对博客的引导与管理，并制定了一系列专门针对博客管理的有效管理规范与制度。比如：推行实名制管理，通过一系列的激励手段鼓励博客写手后台实名；管理员审核，先审后发，对垃圾、反动、色情博文及博客及时删除。通过这些措施，各网站对博客的管理取得了显著效果。

Web 2.0时代，视频网站呈现高热度的发展趋势，不同类型的资本纷纷投资视频产业，网络视频内容从单一影视类发展到体育、娱乐、新闻等细分种类。2006年一度被称为"网络视频发展元年"。网络视频迅猛发展后带来了许多问题，如网络视频恶搞现象不绝、网络视频侵权严重、网络色情视频猖獗、网络视频产业经营模式不明等。这些问题引起国家相关管理部门的高度关注，国家广电总局为此专门发布《广电总局关于加强互联网传播影视剧管理的通知》，并和信息产业部于2007年12月联合发布《互联网视听节目服务管理规定》，加强对视频节目内容的管理。这些规定从法律程序上保证了网络视频业务的正常发展，规范了网络视频的内容，同时也加剧了网络视频网站的市场竞争，使之优胜劣汰。政府关于网络视频的严格管理，带来了显著的效果。根据艾瑞咨询的报告数据，2007年网络视频市场增长率达到69.8%。

（四）2010年以后政府的网络管理效果

1. 政府对网络媒体的管理效果

这一阶段，移动新媒体和社交媒体迅猛发展，政府对网络媒体的管理成效主要表现在对以上两类媒体的规范管理上，特别是涉及账号管理、帖文管理、频道管理、栏目管理、公众账号管理等。在经历了一段艰难的探索期后，政府在对新型网络媒体业务的管理上，逐渐建构了一系列的管理制度，规范成效日益显著。

2013年9月30日，国家互联网信息办公室发出通报，依法要求“抽屉新热榜”“鲜果联播”“ZAKER新闻阅读”“3G门户新闻”“一五一十部落”“蜜蜂新闻”等一批未依法取得互联网新闻信息服务资质，违规从事互联网新闻信息服务的移动客户端限期整改。

2015年1月，由国家网信办牵头，联合工业和信息化部、公安部、国家新闻出版广电总局开展的“网络敲诈和有偿删帖”专项整治工作，历时半年，已圆满收官。

据通报，在国家网信办统筹推进下，工业和信息化部处置涉网络敲诈和有偿删帖的违法违规网站80家，同时加强域名、IP地址等互联网基础资源管理，以专项整治为契机，将全国网站备案率提升至99.98%，备案主体信息准确率达84.7%，有力增强了网站管理效能。

公安部指挥部署全国公安机关破获“湖北特大有偿删帖案”“中国经济网涉网络敲诈案”“中国国情监察网冒充中央纪委敲诈勒索案”“凤凰网编辑涉有偿删帖案”等一批重大和典型案件，摧毁了一批犯罪团伙，抓获了一批犯罪嫌疑人。

国家新闻出版广电总局在专项整治期间查处涉“三假”（假媒体、假记者站、假记者）案件近100起，其中重点查处“江苏徐州马某某等假记者伪造中央巡视组文件敲诈勒索案”等一批涉及网络敲诈和有偿删帖的典型案件，查处了一批违法违规机构和责任人。

在国家网信办牵头指挥和协调下，专项整治共关闭“中国新闻热线网”“中国资讯信息港”“21头条新闻网”“黄河资讯网”“中企新闻网”等违法违规网站近300家，关闭违法违规社交网络账号超115万个，清理删除相关违法和不良信息900余万条，约谈“中国经济网”“中国青年网”“110法律咨询网”等136家网站。清理关停近50个中央新闻网站的地方频道和专业频道。部署百度、360等重点商业网站清理屏蔽搜索关键词、联想词9 737个，清理涉嫌网络敲诈和有偿删帖的信息、相关网页链接300余万条。按照“无禁区、全覆盖、零容忍”的要求，全国范围内共举办培训班1 100余次，参训人员达3万人次，签订承诺书近1.5万份。通过广泛宣传和深入动员，全系统全员接受培训教育，层层签订承诺书，逐级递交责任状，各网站在履行内容审核义务、健全内控机制、完善工作流程等方面有显著加强和全面提高。[①] 专项整治结束后，将建立完善长效工作机制，相关工作将实现常态化，由专门的工作力量来负责落实。

此外，国家互联网信息办公室还针对那些受到大量网民举报、违法问题突出的互联网公司采取约谈制度。例如，2015年4月10日，国家互联网信息办公室约谈新浪公司负责人，要求新浪依据《互联网信息服务管理办法》（2000年）、《互联网新闻信息服务管理规定》（2005年）进行整改，加强内部管理和自律。若整改不符合要求，或者整改期间继续出现违法违规行为，将依法严肃查处，直至依法停止其互联网新闻信息服务。新浪公司负责人表示，将针对问题做

① 李林．“网络敲诈和有偿删帖”专项整治圆满收官．中国青年报，2015-08-26.

好整改，强化内部审核管理，严格依法开展服务，积极传播正能量，切实承担起网络媒体的社会责任。国家互联网信息办公室有关业务局负责人表示，在对新浪违法问题进行依法处罚的基础上，将进一步重点加强对新闻类网站和客户端的日常监督管理，促进互联网新闻信息服务业健康有序发展。

信息“涉黄”，互联网平台负有不可推卸的责任。2017年5月2日《互联网新闻信息服务管理规定》发布之后，映客、虎牙直播、YY直播、龙珠直播等30家内容违规的网络表演平台被依法查处。2018年，优酷、爱奇艺等一批为儿童“邪典”视频提供传播平台的互联网企业被依法查处，同年4月，暴走漫画因丑化恶搞烈士被立案查处。

2018年3月16日，国家新闻出版广电总局下发特急文件《关于进一步规范网络视听节目传播秩序的通知》，规定禁止用户非法抓取、剪拼改编视听节目，并严格管理包括网民上传的类似重编节目，同时要求加强对各类节目接受冠名、赞助的管理。该通知并非如网上某些文章所言“禁止改编视听节目”，而是给出了明确清晰的界定，即“不给存在导向问题、版权问题、内容问题的剪拼改编视听节目提供传播渠道”。2018年4月10日，国家广电总局责令今日头条永久关闭内涵段子。2018年11月15日，国家互联网信息办公室发布《具有舆论属性或社会动员能力的互联网信息服务安全评估规定》之后，今日头条和抖音等平台，从号称不生产价值观到大规模招聘内容审核员，充分说明了治理主体在改变。2019年1月23日，中央网信办、工信部、公安部、市场监管总局四部门联合发布《关于开展App违法违规收集使用个人信息专项治理的公告》，成立App违法违规收集使用个人信息专项治理工作组（简称App专项治理工作组）。4月上旬，App专项治理工作组针对30款用户量大、问题严重的App，向其运营者发送了整改通知，要求App运营者认真整改、举一反三，及时纠正个人信息收集使用方面存在的问题。首批通知整改的30款App后期反馈中，大部分企业已进行整改，效果良好。5月24日，App专项治理工作组公布了100款常用App申请收集使用个人信息权限问题，将同一类型App的申请权限以及强制申请开启权限情况进行统计和对比分析，旨在通过公开披露、持续关注的方式，引导App运营单位进行自查自纠，形成社会监督效应。截至5月下旬，App专项治理工作组收到举报信息近5 000条，其中实名举报约1 700条，共涉及1 800余款App。①

2. 政府对网络内容的管理效果

在网络内容管理上，政府的重点放在微博、微信等移动社交媒体和即时通信工具的内容方面。

国家互联网信息办公室先后发布了“微信十条”“账号十条”等管理规定，进一步规范了互联网用户的内容信息发布行为。

从2011年年底开始，国家互联网信息办公室在北京、天津、上海、广州、深圳五城市开展了微博用户用真实身份信息注册试点工作，截至目前，已有超过2亿用户完成了真实身份信息注册。试点结果表明，这一工作有利于微博在我国的健康发展，也为规范网络身份管理打下了良好的基础。

2014年8月7日，国家互联网信息办公室发布《即时通信工具公众信息服务发展管理暂行规定》，规范以微信为代表的即时通信工具公众信息服务，规定即时通信工具服务提供者应当取得法律法规规定的相关资质，未取得相关资质的公众号将不得发布、转载时政类新闻内容；应当按照“后台实名、前台自愿”的原则，要求即时通信工具服务使用者通过真实身份信息认

① 史薇薇．四部委连出重拳治理App过度索权　力求建立长效机制．光明日报，2019-05-28．

证后注册账号。据悉，“微信十条”发布以来，腾讯公司对微信公众账号进行全面梳理，并对有假冒社会公共机构和媒体名义、传播淫秽色情信息、涉暴力恐怖、发布虚假广告、编造传播谣言、破坏民族团结、诽谤他人、侵犯个人隐私等八类违规行为的公众账号采取了处置措施，包括暂停账号更新 7 天、15 天、30 天、90 天和永久关闭等。

国家互联网信息办公室自 2015 年 2 月 4 日发布《互联网用户账号名称管理规定》以来，推动各方积极行动，落实责任，制订实施方案，仅中央重点新闻网站就处置违规账号 7 000 余个。同时新浪、百度、腾讯、阿里巴巴、陌陌、易信、天涯、凯迪等互联网企业积极响应，向互联网信息内容主管部门报送自查自纠报告，已处置微博、博客、论坛、贴吧和即时通信工具等各类违法违规账号 6 万余个。

2016 年 5 月，因运营的直播间提供含有宣扬暴力、危害社会公德的禁止内容，武汉斗鱼网络科技有限公司两度共计被罚款 6 万元，没收违法所得共计 15.74 万元。2017 年 3 月，作为互联网付费搜索广告的发布者，百度平台未能有效履行法定义务，发布了未经审查的一批医疗机构广告，并且相关搜索关键词所指向的是上述医疗机构不具备资质的医疗服务内容，被依法处罚款 2.8 万元；搜狗平台未能有效履行法定义务，明知、应知广告虚假仍然发布，被依法处罚款 1.03 万元。

2018 年 5 月，今日头条平台上发布的一段“暴走漫画”短视频引发众怒。除了戏谑董存瑞烈士，还恶意篡改叶挺烈士的《囚歌》。据了解，互联网管理部门查处丑化恶搞英雄烈士等违法违规经营行为，共下线涉嫌违规视频 6 万余条，清理有关信息 1.7 万余条，处置违规账号 8 030个。

3. 政府网络管理效果的不足和原因

从总体上看，自互联网进入我国后，政府积极监管，成效颇为显著，但也有许多失误和不足。

在网络具体业务和网民网上行为上，目前政府管理欠佳的原因主要是网络管理在总体上手段单一，缺乏强有力的行业自律，管理制度缺乏创新。

宏观管理方面，影响管理效果的主要原因在于政府管理部门职能交叉，权限职责梳理不清，多头管理现象严重。虽然这一问题在国家互联网信息办公室成立之后，逐渐得到了改善，但是随着互联网应用的不断涌现，针对互联网媒体特点和互联网内容特点的网络管理职责权限还需要进一步厘清。

推进网络空间法治化方面，虽然取得了一定的进步，比如《互联网信息服务管理办法》《互联网新闻信息服务管理规定》等陆续出台，但是类似《即时通信工具公众信息服务发展管理暂行规定》、《互联网用户账号名称管理规定》、“两高”《关于办理利用信息网络实施诽谤等刑事案件适用法律若干问题的解释》等政策还需要更多，并且法律法规的出台需要紧跟新媒体发展的形势，从而形成依法管网、依法办网、依法上网的社会氛围，将网络空间法治化落到实处。

你怎么看

结合目前互联网发展的状况，你认为还有哪些方面需要加强管理？

第 3 节　我国互联网管理模式及其特征

特定的媒介管理模式都是特定的政治经济环境以及特定的社会文化传统的必然产物。在我国，互联网管理不仅沿袭传统的媒介管理的基本思想，而且根据网络技术的特殊性加入了一些新的内容。

一、政府主导型管理模式

如果将互联网管理分为政府主导型管理模式与多方协调型管理模式的话，那么我国目前的互联网管理显然是典型的政府主导型管理模式。这与我国电信行业的管理渊源密切相关。互联网在技术上依托电信行业，而我国电信行业执行的是中央集中统一的垂直管理，即以部为主的部省级双重管理体制。在我国，采用这一管理体制的必要性体现在以下方面。

第一，垂直管理最适合电信行业发展的基本规律。电信行业运作的基本规律是跨地域信息流通，因此特别强调运作过程的系统性、互联性，这必然要求管理上进行全国统筹规划，制定全国统一标准，执行全国统一管理。

第二，垂直管理最适合将电信行业做大做强，增强国际竞争力。面对国际电信市场的竞争，由政府进行全面的统筹规划，可以避免地方封闭分割，避免高代价的重复建设，发展与加强有实力的通信企业，形成有国际竞争力的大企业、大集团。

第三，垂直管理能最有力地维护国家主权。电信行业历来都是事关国家主权的敏感行业，特别是我国加入WTO以后，电信行业的对外开放使网络安全面临更加严峻的问题。对于这些问题，远非个体力量所能应对，必须由政府站在全局利益之上，集中力量进行统一的防范与控制。①

依托电信行业开发出来的互联网仍然存在以上问题，它同样需要在统一标准、统一规划之下跨地域流通，同样需要统筹规划以避免高昂的重复建设，同样需要集中力量维护国家安全。因此，在特定的环境之下，经过不断的探索与实践，我国对互联网的管理选取政府主导型管理模式。

二、我国互联网管理的基本特征

互联网管理的主要手段可以归结为两种：一是控制，一是引导。我国以政府为主导的互联网管理体制具有自己鲜明的特色。对于这些特色，我们可以进一步归结为四个方面：发展与控制并行不悖的管理思想，政策与法规相结合的管理依据，社会监督与个体自律并重的多元管理手段，适应网络经营者成分多元的分类管理方式。

(一) 发展与控制并行不悖的管理思想

在我国，互联网已经相当普及，早在2000年6月28日中央思想政治工作会议上，江泽民同志就指出，“要重视和充分运用信息网络技术，使思想政治工作提高时效性，扩大覆盖面，增强影响力”。党的十六大报告中江泽民又提到，“互联网站要成为传播先进文化的重要阵地”。事实上，我国政府对互联网的发展采取了积极扶持的态度。国家采取多种措施大力建设信息高速公路，扶持ISP/ICP的发展，积极改善网民的上网条件。其结果是，早在2008年6月，我国网民规模已经超过美国居于全球之首。为数众多的上网主体目的各异，有以网络娱乐者，有以网络学习者，有以网络交友者，有以网络经商者，现实生活中的林林总总都延伸到网络，网络社会的秩序对现实生活的秩序的影响越来越大。

---

① 我国电信监管体制为何选择中央垂直管理.（2002-11-11）[2020-03-20].http://www.cnii.com.cn/20021111/ca103290.htm.

对大众媒介的控制性管理，是我国传统媒体政策的核心。在中国，传统大众媒体的功能定位不容置疑地是党和政府的喉舌。为了确保大众媒体的喉舌功能，政府在媒介管理上必须进行绝对的内容控制。由于互联网的媒介属性，其强大的导向意识形态的潜力，对其进行控制性管理是我国政府的必然选择。虽然，在学理层面的研究上，一些学者参考发达国家的管理经验，呼吁政府放开网络市场，希望政府仅以宏观调控为主，让市场规律主宰网络发展；但对我国政府而言，网络内容的多元性使传统主流价值观受到严重冲击，在一个历来注重意识形态管理的国度，政府管理部门不可能对此袖手旁观。因此，自网络媒体开放之初，我国政府就积极介入互联网从市场调控到内容控制的不同层面的管理。自 20 世纪 90 年代中期到现在，经过 20 多年管理经验的积累，政府的网络管理水平已经越来越高，从硬性控制转向以引导为主，既尊重互联网的发展与市场竞争规律，又使政府管理部门对网络内容进行有效的控制。中国共产党第十六届中央委员会第四次全体会议通过的《中共中央关于加强党的执政能力建设的决定》中提出强化互联网管理体制，指出："高度重视互联网等新型传媒对社会舆论的影响，加快建立法律规范、行政监管、行业自律、技术保障相结合的管理体制，加强互联网宣传队伍建设，形成网上正面舆论的强势。"这种以控制与导向为主的思想，就是目前我国政府互联网管理的基本思想。

既控制又发展在操作层面上必然会面临一定的冲突，为了协调好两者的关系，达到既控制又发展的双重目的，我国政府管理部门采取了一些相应的配套措施。一方面，组织并参与互联网管理理论层面的研究探讨，考察发达国家的网络管理经验，投入经费组织学者研究。近年来，无论教育部还是国家社科基金，都对互联网管理投入了大量的科研经费。另一方面，与大型网站联手在实践中进行相关课题的开发。如 1998—1999 年间，对搜狐网络广告运作的探索为国家工商总局网络广告的管理提供了重要的参考。

（二）政策与法规相结合的管理依据

迄今为止，我国针对网络监管的文件虽多，但大多级别偏低。2000 年 12 月 28 日第九届全国人大常委会第十九次会议通过的《关于维护互联网安全的决定》算是一部准法律性文件。我国传统大众媒体管理以政策管理为主，由于网络媒体主体多元化，政府立法管理的思想应更为明确，立法管理是网络管理发展的必然趋势。

大众传媒的立法管理，在中国是一个十分敏感的问题，特别是在信息内容的管理上。早在 20 世纪 80 年代，新闻立法问题在国内就闹得沸沸扬扬，在法律界、新闻界的大力推动下，政府曾将新闻立法提到了议事日程，并在 80 年代中后期，成立了三个新闻法起草小组，即由商皑与孙旭培负责的由全国人大教科文卫委员会与中国社科院新闻研究所共同成立的新闻法研究室、由王强华负责的新闻出版总署成立的新闻法起草小组、由龚心瀚负责的上海市委宣传部成立的新闻法起草小组。这三个新闻法起草小组在 1988 年先后完成了新闻法的起草工作。然而，到 80 年代末，国际社会上东欧社会主义国家纷纷剧变，国内也出现一些政治风波，我国新闻立法的脚步不得不停滞下来。在一段时间的徘徊之后，2002 年 11 月，国家新闻出版署官员最终正式宣布："考虑到中国国情，目前还不会制定《新闻法》。"① 至此，中国新闻立法的理论与实践算是告一段落，新闻政策管理最终成为政府新闻内容管理最为重要的手段。这一管理方式特别适合中国国情，理由很简单。"众所周知，法律只能规范行为，不可能规范思想，只能禁止那些危害国家安全和社会公共秩序、侵犯公民合法权益等具有社会危害性言论的公开传

① 我国暂不出台《新闻法》，兰州晨报，2002-11-17.

播，不可能也不应当去涉及意识形态领域的是非优劣高下。”① 而在我们国家，新闻导向必须首先解决意识形态问题，因此，对大众媒体的管理采取灵活性、阶段性为特色的新闻政策管理最为适合。

对于网络媒体，由于网络主体的多元化，不论网络经营者、网络传播者还是网络接受者都十分庞杂，传统以抓源头为主的管理方式显然会有挂一漏万之忧，因此更为稳定的立法管理显得尤为重要。

（三）社会监督与个体自律并重的多元管理手段

传统大众媒体管理主要依赖上传下达的纵向控制，而网络媒体管理更看重横向的社会监督与个体自律。

对传统大众媒体的管理，从创办设立到日常运作监管都实行一条龙式的封闭式纵向管理。创办媒体要经过申请—批准—登记等程序，即创办者首先向有关管理部门提出申请，经过审批同意之后才具备创办资格。审批条件是由管理方面单方制定的，根据1997年《出版管理条例》的精神，设立出版单位（包括报社、期刊社等）的条件如下：有出版单位的名称、章程；有符合国务院出版行政部门认定的主办单位及必要的上级主管机关；有确定的业务范围；有30万元以上的注册资本；有固定的工作场所；有适应业务范围需要的组织机构和符合国家规定的资格条件的编辑出版专业人员；等等。这些条件对申请出版者从指导思想、组织条件、物质条件诸多方面都提出了较高的要求。这一较高的准入门槛，加上严格的书号刊号管理与总量控制，使能进入大众媒体运作行业者基本上都是国务院出版行政部门认定的单位。对大众媒体进入资格的严格控制，使其日常运作监管较容易操作，如内容审查、资源控制、违纪违规的处罚等，简单的政策指令即可解决。

网络传播则以去中心的分散性结构为特点，单纯的金字塔式纵向管理显然力所不能及。为了适应网络自身运作的规律，政府在网站创办上从最初沿用传统媒体的审批制到最后确立为审批、登记制并行的多元管理方式。2000年9月25日，国务院发布的《互联网信息服务管理办法》第四条规定：“国家对经营性互联网信息服务实行许可制度；对非经营性互联网信息服务实行备案制度。”事实上，在网站创办管理上，这种较为宽松的准入政策，由于网络技术的原因，在具体实施中仍然难以绝对控制局面。每天增加的网站上百，而真正备案的只是一小部分。难以控制网站的开办，势必导致更加难以监管网站的日常运作，因此政府特别强调网络管理中横向的社会监督与网络个体的自律。除了成立各级互联网协会，设立网络不良信息举报中心外，政府对网络运营商提出更具体的责任要求，如《互联网信息服务管理办法》第十四条规定：“从事新闻、出版以及电子公告等服务项目的互联网信息服务提供者，应当记录提供的信息内容及其发布时间、互联网地址或者域名；互联网接入服务提供者应当记录上网用户的上网时间、用户账号、互联网地址或者域名、主叫电话号码等信息。互联网信息服务提供者和互联网接入服务提供者的记录备份应当保存60日，并在国家有关机关依法查询时，予以提供。”

（四）适应网络经营者成分多元的分类管理方式

由于网络媒体市场化的程度远远高于传统媒体，政府为了加强管理的针对性，将现有网络媒体进行分类管理。

在我国，传统大众媒体直接隶属于执政党中国共产党的领导。早在1942年9月22日，

---

① 魏永征．中国新闻传播法纲要．上海：上海社会科学院出版社，1999：16.

《解放日报》社论《党与党报》就对党的媒介定下了基调：报纸是“集体的宣传者和集体的组织者”。“报纸是党的喉舌，是这一个巨大集体的喉舌。”对同属喉舌性质的大众媒体，政府在管理上自然容易政策一致。即使在改革开放之下，“事业性质，企业化运作”，使中国的传统媒体在政治属性之外又具备了经济属性，但大的方向始终没有改变，即采编权不能丢，资产控制权不能丢，人事权不能丢，这使传统媒体的统一管理易于操作。

网络媒体在构成成分上则较为复杂，除政府主办的网站之外，还有外资、合资、民营资本等构成的网站。网站创办较低的准入门槛，使个人建站也极为方便。这些构成成分众多的网站不可能再以党和政府的喉舌一概而论，因此政府在网络管理中摸索出了分类管理的管理方式。在媒介进入上，将经营性网站与非经营性网站分别对待，非经营性网站备案即可，经营性网站则执行许可制。根据《互联网信息服务管理办法》的相关规定，在申报条件的限制上，经营性网站应当具备的条件如下：“（一）有业务发展计划及相关技术方案；（二）有健全的网络与信息安全保障措施，包括网站安全保障措施、信息安全保密管理制度、用户信息安全管理制度；（三）服务项目属于本办法第五条规定范围（新闻、出版、教育、医疗保健、药品和医疗器械等互联网信息服务）的，已取得有关主管部门同意的文件。”非经营性网站则更加简单，仅准备以下材料即可：“（一）主办单位和网站负责人的基本情况；（二）网站网址和服务项目；（三）服务项目属于本办法第五条规定范围的，已取得有关主管部门的同意文件。”

除了区分经营性网站与非经营性网站之外，政府管理部门为了加强内容管理，还将媒体网站分为新闻网站与非新闻网站，新闻网站又分为重点新闻网站（可自主发布新闻）与一般新闻网站（只能转载新闻）。根据《互联网新闻信息服务管理规定》第五条，新闻单位设立的登载超出本单位已刊登播发的新闻信息、提供时政类电子公告服务、向公众发送时政类通讯信息的互联网新闻信息服务单位与非新闻单位设立的转载新闻信息、提供时政类电子公告服务、向公众发送时政类通讯信息的互联网新闻信息服务单位，应当经国务院新闻办公室审批。新闻单位设立的登载本单位已刊登播发的新闻信息的互联网新闻信息服务单位，应当向国务院新闻办公室或者省、自治区、直辖市人民政府新闻办公室备案。这种分类管理的网络管理方式使不同类型的网络媒体运作各得其所。

第 4 节　有中国特色的网络管理机制

有中国特色的互联网管理机制的建立需要目标规划。只有在具体目标的指引下，理论研究才能做到有的放矢，同时对实践更具指导意义。

一、有中国特色的网络管理的目标

有中国特色的网络管理的目标：一是要实现网络和谐管理，二是要建设有中国特色的网络文化。

（一）实现网络和谐管理

在我国建立有中国特色的互联网管理机制的基本目标就是实现对网络的和谐管理，建立良好的网络秩序。

“和谐”之于互联网管理，既是一种管理手段，也是一种管理目标，更恰当地说是用和谐的手段追求和谐的目标。和谐的管理思想在某种程度上与系统论的观点不谋而合。系统论认为，一个系统是由许多相互关联又相互作用的部分组成的不可分割的整体，较复杂的系统可进一步划分出更小、更简单的次系统，系统中各要素相互作用、相互依存，共同构成系统的整体性。事物要想健康发展，就需要系统和谐。系统和谐，是指人、技术、组织结构等之间的平衡、协调、优化，包括系统与环境的适应性、各层级之间的匹配性、成员认识的一致性等等。它所强调的不仅仅是复杂系统间相互作用的状态和结果，而且特别注重人与子系统的积极主动性、创造性的发挥，追求一种动态的优化、协调与平衡的发展。如果把互联网管理看作一个系统，实现政府、网民、网络媒体的良性互动，是一种系统内和谐；如果把互联网管理放在社会大环境中，网络和谐管理则是整个社会和谐发展的重要一环，这种外部系统的和谐要求网络管理与社会政治、经济、文化、技术、行业市场等的发展相一致。

【知识窗】 和谐的内涵与本质

从中外历史来看，“和谐”思想源远流长。和谐从内涵和本质特征上看，是反映事物与现象的协调、适中、秩序、平衡和完美存在状态的范畴，是多样化的协调和统一，是事物合乎逻辑规律的发展和变化。和谐从实现的根本途径上看，不是无差别、无矛盾、无冲突，而是矛盾对立双方和多方的相异相合、相反相成，既对立又统一，从而推动事物的前进和发展。和谐从价值上看，是人生的最高境界，也是人类追求的最高理想。①

追求对网络的和谐管理，最直接的原因是当前的网络管理还存在很多不完善的地方与因素。客观原因则是互联网处在不断发展变化之中，和谐的实现途径并非总是坦途，和谐网络的构建是一个不断化解矛盾的过程。有中国特色的网络管理机制自身所追求的和谐，包括两个方面：管理手段的和谐与互联网管理主客体的和谐。

1. 管理手段的和谐

网络的和谐管理在管理手段上主要是通过硬性控制机制与软性协调机制来实现的。硬性控制机制，是指硬性的行政手段与法律手段。和谐管理对硬性控制的对策是，提高系统管理的有效性，提高系统构成的协调性。软性协调机制，是指系统内部环境与系统外部环境的影响。通过硬性控制机制与软性协调机制共同起作用，最终实现网络管理主客体之间的双向和谐。网络的和谐管理就是要尽一切手段，通过共同的愿景、明确的使命等，使个体认同、分工、合作等达到最佳状态，充分调动人的主观能动性、充分发挥人的创造潜能，建构最人性化的结构平衡与社会秩序。就组织设计而言，通过组织领导、组织结构、组织文化等，使利、理、情明确并最具效力。对科学管理而言，通过活动组织、资源配置等，达到管理的最合理匹配、调适与优化。

2. 互联网管理主客体的和谐

和谐社会的建构至少涉及人与自然的关系、个人与社会的关系、个人与个人之间的关系以及群体之间、地区之间的关系等主要方面。当前，凭借国际互联网的崛起而形成的网络社会，使人类得以塑造出一种全新的社会、政治、经济、文化结构。网络社会一方面拓展了人的生存空间，给人类文明带来了巨大的进步，另一方面其中的种种不和谐现象也会影响现实社会的和谐构建。因此，我们当前所要构建的和谐社会不仅包括和谐的现实社会，而且包括和谐的网络

① 荣开明．关于和谐理论与矛盾学说的几点思考．武汉学刊，2007（6）．

社会。[1] 网络管理的高度和谐，需要通过综合有效的管理，实现网络的发展同整个社会的政治环境、经济环境及文化环境等的发展高度和谐。网络管理这种系统内与系统外的和谐发展可以用图11－1演示。

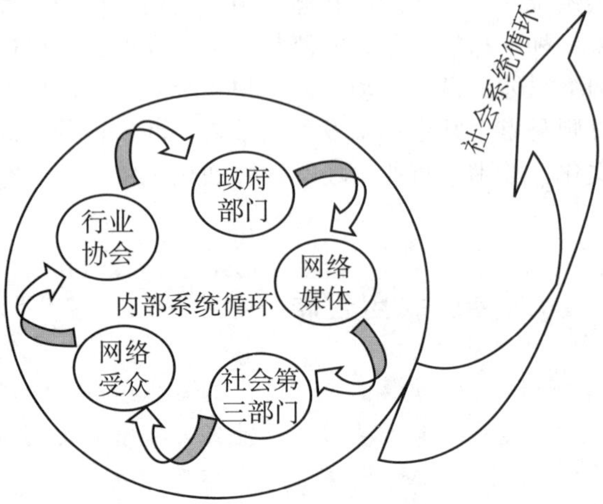

图11－1　网络管理系统构造

有中国特色的互联网和谐管理包括如下要素：一是构成和谐，指要素齐全，组成合理；二是组织和谐，指渠道畅通、整体协调；三是内部环境和谐，指人心所向，充满生机。以上三个方面构成内部的和谐。另外，再加上外部的和谐，即外部环境合理、主动适应机制强。这样外部系统和谐与内部系统和谐一起构成总体的系统和谐，从而达到较强的自组织性、较强的自适应性、较大的活力、较强的内聚力与吸引力、最大的总体功能。[2]

（二）建设有中国特色的网络文化

网络文化建设是网络管理的战略目标。党的十七大明确指出，应加强网络文化建设和管理，营造良好的网络环境。实现对网络的和谐管理，建立具有中国特色的网络管理机制，从根本上说都是为了建设符合我国国情的网络文化，更好地为丰富和繁荣人民的精神、物质生活服务。如果说和谐管理侧重于实现手段，那么建设有中国特色的网络文化表达的则是内容实质。

关于人类文化，有学者比喻说，第一代农业文化是“井圈文化”，它受到当时传播媒介的制约，信息来源和活动视野都被禁锢在狭小的圈子里。第二代工业文化是“河流文化”，尽管它蜿蜒流长，但带有一种“界河”性的分裂特征。第三代信息文化则是把整个人类连接成一个整体的“海洋文化”。[3] 这种“海洋文化”其实就是一种网络文化，它四通八达，虚实相间，流转于社会生活的每一个空间。何谓网络文化？尹韵公教授在《网络文化是新人类文化》一文中认为：网络文化是全球同步的文化，是全民参与的文化，是个性十足的“客”文化，是集大成文化，是强势文化。网络文化的内容涵盖非常广泛，包括最基本的网络语言及网络娱乐文化、网络游戏、网络文学、网络视频文化、网络新闻、网络资源共享、网上广告、网上交易等。

---

① 黄胜进．和谐“网络社会”的构建及其途径．内蒙古师范大学学报，2007（4）．

② 席酉民，尚玉钒．和谐管理理论．北京：中国人民大学出版社，2002：65．

③ 熊澄宇．信息社会4.0．长沙：湖南人民出版社，2002：58．

【知识窗】 网络文化的影响

随着网络文化对人们精神文化生活的影响不断加大，加强网络文化建设和管理的重要性、紧迫性已越来越成为全社会的共识及引起中央高层的重视。胡锦涛总书记在中央政治局集体学习时，就网络文化建设问题发表了重要讲话。他强调，加强网络文化建设和管理，充分发挥互联网在我国社会主义文化建设中的重要作用，有利于提高全民族的思想道德素质和科学文化素质，有利于扩大宣传思想工作的阵地，有利于扩大社会主义精神文明的辐射力和感染力，有利于增强我国的软实力。我们必须以积极的态度、创新的精神，大力发展和传播健康向上的网络文化，切实把互联网建设好、利用好、管理好。中共十七大报告和胡锦涛总书记的讲话体现了党中央对网络文化建设的高度重视，同时也要求全党同志站在时代发展的前列，增强政治意识、大局意识、责任意识，把握机遇，迎接挑战，以强烈的使命感和紧迫感，抓好互联网的管理，建设积极健康向上的网络文化，为构建社会主义和谐社会营造良好的网上舆论环境。②

网络文化虽然已深入人们生活的方方面面，在国民生活中占据越来越重要的地位，但其负面影响与发展障碍也愈加明显。

首先，网络文化的传播不平衡。传统大众传媒时代国际传播的不平衡格局在互联网上依然存在。各国计算机和网络技术水平的差异，形成了发达国家在互联网上的优势地位。我国的网络技术同发达国家相比有一定的差距，因此我国网络文化面临被发达国家侵蚀与征服的危险。

其次，网络带来的人性异化问题。网络传播带来的不良影响还涉及个人生活状态、精神情感、生理心理等方面。其主要表现如下：网络传播内容泛滥、网络传播行为变异、网络道德意识与道德规范缺失、网络传播效果不确定等。这些异化在网民身上主要表现为“信息焦虑症”“网络孤独症”“网络中毒症”等现代精神病，有人称之为信息综合征。②

最后，网络文化在我国还表现出与传统文化冲突的问题。在文化的表现形态上，网络文化是一种高科技文化、虚拟文化，而传统文化要想加盟网络文化就必须改变自己的形态。在文化价值的取向上，网络文化对传统文化价值有一种消解的作用，有时甚至输入大量的西方文化价值观，动摇人们现有的生活方式和行为准则，并给人们造成一定程度的价值标准混乱和精神困惑。此外，网络文化对传统文化的冲击还表现在汉字表意性上，改变了传统的语言方式、传统的知识存储方式等方面。

有中国特色的网络文化的构建，需要形成网络文化建设和管理的长效机制，需要不断地更新管理理念，进一步探索完善网络法律规范、行政管理、行业自律、技术保障相结合的具有中国特色的网络管理机制。这种具有中国特色的网络管理机制需要明确以下方向与要求：坚持社会主义先进文化的发展方向，唱响网上思想文化的主旋律；提高网络文化产品和服务的供给能力；加强网上思想舆论阵地建设，掌握网上舆论主导权；倡导文明办网、文明上网，净化网络环境，努力营造文明健康、积极向上的网络文化氛围，营造共建共享的精神家园；坚持依法管理、科学管理、有效管理，综合运用法律、行政、经济、技术、思想教育、行业自律等手段，

① 殷昌波．贯彻十七大精神　完善互联网管理机制．理论观察，2007（6）．

② 张久珍．网络信息传播的自律机制研究．北京：北京图书馆出版社，2005：78．

加快形成依法监管、行业自律、社会监督、规范有序的互联网信息传播秩序，切实维护国家文化信息安全。

二、有中国特色的网络管理原则

网络管理原则是保证互联网得到监管与发展的一条底线，是制定与实施一些网络管理措施的准则。

欧盟在网络管理方面主要遵循三原则：表达自由原则、比例原则、尊重隐私原则。其中所谓比例原则是指，公权力的行使与其所意欲实现的目的之间应该有合理的比例，即目的和手段之间必须成正比，国家和政府的干预不能过度。对于如何规范网络信息，欧盟不太信任法律，而是强调建立在行业自律基础上的合作，强调政府与业界的合作，鼓励业界建立道德及分级标准，强调与网络使用者的合作，使其知晓上网风险和规避有害信息的方法等。

欧盟在网络管理方面的三大原则对我们有重大的启示作用，不过考虑到我国的网络管理实际，我们最需优先确定的原则有以下三条：有限管理原则、最大效益原则与利益均衡原则。

基于网络的发展，新公共管理理论得到广泛认可，政府有限管理原则的确定正是秉承新公共管理理论的理念。新公共管理理论认为，管理的主体不仅仅是政府，而且是包括政府、非政府公共组织等在内的多元化主体，政府应把一部分社会公共事务管理的权力下放给社会。全球治理委员会曾发表过一份题为《我们的全球伙伴关系》的研究报告，该报告对治理做出如下界定：治理是各种公共的或私人的个人和机构管理其共同事务的诸多方式的总和，它是使相互冲突的或不同的利益得以调和并且采取联合行动的持续过程，它既包括有权迫使人们服从的正式的制度和规则，也包括各种人们同意或符合其利益的非正式的制度安排。[①] 这种管理原则正是要政府充分利用各种非政府组织和个人，实施对网络的共同监督与管理，这不但能节省巨大的行政管理资源，而且必将大大地提高管理效率。美国政府就一直认为，保证互联网有足够的发展空间，是驾驭这种新媒介、把握信息经济机会的最好方法。美国政府多次重申要坚持互联网的免税和不受政府干预的原则，并向外界宣称：与电话、广播不同，互联网将会享受一种更加宽松的发展环境，竞争与机遇将是决定市场发展的主要力量。每个人在互联网面前都是自由的。业界对美国政府减少对互联网限制的战略纷纷表示欢迎，认为不受约束的互联网将成为经济发展的“引擎”。美国联邦政府向该国业界和消费者保证，通过自由、平等的市场环境发展新技术，将使美国 IT 界在进入下一个网络经济时代时继续保持世界领先的地位。

最大效益原则是基于互联网的产业属性来考虑的。我国的网络管理总是过度倾向于对网络内容的监管，而忽视了网络的经济属性。其实网络的经济属性与文化属性（网络内容）是紧密联系的，政府在监督网络内容生产时，如果注意到网络的经济属性一面，在发挥行政手段监管时，充分利用一些市场调节手段，那么将会达到事半功倍的效果。目前政府对互联网的控制主要在三方面：对信息流的管制、对资本流的管制、对物流的控制。限制信息的共享、资本的流动和物品的交换就会限制市场的自由发展。不必要的限制，只有提升政府权力的作用，而不能促进市场的繁荣。[②] 在制定有关互联网管理的规章时，要尊重市场的规则，应当通过适当的规章制度减少非市场因素和非技术因素对网络行业的干扰，才能促进网络行业的壮大发展。

利益均衡原则主要是从网络的文化属性来考虑的。利益均衡原则既适合作为政府的管理原

---

① 朱剑秋．互联网治理中的不良信息治理．北京：北京邮电大学，2008.

② 张明杰．政府管理互联网应当遵循的原则．环球法律评论，2001（1）.

则，也适合作为网民的自律原则。政府对网络内容的管理其实牵扯到多方利害关系，需要权衡考量。比如在当下中国，网络舆论的崛起彰显了大众的言论自由，但网络暴力、虚假舆论则时时侵扰人们。政府如果据此严加管束，就必将极大限制人们的表达权利；若不管，则网络秩序又难以维持。因此，政府在管理时必须依照利益均衡原则，权衡利弊，考虑什么是急切需要管制的，什么是可以用柔性手段来调节的，并且要考虑多方利益关系，特别是应倾向于保护民众的利益，把握好管理的尺度。

三、有中国特色的网络管理机制的形成路径

随着计算机技术与网络技术的发展，互联网同整个社会的生活愈来愈息息相关，建设有中国特色的网络文化、实现网络健康与快速发展，都离不开一整套具有中国特色的网络管理机制做保证。在这种机制建立过程中，需要一系列科学的符合我国国情的制度、方式与手段，其中最重要也最核心的是“创新”，它包括对旧有网络管理观念的创新、管理制度的创新、管理文化的创新甚至管理理论的创新。

创新是一个国家、一个民族发展与进步的不竭动力。同理，面对我国网络迅猛发展当中泥沙俱下等不和谐现象，完善当下的网络管理机制同样需要创新，特别是制度创新。在此方面，西方的新制度主义理论给我们提供了重要的启示。20 世纪七八十年代，西方社会科学领域“重新发现”了制度分析在解释现实问题中的地位和作用，进而形成了新制度主义分析范式。20 世纪 90 年代以来，新制度主义分析范式已经变成超越单一学科，遍及经济学、政治学、社会学乃至整个社会科学的分析路径。新制度主义代表一种经验研究方法，它像关注个体行为一样关注社会政治生活的制度基础，强调制度因素的解释性权力。① 在网络技术飞速发展的今天，我国的互联网管理经过四个阶段的螺旋式演进，管理成果总体尚好。但在各媒体进一步融合突进中，网络的发展则出现了很多问题，其中既有社会问题也有管理问题。互联网要想阔步向前发展，就必须改变管理思维，突破管理的制度瓶颈，进行不断的制度创新。这其中，新制度主义理论对互联网管理的制度创新与变革具有积极的借鉴意义。

从理论角度看，制度变迁理论是新制度主义理论中的重要组成部分。新制度主义认为，制度变迁不是泛指制度的任何一种变化，而是特指一种效率更高的制度替代原有的制度。制度变迁的动力来源于作为制度变迁的主体——“经济人”的“成本-收益”计算。主体只要能从变迁预期中获益或避免损失，就会去尝试变革制度。制度供给、制度需求、制度均衡与非均衡形成了整个制度变迁的过程。②

从 20 世纪 90 年代起至今，我国的互联网管理历经初创、发展、完善、趋于成熟四个阶段，基本上实现了一种制度供给。如果把制度供给看成创造和维持一种制度的能力，把制度供给的实现看成一次制度变迁的过程，那么我国的互联网管理制度在同质范畴内实现了四次变迁。在互联网日新月异、媒介融合如火如荼的环境下，制度需求成为一种新的变革张力。制度需求是指当行为者的利益要求在现有制度下得不到满足时产生的对新的制度的需要，而制度变迁首先是从制度非均衡开始的。当前，我国互联网管理仍需完善，网络媒体做大做强可谓荆棘丛生，这里面既有行业利益和技术问题，也有网络立法与管理问题。在众多问题中，制度管理问题是解决问题的关键。管理在某种意义上讲就是一种制度非均衡，这种非均衡会产生一种制度需求。

---

① 陈家刚．全球化时代的新制度主义．马克思主义与现实，2003（6）．

② 同①．

这是当下我国互联网管理制度在更大程度、更广范围、更高级别上进行创新与变革的内在动力。

从实际操作层面讲，社会与技术的发展其实已经为互联网的改革发展奠定了很好的基础，而新的管理理念产生与制度创新主要在于管理者的改革意志和愿望。在旧制度经济学的代表人物凡勃伦看来，制度"实质上就是个人或社会对有关的某些关系或某些作用的一种思维习惯"[①]。制度既然是一种"思维习惯"，就总会是一种过去的产物，代表过去既得利益集团的利益，是同过去的环境相适应的。但现实的情况是，互联网技术发展一日千里，网络新媒体迅速发展壮大，各种媒介大融合成为一种波及世界的大潮流。技术的发展与媒介形态的变化同时带来了环境的变化，产生了代表技术革新一方越来越大的利益诉求。在技术条件发生变化和环境随之变化的情况下，劳作本能表现最明显、受现行思维影响最小、利益诉求最明显的利益代表方就会不断冲击与克服现有的制度阻力，推进制度革新，以便产生一种新的制度供给，达到推进发展所需的制度均衡状态。在我国，技术进步、网络新媒体力量的持续壮大是推动我国网络管理理念与制度创新的根本动因。

要建立具有中国特色的互联网管理机制，实现网络和谐有序的大发展，最主要的创新体现在以下几方面。

首先是管理理念的创新。在网络管理过程中，持什么样的管理理念，就会采用什么样的管理模式和管理手段，从而产生什么样的管理效果。网络技术的迅猛发展，一方面不断促使管理与管理学的深刻变革，另一方面所提供的信息知识和技术手段正以巨大力量冲击和改革人们长期形成的管理理念。实现网络的和谐管理，就需要人们的管理思维不断从封闭走向开放，从单一走向多样，从静态走向动态，从平面走向立体，从孤立性走向协调性，从相关理论中吸取一切有益的管理知识，并形成更加开放、超前、创新、科学的管理理念。[②]

其次是管理制度与管理方式的创新。网络传播是一种跨媒体形式传播，它建立了新的传播秩序和新的传播环境，因此对网络传播的管理更加复杂与艰难。实现网络管理方式与制度的创新，前提是继承与借鉴，继承人类历史上一切优秀的管理知识与成果，借鉴国内外所有先进并行之有效的管理经验。在继承与借鉴的基础上，在充分认识互联网发展与运行规律的前提下，大力提倡对网络的立体化管理。由和谐理论与博弈论我们知道，网络管理千头万绪、利益纠葛多变，因此任何一种单一的管理手段对网络管理来说都是杯水车薪，对网络的有效管理需要综合治理，综合利用行政、法律、技术、自律等手段，形成多道防线，建立"多位一体"的优化控制机制。这种优化管理机制最终完成还需要考虑到实践性，即所有的法律、制度、管理手段都必须考虑到其可操作性、可衡量性。

最后是管理文化的创新。管理文化的创新是网络管理的高级阶段，是在对网络实施管理的同时，重视网络管理的文化氛围和人员的思想观念、意识以及精神方面的建设。在人、机、技术的构成系统中，人的价值观念、精神状态对系统效能的发挥起着十分巨大的影响作用。因此，构建具有中国特色的网络管理机制，不仅需要保持法律的完善与行政管理的有序引导，更重要的是加强网络行业的自律及对网民的传统文化和信仰教育。只有在硬性管理的同时着重加强软性管理与教育，才能形成健康有序的网络秩序，建成有中国特色的网络文化，并最终促进整个社会健康和谐的发展。

加强互联网管理，构建有中国特色的互联网管理机制，对我国和谐社会的发展的作用是不言而喻的。从大的方面看，它有利于我国现阶段的社会经济转型并促进社会生产力的快速发

---

① 张林．凡勃伦的制度变迁理论解读．经济学家，2003（3）．

② 邵培仁，陈兵．媒介战略管理．上海：复旦大学出版社，2003．

展。同时由于互联网的快速发展，网络文化已经深入社会的方方面面，有中国特色网络文化建设的成功也是和谐社会发展的一个重要保障。改善网络管理，充分发挥网络媒体在构建和谐社会中的导向作用，同时也有利于中国的民主政治发展。最后，网络的和谐管理与发展必将更有利于现实社会中人与人之间的和谐，为人们提供一个更加诚信的信息文化交流环境。

四、有中国特色的网络管理机制的构建

我国网络管理的目的是和谐管理、建立有中国特色的网络文化，这种管理的根本保障在于建立一套有中国特色的网络管理机制。美国评论家托马斯·弗雷德曼评论美国的成功秘密时，认为美国的成功秘密，不在于华尔街也不在于硅谷，不在于空军也不在于海军，不在于言论自由也不在于自由市场，秘密在于长盛不衰的法治及其背后的制度。托马斯·弗雷德曼的评论具有相当大的启发性。推而广之，网络管理中的有效管理应该是看网络发展是否建立了在科学管理制度上的良性运行体制，以及管理者是否在合理运用管理手段。

互联网是一个无国界的自由空间，网络管理的复杂程度远非任何传统对象可以相比，置身于结构复杂、价值多元的现代社会之中，单靠政府无法解决层出不穷的网络问题。要实现网络的有效管理，必须政府、网络行业、网民以及各社会团体共同努力，在多方合作博弈下实现“共同调控”。这种具有中国特色的管理机制模式，如图 11－2 所示。

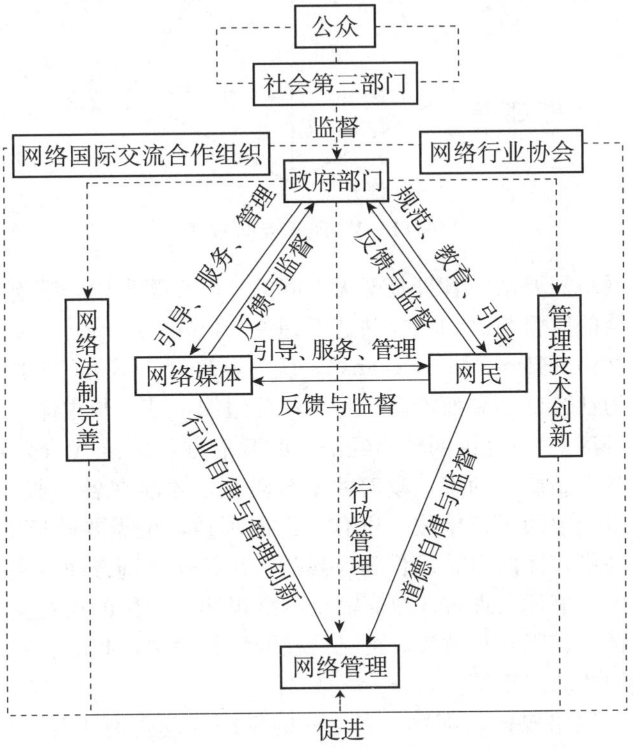

图 11－2　有中国特色的互联网管理机制模式

图 11－2 模型显示的是有别于科层制与市场的新的治理模式，这种模式体现了三大特点：管理多元性、互动平衡性和良性调节性。管理多元性中，强调网络的管理者由多方组成，包括政府部门、网络媒体、网民、网络行业协会、社会公众和社会第三部门，甚至包括网络国际交流合作组织等。多元管理是由网络的特性决定的，单一的政府行政管理并不能带来很好的网络

管理效果，同时政府体制内的管理资源也无法承担庞大的管理任务。

互动平衡性是在多元管理基础上的一种动态平衡，这种平衡并不表明网络管理各方的权利与职责都是平等的，它呈现的是一种彼此之间相互协调、相互制约的关系，在管理上保持一种和谐与稳定。在多方参与下，政府、网络媒体、网民形成对网络管理最重要的风筝互向模式，它们在网络管理中形成了一种交互性的动态平衡关系。这种风筝互向模式思想源于心理学中的平衡理论，也同传播学领域中的双向传播模式一脉相承。风筝互向模式由麦克劳德与查菲于1973年提出，如图11－3所示。图11－3的精英阶层通常是指一个单方面的政治利益集团，这种模式表明了精英阶层、媒介、公众在面对传播中的各种问题时，是相互制约的。借鉴到网络管理中，可以把精英阶层看作网络管理中的政府，媒介可以代表网络媒体，公众可指网民，各种问题代表网络管理，则政府、网络媒体、网民在各种网络管理问题上实现一种动态平衡。在这种管理中，两两之间相互作用、相互影响、相互调节和控制，以达到一种趋于平衡的动态过程。这种模式不同于传统管理上的自由模式、严控模式和责任模式，是管理中的理想状态。

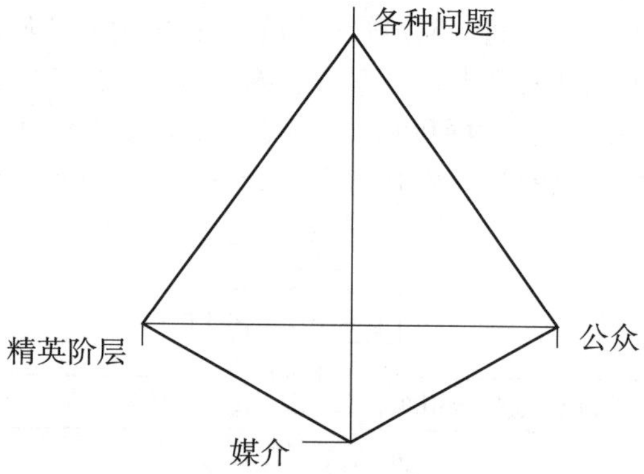

图11－3　风筝互向模式

在网络发展中，网络需要政府管理是毫无疑问的，但在管理中，政府依然需要受到网络行业、网民乃至整个社会的监督与制约。公共选择理论（Public Choice Theory）的创始人，美国经济学家詹姆斯·布坎南（James M. Buchanan）认为，政府并不是一个摆脱了利己心的公共机构，也不是一个专门为社会谋福利而没有自身利益的组织，其参与主体——个人更不是无私奉献的“圣人”而是“经济人”。这说明作为经济人的政府并不完全代表公众的利益，有时也有部门利益。只有受到各方制衡与约束，政府才不会滥权，才能在各方监督下达到善治的效果。同理，网络行业作为市场中的运行单位，也有自己的利益，也需要政府的管理与网民的监督。网民则更需要政府与网络媒体的引导、管理与规范。在相互协调方面，网络媒体需要政府政策支持与引导，需要网民的信任与理解。政府需要网络媒体与网民的信息反馈与沟通。网民则需要政府和网络媒体的指引、服务与教育。可见，在网络管理中，政府、网络媒体和网民需要一种相互协调、相互制约的动态平衡关系。

然而，仅仅政府、网络媒体与网民三者之间的平衡互动仍有不足，网络管理还需要网络行业协会、社会第三部门和全体社会公众的共同监督，并积极加强国际交流，把网络多方平衡管理纳入社会范围当中，形成一种具有开放性的动态交流与制约平衡。具体到我国网络管理实际，这种有中国特色的网络管理机制尤其需要强调的是，政府方面加强对网络行业的政策服务与引导，在管理中以法治为主，管理相对节制，并注重网络管理技术方面的开发与创新。

【知识窗】 互联网治理新局势

网络内容极大地丰富了人们的生活，也引发了各类社会性的问题。也正是基于此原因，互联网内容治理成为世界主要国家共同面临的难题。党的十八大以来，我国在互联网内容治理方面取得一系列突破，网络空间治理的主体和依据越来越规范，手段和措施越来越丰富。党的十九大在充分总结经验的基础上，进一步探索新的政策与措施。本节现将互联网内容治理的新趋势总结如下。

党和国家机构改革，监管部门权职略有调整

2014年，中央为统筹互联网的安全与发展成立了中央网络安全和信息化领导小组，并设中央网络安全和信息化领导小组办公室作为办事机构。2018年，为加强对相关工作的顶层设计、总体布局、统筹协调、整体推进和督促落实，中央网络安全和信息化领导小组改为中央网络安全和信息化委员会，成为中央直属议事协调机构。此次调整，一是满足统筹管理的需要，二是有利于长期稳定的管理。

在这次机构改革中，中宣部的权责进一步扩大，除管理新闻出版工作，履行原来由国家新闻出版广电总局负责的新闻出版管理职责外，同时加挂国家新闻出版署的牌子，该职能调整意味着网络游戏版号的管理部门从此变成中宣部，国家电影局也统一归中宣部管理。本次改革同时重组了国家广播电视总局，负责网络视听节目内容①和质量的监督管理和审查。

紧跟技术和应用发展，强化社会化媒体管理

自2017年来，监管机构紧跟技术和应用的发展，更加注重对社会化媒体功能的管理。

从立足“门户网站”的监管调整为面向社会化媒体的监管。

社会化媒体是伴随着移动互联网和Web 2.0技术兴起的，以互动为基础，允许用户创造内容，并依附社会网络进行传播的网络应用。根据功能和用途不同，社会化媒体大体可以分为三类：分享类、社群类以及社交类。针对不同类型的社会化媒体，国家网信办均出台了相应的管理规定。

(1) 关注新技术新应用的发展。

2017年出台的管理规定与技术和应用发展联系十分紧密，管理的对象新增了弹幕、图片、符号、表情、音视频等近年来主流的内容形态，体现了监管部门对新技术新应用的关注。为能使管理规定与新技术有更好的契合，国家网信办出台了《互联网新闻信息服务新技术新应用安全评估管理规定》。

(2) 关注互动和网民参与。

在这个互联网新时代，弹幕、跟帖、评论、贴吧都是网民参与式表达的主要形式。2017年出台的管理规定加大了对此类信息的规范，专门出台了《互联网跟帖评论服务管理规定》和《互联网论坛社区服务管理规定》等。

重视新闻从业人员管理，实现从平台治理向双重管理转变

突出平台责任的同时，还需强化新闻从业人员的管理。2017年以来强化了对网络新闻信息从业人员的管理，在《互联网新闻信息服务管理规定》中，要求各单位有与服务相适应的专职新闻编辑人员、内容审核人员和技术保障人员，同时需要设立总编辑，旨

① 《网络视听节目内容审核通则》第二条“本通则所称网络视听节目，具体包括：（一）网络剧、微电影、网络电影、影视类动画片、纪录片；（二）文艺、娱乐、科技、财经、体育、教育等专业类网络视听节目；（三）其他网络原创视听节目”。

在对互联网新闻信息内容负总责。

取消“身份”管理，实施新闻信息服务许可分级分类管理

2017 年国家网信办修订完成《互联网新闻信息服务管理规定》，制定出台了《互联网新闻信息服务许可管理实施细则》，对互联网新闻信息的管理从审批和备案“互联网信息服务单位”变更为许可管理“新闻信息服务”。该规定将互联网新闻信息服务分为“互联网新闻信息采编发布服务、转载服务、传播平台服务”三类形式，实现了对互联网新闻信息服务许可的分类管理。

出台程序立法，推进行政执法正当性与合法性

2017 年国家网信办发布 2 号令，出台《互联网信息内容管理行政执法程序规定》，对执法办案各环节具体程序进行了全面规范，以此保障互联网信息内容管理部门依法履行行政执法职责，正确实施行政处罚，保护公民、法人和其他组织的合法权益，促进互联网信息服务健康有序发展，并且对推进互联网治理领域的依法治国意义重大。

推进实施《网络安全法》，多部门联合开展综合整治

2017 年，随着《网络安全法》的正式实施，网络内容治理方面的执法和执法检查工作相继展开并渐成常态。除网信、工信、公安外，与此同时，工商、文化等 12 个涉网部门也参与到工作协调机制中。在执法实践中，国家、省、市三级执法体系的分工逐渐明确。

【本章小结】

本章从介绍我国网络管理的相关机构及其各自职能入手，一方面分析了我国网络管理在不同阶段的特点与成效，另一方面还深入分析了我国现行网络管理模式及其特征，并在此基础上提出了我国有中国特色的网络管理的目标、原则，以及有中国特色的网络管理机制的形成路径与建构问题。

【思考题】

1. 我国管理互联网的主要机构有哪些？它们各自承担的职能是什么？
2. 什么是政府主导型互联网管理模式？其主要特点是什么？
3. 政府主导型互联网管理模式的内在逻辑是什么？存在什么不足？
4. 有中国特色的网络管理的目标是什么？为什么？如何实现？
5. 有中国特色的网络管理机制的意义何在？如何构建？

后 记

2012 年秋，我基于多年网络传播研究与教学实践的经验，撰写了《网络传播导论》第一版，此版记录了我对网络传播框架和网络传播发展趋向的理解。

2016 年，我观察到媒介技术和传播格局较四年前发生了很大的变化。于是，我决定将自己主持的国家社科基金重大项目“互联网管理与中国特色网络文化建设研究”和国家哲学社会科学成果文库中的“网络传播管理研究”里的最新研究成果与第一版教材进行融合，并在此基础上形成了《网络传播导论》第二版。

2019 年，互联网应用的不断发展对社会的影响不断扩大，人们对网络传播现象、规律等的认识不断深入。于是，广泛征集读者意见后，我决定在第二版的基础上进一步优化，撰写《网络传播导论》第三版。

本版教材力图多角度、多层次、跨学科、立体化地呈现网络传播的基本图景。从内容结构上看，既有微观上的网络传播技术、网民及其行为、网络新闻的评价与管理等知识点，也有中观上的网站类型、网站与自媒体运营等知识点，还有宏观上的网络管理、网络舆论、网络文化、网络传播的影响等知识点。从层次上看，既有初级的互联网历史脉络和网络传播技术等知识要点的梳理介绍，也有深度的网络舆论传播规律、有中国特色的网络管理机制、网络传播研究前沿理论与方法等知识要点的学理剖析。从学科看，广泛涉及计算机科学、传播学、社会学、心理学、政治学、法学、经济学、管理学、文化学、伦理学等学科，体现了当前网络传播研究的跨学科、多视角的取向。尽管本教材的章节内容难以穷尽网络传播领域的方方面面，但我们力图全面立体地展现网络传播的主要图景。

在第三版的修订工作中，我们对第二版教材的内容和结构均进行了调整，相比第二版，此版有较大幅度的改动。

第一，此版对章节结构框架进行了调整。如对所有章节的体例进行了调整和统一，各章节遵循从概念出发到具体案例讲解，进而总结分析的思路，更符合高校教师课堂教学和学生自学的需求。除新增了“第 9 章网络文化与传播特征”外，对第 1 章和第 2 章的内容进行了重组，其他部分包括章节名称的表述也或多或少有所改动。

第二，对全书的内容进行调整。如第 1 章增补了“5G”的内容，第 2 章增补了“人工智能”“区块链”的内容，第 4 章增补了“搜索引擎网站”的内容，第 5 章增补了“自媒体的运营”的内容，第 7 章简化了的舆论平台介绍，对舆情传播规律、模式、结构、特征进行了更新，第 8 章对“意见领袖”和“网民”等概念进行了重新梳理，第 10 章增补了“语义网络分析法”的内容；第 11 章对我国互联网管理的法规文件进行了大量增补。

第三，全书对原有数据和案例进行了更新。我们对第二版中的数据、图表、案例和文字分析进行了更新和补充，替换掉了第二版中知识陈旧的内容。

本教材只是提出了一种导论性的分析框架，然而，对网络传播研究的完善还需要做很多“扫尾”工作。我们期待这一导论性的工作能起到抛砖引玉的作用，产生更多的网络传播研究成果，不断推动网络传播向一门成熟科学迈进。

本教材内容共计 11 章，各章节撰写分工如下：钟瑛设计了全书的内容框架；罗昕、李娟参与了第 1 章、第 2 章的撰写与修订；张军辉、黄朝钦、曹磊、覃林甫、闫晓彤参与了第 3 章的撰写与修订；陈然、刘利芳、张军辉参与了第4章的撰写与修订；黄朝钦参与了第5章的撰写与修订；黄朝钦、范孟娟参与了第6章的撰写与修订；余秀才参与了第7章的撰写与修订；陈然、芦何秋参与了第8章的撰写与修订；张屹参与了第9章的撰写；罗昕、张军辉参与了第10章的撰写与修订；黄朝钦、余秀才、张恒山参与了第11章的撰写与修订。

第三版的撰写与修订由钟瑛主持，众多博士、硕士研究生参与。统稿工作最终由钟瑛和张军辉完成。该教材是一次师生合作的难得纪念。

钟瑛

于武汉瑜珈山

2020年1月

图书在版编目（CIP）数据

网络传播导论/钟瑛主编．--3版．--北京：中国人民大学出版社，2020.5
21世纪新媒体专业系列教材
ISBN 978-7-300-28094-3

Ⅰ.①网… Ⅱ.①钟… Ⅲ.①计算机网络—传播学—高等学校—教材 Ⅳ.①G206.2②TP393

中国版本图书馆CIP数据核字（2020）第073179号

“十二五”普通高等教育本科国家级规划教材
21世纪新媒体专业系列教材
网络传播导论
第三版
主编 钟瑛
副主编 张军辉 罗昕
Wangluo Chuanbo Daolun

出版发行	中国人民大学出版社		
社　　址	北京中关村大街31号	**邮政编码**	100080
电　　话	010－62511242（总编室）		010－62511770（质管部）
	010－82501766（邮购部）		010－62514148（门市部）
	010－62515195（发行公司）		010－62515275（盗版举报）
网　　址	http://www.crup.com.cn		
经　　销	新华书店		
印　　刷	天津鑫丰华印务有限公司	**版　　次**	2012年8月第1版
开　　本	787 mm×1092 mm　1/16		2020年5月第3版
印　　张	19.5 插页1	**印　　次**	2024年1月第3次印刷
字　　数	507 000	**定　　价**	49.80元

关联课程教材推荐

书号	书名	作者	定价	出书时间
978-7-300-27214-6	新媒体概论（第三版）	匡文波	49.80 元	2019-08-15
978-7-300-31972-8	网络传播概论（第 5 版）	彭兰	69.80 元	2023-09-15
978-7-300-26519-3	数据新闻概论：操作理念与案例解析（第二版）	方洁	49.80 元	2019-02-22
978-7-300-21417-7	社会化媒体：理论与实践解析	彭兰	45.00 元	2015-07-06
978-7-300-17786-1	新媒体编辑	詹新惠	45.00 元	2013-08-15
978-7-300-21033-9	超越门户：搜狐新媒体操作手册	吴晨光	39.80 元	2015-05-01
978-7-300-25971-0	自媒体之道	吴晨光	49.80 元	2018-07-31
978-7-300-18923-9	精确新闻报道：记者应掌握的社会科学研究方法（第四版）	［美］菲利普·迈耶	45.00 元	2015-01-01

配套教学资源支持

尊敬的老师：

衷心感谢您选择人大版教材！相关的配套教学资源，请到中国人民大学出版社官网（www.crup.com.cn）下载。部分教学资源需要验证您的教师身份后，才可以下载。请您登录出版社官网后，点右上角“注册”，填写“会员中心”的“我的教师认证”项目，等待后台审核。我们将尽快为您开通下载权限。

如您急需教学资源或教材样书，也可以直接与我们的编辑联系。

联系人：龚洪训　　电话：010-62515637　　电子邮箱：6130616@qq.com

群名称:全国新闻教师2群
群　号:723715191

俯仰天地　心系人文

www.crup.com.cn

中国人民大学出版社

欢迎登录浏览，了解图书信息，下载教学资源